左　ムガル朝の創始者バーブルの肖像

下　バーブルの領土を奪ったシェル・シャーの墓廟（ビハール州ササラーム所在）

右　アクバルの宗教論議の光景（左の二人はジェスイットの布教師）

下　アクバルの墓廟（アーグラ北方のシカンドラ所在）

上　タージ・マハル
（アーグラ東部所在）

中　デリー宮殿のディーワーン・イ・ハース（貴賓謁見殿）

下　ディーワーン・イ・ハースの内部装飾

上　アーグラ城全景

中　アーグラ城の正門

下　ファテプル・シークリーの正門
（高い門＝ブランド・ダルワーザ）

アンドレ・クロー

ムガル帝国の興亡

岩永 博 監訳／杉村 裕史 訳

法政大学出版局／イスラーム文化叢書　3

André Clot
LES GRANDS MOGHOLS
Splendeur et chute (1526-1707)

This book is published in Japan
by arrangement with Mr. André Clot
through ARTMEDIA, Paris, &
le Bureau des Copyrights Français, Tokyo.

訳者まえがき

本書は、André CLOT : *Les grands moghols – splendeur et chute*, Plon, Paris, 1993 の全訳である。

本書の翻訳作業は、杉村がまず各章ごとに翻訳をして、それに岩永氏が意見をつけるという形の往復作業で進められた。インドやイスラームについて非学な訳者に岩永氏からは実に懇切丁寧な意見や解説が次々と寄せられた。さらに、氏は、翻訳に役立つようにと、例えば、インドの官僚組織図や各都市の平面図さらには建築物の写真さえ送って下さり、こうした資料が翻訳を進める上でどれほど役立ったかは計り知れない。あらためてここで感謝する。今回の訳書出版に際して、原書には付されていなかった地図や写真・図版等が多数収録されているのは、こうした一連の共同作業の結果から生まれたものである。こうした写真・図版等が読書の一助となれば幸いである。

また、地名、人名、事項等の表記に関しては当然とはいえ難渋した。古今を問わずインドに関する書物は多数出版されているが、こうした表記についてはまだまだ不統一の感はぬぐえない。本書では、史書の原典に従い、ペルシャ語（及びウルドゥー語）の原音、とくに、長母音をできる限り忠実に表示した。ただ、例えば、有名な「タージ・マハル」を原音表記すると「タージュ・マッハル」であるが、これら少数は慣用に従った。

翻訳に際して、様々な関係書や資料を参考にさせていただいたが、特に「ムガル王朝」に関して入手可能な文献について代表的なものを紹介すると、石田保昭著『ムガル帝国』（「ユーラシア文化誌叢書」、吉川弘文館、昭和五十七年)、渡辺建夫著『タージ・マハル物語』(「朝日選書」三五二、一九八八年)と、本書でもしばしば引用されたベルニエ著『ムガル帝国誌』(赤木昭三、倉田信子訳「十七、十八世紀大旅行記叢書5」、岩波書店、一九九三年)があげられる。なかでも『ムガル帝国誌』は、当時の皇帝や王族の暮らし、さらには戦争場面や民衆の日常生活なども細かに描写した、第一級の資料であり、端正な訳とともに随分と楽しませていただいた。

なお、本書は、本格的なムガル史の研究書としてだけでなく、読み物としても楽しめる内容となっているため、ページを繰る煩わしさを避けてもらうため、原注は(　　)、訳注は(＊　　)のように、本文中に記入した。

最後に、楽しい翻訳をさせていただいた岩永博氏と、翻訳作業が遅れがちになりながらも温かく見守って下さった法政大学出版局編集部秋田公士氏にこの場を借りてあらためてお礼申し上げる。

杉村裕史

目次

地図目次

写真・図版目次（図版中の地図を含む）

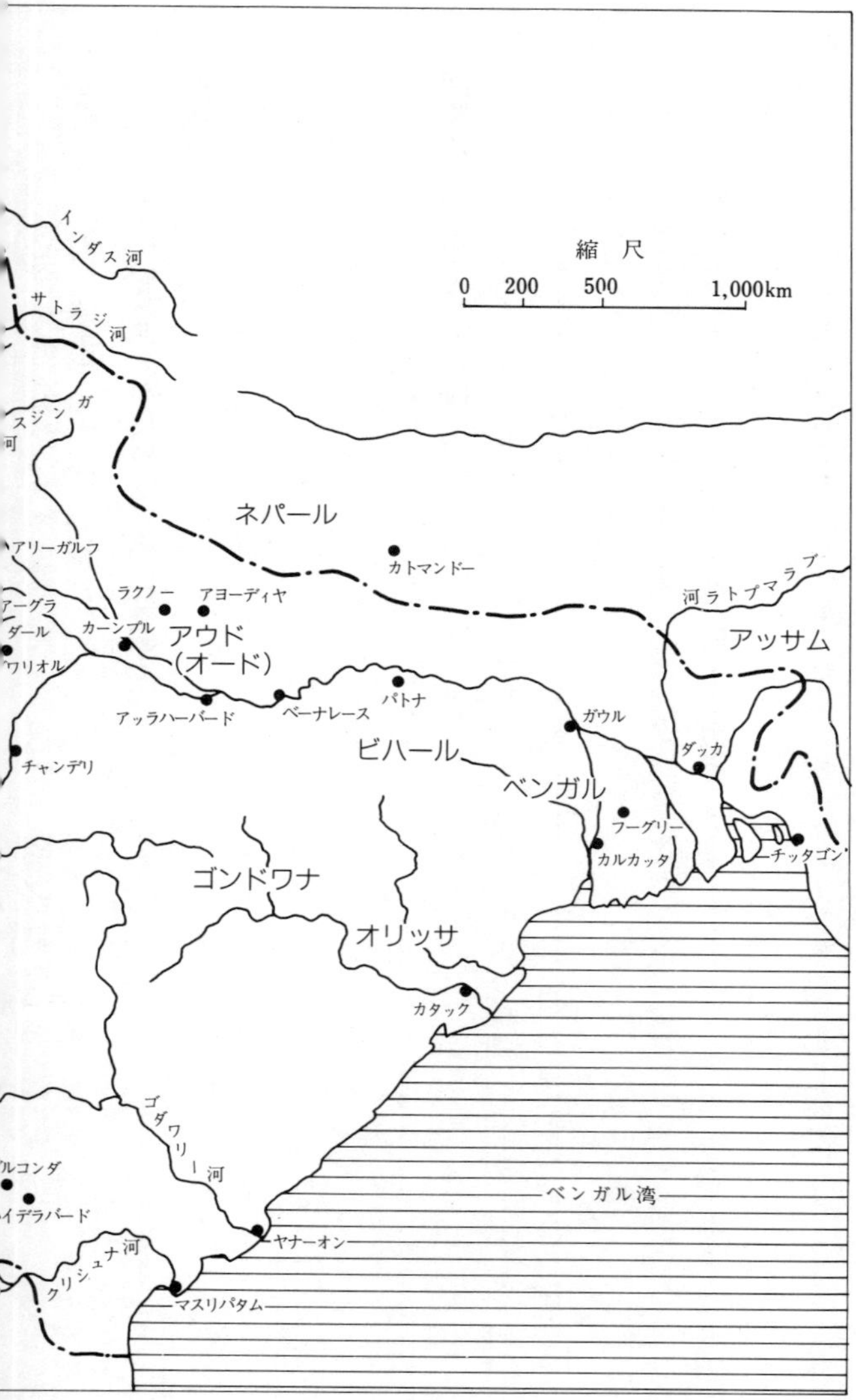

縮　尺
0　200　500　1,000km
インダス河
サトラジ河
ガンジス河
ネパール
カトマンドー
アリーガルフ
ラクノー
アヨーディヤ
アーグラ
ダール
カーンプル
アウド
（オード）
ワリオル
アッラハーバード
ベーナレース
パトナ
チャンデリ
ビハール
ガウル
ベンガル
ダッカ
ブラマプトラ河
アッサム
フーグリー
カルカッタ
チッタゴン
ゴンドワナ
オリッサ
カタック
ゴダワリー河
ルコンダ
イデラバード
ベンガル湾
ヤナーオン
クリシュナ河
マスリパタム

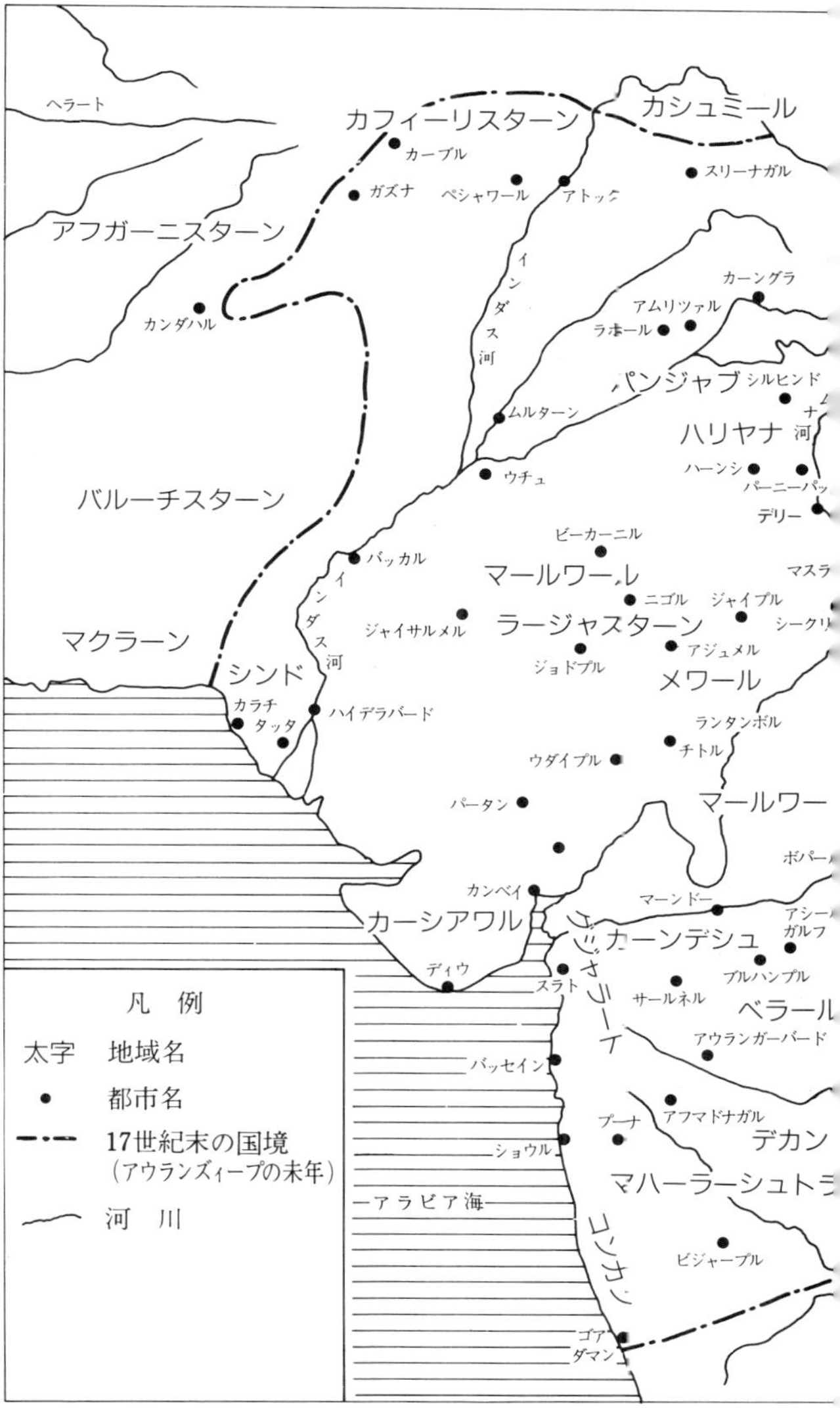

地図１　17世紀末のムガル朝の版図

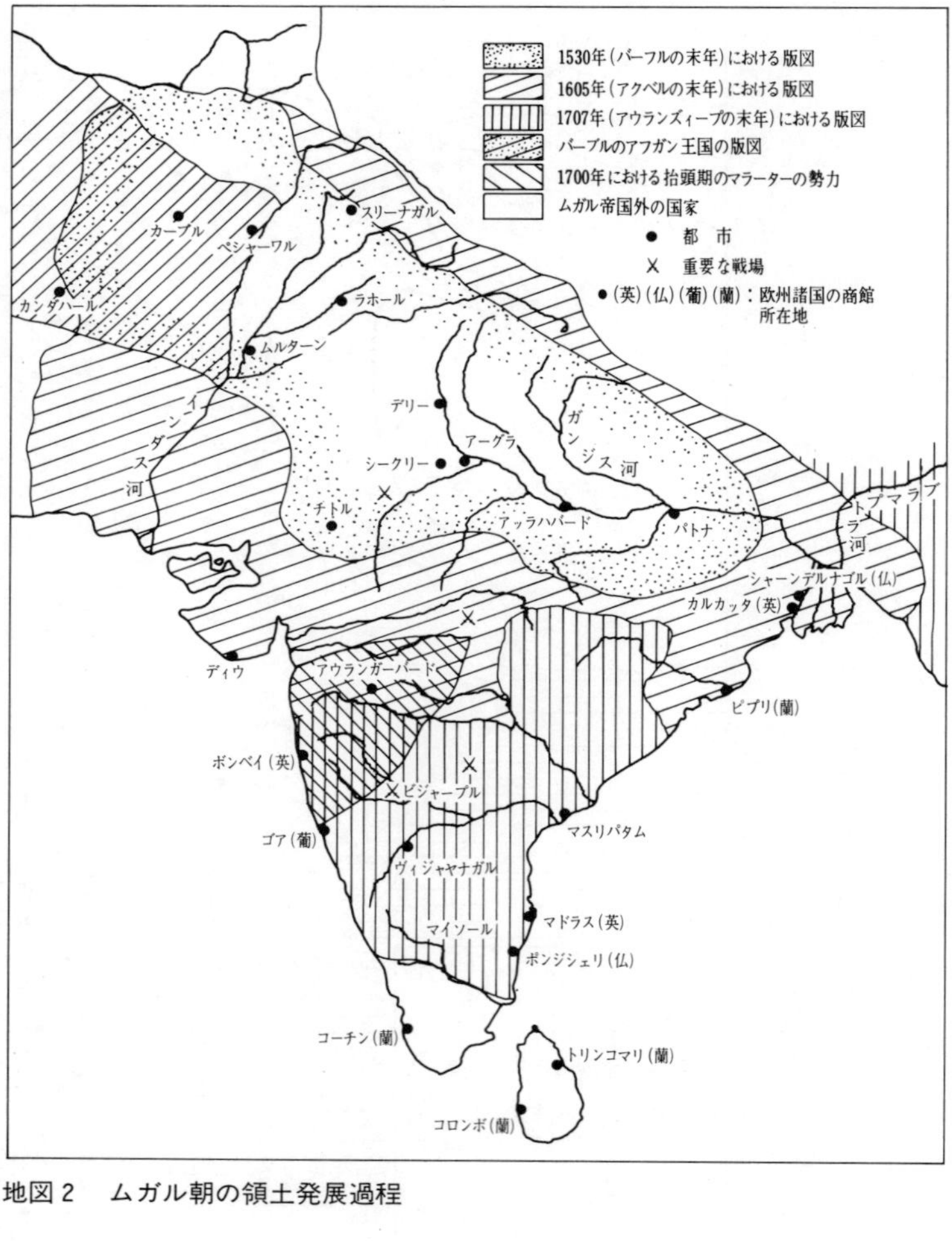

地図2　ムガル朝の領土発展過程

序

中央アジア高原からヒンドスターン平野へ

インドの歴史は、はるか昔から、幾度にもわたる異国の軍勢や異民族が行った広大な領土をめぐる征服の歴史と交錯する。三方を海に閉ざされ、北方はヒマラヤに塞がれたこの大陸と民族が、アジアの辺境および広大なシベリアと通じているのは、北西の山岳路——ハイバル峠とワジリスターン地方（＊ハイバル峠南方、アフガーニスターンとの国境地域）——以外にはなく、インドの広大な空間と豊かな伝説に満ちた諸都市に魅せられたものは、ここを通って、インダス盆地やガンジス河流域へとなだれ込んできた。前十五世紀から前十三世紀にかけてはアーリア人、前六世紀にはペルシャ人、前四世紀にはアレクサンドロス大王の率いるマケドニア人、さらには、ギリシャ人の王国のバクトリア人（＊アフガーニスターン北部の王国、アレクサンドロス帝国の東北辺境遺領）、インド・スキタイ人（＊前六〜前三世紀の強大な遊牧民国家）、フン・エフタル民族（＊グプタ帝国を衰退に導いた中央アジアの遊牧民族）、トルコ人、アフガーニスターン人、やがて十六世紀にはムガル人を迎える。これら侵入者のうち、いくつかは撤退したり消滅したりしたが、残りは、パンジャブ地方、デカン高原地方、ベンガル地方にまで支配を広げ、さらに南方でもほとんどの地域で、しばしば言語などに影響力を残しつつ、やがては環境に溶け込んでいった。歴史的に見て初めての到来者であるアーリア人（＊古称アリア、現在のヘラートから出た称呼）には、一種の「次第に高まる熱帯志向」がすでに見受けられる。ギリシャ人のメナンドロスは、前二世紀にこの国の王となりパーリー語でミリンダ王と呼ばれ、中央アジアから到来したスキタイ人の征服者カニシカ王（＊クシャン王朝の第三代の王）は、敬虔な仏教徒となった。やがて、ティムール（＊タメルラン、一三三六―一四〇五）の末裔、イスラーム教徒のアクバル大帝が登場する。彼は、ムガル帝国の諸皇帝の中でも最も偉大な人物であり、一種のイスラーム教・仏教・キリスト教のシンクレティズム（＊混淆主義）を唱え、普遍宗教を創立しようと試みた。おそらく、人間に対して自然が行使する支配力があまりに強大で旺盛なため、最も大胆な精神的思弁へ向かわせるように自然が人間の活動を導いているという確信があったのだろう。インド・イスラーム教は、生き延びるために「イスラーム教とヒンドゥー教の境に」身を置くことになるが、結果的には、巨大な獲物の一部――四分の一――でしかなくなり、数世紀にわたる侵入と闘争のあげくに、イスラーム教として残るために、「母なるインド」を捨てて、分離した二つの国家（＊パキスタンとバングラデシュ）を建設することになった。

　イスラーム紀元一世紀（西暦八世紀）のイスラーム侵略者の一団を除いては、ほとんどすべての征服者がトルコ人であった。軍人の徳性、社会的基礎、生活様式などのすべてが、トルコ人たちと、風習と麻痺状態の社会的・宗教的組織とに縛られたインドの軍人たちとの間で、異なっていた。イスラーム教のもつ全的平等観は、カースト制にしばられたインド軍と対蹠的である。節制と同様に、自分たちの努力の一つ一つが報われることを知っているイスラーム教徒の唯一神への信心に対比されるのは、ラージュプト族[1]（＊ラージャスターン州周辺を七世紀から十九世紀まで支配した種族、かつ現存）、マラーター族（＊デカン高原西半部に住んでいたヒンドゥー教徒種族、ムガル帝国の末期には、叛乱を起こした）やその他のヒンドゥー教徒の軍隊と族長たちの飲酒癖である。彼らは戦闘でムガル軍の秩序を乱し、時として陣営の夜間警備さえ怠る有り様だった。一方に、カーストを異にする住民との接触や汚染を避けるために、兵役を除外された大多数の人々がおり、徴兵がある一定のカーストに限定された。勇敢だったにもかかわらず——ラージュプト軍は士気の高さでよく知られていた——ムガル軍とは全く異なる戦闘の手段と方法をとったヒンドゥー軍には、どんな卓越性がありえたのだろうか。ヒンドゥー軍の戦略的中枢は象部隊の重量とそのパワーであり、一方トルコ軍の主力は騎馬の機動力と敏速性であった。騎馬には比類ない弓の名手が跨がり、敵を包囲し矢を雨あられと浴びせかけるので、巨大な動物に乗って戦うヒンドゥー軍は身動きできなかった。騎馬軍は退却したり再突入したりと執拗な攻撃を繰り返した。オスマン・トルコが大砲を最初に使いはじめた（特に、一四五二年における初めてのコンスタンチノープル攻囲において）十五、六世紀が、大砲の時代であったのと同様に、この時代はまさに騎馬の時代であったのだ。トルコ軍の食糧が、行く先々で生えている葉や草でまかなえる馬によって、迅速に補給されるのと反対に、ヒンドゥー軍は象のまぐさをゆっくりと運ぶ膨大な数の牛に歩度を合わせねばならなかった。カースト制による重いハンディを背負った混成軍、時代遅れの武器と兵法、戦術の開発を困難にする高い山々に分断された孤立化などに災いされて、ヒンドゥー軍は、十一世紀以来五百年にもわたって幾度もこの大半島の大部分に波のように押し寄せた侵略者を前にして、なすすべもなかったと言えるだろう。

しかし、トルコ人より前に、すでにイスラーム・アラブ人がこの半島に根を下ろしていた。インド人とアラブ商人の間の紛争の結果、ウマイヤ朝（＊七―八世紀、ダマスクスに都を置いたイスラーム王朝）のカリフ、ワリードは、七一一年に、従兄弟で娘婿にあたるモハメッドの指揮下に、大量の武器を備えた六千人の部隊を送り込み、国境近くの幾つもの町を攻略し、つづいてシンドにまで進軍した。カリフの軍隊は、インダス河の支流に沿ったムルターンに達し、そこで大量の金を発見し、この町を(2)「黄金の都市」と名付けた。アッバース朝（＊バグダードに都した第三次イスラーム王朝）のクーデター（＊アブー

図版 I　初期イスラーム諸王朝の遺跡

右　クトゥブ・ミナレ
左上　ドグラク朝のギヤースッディーンの廟
左中　ロディ朝シカンダル・ロディーの廟（以上デリー所在）
下　奴隷王朝の初代のクトゥブッディーンの建立したモスクの推定復元図

ル・アッバースが七四九年カリフ就任を宣言）が起き、ウマイヤ側とアッバース側の衝突で、アッバース側が勝利を遂げたとき、バルマク家[3]（＊歴代カリフのもとで宰相の要職を占めたイラン人の一門）出身者がインドの総督に任命され、総督の職を世襲した。バグダードのカリフのもつ名目上の宗主権はしばらく存続した。シンドとパンジャブ南部におちついたアラブ人は、それ以上この半島に進出しようとはしなかった。彼らの一部はシーア派の教義を選び、インドの他の地域へ信仰を普及させようと試みはしなかった。インド北西部の例の峠を越えて、恐るべきインド支配者の一人、あの畏怖すべきガズニーの天才マフムードが登場するまでは。

インドの最初の大征服者

アッバース朝は、驚くべき支配力と栄光を、大カリフたち――アル・マンスール、ハルーン・アル・ラシード――のもとで達成したが、その後たび重なる政治的・宗教的紛争によって九世紀末に弱体化し、領土は各地方の王国の餌食となっていった。アム河の北にあるトランスオキシアナ（＊中央アジア）では、サーマーン朝（＊八七四―九九九、アッバース朝下で独立した王朝、首都はサマルカンド、ペルシャとトランスオキシアナを支配）が、独立国家を樹立したが、トルコ人がこの王朝の支配的地位を占めた。その武将の一人アルプテギーンは、ホラーサーンで独立し、九六二年にアフガーニスターンのガズニーを奪取した。十五年後、やはりトルコ人のスブクテギーンが実権を握った。大帝国の基礎を築いたのは彼であり、その息子マフムードが国を確立し、このガズニー王朝に盛名をもたらした。

当時マフムードは二十六歳であった。中背のがっしりした体軀で、意志の強そうな顎を持つマフムードは、抜け目のない政治的手腕と比類なき武人という名声を博していた。彼は建国後数年で、戦争と外交によって、アフガーニスターン全域、シスターン、ホラーサーン、トハリスターン（＊バルフやアム河に隣接する地方）、レイ、コムにいたるペルシャ全域に、その帝国を拡大した。しかしながら、栄光の頂点はインド征服にある。

一〇〇〇年末に、マフムードは軍を結集してインド遠征を開始した。一朝にして、彼はワイハンドのラージャー（＊王）、ジャイパールを倒し、「一粒で八万ディナールに相当する」(4)真珠の首飾り十五を含む見事な戦利品を手に入れた。これによって、彼の名声は全イスラーム世界に広がった。さらに何年かして、彼はムルターンを手中におさめ、パンジャブ地方を征服・併合し、ガンジス河とジュムナ河にはさまれた地域を支配した。さらにマフムードは、ずっと東方のガンジス溪谷へと征服の手を広げていく。ついで彼は、北部インドで最強かつ豊かさを誇ったプラティハーラ朝の王子たちが支配していた町カナウジュを攻略する。その際、都ガズニーに、三百万ディルハム（＊銀貨、基準は十ディルハムが金貨一ディナール、〇・五英ポンド）に及ぶ財宝と五万五千人の奴隷、それに三百五十頭の象を持ち帰った。翌年、難攻不落と言われたグワリオルの堅固な要塞を陥落させた。計り知れない富をもたらしたこともそうだが、マフムード最大の軍事的功績は、グジャラート半島の先端にあるヒンドゥー教の最高の聖地の一つソムナートの攻略である。数世紀にわたってこの地には数々の財宝が集められていた。幾日かの攻囲ののち、戦闘は終了した。マフムードは、金や数多くの宝石を手に入れ、その戦利品をもって帰路についたが、年代記作者の筆によると、その量は「二万頭に及ぶ家畜に運ばせたほど」とある（ちょっと誇張がすぎるように思えるが）。

ソムナートの攻略と寺院や偶像——宝石で飾られたリンガ（＊男根像）——の破壊は、イスラームの全ての国々に、途方もない反響を呼び起こした。カリフのアル・カーディルは、マフムードに、カフル・アッ・ダウラ・ワ・アル・イスラーム（国家とイスラームの心の支え）という称号を与え、さらに、ヤミーン・アッ・ダウラ（国家の右腕）とか、アミーン・アル・ミッラ（宗教共同体の信任を得たもの）などの称号も与えられた。ガズニー朝の勝利の評判は、イスラーム諸国の隅々にまで広がった。「イスラーム教国に新たなアレクサンドロスがやって来た！」などと人々は騒ぎ立てたという。マケドニアの大王に比して、マフムードと彼のなした十六回の遠征は、どれをとっても見劣りのするものではなかった。しかも、マフムードが北部インドの諸王国に徹底的な打撃を与えたので、結果的に、これらの王国はその後の征服者に対する抵抗が一切出来なくなるのである。「マフムードは将来の大侵略に対する枠組みを与えた(5)」。

しかしながら、大侵略の時代はまだまだ先のことである。マフムードの息子マスードは放蕩者の役立たずであったし、中央アジアにセルジューク・トルコ朝が到来したことによって極めて複雑な情勢となった。セルジューク・トルコ朝は、その壮挙の噂をかねてからオリエントに広げつつあった。セルジューク・トルコ朝は一〇七一年に、マンズィケルトにおいてビザンツ軍を破り、コニヤ（＊アンカラの南二百三十キロメートル）、アンティオキア（＊シリアの地中海海港）、エルサレム、ダマスクスなどを次々と陥していった。恐怖にかられたガズニー朝の末裔たちはインドへと逃走した。また別のトルコ民族のグール朝が彼らに取って代わり、アフガーニスターン中央部から進軍し、一一九二年に北西の峠からインドへとなだれ込んできた。彼らもまた、後世に大征服者の名を残したが、グール朝のモハメッドは遊牧民特有の戦術でヒンドゥー軍と戦った。「勇敢なラージュプト軍も馬上の弓兵の前ではなすすべもなかった」と、インドの歴史家は書いている。モハメッドは、デリーを攻略し、デリーはそれ以降インドにおけるイスラーム勢力の中心地となる。しかし、この征服者は、一人の狂信者によって暗殺されてしまう。クトゥブッディーンは、ニーシャプールの商人の手から買われた奴隷であったが、モハメッドの最も忠実な臣下となり、「トルコとペルシャのスルターン」に選ばれた（＊マムルーク〈奴隷〉王朝を創始）。敬虔なイスラーム教徒であり偉大な建国者であるクトゥブッディーンは、デリーにインドで最初の大モスクを建て、「イスラームの権勢」との威名をほしいままにし、強大なヒンドゥー勢力とアジュメルを支配した。落馬によるクトゥブッディーンの死後、デリーの貴族たちは彼の代わりに、やはり奴隷出身のイルトゥトミシュをかつぎあげた。イルトゥトミシュは敢然とインドにおけるイスラーム支配を築き上げ、デリーに素晴らしいクトゥブ・ミナル（＊ミナレ、尖塔）を建立させ、この塔は今日までほぼ完全なまま残されている。

チンギス・カーンとティムール

しかし、二つの恐ろしい災禍がインドに襲いかかろうとしていた。一二二一年に、チンギス・カーンは、敵のフワーリズム(6)のシャーを追ってオクスス河を渡り、指揮下の一団は町や村を略奪してまわった。シンドとグジャラートが占領されたが、イルトゥトミシュは、シャーが助けを求めたときに、賢明にもシャーに加勢することを拒み、やっとのことでモンゴル軍の進攻を回避し、モンゴル軍は退却した。数年後、イルトゥトミシュは、デリーで盛大な即位式を挙げ、バグダードのアッバース朝のカリフの代表(7)によってスルターンの位を授かった。グプタ朝以来初めて北部インドに帝国が建設され、デリーが首都となった。以後、この地は七つの王国の首都となり、各時代の素晴らしいモニュメントが残されている（七五頁、地図3参照）。

イルトゥトミシュの死後、将軍、総督、奴隷などの間で政変や内紛が続き、十六世紀の初めに、またもやトルコ人のアラーウッディーン（＊ハルジー朝の二代目スルターン）が権力を握った。大略奪者――クーフ・イ・ヌール（＊光の山）を攻略――でもあり、またすぐれた行政官でもあった彼は、インドに初めての真の統治機構を築きあげ、最後にはモンゴル軍を追い出した。アラーウッディーンは一三一六年に死んだ。数年のちに、野心あふれるもう一人の武将モハメッド・ツグラクが王座についた。彼の治世は長く続いたが、人民にとっては受難の時代であった。彼は首都をデリーからダウラターバード――ボンベイ州内――に移しただけでなく、全人民を移住させようとした（二五〇頁、図版15参照）。ツグラクの従兄弟であるフィルーズ・シャーがデリー朝最後の大スルターンとなった。大建設者、良き為政者として知られたフィルーズ・シャーは、この帝国を強固なものにした。だが、遅すぎた。フィルーズ・シャーの二人の従兄弟の間で継承争いが起き、内戦に発展したのである。

やがて最悪の事態が起きた。ティムールの侵入である。どうして、彼がインド遠征を行ったのか。様々な理由が議論されてきた。おそらく、ごく簡単に言って、インド半島の征服と伝説的財宝を奪取することが大きな目的だったのだろうし、征服者の名に値するものは誰でも、後世に名声を残したいのなら、こうした遠征を手掛けるに違いないからだ。残酷非道な跛者ティムールは（＊タメルランとは、「跛のティムール」という意味の渾名）、チンギス・カーンに負けない振る舞いをみせたものである。

この事件は凄惨をきわめた。十万人もの捕虜は連れて帰れないという口実で、全員虐殺されたのである。略奪と殺人は三日間続き、ティムールの史家の一人に[8]「有史以来最も残虐な事件」と言わせたほどで、歴史的大犯罪が起きたとき常に言われるように、「こんなことはもうごめんだ」とも彼は付け加えた。

デリーは破壊され、生き残ったものはすべてこの地から逃亡した。侵略者がデリーを離れて十五年間というもの、政府も官庁もここに置かれることがなかった。スルターンのマフムードは、征服者の接近に恐れをなして逃走していたが、一四一三年に死ぬまで、少なくとも名目上はその地位を維持していた。その翌年、サイード朝（サイードは預言者ムハンマドの後裔の称号）がツグラク朝に代わったが、その勢力圏はデリー周辺に限られていた。幾度かの混乱があったが、詳細を伝えるほどではない。やがて、ロディー朝のアフガーン人がバフルール・カーンと改称して権力を握った。バフルール・カーン自身はベナーレース近くのジャウンプルを陥し、後継者のシカンダルとイブラーヒームがグワリオルとその城塞、さらにはビハール地方まで平定した。彼らロディー朝の王たちが行政の基礎を整え、ムガル人がそれを利用した。しかしながら、優れた為政者であったイブラーヒームは、外交が下手でしかも苦手としていたので、アフガーンの貴族たちからは疎んぜられた。アフガーン貴族の一人がカーブルのティムール朝の王バーブルに助けを求め、バーブルがムガル帝国の初代となったという次第である。

（1）　ラージュプト族は北インドで重要な役割を果たし、イスラーム文明の到来に先立つ数世紀にわたってこの地を支配してきたが、彼らの主張によると、家系はヴェーダ時代の日種・月種（＊古代クシャトリア族）まで遡るという。ラージュプトの名は、王家の血を意味するレジェトンから来た言葉ラージュプトラの変形であろう。また、彼らが、紀元後まもなくのころインドに定住したスキタイ族あるいはサカ族か、あるいは四八〇年頃グプタ朝を破壊した白匈奴（＊エフタル族）の末裔であろうと確認された。彼らのうち一部族がヒンドゥー教に帰依し、とりわけラーマーヤーナで歌われた武勲譚の一部を担うものとなったとされている。いずれにせよ、この外来部族の到来によってインドに新社会階級が生まれたことは、特に、ブラーフマン階級が自らを最高貴な身分であることを認知させる口実となった。その結果、名誉、騎士道、愛国心といった高揚した感情からなる民族の誇りといったものが生まれた。ラージュプト族は、活力を失ったジャイナ教と仏教などに加える攻撃の最前線に立っていた。ラージュプト族はおそらく仏教の衰退に決定的役割を果たし、仏教徒を徐々にヒンドゥー教に同化させ、やがて仏教徒をヒンドゥー教へ回心させる布教組織を準備するにいたった。それに加えて、トルコ・アフガーンの迫害により、多くの僧が、自分たちの宗教が誕生した国から追われるはめになった。ラージュプト同盟に含まれた王朝では、特にプラティハーラ家、チャールキヤ家、チャーハマーナ家、トマーラ家などがあり、互いにイスラーム軍との戦闘の先陣を務めた。それらは、ときには団結し、ときには敵同士となり、十八世紀の大ムガル帝国滅亡に少なからず影響をもたらした。

(2) 七四九年。

(3) 大臣や高官を務めた家系で、アッバース朝初期に実権を握ったが、ハルーン・アル・ラシードがこの一門を滅ぼした。

(4) 一ディナールは、当時金三・五グラムから四グラムに相当した（＊第二次世界大戦時の英貨一ポンドが二ディナール）。

(5) A. Miquel.

(6) アム河下流域に面する。

(7) おそらくスキタイ族起源の王朝で、北部インドに大帝国を建国（およそ三〇〇―六〇〇年）した。

(8) J.-P. Roux.

第一章　バーブル

一　物語のヒーロー

バーブルは、一つの称号にはおさまらない稀有の人物である。十二歳で孤児となったフェルガーナ(1)の王子バーブルが、没落の都アンディジャンを旅立ち、北部インドに帝国の礎を築くまでに辿った道程と冒険の数々は、まことに波瀾万丈というべきであろう。彼の設けた礎をもとに、後継者たちが、前代未聞の繁栄と栄光の帝国を築きあげていくのである。

数ある物語作者のどんなに優れた想像力をもってしても描きえないほどのバーブルの冒険譚が、一冊の本に収められている。その書は現存しており、作者はバーブル自身である。自分自身でまとめあげたその回顧録『バーブル・ナーマ』(＊バーブル伝)によって、彼はオリエントでも比類のない君主の一人という名声を博した。バーブルの書は、ただ単に、並外れた彼の生涯や、この書がなければ断片しか知ることができなかったであろう歴史上の大事件――チンギス・カーンとティムールの末裔によるインド征服――の数々のエピソードを物語っただけでなく、巧まざる文体と細部へのこだわり、それに「実際にあった出来事」の優れた取材記者としての才能、などを窺い知ることができて、五百年を経た今日でも読んで楽しく、しかも世界文学の傑作の一つに数え上げられる作品である。

バーブルはおよそ誠実な人物である。『バーブル・ナーマ』では、彼は明らかに取るに足りないことまでこと細かに語っているが、それがかえって彼の人柄をよく表している。例えば、串焼きを炙るために火をつけるよう命じた様子、ある夜突然思い立った釣りの様子、偶然思いついた舟遊びのときに感じた快感、自然の見事な光景を前にした歓喜、美味なる果実を味わったときの喜びなどである。

彼は人生を享受する一方で、相継ぐ戦争に命を賭けた人生を送ったが、それも彼にとっては大いなる歓びであったのだ。彼は回顧録に、失敗に終わった軍事作戦さえもしっかりと報告している。様々な記述から、バーブルの、隊長としてまた比類なき武人としての姿を窺い知ることが出来る。彼は軍規に厳しく、また完全な服従を要求した。この点では、ティムール軍は申し分なく、ほとんど遊牧民と変わりなかった。バーブルは、この遊牧民的な無政府状態に終止符を打った。彼が全てを指揮し、キャンプの周囲には夜警隊を配した。出陣前には、失敗したときの撤退の可能性まで含めた作戦を、時間をかけてじっくりと練り上げた。第一級の戦略家でもあったバーブルは、様々な作戦を考えだしては、ヒンドゥー軍を仰天させ、混乱に陥れたという。例えば、砦、橋、トーチカ、大砲などであり、特に大砲については、当時この分野においてはトップレベルにあったトルコ人の技術を利用して、精密に鋳造させていた。大胆かつ慎重なバーブルは、地形を子細に検討し、陣地や敵側の戦力に関するあらゆる情報を手に入れるまでは、攻撃に取りかからなかった。数々の失敗をものともせず、むしろその度ごとに教訓を引き出し、最終的には勝利したというわけだ。

バーブルは勇敢で、体を張って戦うが、引かなければならないときはきちんと引くこともできた。興味ありとみるやためらわず実行し、また、残虐が予想される厳しい状況下でも寛大でいられた。彼は、モンゴル族の伝統にのっとり、切られた首を塔のように積み上げ、「見せしめのために」体をバラバラに切り刻んだ。しかし、敗者に対しては慈悲深いこともあり、略奪の最中に――時には――自制を発揮することもあった。彼の政治家としての資質は、自分の息子にあてた手紙に見いだされる。その中で、バーブルは息子に、「帝国と孤立は両立しない」と言い、また「人の意見をよく容れよ。征服においても、諸国の運営においても、物事になにがしかの明白な論理があるにしても、それぞれのもたらす結果をとことんまで熟慮するのが望ましいし、またそうすることが必要なのだ。中途半端な決定が、どれだけの反目と混乱を生じさせてきたか考えてみよ」と、書き綴っている。卓抜した武人であるバーブルは、それでも、戦うことより交渉することを好んだ。つねに成功するとは限らなかったが――例えば、イランのサファヴィー朝との交渉――、彼は優れた外交家でもあった。手腕が鮮やかで、魅力に満ち、心理によく通じ、きっと知性あふれる人物だったろう。どれだけの国家と外交関係を結んだのかは知る由もないが、さまざまな記録を総合すると、特にオスマン・トルコと、そしておそらく、少なくとも中国との外交をも思い描いていただろうことが窺える。バーブルのデリーにおける治世は、それらの外交を展開するには余りに短すぎたと言えよう。

勇敢かつ自然を愛した人物像

強健な体質と、いかなる試練にも耐えうる力を備えたバーブルは、疲れというものを知らなかった。ヒンドゥクシュ山脈越えのエピソードが、彼のエネルギーと強靭さをよく物語っている。「我々はおよそ一週間以上も雪の中を歩きつづけてきたが、それでも一シャーリ（＊約三・二キロメートル）、いや半シャーリしか進んでいなかった。雪を踏み固める役目は、私と私の部下の十人から十五人、それにカシーム・ベイと彼の二人の息子と部下の二、三人であった。さよう、われわれは、雪を踏み固めながら歩いてきたのだ。一人が一歩進むたびに、腰まであるいは胸まである雪を踏みしめるというありさまである。数歩進めば、先頭はへとへとになるので、次のものと代わった。荷を下ろした馬が進めるようにわれわれ十人、いや十五人から二十人が、足で雪を踏み固め、やっと馬を通せるようにした。馬にしても、鐙までときには鞍まで雪にはまるので、十五、六歩進んではもう先に進めない。こうして、われわれ二十人ばかりの一行は、雪と格闘しつつ馬を進ませたという次第である……。強い意志と勇気があるなら、こんなことは何でもない」。バーブルと連れの一行はようやく洞穴に辿り着き、そこで避難することができたが、その洞窟は全員を収容するにはあまりに狭すぎた。「他のものが吹雪のなか雪の上にいるというのに、私だけがぬくぬくと避難所に座っていられようか。他のものが外で寒さに苦しんでいるというのに、私だけがゆっくりと寝ていられようか。そんなことをすれば、団結心のない人でなしということになる。私も、同じ痛みと苦しみを体験すべきであろう。人が耐えているなら、私も耐えなければならないだろう。このように私は思ったのだ。私は体を丸くしてじっとしていたが、日が暮れるまでに、雪は烈しく降り、一メートル以上も積もり、私の背中、首、耳のところまで達した。その夜、なんと私の耳は凍りついてしまった！」

バーブルは、ごく幼いころから、あらゆる鍛練をこなしてきたので、楽しみとあらば、何日間も終日狩りをして過ごすこともできた。中央アジアの祖先たちにならって、彼はいつまでも騎行することができるので、例えばガンジスなどの河を何本も泳いで渡っても平気であった。彼は、戦場では先陣を切ってライオンのように戦い、迎撃などをものともせず、ただ敵を倒すことしか考えなかった。

恐るべきバイタリティをもったバーブルは、遊牧民の血を引いていたので、常に移動していた。彼自身言っているように、同じ場所に長く留まることはなかった。この「放浪癖」は、彼のなかで、何でも見てみたいという、気紛れな、うつぼつとした好奇心と結びついていた。自然にあるものすべてにバーブルは目を惹かれ、興味をそそられたが、その様子は戦士というよりも時には旅人といった方がよいくらいだった。例えば、知らない種類の動物を見つけると、次のように報告するのであった。「ニジラウ（カーブルの北東）の山中で一種のリスを見かけた。そいつは、普通のリスよりやや大きく、コウモリのように、足の指に飛膜がついていた。ときどきそれが私のもとに届けられた。聞いた話だが、それは矢が飛ぶように木から木へと飛ぶのだそうだ。そんなものはかつて見たことがない。そいつを一匹木に放してやった。そいつは素早く幹をよじ登り、われわれが追いかけると、そいつは飛ぶように羽を広げたが地面に落ちてしまった。しかし怪我をした様子はなかった」。

気が向くと博物学者然となる、いささか変わった一面を持つ征服者である彼は、突如立ち止まっては、あたりの風物をじっくりと観察していたという。兵士とは思えない筆致で、「鏡のように滑らかな水面が、われわれの目に突然飛び込んできた。向こう岸にある平原はまだ眼に入らず、その湖は空と溶け合っていた。蜃気楼のように、山々や向こう岸にある丘が大地と大空の間に宙づりになって現れた……。何か奇妙なものが見えた。水面と空の間に、何か（バラ色のもの）がオーロラのように現れては消えているのだ。われわれがすぐ近くに届くまで、その現象は続いた。そのときやっとわかったのだ。そう、ガンの群れだった。一万羽から二万羽、いやそれ以上の無数のガンの群れが羽を広げて飛んでいたのだ。赤っぽく見えたのはガンの羽根の色であった」、などと表現するのであった。

バーブルは、不思議に思えたものは何でも、例えば、クロコダイルから逃れようと小舟に飛び込んだ魚、象の群れから逃れようとする犀など、細かいところまで丁寧に記録した。彼の興味を引きつけた花を長々と描写した件《くだり》もある。「パンダヌキュラが咲いている。とてもいい香りだ。花がまだ蕾のときは、外側の葉は緑濃く棘がついている。内側の花びらは白くたおやかだ。その真ん中に花芯があって、そこからえも言われぬ香りが立ちのぼっている」。彼はまた、インドのジャスミンが、故国のジャスミンよりも、香りが高いことも報告している。このように、彼は、インドに来て初めて見た数々の植物や花を、生き生きと、ときには驚くべき表現力で細かく描写している。ナツメヤシを動物に比して、「ナツメヤシの頭部を切り取ると、さながら首を切られた動物が命を失うように、干からびはじめる」などと表現するのであった。

バーブルは大変な美食家であったが、果実にはことさら執着を持った。特にメロンに目がなく、例えば、タシュケントのナスクで採れるメロンは「馥郁たる香りがする」などと、大変な思い入れがあったようだ。故郷の甘美なメロンを思い出して、「あのメロンの種はリンゴの種と同じくらい小さく、果肉は指四本分の厚みがあった」などと言い、叔父のテントに入ると、まずメロンを目で探したという。「メロンが届けられた。ざっくり切って味わうと、夢見る心地がして、思わず涙がこぼれそうだった」、とまで語っている。

果実だけに情熱を傾けたわけではない。どうやら、バーブルの愛した女性はただ一人、彼がマーヒーム（〝私の月〟の意）と呼び、のちにフマーユーンの母となる女である。また、バーブルには、男色の傾向はほとんどなかったが、彼が「涙に暮れ、狂おしい思いを抱いた」と報告をする、バーブリという名の若い男との出会いだけは特別である。二度目にその男に会ったときには、「危うく失神しそうだった」などと、彼は書き残している。しかし、真の詩人は美男子と恋におちるべし、という当時の習慣に、彼は本当に従わなかったのだろうか。

彼は、色事以上に、酩酊のもたらす気分の高揚を、重要視していたようである。彼の言によれば、「一歩を踏み出す」のには随分と長い間躊躇《ためら》っていたという。若いころは、酒を勧められても断った。父にワインを勧められても断っていたらしい。「若気の至りと旺盛な食欲のせいだった」と回顧するのは、芸術と色事の町ヘラートで、酒を飲むことを決意した日のことである。彼は酒を飲み干し、ブランデーを飲み、阿片を吸ってすっかり酔っぱらった。このことは、何度も自分の書で語っている。「私は船の上で日が暮れるまで飲みつづけた。太陽が沈み船から降りるころには完全に酩酊していた」。その年齢では無理もないが、当時は貴重だった銘酒を、味わうというよりは、早く酔うために飲んだようである。ワインのアルコール含有量は十四度から十五度だったので、酔うのは早かった。インドを征服するまでのバーブルは、父や家族と同様に（彼も家族も全員イスラーム教の信者だったのだが）相当な酒豪であったようだ。

バーブルは敬虔な信者だった。彼はイスラームの礼式を誠実に実行し、必要とあらば急流の凍てついた水で沐浴を行った。狂信者でも信仰に凝り固まった人でもないが、ティムール族の伝統からか、彼はスーフィー信仰にかなり傾倒していた。「国王と修道僧《デルウィーシュ》とには大きな隔たりがあるなどと言ってはならない。私は王だが、修道僧のとりこになっている」と、短い詩にしたためている。敬虔な信者のもつ力を、彼は完全に信じていた。例えば、こんなことも語っている。ある有名な長老が彼の夢に現れ、彼の左腕を取ったところ、彼の両足は地面から離れたと。この奇跡を配下の者に語ったところ、彼らはこう叫んだ。「長老があなたに成功を授けてくれたのだ」と。バーブルは「その数日後に私はサマルカンドを陥したのだ」と付け加えた。彼の宗教的見解は控えめだが、特筆すべきは、生涯の最後に宗教的熱狂を体験したことである。そのとき、彼は、偶像や金銀の杯を壊し、なにびとも彼の目の前で酒を飲んではならないと禁じた。いまわの際にも、金曜の礼拝のために自らをモスクに運ばせたという。全生涯を通じて、バーブルは神への絶対的な信仰を貫いた。

冒険と戦闘

バーブル・シャーは、一四八三年二月十四日に、フェルガーナの小さな町アクシで誕生した。父オマル・シャイフ・ミールザーは、恐るべき征服者ティムールの曽孫にあたるアブー・サイード・ミールザーを祖とするティムールの直系の子孫である。したがって、バーブルはフェルガーナの住民の大多数と同様トルコ人である。(2) フェルガーナは、アンディジャンを首都にもつ肥沃なオアシス国家であり、ティエン・チャン山脈、いわゆる「天山山脈」に囲まれ、シル・ダリア河に面し、シルク・ロードの主街道が貫いている。豊かで風光明媚なフェルガーナは、ティムール帝国の遺産のなかでも至宝と言えるものである。バーブルの伯父であるアフメド・ミールザーが、ブハーラとサマルカンドを受け継いだ。特に、サマルカンドは、ティムール帝国屈指の壮麗な都だったので、その継承問題が二人の兄弟の間に抗争を引き起こした。バーブルの母も高貴な家柄の出身である。彼女は、大征服者チンギス・カーンの次子チャガタイの系統をひく十一代目のユヌス・カーンの娘である。ユヌス・カーンは、親王の領地として、アフガーニスターン、トランスオキシアナ、バイカル湖南東地域を授かり、自分の名を冠した王朝を建国した。ユヌス・カーンのタシュケント支配のさなかに、彼の娘ニガール・カーニムとオマル・シャイフ・ミールザーが結婚した。この夫婦から生まれた子は、誕生にあたってザーヒルッディーン・モハメッドと名付けられた。古くから伝わるシャーマンの慣習にのっとって、「ヒョウ」あるいは「虎」を意味するバーブルの名が与えられた。バーブルは自分の回顧録の中で、父オマルの人物像を紹介しているが、父が幻覚剤を常用していたことも含め、洗練され、敬虔で、しかも厳格かつ寛容なる人物であったことに深い賛辞を呈している。そうした資質は、その息子バーブルにも認められるものである。息子の語るところによると、「父は優れて寛容なる人物である。彼は数々の詩歌を楽々と吟じた。また、彼は数ある中でも特異な人物であった」とある。オマル・シャイフ・ミールザーは、一四九四年に事故がもとで死んでしまう。そのとき息子は若干十一歳であった。その時以来、ほんのわずかの平和で平穏な時期以外は、冒険と戦闘に明け暮れた日々が続き、三十年以上を経て、ようやくインド征服とデリーでの王朝建設に辿り着いたのである。時には酒に酔いしれた時期もあったが、バーブルが自伝で述べた、落ちつく先もなく冒険と戦闘に明け暮れた年月については、大まかに述べておくだけにする。

　オマル・シャイフ・ミールザーが死ぬや否や、サマルカンドとその周辺を手中にしたオマルの実の兄――バーブルの伯父――が、いよいよ甥の封土であるフェルガーナの奪取に乗り出した。バーブルは、母と祖母のエセン・ダウラト・ベガムの忠告を聞き入れて、伯父を継いだ従兄弟たちの間に不和を起こさせ、なんとかアンディジャンを守り抜くことができた。引き続き、バーブルはティムールのもとで栄華を極めたサマルカンドの権利を主張する。陰謀と対立が相次いだが、ついに、一四九七年十一月、夢にまで見たサマルカンドに、歓喜と誇りを持って入城した。「世界中どこを探してもサマルカンドほど魅力あふれる町はない」と、彼は語った。さらに、この地の気候や産物についても長々と描写し、メロンのこと、とりわけ、ティムールとその後継者たちが建造した見事な記念建造物《モニュメント》について、さらには、大征服者が自分のインド遠征をフレスコ画に描かせた壁のある大王宮、などについても書き残している。王宮には、ティムールの孫に当たるウルウ・ベクの建造した、三階建ての天文台があり、この博識の王子は、それまで利用されていたものに代わる新しい星座図を完成したという。また、周りには大きな池と美しい果樹の茂る素晴らしい庭園が造られ、この果樹園からとれる果実は、遊牧民、とりわけ、故郷に水と涼しさが欠けるトルコ人たちによってこの上もなく珍重されたという。しかし、この若者による「豊かなサマルカンド」の治世はそれほど長くは続かなかった。彼は七カ月の攻囲の後にサマルカンドを占領したが、その間に資金が枯渇し、近隣諸国を略奪してまわったとしても無理はない。彼自身「近隣諸国は手痛い略奪と破壊を被った」と言ったほどである。一人また一人と部下が彼のもとを去っていく。サマルカンドに凱旋して百日後に、従兄弟のアリー・ミールザーの侵攻をうけて、都を捨てて逃げだしてしまった。その日から、二年にあまる新たな放浪が始まった。バーブルは自分の都アンディジャンからも締め出され、この都も敵の手に落ちた。「こんな苦しみ、こんな困難はかつて経験したことがない」と書き残している。

ティムール族の一青年の体験した冒険と彷徨の数々は、余りに話が込み入っているので、ここで全てを紹介するわけにはいかない。サマルカンドからの逃亡ののち二年を経て、彼はこの都を奪い返すのだが、またもや手放さざるを得なかった。しかしながら、一五〇四年に、バーブルはカーブルとガズニーを攻略して、彼以前のティムール家の誰も持つことのなかったパディシャー（皇帝）の称号を授かることになる。また、カンダハールを奪いはしたものの、後に手放すことになる。カンダハールは、バーブルがインダス河を目指した初期のインド侵略時に駐留した都市である。彼自身は、どうやらインダス河を越えることに何か躊躇いがあったようである。その時の侵入は一時的なもので、戦利品を持ち帰るための単なる襲撃でしかなかった。

ついに、幸運の女神が微笑みかける時が来た。一五一一年から一五一二年にかけて、イラン国王シャー・イスマーイールの助けを借りて、バーブルはブハーラとホラーサーン、それにサマルカンドの主となる。サマルカンドでは、彼曰く「今までにそしてこれからも、誰も見たことのない、誰も聞いたことのない壮麗かつ栄光の凱旋を」なし遂げた。バーブルの帝国は、サマルカンド、ブハーラ、クンドゥズ、バルフなどを含み、タシュケントからカーブル、ガズニーまで広がった。しかし、そのためにどれほどの代償を払わなければならなかったことか。ペルシャ人の君主であり、サファヴィー朝の開祖となったシャー・イスマーイールは、ウズベック族[3]との戦いにおいてバーブルを支持はしたが、それには臣従を受け入れることと、シーア派に帰依するという条件がついていた。シーア派は、正統イスラーム（スンニー派）からは異端と忌み嫌われていた。至高の存在の名のもとに宣布される祈りであるフトバ（＊金曜日の礼拝前の説教）は、シャー・イスマーイールと「十二イマーム[4]」の名をもって語られ、その名は、トランスオキシアナの住民やこの地方のトルコ人たちにとっての恐怖であった。ウズベック族は、住民の大部分がパディシャー（＊イラン皇帝）から離れてしまったこの状況を利用し、「聖戦」を宣言した。一五一二年春、バーブルはシャー・イスマーイールに助けを求めたが、イスマーイールは一万人ばかりの兵士しか送ってよこさなかった。その結果、同年末にバーブル軍は敗れてしまった。一五一四年にチャルディランにおいてオスマン・トルコのスルターン、セリム一世に敗れたイスマーイールをもはや当てにすることのできないバーブルは、カーブルに退却し、五年間の休息をとった。その間、しばしば、反乱を起こした部族の討伐にでかけたようである。とは言え、その目的はひたすら略奪であったから、イギリス人作家はこれを「お買物（ショッピング）遠征」と呼んだ。なかでも、カンダハール攻撃は激しいものであった。

アレクサンドロス大王によって建設された古代のアラコシア（＊北部バルチスターン地域）のアレキサンドリア（＊カンダハール）は戦略上の重要拠点であり、アフガーニスターンを狙うあらゆる諸王朝がこれを巡って争ってきた。この町は、ペルシャ、トランスオキシアナの通路と、ヒンドゥスターン平野へ向かう峠を制圧する位置を占め、驚くほどの豊かな都であった。一五二二年五月に、幾度にもわたる挫折と、軍事的努力、それに政治的交渉を重ねた結果、バーブルはカンダハールに突入した。バーブルによるカンダハール占拠は、岩がちな山脚の頂上に彼の建てさせた奇妙な記念建造物《モニュメント》によって窺い知ることができる。チリ・ジーナと呼ばれる階段を四十段上ると、岩をくり抜いて造ったさほど大きくない部屋に辿り着く。この部屋には、バーブルのインド遠征を称揚する碑文が刻まれている。そのうちの一つに、一五二七年の日付のついたものがあり、バーブルのインド遠征後に与えられた幾つもの称号が刻まれている。入口にある実物大の二匹の野獣は、明らかにこの場所の主であるバーブル、つまり、トラとヒョウを示すものだ。

　このモニュメントがなにを意味するのかは、今となっては知るよしもない。他の君主と同様、長く征服を望んだ町に自分の痕跡を刻み込みたいという欲望の現れなのだろう。カンダハールに彼の建てたこの奇妙なモニュメント以外に、彼はカーブルに、いくつかの建造物とモスクを残しているが、特筆すべきは、庭園である。

　オリエントの人々、特に遊牧民は庭園をことのほか愛したが、バーブルは、花や樹木を愛でることに無上の喜びを覚えたようである。夏ともなると、木々の下で、しばしば杯を片手に生暖かい夕べを過ごし、頭上の果物を味わった。彼は、征服した全ての都市にこうした庭を造らせた。カーブルにも庭園がたくさんあった。少なくともそのうち二つが知られている。バーグ・イ・ヴァファー（〝忠誠の庭〟の意）は、城塞と王宮の間を流れる川を見晴らす位置にある。バーブルは語る、「私はそこに成長のひどく速いバナナの木とサトウキビを植えさせた。庭の小さな高台から流れ出る小川は、水車を回し、庭に涸れることなく水を供給していた」。また、バーブルはオレンジにもふれ、「その果実はざくろに似ている。泉水の周りを丁子の樹が取り囲む。ここは庭のなかで最も魅力的な場所だ。オレンジが色づき始めるころは絶景である。この庭は実に見事な出来ばえだ」と述べている。二枚の細密画にその庭園が描かれている。一つは、バーグ・イ・ヴァファーで庭師に指示を与えるバーブルと、もう一枚は、届けられた知らせに見向きもせず庭師と話し込むバーブルに呆れた高官たちの図である。彼の回顧録のある件に、「バーグ・イ・ヴァファーがその栄光に包まれていた時代のことだ。花壇は丁子の花であふれんばかり。まだ熟していないがオレンジの実がたわわに実る。その日ほど〝至福〟の庭に感動したことはない」と書いている。別の細密画には、サトウキビの植え込みの周りで立ち働く庭師を描いたものがある。庭師が用水路で縁取られた地面に種をまき、噴水がその中央から吹き上げている図である。彼の伝えるところによると、カーブルのすぐ隣の町イスタリフに、彼は、セイヨウハナズオウの植え込みのある低い石垣で囲まれた噴水を造らせた。「セイヨウハナズオウが花咲くとき、こんな場所は世界中どこを探してもあるとは思えなかった。黄色や赤のセイヨウハナズオウが一斉に花開くのである」。

庭園は、今日以上に、オリエントではなおのこと、その土地を所有し統治するものの人生の至上の喜びでありまた快楽でもあった。君主バーブルは、教養のある人物であったが、勇敢であると同時に快楽も追求した人物であった。彼は、庭園を造ることを無上の喜びとし、自分の存在理由とした。こうして、バーブルは、自分の帝国の多くの都市に、次々と庭園を造らせていくのである。庭園とは、イスラームの伝統においては、楽園の象徴なのではあるまいか。

二　インド征服

カーブルの庭園から受ける無上の悦び、野原のチューリップの光景にうたれる歓喜、こうした悦楽に浸るひまもなく、バーブルは次の計画に取りかかった。それは、ティムールの末裔が一世紀以上前に支配していた、インドを征服することである。この思いは彼にずっとつきまとってきた。この計画の実現が容易ではないことを知ってはいたが、だからといって手をこまねく男ではない。

当時インド半島で勢力を張っていたイスラーム諸国もヒンドゥー諸国も、豊かな財宝を有していたとはいえ、かつてないほどの分裂状態であった。さらに、ごく稀な例外を除けば、真の戦闘員に乏しく、また新しい戦争形態に適した技術や戦略で立ち遅れていた。この巨大なインドは、当時、五つのイスラーム教徒の王朝と二つのヒンドゥー教徒の王朝によって治められていた。その筆頭が、デリーの帝国であり、強力なロディー朝がここを治めていた。その勢力範囲は、半島北部ではアフガーニスターンの国境付近のベーラまで、西部は現在のボンベイとラージャスターン両地方に挟まれたグジャラートに、半島中部ではデカンとマールワーまで広がっていた。二つのヒンドゥー勢力が、ヴィジャヤナガルとラージュプターナを抑えていた。特に、ラージュプターナには、盟主ラーナー・サンガが控えていた。ウダイプル近くにある堅固なチトルの要塞を巡る三度の戦争では、ラージュプト族の勇敢な戦いぶりが歴史に残されている。インド征服を果たすためにまず成すべきは、デリーの王国の打倒である。ただし、他と比較して決して最強とは言えないまでも、デリー軍は最大の兵力を誇っていた。その盟主はシカンダル、続いてイブラーヒームである。彼らは二人とも、歴戦の強者であり、卓越した武人であったが、いささか独善的なきらいがあり、無慈悲な人物であった。ヒンドゥー教徒軍の中では、ラーナー・サンガが最も恐るべき相手であり、彼は、すべての将校が彼のために喜んで犠牲になるという手ごわい部隊を率いていた。ラージュプト族は、女子が生まれると嬰児殺しを広く行っていたようである。[5] ラージュプト族は、アーリア人以前の古代王朝に起源を持つと主張していた。

略奪と急襲

インド征服は決して容易なことではなく、バーブルとてぬかりはなかった。バーブルは、スパイを送り込んで敵方の情報を取り、敵の軍隊と組織については、弱点とともに長所も知り尽くしていた。彼が、インドの気候、兵士の気質、敵の戦略など、自分を待ち受けるものを十分承知していたことは、見知らぬ地を目指す探検家など問題にならないほどであった。

バーブルの行ったインド遠征の回数については、歴史家の見解は必ずしも一致していない。実際、バーブルは大遠征に出る前に、何度も略奪に出かけていたので、峠の向こうに何があるのかを知っていた。彼自身は、「インドのもたらす巨大な利益は、広大な領土に留まらず、貨幣や地金の形で発見できる莫大な量の金にある」と語っている。彼はカーブルを制すると直ぐに、「予行演習」のためにインドの諸都市を何度か襲った。特に、一五〇四年には、ハイバル峠を越えたが、インダス河を越えずに、そのまま北進しコハートに向かった。収穫は乏しかった。これは彼自身の報告による。彼の小部隊が持ち帰ったものは、わずか、牛、羊、織物、高価な馬などにすぎなかった。二年後にヒンドゥスターン平野にまで達したが、それは実際には逃亡とも言えるものであった。というのも、モハメッド・シャイバーニーの率いるウズベック族が到来し、カンダハールを攻囲したという情報が入り、バーブルは高官を集め、彼らに、「敵はわれわれよりはるかに強い。ここで肝心なことは、彼らとわれわれの距離を十分とることである」と要約した。諸侯の意見が分かれた。どこに行くのか。こうしてインドを選ぶに至ったというわけだ。ところが、シャイバーニーが撤退したという知らせが届くや、バーブルと部隊はカーブルに引き返す。バーブルが、後の皇帝となる長子フマーユーンの誕生の知らせを受け取ったのは、このときである。母は、一五〇六年に結婚した最愛の妃マーヒームである。マーヒームは、ティムール朝のスルターン、フサイン・バイカラと縁続きで、シーア派信徒であった。

バーブルのインド遠征はすぐには再開されなかった。しばらくそれから遠ざかっていた。とはいえ、大計画を諦めたのではない。それよりも、彼の心を捕らえて放さなかったのは、父祖伝来の所領地をはじめとするサマルカンド周辺の中央アジアに、一大帝国を建設する計画であった。バーブルはインド遠征を続けてはいたものの、単なる襲撃程度でしかなく、それも一五一五年頃に限られていた。当時、バーブルは、ウズベック族の脅威に晒されており、同盟を結んでいたペルシャのシャー・イスマーイールが一五一四年にオスマン・トルコに敗れたため、自分の夢が、当時の状況からして実現不可能なことを理解し、しばらくの間は、ティムールの遺産を引き継ぐことは断念せざるを得なかったというのが実情である。しかしながら、彼は、生涯、自分の故郷、つまり中央アジアから目を逸らすことはなかった。彼は、一旦インドに腰を落ち着けた上で、敵を制圧しつつ、次第に大部隊を結集し、当時中央アジアで彼しか備えていなかった大砲を持って、サマルカンド征服の大遠征に乗り出そうと考えていたのであろうか。インドやその気候、またインドの人々に、バーブルはそれほど惹かれていたわけではなく、むしろ、遊牧民国家に対するノスタルジーが彼の心をサマルカンドに導いていたのではないだろうか。

一五一九年、バーブルはついに半島への道に新たな一歩を踏み出した。ただし、この度の遠征は、略奪のためではなく、可能な限り北部インドの諸州を征服するためであった。春に、ハイバル峠を越え、難なくベジェヴル（またはバジャウル）州を手中にした。というのも、火砲を主力とした軍隊は強力であったし、また奇襲が絶大な効果を果たしたのである。バーブル自身の報告によると、ベジェヴルの住民は鉄砲の音など聞いたことがなく、初めは馬鹿にして、下品な仕種で銃声に答えていた。しかし、バーブル軍の兵士の一人が、銃で五人を撃ち殺すと、「敵はたちまち姿を消してしまった」。火砲は、もしルーム・ムスタファ（オスマン人のムスタファ）とかいう人物によって現場で鋳造されたのでなければ、おそらくオスマン・トルコ近辺で手に入れたのではないか。「至高の神の恩寵と思し召しによって、われわれは二、三時間で、かくも堅固で強力な砦を陥すことができた」。さらに付け加えて、「彼らは異教徒だったゆえ、部下に三千人以上の大虐殺を命じた」、「余りに死体が多すぎたので、通り抜けるには飛び越して行かなければならなかったほどだ」と書き残している。「忠誠の庭」でオレンジの花に恍惚とした男が、かくも恐ろしい乱暴者であったとは。この快挙の後、彼はかなり東にまで進軍を続け、ビフレ（またはベグラム）にまで達したが、熱波の到来に阻まれてそれ以上遠くには進めず、カーブルに引き返した。

その後、様々な事件が立て続けに起こった。一五一九年の末に、バーブルは再び峠を越えて諸部族の叛乱を鎮圧し、将来のペシャワール遠征を視野に入れて、準備を整えていた。しかしながら、またもやカーブルに引き返さざるを得ない事態が生じたのである。バダフシャーン地方（カーブル北方の州）に動揺が起きたからだ。すぐに秩序が取り戻されたので、翌年、バーブルは再度インド北部平原へと進軍する。彼はシアールコットまで進み、一発も銃を発射することなく制圧し、そのまま撤退した。さらに二年が経ち、一五二四年の再遠征となる。

パーニーパットでの大勝利

事態がこれまでとは違う方向に進み始めたのである。北部インドで、デリーの王国はロディー朝の手に落ちていた。深刻な対立によって王国が引き裂かれていたのである。パンジャブの総督ダウラト・カーンが叛乱軍を率いていた。イブラーヒーム・シャーはダウラトをデリーに呼びつけたが、ダウラトはこれを拒否。ダウラトは、イブラーヒームが自分から総督の職を取り上げて、もしかすると自分を暗殺するかもしれないことに気づいたので、対立状態は最悪となった。ダウラトは敢然と叛乱に打って出た。もちろん、スルターンに対抗するための他の諸侯の助けが仮にあったにしても敵わないことは承知の上である。彼は自分の息子ディラワーンをバーブルの許に送り、イブラーヒームに対抗するための支援と引換えに、バーブルに対して臣従の誓いを立てる準備がある旨を伝えた。すぐさまバーブルは遠征に取りかかった。ラホールとディーパールプルは何の抵抗も見せずバーブルの軍門に下った。バーブルはこの二つの町の住民の大半を虐殺し、バザールを焼き払った。パディシャー(皇帝)として、バーブルはダウラト・カーンにどんな約束をしていたのであろうか。バーブルはラホールをダウラトに譲るとほのめかしはしなかったのか。いずれにせよ、バーブルはダウラトにジャランドゥルとスルターンプル(6)だけを与えた。これは同盟軍とすればおおいに不満な結果である。ところが、バーブルはその時、ウズベック族がバルフの町を攻撃したため、急遽アフガーニスターンに帰らざるを得なくなる。これを平定して、バーブルがインドに戻ると、混乱はさらにひどくなっていた。今度は、イブラーヒーム・ロディーの叔父にあたるアーラム・カーンが、ラホールと引換えにデリーの王座を奪うのを手助けしてほしい、と言うのだ。予期せぬ事態が起きていた。バーブルはいつの間にかもはや王国の征服者ではなくなっていたのである。先祖のしきたりからするとバーブルこそがデリーの所有者である。しかし、バーブルは、いずれデリーを攻略し、そこに落ちつくことが分かっていたから、とりあえずは、救い主の役割を演ずることにした。

パディシャー・バーブルの目論見に気づかなかったアーラム・カーンとダウラト・カーンは、バーブルを待たずに、デリー奪取を試みてしまう。もちろん敗北である。こうして、五度目で、しかも最後のインド遠征が開始されることになった。

一五二五年十一月に、バーブルはこれまでのインド遠征とは比べられないほどの大部隊を率いて国境を越えた。長子フマーユーンがバダフシャーンから引き連れてきた軍勢を含めて一万二千人を数える大部隊である。とはいえ、数字的には、敵勢力と比べれば問題にならないほど少数であった。というのは、イブラーヒーム側に寝返ったダウラト・カーンが四万人を擁し、イブラーヒーム自身は十万の兵を率いていたからである。四月一日、イブラーヒームの騎兵団が退却したので、十二日から十九日にかけて一週間、両軍はデリー北方約百キロメートルにあるパーニーパットの平原で睨み合った。ここはかつて何度となく、インドの命運を左右してきた古戦場である。当初バーブルは守りの布陣で臨んだ。彼は横に長く兵員を配置した。その中央を、トルコ式伝統に則った戦術により、太い革紐でつなぎ合わせたおよそ七百の戦車団に守らせた。一対の戦車の間にはそれぞれ防衛用の布を渡して、兵をその下に配置した。パディシャー自身は中央に陣取り、左翼を塹壕と木の枝で護らせた。両翼の先端には騎兵隊を配し、敵を包囲する布陣である。四月二十日夜半に、敵が動かないのにしびれを切らしたバーブルが騎兵隊を出陣させた。それは狙いどおりの効果をもたらした。早朝、イブラーヒーム軍が千頭の象部隊と一万人の兵力でもって進撃してきた。バーブルは騎兵部隊を両翼から送り込んで敵を包囲する一方、大砲で中陣を襲わせた。思いもかけぬ戦術に慌てふためいたスルターン軍が散り散りになって敗走する正午頃まで、戦闘は数時間続いた。戦場には一万五千人の死者が残されたが、その中に敵の大将イブラーヒーム自身が含まれていた。イブラーヒームの首とグワリオルの老王（ラージャー）の首がバーブルのもとに届けられた。バーブルがまっさきにとりかかったことは、デリーとアーグラの財宝を略奪から守ることである。彼はそこに驚くべき量の金と宝石があることを知っていたからである。バーブルは全速力でデリーに向かい、息子フマーユーンがアーグラに向かった。そこでは、残されたものが互いを殺し合うような惨事が展開した。こうした中でいささかロマンチックなエピソードが残されているので紹介しよう。グワリオルのラージャーの妃や子供たちはアーグラの城砦に避難していた。城を逃げだそうとしたときフマーユーンの兵士に捕まり、彼らは若き皇子の前に引き出された。皇子は彼らを丁重に扱い、兵士に蹂躙を禁じた。

フマーユーンへの感謝の印として、女たちは彼に見事な宝飾品や宝石の数々を差し出した。その中にコフ・イ・ヌール（＊光の山）と呼ばれた至宝があった。フマーユーンはそのダイヤを父に届けたが、父はそれをフマーユーンに返した。コフ・イ・ヌールは現在ロンドン塔に陳列されている。

一五二六年四月二十七日、バーブルはデリーに入り、次の金曜の祈りは大モスクにおいて、彼自身の名をもって唱えられた。数日後、彼はスルターン、イブラーヒームの居城に乗り込んだ。回顧録には、「カーブルの国はイスラーム暦九一〇年に私に与えられたものだ。その日以来今日まで、余はずっとインド征服を夢見てきた。わが高官たちの臆病さや、兄や弟などとの連帯がうまくいかなかったこともあって、インドへの進軍もできず、この帝国を一時でも征服するなどできなかった。しかし、とうとうそうしたさまざまな障害はなくなり、九二五年（ヒジュラ暦）に余は出陣した。ベジェヴルを二、三ゲリ(7)（＊一ゲリは二十四分）で陥し、住民を皆殺しにした後、ビフラムに達した。（……）余は、八年間に五度に渡ってインドに進軍した。五度目に、ああ神様、あなたの愛と寛大さのお陰で、私たちは強敵イブラーヒームを全滅させ、圧勝することができました。あなたのお陰で、インドのような帝国を私が授かり、支配できることになりました。（……）私たち自身の功業によるのではなく、神の紛れもない寛容と恩寵だけによってこの幸福がもたらされたことはよく承知しております」と、書き綴っている。

魅力はないが実りの多い征服

神に授かったこの国をバーブルは愛さなかった。それはここが彼の生まれた中央アジアとは余りに違っていたからである。中央アジアは、厳しい気候とはいえ、季節の変り目がハッキリしており、美味しい野菜や果物を産する肥沃なオアシス、それに家畜の群れを放つ広大な土地を持っていた。彼は回顧録に、その失望を露わに書きつけた。「インドは魅力に乏しい国である。住民には美というものがない。彼らとの間に、通商したり、付き合いをしたり、互いに行き来するような関係はない。彼らには、個性、能力、上品さ、寛大さ、男らしさといったものが見られない。職人にもその作品にも、秩序、シンメトリー、直線、垂直といったものが見当たらない」。そして、バーブルにとって最も重大だったのは、「良い馬や犬、美味しいブドウ、メロン、果物、氷、冷たい水がない。バザールに行っても、美味しい料理やパンを手に入れることはできない」ことであった。彼の目からすれば、今後自分のものとして、国を必死に守っていかねばならないのに、その見返りが全く何もないと映ったのである。「インドの町にも国にも、およそ楽しみというものが欠けている。町と田舎には何の差もない。（……）モンスーンの雨のせいなのか、河や流れの岸辺は穴だらけで、通行がほとんど不可能である。平野は棘のある灌木に覆われ、地方の人々は擾乱と叛乱に明け暮れ、税を払おうとしない。インドでは、田舎のみか町でさえ人影が疎らとなり、瞬く間に誰もいなくなってしまう。何か逃亡を要する原因が生じるや、一日か一日半で、長年人が集まった大きな町が跡形もなくなってしまう。また農業について言えば、灌漑をしないでも収穫が十分得られるので、用水路を掘ったり堰を造ったりする必要がまったくないようだ。それでも、アーグラやチャンドヴァール、それにビヤナやその近郊では、バケツを使った灌漑をしているが、辛い作業だし、不潔きわまりない」と、バーブルは書き残した。

征服を果たしたばかりのものに不満があったにせよ、この国は広大で豊かである。バーブルはそのことに回顧録の中で何度も触れ、輝かしい未来と自分の王朝がそこに展開することを知っていた。彼の豊かな想像力は、おそらく悠久の彼方に、自分の子孫がこの半島全体を征服し、それをさらに発展させた、ずっと広大かつ強力な帝国を夢見ていたのであろう。もし、ムガル帝国のインドが、次の世紀に、世界に名だたる諸帝国の筆頭に挙げられなかったにしても、ある時代にはおそらく最も豊かな帝国となった。その時代とは、アクバルやシャー・ジャハーンなど、広大な領土をさらに拡大しようとする強気な人物によって支配された時代であり、間違いなく世界で最も豊かな、最も広大な帝国の一つになった。しかし、あらゆる政治構造がそうであるように、バーブルが基礎を築いた政治体制は、狂信が人々の間に沸き起こったとき、また短い期間ではあったがアクバルが打ち立てた誰の眼にも明らかな統一というものが憎しみに変わったとき、亀裂が入り、崩壊してしまい、やがて外国人勢力の手に落ちていく運命にあった。

一五二六年の夏の初めはまだまだそのような状況ではない。バーブルは、大征服の後には当然の習慣として、勝利を祝って財宝を分配した。相変わらず彼は気前がよかった。勝利に大きく貢献した息子フマーユーンには、七十ラク(8)（＊七百万ルピー）の金と、「これまで財産目録に入ったことのない」ようなある宝を蔵した一軒の館を与えた。この宝は、のちに重要な価値を持つことになる。さて、何人かの高官には、それぞれに十ラク（＊百万ルピー）ずつ、その他の高官にはそれよりやや少ない金額を与え、勝利に貢献したものには全員になにがしかを、階級に応じて与えた。「軍に随行した商人や一般人にもそれぞれ与えた」と、彼は書き残している。戦いに参加しなかった彼の家族全員にも、さらには、遠くイラクにまで及ぶ全ての「聖者」に対して、金や銀それに奴隷などの贈り物を送ったという。この大盤振る舞いによって財宝はほとんど空になってしまい、そのことが、結果として、アーグラ到着直後のパディシャーを大変な困難に直面させることになった。

あらゆる種類の困難が立ちふさがった。住民全体が彼に逆らったのである。「われわれがアーグラに初めて入ったとき、われわれ側と地元住民の間には、奇妙な反感と嫌悪感が漂っていた。われわれを見るやいなや、兵士も農民も散り散りに逃げてしまった。馬の食料どころか、われわれ自身の食料も見つけられない有り様だった。われわれの目からすれば反感と嫌悪感しか見せない町の住民は、敵対的態度で、盗みと略奪に走るだけであった。通りから人影が消えてしまった……」。

苦しい年月

もっと深刻な事態が生じた。バーブルの部下たちが、「出ていく」と脅しをかけてきたのである。「あの年は暑かった。悪疫をもたらす風のせいで、配下の兵がばたばたと倒れ、死ぬものも出てきた。そのような状態となって、高官や上級将校たちは士気をくじかれて、インドに留まることに不服をもつようになり、帰国することを企てるものも出てきた」。こうした高官や兵士の態度は、彼にとって何よりもまずいことである。善良な施政と公平な裁判を施せば、バーブルはおそらくヒンドゥー人たちとは折り合いをつけることができたかも知れない。しかし、もし部下たちが彼を見放したならばなす術はない。彼は驚き混乱した。「たとえ火の中水の中、余が入れば部下は従い、そこから余が出ると言えばやはりついて出なければならない。余が赴くところならどこでも彼らは余につき従わねばならないし、余の計画に口出しをしたり、全員が一致して決定したことからは決して逃げ出してはならないはずだ」。バーブルは配下の者を招集して、断固たる演説をして、少なくとも何人かは考え直した。「神の恩寵によって、われわれは数多くの敵を破り、この広大な国を征服した。どんな力によって、何の必要があって、われわれは自分たちの征服した国々を理由もなく捨て去ることができるというのか、帰ったところで貧困に喘ぐだけのカーブルに、何故この期に及んで、帰ろうというのか。余に忠実な者であれば、決してそのようなことを口にするではない。ここに留まる力を失って、出ていきたいものは出ていけ、ただし二度と帰ってきてはならぬ」と、言い渡した。

彼の演説は聞き入れられた。多くの高官や兵士がアフガーニスターンに帰ったが、それでも人数は限られていた。バーブルの軍隊は大した損害を受けなかった。彼はそのことを神に感謝した。というのも、彼が征服したのはデリー王朝の一部に過ぎず、全ての敵が支配下に入ったわけでもなかったからだ。やがて、征服者バーブルに対する、ヒンドゥー教徒・イスラーム教徒を結集した、全国的暴動の火が切って落とされることになる。

イブラーヒームの弟のスルターン、マフムード・ロディーは、バーブルの敵の中でも最も危険なラージュプト族の名将ラーナー・サンガと手を組んだ。ロディーとラージュプト族はここまで互いに何度も戦ってきた過去を持つ。ラーナーは身体中に戦闘の傷痕を残した百戦錬磨の将である。また、片目を失い、足が不自由でもあった。かつてない危機を迎えた彼らは、過去のいさかいに終止符を打ち、力を合わせて、決死の覚悟で侵略者に立ち向かおうとしたのである。ラーナー・サンガ軍は大兵力を有していた。八万人の騎兵と五百頭の象と、それに身分の高いラージャー（王）を含む臣従を誓ったその他の多くのラージャーたちがそれぞれに擁する数千の兵士とで構成されていた。バーブルに対抗するイスラムの司令官たちは五万の兵を引き連れていた。暑さ、暴風、埃といった気候のせいで弱体化したバーブル軍は、士気が全然振るわない。「毎日のように悪い知らせが各地から届く。インド人が何人も戦線を離脱していく」。マフムード・シャリーフという名の占星術師が占いをし、「幸先が悪い、われわれは敗北する」などと述べ立てた。バーブル自身は意に介さなかったが、兵に対する効果は絶大だった。そのとき、それまでいささかの罪悪感を持ちつつもあびるほど飲んでいた酒を、パディシャーはきっぱり断つのである。「今まで私が歩んできた道が悔やまれる。陶酔の罪悪感が私の心に絶えず影を落としていた……」。私は酒を断ち、心の平安を取り戻した」。金銀の酒瓶と杯をたたき壊し、全ての酒を地面にぶちまけるように命じた。届いたばかりの積荷には塩をふりまく。宮廷の多くの高官が彼の真似をした。時間が無かったからなのか。歴史はそれについて何も語らない。おそらく兵士に対する一層の効果を狙った決定だったのか、バーブルはイスラーム教徒に対する税を廃止した。しかも、配下のもの全員の信頼を確かめるためにはそれだけでは不十分だったので、戦場では毅然として立派に戦うことを、彼らに厳かに宣誓させたのである。「神よ、われわれが死ねば、われわれを信仰の殉教者となる幸福と幸運へと、敵を撃滅すれば、信仰を獲得したものとなる幸福と幸運へとわれわれを導きたまえ。皆のもの、魂が肉体から離れないかぎり、戦闘を避けたり、戦線から離脱するなどと考えてはならぬ。われら全員が、神の御言葉においてこれを誓わなければならない」と呼びかけた。彼の語るところによると、「遠かろうが近かろうが、敵であれ味方であれ、声の聞こえたところでは、わが作戦は見事に成功し、大きな効果をもたらした」という。こうして、兵士たちは、もし誓いを破れば妻と別れるというしきたりの誓いを唱え始めたのである。

叛乱と失意の嵐はほどなくおさまり、バーブルはジハード（異教徒に対する聖戦）を宣言した。「あらゆるところで混乱と裏切りが発生した」とバーブルが回顧したように、次から次に悪い知らせが届いたが、翌月彼は、自軍に対して、ラーナー・サンガとの戦いに出陣するよう命じた。バーブルは、豊富な軍資金を背景に武装を強化し、三本のキャスター（脚）付大砲を備えた。砲兵隊の隊長アリー・クリーとルーム・ムスタファーの成果と考えられるこの革新的技術によって、大砲をより速く移動させることが可能になった。バーブルのとった戦闘陣形は、自らを中央に、フマーユーンを右翼、義理の弟であるマフディー・クワージャを左翼に配したもので、アーグラ東方約五十キロメートルにあるカーヌワまで進軍する。バーブルの戦術はパーニーパットと同じであった。中央からは砲兵隊と銃砲隊とで攻撃し、続いて両翼に展開する布陣である。だが、今回の戦闘は前回よりも厳しかったので、バーブルは、予備軍を繰り出した。ようやく敵が崩れ始めたのは、ラーナー・サンガが負傷したという噂が流れたときである。ラーナー軍には反撃するだけの力もなく、散り散りになって潰走した。ラージュプト族は誇りを失い、ラーナー・サンガ自身も重傷を負っていた。バーブルは「邪教の兵士」の首をピラミッド状に積み上げさせた。彼は聖戦の勝利者を意味するガーズィーの称号を受けた。いつもながらの粉飾されたスタイルで書かれた「勝利の手紙」が、友人の君主たち、バーブルの家族、それに地方総督に届けられた。「繁栄と勝利の微風が、われらが幸運の皇子の運命の大草原に吹きわたり、良い知らせを届けてくれました。輝かしい勝利の知らせです。最愛の勝利の女神、その至上の美しさは、聖なる言葉で飾られています」。神があなたに力強い助けを与えたまわんことを。「神は、ヴェールの下に隠されていた幸福と繁栄を見つけ出し、われわれの置かれた状況に送ってくださったのです。(……)神のご意志が発されんことを。全知全能の神をここに讃えん」。そして、バーブル王は自らのトゥグラ(花押)を押し、次のように記させた。「イスラームの栄光のために、私は砂漠を放浪し、異教の民と戦って参りました。私は断固たる決意で信仰の殉教者となる覚悟でした。私を信仰の勝利者にしてくださった神を讃えん」。

死を迎えるまでの三年間にバーブルに課された責務は、叛乱を制圧することにあった。激しい抵抗にあい、危険に満ちた叛乱軍の制圧もあった。そこに立ちはだかったのが、二人の強敵である。その一人は、チャンデリーのラージャー、メディニー・ラーイである。彼は、ラーナー・サンガの強力な臣下であった。メディニー・ラーイは、当初、バーブルの軍門に下っていたが、やがて叛乱に打って出た。バーブルはメディニー・ラーイの城砦を襲撃し、数時間でこれを陥した。またもや人首のピラミッドが築かれる惨事となった。もう一人は、この事件から少し後になるが、マフムード・ロディーとシェル・シャーの支援を受けたアフガーン族の王侯である。彼らはアーグラとデリーを奪取しようとした。両軍は、パトナ近郊の、ガンジス河とゴグラ河の合流点で対峙した。今度もまた、火砲隊が威力を発揮してバーブル軍の勝利となり、敵の連合軍は敗走し、バーブルは意気揚々とアーグラに帰還した。また、バーブルは猛暑で健康を損なってはいたにもかかわらず、治安確立のためにラホールに赴き、帰路にラージュプト族の叛乱を制圧したりもしている。

残された大計画は、サマルカンド奪取である。これを実現できる絶好のチャンスが訪れようとしていた。イランの君主シャー・タフマースプがウズベック族を敗北させたのである。この知らせにウズベック族弱体の兆しをみたバーブルは喜び勇んだ。もしかすると、ウズベック族は、サマルカンド防衛どころではなかったに違いない。当時バダフシャーン総督にあったフマーユーンは、ウズベック族攻撃を企てたが、イラン軍が撤退したという知らせを受けて、攻撃を諦めてしまう。イランの王《シャー》は、「過ちを懲らしめてやる」と挑発するオスマン・トルコに対抗するため、引き返さざるを得なかったからである。シャー・タフマースプがウズベック族撃退作戦を再開するのは、しばらく後である。フマーユーンもまたしかり。

バーブルは自分の王国のもとに、相続権のある中央アジアと征服したばかりのインドの領土を統一支配できると、本当に信じていたのであろうか。彼は、それをただの空想と片づけていたわけではないが、敵も多く、脅威が消えないうちに、戦力を分散する遠征が危険であることは十分承知していた。フマーユーンはバダフシャーンと軍を捨てアーグラに帰還したが、バーブルが息子に落胆したといっても、彼にもなす術はなかった。大ムガル帝国の後継者たちは、これ以後何度も「サマルカンドの夢」を追い求めていくことになる。

死を前にした短い治世

バーブルはありとあらゆる長所を兼ね備えていたが、例外が一つだけあった。それは、行政組織を作り上げる力に欠けていたことであった。もちろん、インド征服から死に至るまで、わずか五年しか統治期間がなかったのだから、それだけで彼を評価するのは早計であろう。軍事遠征に明け暮れていたので、彼は各地の行政組織をそのままにしておかざるを得なかったというのが実情であろう。おそらくは、全土平定の暁には帝国を建て直すつもりでそれを保留しておいたのであろう。例えば、教育、司法、経済発展の領域において彼の残した仕事は貧弱だったが、時間が足りなかったというのが実情なのではないか。

もし、彼がもっと長く生きていたら、新制度を次々と創り出して、それらの効果を最大限にまで発揮させることができたであろうか。このような疑問に答えるのはもちろん容易ではない。それでも、彼の行政手腕は、十六世紀の大帝国というよりは、中央アジアの諸王国の君主の手腕程度でしかない。国民の運命を良い方へ導くという、君主の尊厳と義務についての見識はあっただろうが、それでも彼には、「行政的感性」が欠けていたのではないだろうか。

彼の金銭感覚を批判するのは簡単なことである。バーブルは浪費家であった。彼は気前よく金を分け与えた。アーグラやデリーで見つけた財宝は、家族や将軍たちに贈与として分けたため、数週間で霧散してしまった。予算などという概念はいささかもなかった。中央アジアの小君主や徒党の頭領と同じく、金や食料それに家畜や飼料などが必要になったときは、町や隣の村へ略奪に行けばよかったのだ。彼自身そのことを回顧録でしばしば語っているし、初期のインド侵略などはまさにその例であった。大国家の予算を管理することはまったく別の次元であるが、それでも彼が予算管理ということを急速に理解していったことは確かである。やがて戦争は終わり、平和が訪れた。バーブルの死の時点で、彼の支配圏は、インド中央部と、各通商路に沿って、内陸地方にもじわじわと広がっていった。さらに、各州、各地域、ほとんど全ての村は、それぞれの地方固有の伝統や慣行に従って行政が運営されていた。実際に、多くの行政組織は帝国から独立していた。それぞれの地方と中央権力との連絡を密にできるように、バーブルは、アーグラとカーブルとの間に、二十キロメートルから二十五キロメートルごとに中継点を設け、その宿駅ごとに六頭の馬を常駐させた。バーブルがもっと長生きしていたら、別のルートにもこうした宿駅を設けただろう。また、税制もきっと改革したに違いない。当時の税制は、もっぱら土地にかかる税であって、国家の代理人がしばしばその制度を悪用していたように、半独立の形態であったから、中央権力が全容を把握するのは困難であった。この問題は、後継者に残された最も緊急の課題となる。

バーブルは、極めて才能に恵まれた著述家であり、トルコ語で書かれた文学の第一人者でもあった。バーブルは、当代きっての有名人アリー・シール・ネヴァイのライバルと目されるなど、詩人としての才能もよく知られるところであった。彼の感性はごく自然に、あらゆる形式の美に向けられていた。バーブルの芸術に対する情熱が生まれたのは、おそらく、ティムール朝文化の一大中心地ヘラートにおいてであろう。彼はそこの文化をインドに再生させようとしたのである。彼は、自分の新しい国インドに洗練された生活、スペイン・ウマイヤ朝の最盛期やアッバース朝の栄光の時代に匹敵するといっても過言ではない、ティムール朝のエレガントな様式を導入することに専念した。一五二六年から一五三〇年という短い期間に、彼はアーグラ、シークリー、グワリオルその他の地に、数々の建造物、水道、橋、井戸を建造させた。彼は、「余のアーグラ宮建設には、毎日、六百八十人、いや全体でほぼ千五百人に及ぶ人数を投入した」と書き残した。また、アーグラには、暑さを凌ぐために、またアーグラを最も快適な場所にするために、庭園やハマーム（＊トルコ式浴場）を建造させ、庭園に水を引くための井戸を掘らせた。死後まもなくバーブルが埋葬されることになるラーム・バーグ庭園の完成は早かった。「ハマームに水を供給するための大きな井戸を掘らせることから着手した。そこは今タマリンドが周りに植えられた八角形の泉水になっている。また、植え込みのある大きな泉水を設け、その周りに小庭園や住居を、最後にハマームを造らせた。かくして、魅力も調和もないインドに、均整のとれたシンメトリックな構成の庭園が出来上がった。どの角度からも整然と並んで見えるバラや水仙の花壇は美しい」と、彼は書き残した。配下の将軍たちも彼を真似て庭園を造った。これほどの庭園はインドにはこれまでなかったので、この新しい地区は「カーブル」と命名された。

バーブルはアーグラ城がお気に入りではなかった。というのもそれが「余りにインド的」であるという理由からだ。彼の残した建築作品は、そのアーグラ城内部にあるモスクと、パーニーパットとサンバルにある月並みな二つのモスク以外には重要なものはない。他の芸術作品も数は少ない。まずは時間が足りなかったからである。しかし、バーブルを取り巻く高官や貴族それに彼の息子たちもまた、自分たちがそこで育ち、絶えず眼にしてきたティムール朝の芸術様式を、インドに再現させようとした。彼らは、ペルシャから、またティムール族の末裔の住む国から、多くの建築家や芸術家を連れてきた。こうした建築家や芸術家が、それまでインドではほとんど知られていなかった、細密画、デザイン、絵画の諸流派を興していくのである。特に、絵画はムガル人が卓越した才能をみせた芸術の一つである。バーブルがインドに到来してからまもなく、イラン・ティムール朝様式とも言える芸術上の綜合が現れた。それは、二次的場面を多く取り入れた、色彩豊かな表現と、自然に対する感覚やリズムに対する好みが特徴であるインド芸術との融合である。ムガル宮廷が、外国人、特にポルトガルの影響を受けるようになるのは、まだまだ先のことである。

一五三〇年の終わりにバーブルは、ひどい重病に罹ってしまう。かなり以前から、おそらくマラリアに冒されていたのだが、それに加えて、度重なる暴飲暴食が原因でもあったのだろう。バーブル皇帝《パディシャー》は、余りの飲酒量から、終生飲酒を断つとの誓いを立てることになって、アルコール中毒の治療を行ったが、それが仇となって病気になったということからすると、彼がアルコール中毒のどんな段階にいたかはすぐわかる。また、彼は幻覚剤も飲んでいた。生涯を通じた激動の人生、雪や雨の中の行軍、こうした極度に疲労した若くはない彼に、食餌療法を加えたのが、その健康を損なわせる結果をもたらしたのであろう。息子フマーユーンの手による謀殺も取り沙汰された。こうした仮説は、中東では珍しいことではない。中東では、人々の注意を引きつけるために多くの君主の死（なかでもオスマン・トルコのメフメト二世）を謀殺に結びつける傾向がある。真偽のほどは疑わしいが、もう一つ別のストーリーもある。フマーユーンが病気にたおれ、激しい高熱の末、危篤状態になったとき、この世に嫌気がさしていた父バーブルが、聖者の勧めに従って、誰よりも可愛いがった息子のために、「自分の持っているこの世で最も貴重なもの」を神に差し出すという誓いをたてた、という筋書きだ。「フマーユーンのために差し出すものは、この私でございます」と誓ったらしい。そこで、バーブルはしきたりとなっていた魔術の儀式にのぞみ、息子の寝台のまわりを三周しながら、次のように唱えたという。「汝の病気がどんなものであれ、余が身代わりになる」と。すぐにバーブルは自分が病気に冒されるのを感じ、フマーユーンの苦痛が消えたという話である。父の死と息子の快癒が時間的に一致するのか、あるいは、想念が他者に通じた結果なのかは分からない。いずれにしても、疲弊しきった彼は、一五三〇年十二月二十六日に病気がもとで死を迎えたのである。

バーブルの遺体は、タージ・マハルの建てられる場所から近い、アーグラのラーム・バーグ庭園（＊快い庭園の意）に葬られた。それから数年の後、一五三九年から一五四四年の間のいつの日にか、彼の柩はカーブルに運ばれ、彼の望みどおり、シャー・イ・カーブル庭園に安置された。ずいぶん昔のことであるが、シャー・イ・カーブル庭園で筆者が見たのは、敷石の剝がされた中庭の中央に、小さなモスクの屋根を支える簡素な円柱に囲まれた墓である。ほとんど打ち捨てられた様子であった。これが地球の歴史を塗り変えた男の一人であるバーブルの墓なのだった。墓碑銘は、曾孫にあたるジャハーンギールによって、次のように刻まれていた。

「神の光が額から射す皇帝、ザーヒルッディーン・ムハンマド・バーブル」。

「彼の成した成功、温情、輝かしい武運によって、彼は、人民を、力と幸運と正義と法の尊厳のもとに導いた」。

「彼は物質的世界を征服して天に召された。魂の帝国を征服した彼は、さながら朝の光のようであった……」。

（1）シル・ダリア河中流に面し、サマルカンドからは北東にあたる。フェルガーナはそこで産する馬で有名であった。
（2）父からはトルコ人、母からはモンゴル人の血を受け継いでいるが、バーブルがインドに建設した王朝に対しては、トルコという言葉の方がムガルよりふさわしいと思える。moghol あるいは mogol という語は、モンゴルという語の音声縮減であり、この語がモンゴルからペルシャに伝えられたときにこう使われた。トランスオキシアナ地方の教養ある階級、特にティムール朝で広く使われた言葉である。
（3）ウズベック族は、チンギス・カーンの孫シャイバーンの末裔を頭とするトルコ人の部族である。シャイバーンは、親王領地としてウラルの東方と南東地域を受け取り、ウズベック族がこの領土をウラル東方からシル・ダリア河北方にかかる地域にまで拡大したのである。
（4）シーア派は、大預言者の従兄弟で婿にあたるアリーと、大預言者の娘ファティマの間の子の子孫だけに信仰共同体を司る権限を与えられたことを信ずるものすべてを結集している。ドゥーデシ・イマーム（十二イマーム派）と呼ばれる教徒は、シーア派最大の勢力をもつ信仰共同体であり、十二代目のイマーム（教主）、八七三年に「隠れた」モハメッド、「冒瀆によって侵略された大地を正義で満たすためにつかわされる」マフディ（＊この世の終末にモハメッドの業を完成するためにアッラー神が遣わす救世主）の到来を待つとする派である。その後、シーア派は多くの分派や別派に分かれた。例えば、ザイード派（特にイエメンの）、イスマーイール派（山の長老、暗殺団の首領の派、シリアの）、ドゥルーズ派（＊レバノンの）、ヌサイル派（＊西北イランの）などである。

（5） これを実行することは、インドでは全般に行われていて、人口の過剰増加を抑制していた。後に、イギリス人がこれを禁じたが、それがかえってインドにおける貧困化と悲惨の原因の一つとなった（Alain Daniélou, *Histoire del'Inde,* p. 222)。

（6） アムリツァー地方。

（7） インドの時間単位で、二十四時間の一日に対してその六十分の一にあたる。現在では廃止された。

（8） 十万に相当する計量単位。

第二章　フマーユーン

問題の帝国

フマーユーンは、父の死の四日後、ヒジュラ暦九五七年ジュマーダ月（＊五月）一日（一五三〇年十二月三十日）に、アーグラで即位した。二十三歳の若さであった。バーブルはかなり前からフマーユーンを後継者と考えていたようだ。彼は自らの帝国の貴族たちに次のような言葉でフマーユーンを後継者とするよう言い渡していた。「重い病に冒されているこの今、余はフマーユーンを後継者と指名し、皆には彼に忠誠を尽くしてもらいたい。全てを彼に捧げるのだ。またフマーユーンも皆に正しく振る舞うのだ。これが余の望みの全てであることを神に誓って言う」と。

フマーユーンはすらりとし、堂々とした体軀を持つ知的で教養のある人物であるが、それは父が彼に与えられるかぎりの高い教育を施し、厳しい訓練を課したからである。彼はアラビア語、ペルシャ語、トルコ語を、話すだけではなく読み書きもでき、ヒンドゥー語も自由に操ったものだ。また、数学や天文学にも造詣が深かった。思弁的学問――特に神学――に深く傾倒し、政治学、経済学などの国家統治に必要な学問にはさほどの興味を示さなかった。一五〇八年、十二歳のとき、トルコ・モンゴル式伝統――オスマン・トルコに見られる――に従って、属州であるバダフシャーンとカーブルからアム・ダリア河にいたるカーブル北東部の地方を統治する任務を授かった。バーブル自身と若きプリンスの母は、フマーユーンに最初の任務を与えたのである。彼は、父とともに遠征や戦闘にも進んで参加しながら、帝国のこの地方を長く統治したのである。バーブルはインドへの最後の遠征に出発するにあたってフマーユーンを手元に呼び寄せた。パーニーパットでフマーユーンは、陣の右翼を受け持っていた。彼自身が征服した地域は、デリー、アーグラの北部からビハールまでに及んだ。インド征服後、彼はアフガーニスターンに戻って、中央アジアにおけるバーブルの敵からの攻撃に絶えず晒されていたインド辺境の領土の副王を務めた。おそらくこの任務は、サマルカンドやブハーラに向けた遠征部隊の準備であったのかも知れない。バーブルは彼を呼び戻しはしたが、フマーユーンの方は国家の一大事よりもデルウィーシュ修行僧やスーフィー僧とともにいたかったので、若き王子はいささかの抵抗を示し、そう簡単にことは運ばなかったようだ。それでも、死期の接近を感じていたバーブルは、フマーユーンをなんとしても傍に置いておきたがったのである。

新帝は父とは全く違っていた。思いやりがあり気前がいいところは父に似ているが、重要な欠点と言えば性格が弱く不安定で、ディレッタントなところである。例えば、重大な決定をしなければならないときにも、何日も何週間も歓楽の宴にうつつを抜かしたものである。残虐さもさほどではなく、悪行にも走らず激情にかられることもなかったが、阿片に溺れたせいで一層性格が弱まっていた。お世辞に弱く、寵臣、寵姫に囲まれて彼らの影響を受けていった。またしばしば酒びたりにもなった。伝記作者たちによる彼の評で一致する点は、彼が軽薄で優柔不断な人物ということである。「罰しなければならない場合でも彼は許しを与えた」といった具合に。国境も定まらず、ほんのわずかな隙さえ突いて攻め込もうとする敵に常に脅かされている国家の長としては、こうした欠点は重大であった。誕生後間もないムガル帝国にとって、配下の将軍たちよりもお抱えの占星術師たちの意見を信用するような享楽主義者が国家の頂点にあるということは、大変な危険であった。フマーユーンはやがて一度王位を失い、その後信じがたいようなチャンスをつかんで帝国を取り戻し、彼の欠点とは正反対の特質を持つ後継者に帝国を委ねた後、世を去ったが、その後継者（＊アクバル皇帝）こそがインド・ムガル帝国の真の創立者となる。

困難な遺産

バーブルは、アフガーニスターンからベンガルまで、またアム・ダリア河（古称オクスス）からガンジス河までひろがる広大な帝国を息子に遺した。この「領土の集合体」を結びつけるものは、領土に持つ彼自身との結びつき以外には何もなかった。インドの地に新国家が深く根を下ろすには時間が足りなかったのである。東のベンガル、グジャラートとマールワーの広大な属州は、いずれもバハードゥル・シャーの支配下にあり、南部は依然として帝国の領土外であった。ラージュプト族の族長たちが再び脅威となってきた。さらに危険なのは、莫大な封土を有するアフガーニスターンの多くの族長たちが、ほんのわずか前には自分たちが、デリーからこの帝国を支配していたのを忘れてはいなかったことである。その中に強力な族長が二人いた。彼らは、自分たちの周りにいる不満分子、野心家、もっと単純にいって、フマーユーンなど簡単に撃破できると考えている他の族長たちを、焚きつけ始めたのである。その一人は、バーブルがパーニーパットで打ち負かして殺したイブラーヒームの弟の、マフムード・ロディーである。彼はバーブルによって強奪の憂き目にあったアフガーン族のすべての君侯たちの支持を取り付けていた。もう一人が、最も強力で、良心のかけらもなく、誰よりも野心家であったシェル・カーン・スールである。彼らは二人とも、アジアの高地より下ってきたばかりでしかないムガル族の支配を拒もうとするものすべての支持を集めていた。また、それにフマーユーン家一族の内輪もめが加わる。弟たちの筆頭であるカームラーンは、強力であるがゆえに最も危険であり、ヒンダールとアスカリーの二人は、皇帝フマーユーンの敵の術中にやすやすとはまるような輩であった。

もしフマーユーンがもっと別の性格の持ち主であったなら、父王の死が間近くとも、中央アジアに頻繁にでかけ、彼の隙をうかがうライバルたちの前に姿を見せていたに違いない。サマルカンドでも、ペルシャでも、バルフやブハーラやその他でも、自己の権力を樹立するために、策謀家たちがクーデターをあおり、王家の子孫であろうがなかろうが他の首長たちと同盟を結ぼうとしてきたし、まだしばらくの間はそうしたことが続くことになるのだ。こうした叛乱――「プッチュ」(叛乱)と呼ぶことにしよう――が成功するか否かは、君主の反撃がどれくらい迅速で確かなものであるかによるものだ。フマーユーンにはそのどちらもが欠けていた。すみやかに軍を掌握するどころか、のらりくらりと決定を躊躇《ためら》ったり、一方の寵臣たちの意見を容れて前の決定を覆したりと、一方的に時間を無駄にしていたのが実情である。大失策と言えば、兄弟のそれぞれに封土を与え、帝国を分割してしまったことである。アスカリーにはサンバル(デリー東方地域)を、ヒンダールにはメワール(アーグラから西方のインダス河までの地域)を与えた。カームラーンはパンジャブとカーブルそれにカンダハールを手に入れたが、これがフマーユーンの犯した最大の過ちである。その地域はあらゆる資源が豊富に産出される最も富裕な地域であり、さらにはデリーからカンダハールにむかう街道を制圧する要衝でもあるからだ。カームラーンは皇帝からカーブルとカンダハールを望みどおりに切り離すことができたわけだ。一体誰がこんな分割を進言したのだろうか。おそらくはフマーユーン自身であっただろう。

最初に叛乱を起こしたのはマフムード・ロディーである。パーニーパットでの敗者の実弟である彼は、ベナーレースからほど近いインドで最も繁栄した町の一つであるジャウンプルを制圧したが、マフムードは追い出されてしまう。フマーユーンはさしたる苦もなくマフムードを追い払い、アーグラに凱旋し、「異様な」ほど派手な祝宴を開いて自らの勝利を祝ったという、史家の証言がある。一万二千人が褒賞服(1)を授かったが、そのうち二千人分は金ボタンつきで金の刺繡が施されていた。また、名馬が貴族たちに授けられるといった具合である。その結果、皇帝がやむなく八方の敵との戦闘に出掛けるたびに、財宝を失っていったのである。バーブルも余興(2)が大好きだったが、彼は戦勝を収めたスルターンであるだけで、王座を守らねばならない当事者としての君主ではなかった。

こうしたお祭り騒ぎが終了するのを待ったかのように、ある対立が勃発した。グジャラートの君主、バハードゥル・シャーとの抗争である。波瀾が続いた後で、フマーユーンは、スルターンの強力な大砲――オスマン・トルコ人(3)の指揮下にあった――を恐れることなく戦闘に決着をつけた。しかし、彼は勝利を生かす術を知らなかった。フマーユーンはバハードゥル・シャーをカンベイまで追走し、「先祖の誰も見たことのない海の近くに陣を張った」。バハードゥル・シャーは追尾されることなくディウまで逃げたが、その間に皇帝は、バハードゥルが財宝を隠していたチャーンパーニルの城砦の前まで陣を進めた。三百人の部下の先頭に立ったフマーユーンは城壁を乗り越え、財宝の番人を酔わせて貯水池の底の隠し場所を白状させ、財宝を発見したのである。そここそ、グジャラートの王たちが、永い間金や財宝を隠していた場所であったのだ(4)。戦利品は莫大であった。チャーンパーニルを陥落させて間もなく、フマーユーンはシェル・シャーからの宣戦布告を受け、アーグラに取って返したので、グジャラートを弟のアスカリーに委ねたのである。アスカリーはやがてフマーユーン打倒の陰謀を企てることとなる。バハードゥル・シャーは、守りの手薄くなったグジャラートをめぐるムガル側の内紛を利用した。その結果、ムガル帝国は、東方に隣接する属州マールワーも手放した。帝国は壊滅状態に陥った。バーブルが死んでちょうど五年目であった。

恐るべき相手

最悪の事態が起きようとしていた。フマーユーンが戦うべき相手シェル・シャーは、どの敵よりも戦いに熟練した強力なアフガーニスターン・トルコ人であった。小貴族の出身であるシェル・シャーの祖父と父はロディー朝からベナーレース地方の村を数多く所領として与えられていた。シェル・シャーの幼名はファリードと言い、八人兄弟であったが、教養と知力において瞬く間に父を凌駕していった。非常に若くして、彼はビハール州の一つの県の統治をまかされ、為政者としての才覚をいち早く発揮した。税の徴収において公平であったし、反逆者や無法者を厳しく罰し、優れた官吏や兵士には褒賞を与えた。彼が統治する村は高い評判をとった。彼は、キャリアを重ねながら、あるとき虎に襲われそうになったロディー家の王子を、剣の一撃でその虎を倒して救ったことにより、ロディー家の寵愛を受けることとなった。続いてムガル家との関わりが始まる。「もし幸運が私にあるならば、ムガルなど簡単にインドから追い出してやる」と、シェル・シャーは言ったようである。バーブルは「シェル・カーン（＊シャー「王」となる前のカーン「族長」の呼称を使っている）を監視しろ、彼は手練のものであり、王家の風貌が額に刻まれているぞ。余はあの男をみてすぐさま奴を阻まねばならんと思った。見よ、彼には、華の徴と権力の兆しが浮かんでいる」と評したという。シェル・カーンはその言葉を風の便りに聞いて、ムガルを離れてロディー側に戻ったらしい。幸運の女神は彼をまだ見捨てはしない。彼はロディー家の財宝の一部が預けられていたチャウナルの城砦で衛兵を勤めた人物の金持ちの未亡人と結婚した。続いてフマーユーンがチャウナルを包囲したので、降伏したふりをしながら、ムガルとの戦闘を望んでいた全てのアフガーン人を自分の周りに集めはじめた。まずはベンガルの王に戦いを挑み、財宝と象と大砲とを奪った。「バハードゥル・シャーの財宝の太陽がアラビア海に沈んだとき、シェル・カーンの財宝がほぼ同時にベンガルの海に昇り、オリエントの水平線に輝いた」と、年代記作者(5)は伝えている。それから、シェル・カーンはマフムード・ロディーに対して、遠征と領土併合を密かに睨んだ戦いを仕掛けた。彼はマフムードに金銭を差し出して時間稼ぎをしながら、ベンガルとガウルの所領を一つずつ奪い、最後には首都を手中にしたのである（一五三八年四月）。

その時までは、シェル・カーンはフマーユーン皇帝に気を配ってきた。そして、彼は自分が手に入れた領土によって権力の基盤を強化したのである。今やフマーユーンと対抗できるほどになった。フマーユーンはお祭り騒ぎと快楽に時間を費やし、軍の準備も怠っていたし、兄弟はそろって彼に反抗する有り様であった。両軍は一五三九年六月二十六日にベナーレース近郊のチャウサで衝突した。フマーユーン軍は壊滅した。フマーユーン自身は、河越え用の膨らませた革袋を水運搬人から借りて、ようやく命を救われた始末である。八千人のムガル軍が殺された。この勝利のあと、シェル・シャー（＊シェル・カーンの王となっての名称）は王家の称号と記章を手に入れ、一五三九年十二月にガウルで王位についた。それからアーグラに撤退していた皇帝を追走したが、この時は攻撃はしなかった。決戦の火蓋が切って落とされたのは約数カ月後のことである。シェル・シャーはベンガルでの権力の基盤をすでに固めていた。彼はフマーユーンに対して、息子のクトゥブ・カーンの率いる第一次遠征隊を差し向けた。クトゥブ・カーンを斃したので、フマーユーンは自軍を過信してしまう。彼は、オスマン・トルコ人指揮下にあった立派な大砲部隊を擁していたが、部隊の組織固めは完全でもなく、信頼に足りるとは言えないというのが実情であった。一五四〇年五月十七日に再度両軍は、アーグラとラクノウの間にあるカナウジュで対戦したが、兵員の数ではシェル・カーン軍に勝っていたにもかかわらず、ムガル将校たちは戦闘開始を待たずに逃走してしまった。フマーユーンだけは相変わらず勇敢で最後まで戦ったが、「超自然的神々が彼に味方しないのを見たとき、彼はそれが神の行為であることを認識し、人間世界に属さない戦士たちに戦場を委ねた。(6)」ムガル軍の大部分はガンジス河で溺れ死んだ。皇帝はアフガーン軍に追われてアーグラに落ち延び、その後ラホール、ムルターンへと逃れていった。自分たちの共通の敵に対して共に戦おうと兄弟たちを引き入れようとしたが、その努力は無駄骨であった。ラホールでの弟たちや他の首長たちとの会合は失敗に終わった。シェル・カーンを追い払った後の帝国領土を分割する約束に、三兄弟は全然耳を貸そうとしなかった。一人の弟はアフガーニスターンに、別の弟はカシュミールへと逃げていった。もう一人の弟であるカームラーン自身は裏でシェル・シャーと取引していたのである。骨肉の争いの寸前だった。こうして、軍部からも見放された偉大なるバーブルの息子たちの長い放浪が始まった。シェル・シャーは一五四〇年六月十五日にアーグラに入城し、インド皇帝の座についたのである。

逃亡と復権

フマーユーンは今や、逃亡するただの皇子でしかない。彼はひとまずシンドに避難し、ジャイサルメルに着くと、インダス河口のデルタにある町タッタ攻略を試みた。次に、比較的忠実であった君侯のいるジョドプルへと赴き、なんとかアマルコットまで辿り着いたので、部隊——と言うよりも残兵といった方がよい——は休息をとった。このアマルコットで、フマーユーンの妃であるマリヤムが、後の皇帝アクバルを出産したのである。シェル・シャー配下の将軍たちはムガル帝国の属州を次々と制圧していった。いまやシェル・シャーが北部インドにしっかりと基盤を築いたことは誰の目にも明らかであった。これを最後にメッカまで退去しようと考えていたフマーユーンは、ペルシャ王であるシャー・タフマースプに庇護を申し出た。八方ふさがりで兄弟とも対立し、インドを奪われた彼には、でき得ないにしても捲土重来を期する以外には出口が見つからなかったのである。フマーユーンはシャーの宮殿へと旅立ち、ヘラートからメシェッドに至り、メシェッドではたいへん丁重で豪華なもてなしを受けた。フマーユーンから宝石類を差し出されたシャーは、彼を丁重に受け入れはしたが、三つの条件を突きつけた。それは、彼がシーア派に帰依すること、シーア派をインドの宗教とすること、彼がインドを取り返したときにはカンダハールをシャーに返還することの三つであった。狂信的ではないスンニー派教徒だったフマーユーンは一切を受け入れた。彼はシャーの支援を得、一万四千人の兵を任され、今や高らかに力強く、敵と自分の兄弟に対して宣戦布告することが出来た。また、幸運が彼に味方しようとしていた。模範的ともいえる粘り強さと知力をもって短期間にインドの改革をなし遂げたシェル・シャーが、一五四五年に、自分の手から滑り落ちた焼夷弾によって焼け死んでしまう。その息子ジェラールは父と比ぶべくもなかった。彼の治世は長く続かず、国は混乱に陥った。

フマーユーンと兄弟たちの対立は長びき、次第に激しさを増していった。これまで彼は、弟たちをなんとか許してきた。しかしこの度は明白な敵となっていた。彼らを排除しないことには王座を奪還することなどできないことを悟っていた。アスカリーは打ち破られてメッカ巡礼を命じられ、旅の途中で死を迎えた。ヒンダールはカーブル手前での戦闘で殺された。フマーユーンは最も危険なカームラーンと手を組もうとあらゆる努力をし、時には自分の息子と彼の娘を結婚させようとさえした（＊カームラーンは異母弟）。フマーユーンは若きカップルにカーブルをまかせ、自分たちでインド奪還に一緒にいこうとさえ企てたという。しかし、カームラーンは和平提案をことごとく撥ねつけてしまう。カームラーンはウズベック族の支援を得ようとしたが、この計画は挫折した。結局、彼は裏切りの報いを受けて、フマーユーンに差し出され、目を潰されたうえメッカ巡礼に送りだされ、数年後に死ぬ運命を嘗めた。

バーブル帝国のティムールの末裔を追い出した者たちへの逆襲のときが到来した。シェル・シャーの息子ジェラールが死に、王座はジェラールの十二歳の息子の手に落ちた。そのわずか二日後、彼は叔父によって暗殺される。帝国を独り占めしようとする王族間で内紛が勃発した。帝国はすでに、ラージュプト族の攻撃の前に崩壊しはじめていた。アフガーン人の三人の王子が残された属州を分割した。そのうちの一人シカンダル・シャーがデリーに落ちつき、国境付近の属州は次々と独立を遂げていく。帝国を回復する条件は整った。

作戦は一五五四年の終わりに開始された。戦いは短くしかも容易だったが、それもフマーユーンの敵方が領土分割によってかくも弱体化していたことを物語る。フマーユーンはインダス河を渡り、簡単にラホールに入城した。数週間の後、パンジャブ全域とその周辺がムガル将軍の手に落ちた。マシュワール（パンジャブ）での大戦、続いて同地域のシルヒンドでの二度目の会戦があり、シカンダル軍は総崩れで、シカンダル自身も逃走した。帝国の運命は決まった。フマーユーンは一五五五年七月二十三日にデリーに入城し、フトバ（＊金曜の礼拝に祈りに先立って行われる説教）が再び皇帝《パディシャー》の名をもってなされた。

天才的王位簒奪者

フマーユーンが首都ならびに属州で見いだした状況は、シェル・シャーの後継者たちがもたらした混乱と内紛にもかかわらず、想像以上に良好であった。シェル・シャーは、知力に長け、とりわけ最下層の人々に対する行政によく通じ、短い治世の間にイラン・セルジューク朝[7]の諸地方の行政に想を得た合理的で確固とした方法で帝国を組織していた。ある歴史家は、シェル・シャーを何のためらいもなく、「インド・イスラーム君主のなかで最も偉大な人物」と評するほどである。それまでインドに君臨し、国と住民を単なる収入の源泉としかみなさなかった多数の王や君侯たちとは正反対に、シェル・シャーは法とイスラームの伝統が要求するように、自らの王権の責任と正義を果たすことを義務とする高度な考えを持っていた。税と同様に犯罪などの司法行政に注意するように、知事や副知事に厳しい指示を出していた。彼の治世の歴史家であるアッバース・カーン[8]は、シェル・シャーが次のように何度も繰り返したと報告している。「正義は宗教典礼の中で最高のものであり、信仰を守る王と同様に異教の王にも正義は求められる」と。アッバースはまた、シェル・シャーが「近親者であれ、可愛い息子であれ、重臣であれ、自分の部族のものであれ、圧政者とあれば決して容赦しなかった。彼は司法行政において、遅れも寛容をも決して見せたことがなかった」と付け加えている。

司法に対するのと同じ精神でもって、シェル・シャーは徴税制度も改編した[9]。例えば、毎年耕地面積を測量し、穀物の質並びに面積に応じて税を確定する責を負うアミーン（＊徴税官。原著のアミールは誤植であろう）をパルガーナ（＊郡）[10]ごとに任命した。上級行政単位の頂点には、シクダール――軍あるいは警察の将校――を置き、それぞれのアミーンが住民に対して公平に活動しているかどうか、国の財産を着服していないかどうかを見張らせた[11]。毎年あるいは隔年に、皇帝の命により、最大多数がその地位の恩恵にあずかれるよう、また「快適と繁栄の扉が開かれるよう」にと、アミーンは新しく任命された。この方法はおそらく、当の役人を無欲にならせ、単なる名誉心に耽らせないためのものであった。それぞれの農民の保有地は別々に測量され、予想収穫の四分の一を国家に納めさせた。この制度がムガル帝国に採用されることになる。

シェル・シャーの改革には軍の改革も含まれていた。それまでは、軍の機構は氏族を基礎にしており、全兵士はその氏族の族長の支配下にあって、族長が兵士に給料を支払うというものであった。それに対して、シェル・シャーは真の帝国軍というものを創設した。兵士は族長ではなく将校に従うのである。また、将校は個人的称号ではなく皇帝の代理という資格を持った。オリエントの他の帝国、特にオスマン・トルコ帝国に長く採用されたモデルを踏襲したものである。シェル・シャーは、その時代にオリエントと西ヨーロッパの他の帝国に見られたように、軍隊と行政との間の境界の曖昧さをなくするために、軍の任務を厳密に限定した。皇帝は、十二万五千人の騎士と火縄銃か弓を装備した二万五千人の歩兵を常備した。畜舎には五千頭の戦闘用象が飼われた。帝国の防衛に必要と思われるあらゆる地点に駐屯地を設けた。ビハールには一万人の歩兵、チトル城には三千人の小銃歩兵、一万人の歩兵と三千人の射撃兵をマーンドゥーに、マールワーとチュナール城には大砲部隊を、といった展開である。シェル・シャーの軍隊は当時少なくともオリエントでは最も近代的なものの一つであった。

そして大建国者へ

イランと小アジアのセルジューク朝や、オスマン・トルコと同様に、シェル・シャーはその短い治世の間に、帝国全体に広がる通商路や隊商宿の建設といった広範な政策に着手した。数年のうちに、一本はアトックからインダス河を越えアーグラ、デリー、ラホールを通ってベンガルまで続く道、またアーグラからマーンドゥーまで、さらにアーグラからジョドプルとチトルを結ぶ道、最後はラホールからムルターンへの道が造られた。これらの街道には千七百の隊商宿が——二コス（＊約八キロメートル）[12]ごとに——建設され、ヒンドゥー教徒とイスラーム教徒では建物を別々にし、各建物を宗教や階級ごとに分割し、糧食、家畜の飼料などを準備した。旅人や商人はしっかりと保護されており、このような安全な街道を人々は、金貨を入れた駕籠を頭に載せた老女でも、おそらく不安もなく旅をすることができるだろう、などと言ったほどである。商人たちに課される税金は帝国の二地点で徴収された。一カ所はベナーレース近くで東から来た商人から、もう一カ所は西の国境でホラーサーンから来た商人から徴収された。その他の税は商いの行われた土地で徴収された。それぞれの隊商宿には、常時、鞍をつけた二頭の馬が用意されて、役人や将校たちが皇帝に知らせる必要があると認めた場合には、ただちに報告に出掛けられるようにしていた。

イスラームのすべての君主同様に、シェル・シャーは大規模な建設政策に着手した。フマーユーンを倒しデリーで王座につく以前から、今ではビハールの小さな村にすぎないが、当時は自国の都であったササラームの地に、父ハサン・カーンの墓と自分自身の墓を建造させている。その墓の出来ばえは驚くべきものであり、その建築術はそれを建造させた人物の厳格さと大胆さを反映している。

シェル・シャー自身の墓は人造湖の中央に建てられ、あたかも湖の上に浮かんでいるように見える。島——今では一本の土手によって岸と結ばれている——のように見えるこの大モニュメントは五階建てで、下から正方形の上に八角形、八角形の上に巨大なドームが載るという構造である。内部から見ると、三列のアーチが重なって延び、そのアーチは上に行くにしたがって細くなり、地上階では八本だがドーム頂上では三十二本と分枝し、比類のないこのモニュメントに、見事な軽快さを与えている。

廟堂の内部にある文様装飾はただ一つキブラ（＊イスラーム教徒が礼拝の際に向くメッカの方向の壁龕）にあるのみで、地味な飾り気のないものである。帝国の東西を結ぶ大街道——大幹線道路——から望見できるこの建造物は、シェル・シャーが自らの帝国に与えたかった栄光の反映であり、「インドで最もよく知られる、最も美しいものの一つであり、北部インドではその偉大さと威厳において比類のないものである」(13)と言われた。

ササラームはシェル・シャーの仮の都であり、彼自身そのことを分かってはいたにせよ、ここに自らの王朝のパンテオンを建造した。デリーを奪うやいなや、先人たちと同様に、帝国の首都に巨大な城壁プラーナ・キラ（古い城塞）を造らせ、自らの存在の証を刻み込んだ。プラーナ・キラには、宮殿と軍事施設が集中して設けられ、そのまわりに第六次の首都デリーを建造させた。今日見ることができるのは、「王家の礼拝堂」という意味のキラ・イ・クフナというモスクだけであり、ムガルの建築家はこのムガル美術の先駆けともいうべきこの建造物から着想を得ることになる。そこからほど遠くない場所にジャマーリー・マスジッドという別のモスクがあるが、キラ・イ・クフナと極似したものである。

シェル・シャーは、「復活の日まで我が名がこの大地に讃えられていられるように、友人たちと我が敵の双方が互いに敬意を表しあい讃えあわんことを願って」、かくも美しい建物を建造するのだという意図を持っていた。しかし、すぐにこうも付け加えている。「神は私にこの望みを実現することを許さなかった。私はその後悔の思いを自らの墓まで持っていく」と。

シェル・シャーの後継者たちの間で起きたいさかいや不和は、彼が没するやいなや、マフディー（＊救世主）(14)信仰によって引き起こされた宗教的擾乱、大封建領主たちによって引き起こされた混乱などが、

図版２　フマーユーンとシェル・シャーの遺跡（デリーの）

上　プラーナ・キラの古城の正門（シェル・シャーの都）

中　プラーナ・キラのキラ・イ・クフナ・マスジッド

下　フマーユーンの墓廟

帝国の改革と再建の勢いを止めてしまったのである。それはまた、大スルターンの不在がもたらしたものでもあるが、完成された作品全部を無に帰するほどだったとは言えない。この大スルターンの流星のように短い治世から、重要なものが残された。[15]行政や貨幣の改革、軍の編成、農地改革、それに人民の財産を守るために実践され、ヒンドゥー教徒を正義と寛容をもって取り扱うように実践された政府の概念が、挙げられる。シェル・シャーが帝国を改革しようとしたその鋳型は長く存続した。「シェル・シャーは、アクバル同様に、インド国家を建設しようとしたと自負できる最初の人物である[16]」。

思いがけない悲劇的死

王座奪還に先立つ数々の混乱や、完全に制圧はされなかった叛乱、それに多くの属州が犠牲となった飢餓などにもかかわらず、全てがフマーユーンに、平和が戻り長く幸福な治世が続くことを約束していたが、運命は別の結末をもたらした。王座に戻ってちょうど六カ月後の一五五六年一月二十四日、デリーの宮殿の書庫のテラスに何人かの食客とともに座ってお喋りをしていたときに、ムアッジン（＊ミナレの上からメッカの方角に向かって一日五回、定刻に祈りの時を告げる係）が夕べの祈りの時を告げた。フマーユーンは立ち上がり、モスクに向かおうと階段を下りかけたそのとき、足を一段踏み外し、滑り落ちて頭蓋骨を砕いてしまったのである。気絶したまま宮殿内に運ばれ、医師たちが蘇生させようとしたが無駄だった。一人の伝令が、当時属州にいた息子のアクバルのところに派遣され、父の重大事を告げた。若い後継ぎの皇太子が到着したとき、皇帝はすでに死去していた。

フマーユーンの遺体は、仮の墓所に安置された。王座帰還からわずか六カ月しか経っていなかったので、アジアの君主の習慣である自らの墓を建てておく時間がなかったわけである。ティムールとペルシャの大君主と並び称されるに相応しいマウソレウム（大陵墓）の建造に着手したのは、フマーユーンの未亡人であるハージー・ベガムその人であり、時は死後八年経った一五六四年のことである。この美しいモニュメントはデリーのすぐ近くに建てられ、今日でもまだほとんど原形のままに残っている。その構想はペルシャとインドの両建築様式を思わせる。このようなフォルムと建築様式をもつドームはペルシャのどこにも見られず、このような白い大理石と当地によくある赤い砂岩の組み合わせはインドにおいてしか産みだされなかった独創的なものであり、以後大ムガル帝国の多くのモニュメントに用いられるようになった。

樹木、灌木、花壇、囲壁などを配した庭園の中央に墓廟を置くという着想自体は、伝統的にペルシャやトルコのものである。泉水と緑の空間は、生前と同様に死後も人々を包み抱えると考えられた。遠くから見ると、この墓廟は、一辺が約六十メートルほどの正方形に盛り上げられた壇地の上に建ち、壮麗な印象を与えている。アーケードの並んだ四方のファサードは全く同一であり、およそ高さが五十メートルにも及ぶ二重の丸屋根を上に戴いている。丸屋根の白大理石と建物自体の赤い砂岩が、栄光こそなかったが勇敢であり、生涯の大半を流浪に過ごし、思い掛けぬ悲劇的最期を迎えたこの君主の墓に相応しい、簡素な威厳を外観に与えている。

（1）　褒賞服すなわちティラーズと呼ばれる服は、重要な出来事（割礼、宗教祭日等）の際に、あるいは褒賞として、君主から与えられた。これらの服は与えられる人物の序列で異なったが、そういってもかなり高価なものであった。

（2）　こうした余興の一つが記録に残っている。ラホールでは、バーブルが歩く予定の沿道に絹や金襴で着飾った召使たちを配し、随行の象は宝石のついた装具や織物で飾られていた。千夜一夜物語を思わせる大袈裟な祝祭が数週間も続いたという。
(3) 当時、オスマン・トルコは最も優秀な大砲術を持ち、オリエントでは最高の大砲を製造していた。
(4) シェルとは虎のこと(ペルシャ語ではシル)。
(5) アッバース・カーン。
(6) アッバース・カーン。
(7) シル・ダリア河近くに端を発するトルコ部族であるセルジューク朝は、その支配権を近東まで及ぼした。後継者の一人であるアルプ・アルスラーンは、一〇七一年にマンズィケルトにおいて、皇帝ロマヌス・ディオゲネスに率いられたビザンツ軍を破った。その後セルジューク朝は弱体化し、分裂の道をたどり、領土は細分された。その一領主は首都をコニアに定め小アジアに君臨。
(8) *Cambridge History of India* 中の Wolseley Haig.
(9) *Tariki-i-Sher Shai* (『シェル・シャー伝』、エリオットとドーセンにより翻訳された)。
(10) 課税基準を決め税を徴収する役人。
(11) 最小の行政単位。
(12) 一コスは約四キロメートル。
(13) A・スミス参照。
(14) 終末的地上に秩序と正義をもたらすとイスラーム教徒が考え、待ち望む者。語意は〝正しく導く者〟。
(15) 貨幣は三世紀近くにわたって変わることなく存続した。銀十グラムをわずか超える重さであるルピーは、ほぼ純銀に近く、およそ一八三五年まで続いた。
(16) K・カヌンゴ。

第三章　アクバル大帝

一　若き日々

アクバルはヒジェラ暦九四九年ラジャブ月（＊七月）五日――西暦一五四二年十月十五日――に、シンド地方のアマルコットで誕生した。当時、アクバルの父フマーユーン帝はシェル・シャーに追撃され、イランの君主シャー・タフマースプに援助と保護を求めるためアマルコットに留まっていた。アクバルの母ハミーダ・バーヌーはシーア派のペルシャ人で、結婚時はわずか十四歳であった。バーヌーを見初めたフマーユーンを夫として受け入れるのに、バーヌーはずいぶんためらったようである。その理由は、二人の歳が離れすぎていた――当時彼は三十歳――のではなく、手を伸ばしてもやっと肩に届くほどフマーユーンの背が高かったからだと言われている。この夫婦は離れ離れに暮らすことが多かったが、結婚そのものは幸せであった。十四カ月後にアクバルが誕生した。満月の夜に生まれたので、フマーユーンはその子にバダー・ウッ・ディーン（敬神の満月の意）・モハメッドと名付け、それにアクバル（大帝の意）を付け加えたのである。この時、敬虔だが財力に乏しかったフマーユーン帝は、従臣たちの一人ひとりにその時彼の持っていた唯一の貴重品である麝香を少しずつ分け与えて、こう言ったという。

「わが息子の誕生に際してお前たちに分けることができるのはこれだけだ。この子の名声はやがて、この麝香の香りがテントに広がるように、世界中に広がっていくだろう。わたしはそれを確信している」。ほどなくしてフマーユーンはイランに旅立つために息子と別れざるを得なかった。彼は息子をカンダハールにいるバーブルの妹――アクバルの大叔母――であるカンザダ・ベガムに預けた。彼女は愛情いっぱいにアクバルを育てた。

冒険と危険

アクバルの父は、シェル・シャーとその後継者たち、さらには自分の弟たちとの戦いに明け暮れていたので、若き王子は早くから冒険に満ちた日々を送った。アクバルは、叔父のアスカリーやカームラーンとの間でたらい回しにされ、時には客人に、時には人質にされたりと、散々な目にあった。そのうえ彼らは父のフマーユーンに対して叛乱を起こしたりもした。雪の降る酷寒のなかをラクダの背に乗せられ旅をさせられたこともある。残酷なカームラーンがアクバルをある日は王子として、また別の日には人質として扱うなど、アクバルの幼年期は祖父バーブルを彷彿させる冒険に満ちた日々であった。一五四六年の初めに、戦いの最中のわずかの間隙をぬって、フマーユーンは息子と他の家族にようやく会うことが出来た。父フマーユーンは祝典を開き、その間に若き王子に割礼を施させた。それからまもなくアクバルは、人生における最大の危機を迎えることになった。カーブルで再びカームラーンの手に落ちたとき、この叔父は何のためらいもなく、砲弾の飛び交う危険な銃眼にアクバルを立たせたのである。幸運にも乳母のマーハム・アナガがアクバルの体を抱えて難を逃れさせた。一五五〇年と一五五一年に、アクバルはまたもやカームラーンの手に落ちたが、今度はフマーユーンがカームラーンを徹底的にやっつけたので、幼きアクバルはようやく命を救われることとなった。

こうした辛い経験が王子の教育の助けとなることはほとんどなかった。教養のある洗練された人物であるフマーユーンは、アクバルを教育するために出来るかぎりのことをした。父はアクバルに何人もの家庭教師をつけたが、不思議なことに、後に国家を背負う大人物となるこの子に対して、いくら読み書きを教えようとしてもうまくいかなかったのである。学びたいという願望も、覚えたことならなんでもすらすらいえるほどの記憶力もあるのに――彼の天才的記憶力はよく知られた特徴である――、彼は目からよりは耳から学ぶことを好んだのである。彼の優れた知力は応用科学にその才能を発揮した。父自身は宗教的に大変寛容な人物で、スンニー派や自由思想家たちと共にシーア派の側近をも息子に付けた。こうしてアクバルは信仰に凝り固まることもなく、また狂信的にもならずにすんだ。その結果彼は、様々な宗教に対する無差別の態度、つまり、全ての宗教を含む唯一の宗教というものを創設することになるのである。アクバルは鋭い判断力を備え持ち、やがて人を見る目もしっかりとしてくると、鋭い心理洞察力によって巧みに人々を操ったらしい。彼の宮廷史家であったアブル・ファズルは「彼の知力は人間的教育というよりは神の霊感によって生み出された」と伝えている。

読み書きを学ぼうとしない不思議な態度と対照的に、アクバルは運動能力に恵まれ、特に格闘技、剣術、射撃、野生の動物の調教などに才能を発揮した。少なくとも普通のやり方では学問には向かないが、彼のこうした人間的特質や知的特徴の全体が、一風変わった人格を形成していった。帝国を復活し、組織化し、統治支配することを運命付けられた彼には計り知れない可能性があったが、まだまだその力は秘められたままである。自分自身で政治に関する史料を調べることなど不可能であった。したがって彼は、後に自分の政治力を目覚めさせるべき側近たちを、細心の注意を払って選ぶ必要があった。知力、洞察力、瞬時に人を見抜く才能、そして並外れた記憶力などが、後の彼の助けとなるであろう。文盲でいて、大帝国を建設した事例は、近代においてはおそらく稀有なことであろう。

一五五一年の終わりごろ、これまでさほどの敵意を見せなかったフマーユーンの弟ヒンダールが死んだ。カーブルを統治していたヒンダールに代わって、若干九歳のアクバルがトルコ・モンゴル人の伝統に則って、その後任に任命された。ヒンダールを取り巻いていた小宮廷がアクバルに仕えることになり、ヒンダールの娘であるラズィア・スルタナと婚約を交わした。それから数年間は、状況がフマーユーンに有利に展開し始め、一五五四年十二月三十日に、アクバルは父帝と共にムガル帝国回復のためにインダス河を渡ることになる。フマーユーンは後継者にアクバルを指名し、その執政役にムヌイム・カーンを当てた。スール朝の運命を決定付けたシルヒンドの戦いで、十三歳のアクバルは、経験豊かな将軍たちの援助によって一翼を指揮することになった。さて、戦いの後に将軍たちが誰が一番戦功があったかなどと内輪もめを始めたので、フマーユーンは勝利をアクバルに与えることで将軍たちを宥め、アクバルに褒賞服と宝石で飾られた冠、それに大半の戦利品を授けた。実際には、フマーユーン配下の将軍の中で最も卓越したバイラム・カーンが勝利の立役者であった。そこでバイラム・カーンがアクバルの執政役に任命され、ムヌイム・カーンの方は、アクバルの腹違いの弟であるミールザー・ハキームの治めるカーブルへと送られた。フマーユーンがデリー奪還に向かうと、アクバルはパンジャブ地方の統治を命じられ、バイラム・カーンと共に叛乱分子の制圧に乗り出した。アクバルは山に逃げ込んでいたシカンダル・スールの征伐に成功した。そのとき、カラノールにいたアクバルのもとに父の死の知らせが届いた。

もちろん、フマーユーンの突然の死に対しては何の備えもなされていなかった。その政治的空白を前に全員が浮足立った。この状況を救ったのは、インド滞在中のオスマン・トルコの提督であるセイーディ・アリー・レイス(1)であった。彼は数日間皇帝の死を伏せておくよう勧告したが、それは混乱が起きないように十分な措置を講じておくためであった。皇帝の旅立ちとやがてその旅が延びることになったことのお触れが出された。軍部に疑念が生じ始めたので、フマーユーンに似た男に皇帝の衣装を着せ、謁見の間の入口に置いた王座に座らせ、侍従たちやその他の高官たちをまわりに配した。アリー・レイスによると、楽しげな音楽の調とともに座は大いに盛り上がっていたという。軍部と貴族たちの忠誠心が確かであることを確信したうえで、一五五六年二月十四日、バイラム・カーンは宮殿で大式典を開き、そこで高官たちとともに若き王子が皇帝の座に就いたことを宣言した。その知らせが帝国中に送られ、三日後にはダルバール会議(2)(＊重臣会議)がカラノールの地に招集された。「バイラム・カーンは、刺繡の施された絹織物で飾られた大きなテントのなかで大式典を執り行い、その式典の様子はまるで天国の庭に春が訪れたかのようであった。彼は様々な色彩の絨毯を広げ、その上に金の王座を置き、王子を誘い座らせた。褒賞服や王家の贈り物が出席した貴族たちに授与され、将来の愛顧の誓いが言い渡され、バイラム・カーンは「ここに陛下の治世が始まりました(3)」との式文を唱えた。

茨の冠

ある現代作家(4)が語ったように、若き皇帝の王冠はむしろ茨の冠であったというのが真実であろう。彼の小さな軍隊――シルヒンドの戦闘では三千人――は、大きな戦闘に打って出るというよりも、むしろパンジャブ地方の秩序を維持するのが精いっぱいであり、部隊の忠誠心も疑わしいものであった。パンジャブ以外でティムール朝の一族が制圧していたのはカーブル、カンダハール、バダフシャーンであった。しかし、そうした地方でさえ彼らの支配は一時的なものでしかなかった。イランの君主は、ムヌイム・カーンとミールザー・ハキームが防衛に当たっていたカンダハールを欲しがっており、おそらくいつまでも抵抗できるものではなかった。カーブルはムヌイム・カーンによって守られていたが似たような状況だった。バダフシャーンについては、最も年長であったため族長と見なされていたミールザー・スレイマーンによって統治されていたが、彼はアクバルやその弟のハキームを自らの宗主権下に置こうとだけしかしなかった。このようにインド以外の地域の支配については、どの地域でも数々の不安と敵意だけが若き皇帝を待ち受けていたということになろう。

インドでさえ、シェル・シャーの王朝であるスール朝が依然として脅威であった。スール朝を代表していたのはモハメッド・アーディル・シャーであるが、彼は平凡な君主で自らの権威を容認させるほどの力はなかった。スール朝の勢力範囲は理論的にはアーグラ北西部にまで及んでいたはずだった。しかし、アフガーン人、ヒンドゥー教徒など、かなり数多いムガル人の敵を束ねる力はアーディル・シャーにはなかった。彼自身よりも能力の高い人物が彼を補佐していた。その名をヒームーと言う。多才な政治家であるとともに有能な武将でもあるヒームーは、ムガル朝を制圧しアーディル・シャーを排除したあとで、権力を一手に握ることを狙っていたのだろう。もう一人、スール朝の有力者のなかにシカンダル・シャーがいた。彼もまたムガル朝の敵であった。ヒームーとシカンダルが手を組めばかなり危険な存在になっていただろう。さしあたって彼らの仲が悪かったにしても、幼年期を出たばかりでその権力基盤もまだまだ脆弱な皇帝に対して、立ち上がる日も来るだろう。それ以外の王侯たちのほとんど全員がムガル朝と敵対していた。ベンガル地方は二世紀も前から独立し、アフガーン族によって統治されていた。グジャラートとマールワーはティムール朝の宗主権から逃れていた。デカン地方の国々は互いに抗争を繰り返していたが、一つにまとまりさえすれば危険極まりないものとなる。ラージュプト族もばらばらだったが、ムガル朝に対する共通の敵意で勢いづき、ムガル朝との戦闘を再開するために、仲間同士の抗争を中止するほどになった。いずれアクバルは彼らとも戦わざるを得なくなる。とりあえず彼らのなかで最も強力だったのはマールワーの君主であったが、人望は薄く戦争遂行能力はなかった。半島南部の強力なヒンドゥー国家であるヴィジャヤナガルも、デカン地方の近隣国との間に難問が山積していたので、北部インド支配に向けて進出するだけの余力はなかった。

ポルトガル人の問題も忘れてはならない。ムガル朝は彼らに関してほとんど何も知らなかったが、一四九八年五月二十七日にヴァスコ・ダ・ガマが喜望峰をまわってカリカットに艦隊を率いて入港して以来、アラビア海と半島西岸地帯における制海権は彼らに完全に握られていた。彼の二度目の航海（一五〇二年—一五〇三年）で、ダ・ガマが二十一隻の艦隊を率いてやって来てからは、それまでエジプト人やヴェネチア人が制圧してきたアラビア海、紅海、「香料の道」（インド航路）をポルトガル人が独占的に手に入れることとなった。おぞましい虐殺や町に放火し破壊したあげくに、人々の首を切り落とし、その手足や耳をただ一人の生存者に持たせて「野蛮人の王」に届けさせるということをやりながら、彼はこれらの道を切り開いていった。インドやアラビアの沿岸地域の首長たち、例えばカイロのスルターンや通商路を侵害されたオスマン・トルコ人たちは反発をしたものの、巨大な利権を持つアフリカ回りの直接航路を開拓したポルトガル人たちは、巧みな航海術を利用して、付け入る隙を与えなかった。彼らはインドの権力者たちにアラブの商人たちを追い出すよう迫り、商館長を置いて、香辛料、麻薬、真珠、宝石、香水などの取り引き全体を、何人かのポルトガル人の仲買人に集中させた。それらの品物と引換えにインド人に引き渡されたものは鉱物資源、特に金や銀[5]である。

インドにおけるポルトガルの政策は、アフリカにおいてスペインのとった政策とは反対に、領土征服よりは、沿岸に沿って城塞を建設し、最も強力で有益な商業を営める町をできる限り建設することに向けられていた。一五一〇年のゴア占領後、ポルトガル人のアルブケルクは、教皇との約束にそった自論を展開し、論争に勝利するや、交易を発展させ、人々をカトリックに改宗させるために、最も強力なポルトガルの権力を現地に打ち立てていく。実際、この権力——曖昧なものではあった——は、三千キロメートルに及ぶ沿岸地域を制圧したが、内陸部にはほとんど浸透しなかった。ポルトガルの交易地は長く延びていたため防衛するには難しく、しかも各地の首長たちが自分勝手な取引を進めたために、ポルトガルによる本格的なインドの植民地化は不可能となった。ディウ、バッセイン[6]、ダマーン、やや北ではゴア——彼らの「帝国」の首都——、東海岸のカルカッタ近くのフーグリーなどの町だけが例外であった。もちろん内陸には何もなかった。とはいうものの、彼らは沿岸と海とを支配したことになる。これはムガル人にとっての潜在的な危険ではあったかもしれない。というのも、二十年ぐらい後にアクバルはグジャラート征服を決定することになるからである。

思いがけない事態のうちにアクバルは王位に就いたが、まだまだ年齢も若く、いくつかある州もまだ基盤が確立していなかったので、その将来は厳しいものと予想された。その危険な状況に財政問題が加わり、敵に優るだけの十分に強力な軍隊を徴募することなどとてもできないことであった。フマーユーンは死を迎えるまでの十年間を、弟のカームラーンとスール朝——シェル・シャーとその後継者たち——との戦いに明け暮れ、莫大な戦費を支出せざるを得なかったので、財産をほとんど残さず、飢餓とペストが人々を死に追いやっていた。説教《フトバ》が多くの州で若き皇帝の名によって唱えられたのにもかかわらず、その地位は危ういものであった。彼の支持者たちは民族も宗派もまちまちで、抗争が絶えなかった。シェル・シャーの残した足跡は色濃く、インド征服後合わせて二十年近くに及んだバーブルとフマーユーンの治世の足跡は見る影もなかった。全てをやり直さなければならないということではなかったが、青年皇帝のなすべき仕事の量は余りにも膨大であった。

バイラム・カーンを執政として側に置くことができたのは大きな幸運であった。バイラム・カーンは超一流の人物であり、大将軍であると同時に優れた行政力を備え、アクバルに全てを捧げる覚悟を固めていた。それと同時に、彼はティムール朝の権威をインドに確立するためになくてはならない存在であった。バイラム・カーンはバダフシャーン生まれのトルコ人で、シーア派に属し、教養もあり、詩人としても知られていた。彼の父と祖父はバーブルに仕え、献身的に働いていた。バイラム自身はフマーユーンの即位以降、側近中の側近であった。シェル・シャーが彼に重要な地位を提供したにもかかわらずフマーユーンに完全な忠誠を示したのである。フマーユーンは彼に、執政のみならず最高の権威を授け、スルターンの親政に至るまでは帝国の統治者としての責務を果たさせた。ライバルたちはバイラム・カーンを何度か遠ざけようと画策したが、アクバルは彼を頑として登用したのである。ライバルたちのなかには、デリーとアーグラの副王である貴族のタールディー・ベイや、スンニー派の貴族であり、年齢や経験から最も適任と目されていたムヌイム・カーンがいた。フマーユーンはムヌイム・カーンを、当時カーブルを統治していたもう一人の息子であるミールザー・ハキームの執政に任命していた。こうした人たちの間にあった対抗意識が、アクバルの前途に暗雲を投げかけていたのである。

強敵倒さる

良き助言者に恵まれていたとはいえ、十三歳の子供の行う治世が招いたものは、政権転覆をねらう敵——フマーユーンによって追い払われたスール朝の王侯たち——に武器をとらせることだけだった。敵方のなかでも最も危険な人物はアーディル・シャーであった。彼はわずか一年で王位に就いた。アーディルに側近として仕えたヒームーは古着屋と呼ばれ、激しい野望を抱いていた。ヒームーの軍隊は態勢がよく整っており、優れた砲兵隊と数多くの象を備えていた。彼は直ちに攻撃に打って出た。本拠のグワリオルから、イスカンダルという名のウズベック族の王子が治める守備の手薄なアーグラへと兵を進め、これを難なく陥落させ、つづいてデリーへと進軍したが、タールディー・ベイが逃げだしたため、戦闘もなくこれを手中にした。まもなく彼はラージャーの称号を名乗り、硬貨に自分の名を刻ませた。また、ヒンドゥー教徒に仕えようとはしなかったアフガーン人将校たちを、多くの戦利品を与えることによって自軍に取り込んだ。デリー陥落の知らせが当時ジャランドゥルにいたバイラム・カーンの許に届くと、皇帝の側近である将校や貴族たちの間に恐怖が走った。皇帝配下の軍勢は辛うじて二万人であり、一方ヒームー側の軍勢は十万人に達していた。こうした状況で戦うことは気違い沙汰だと、アクバル軍の将校たちはひとまずカーブルまで引き上げるよう勧告し、カーブルで新たな戦力を確保した後、再びインド征服に乗り出すこともできると説いた。アクバルとバイラム・カーンの二人は逆の意見だった。今こそ対決すべきだ、すぐに戦おうと。バイラム・カーンはその前に、何の抵抗もせずデリーを明け渡したライバルのタールディー・ベイの首を刎ねた。この処刑はいい見せしめとなり、軍は士気を取り戻し、退却を説いた一派は沈黙することになる。

アクバルの自信が間違ってなかったことが証明された。ヒームーは若き皇帝とその小さな軍を侮って

地図3　デリーとアーグラ周辺およびデリー市街

左　デリーとアーグラ周辺
下　デリー市街と都城の移動

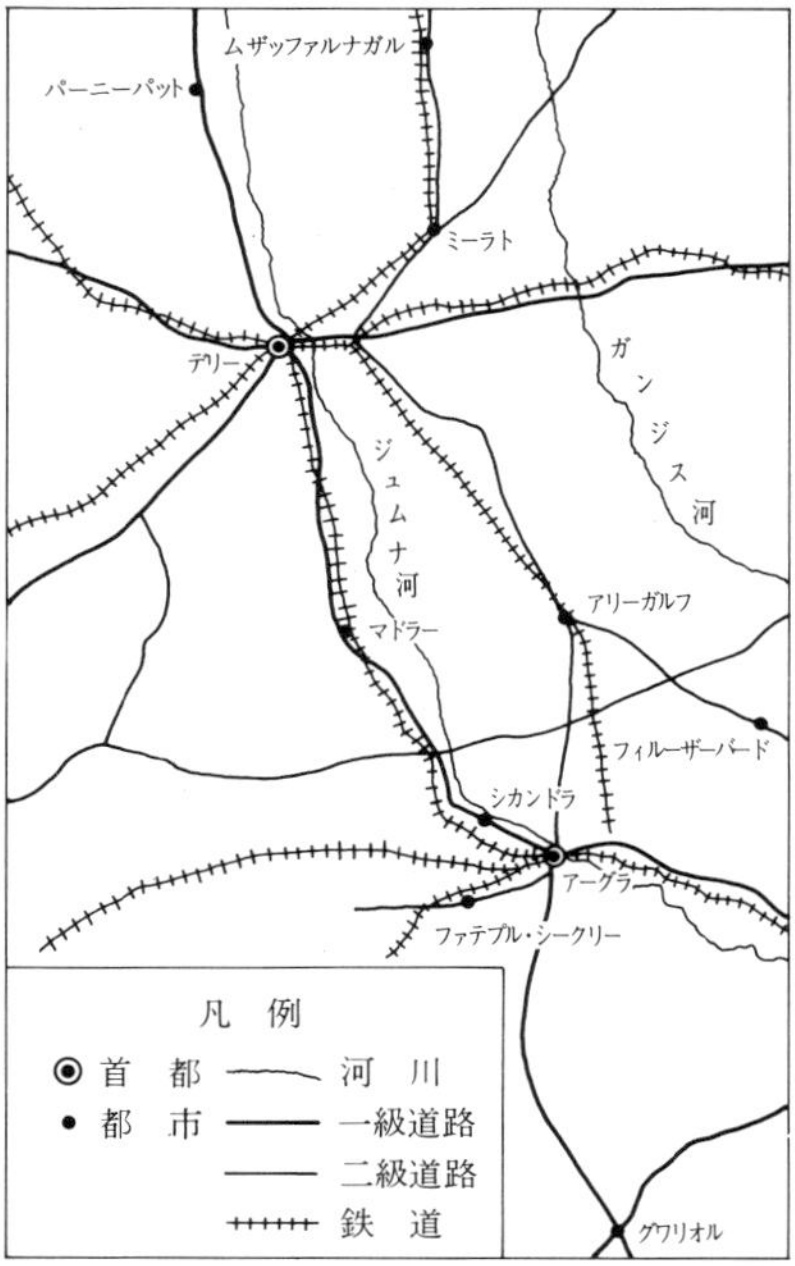

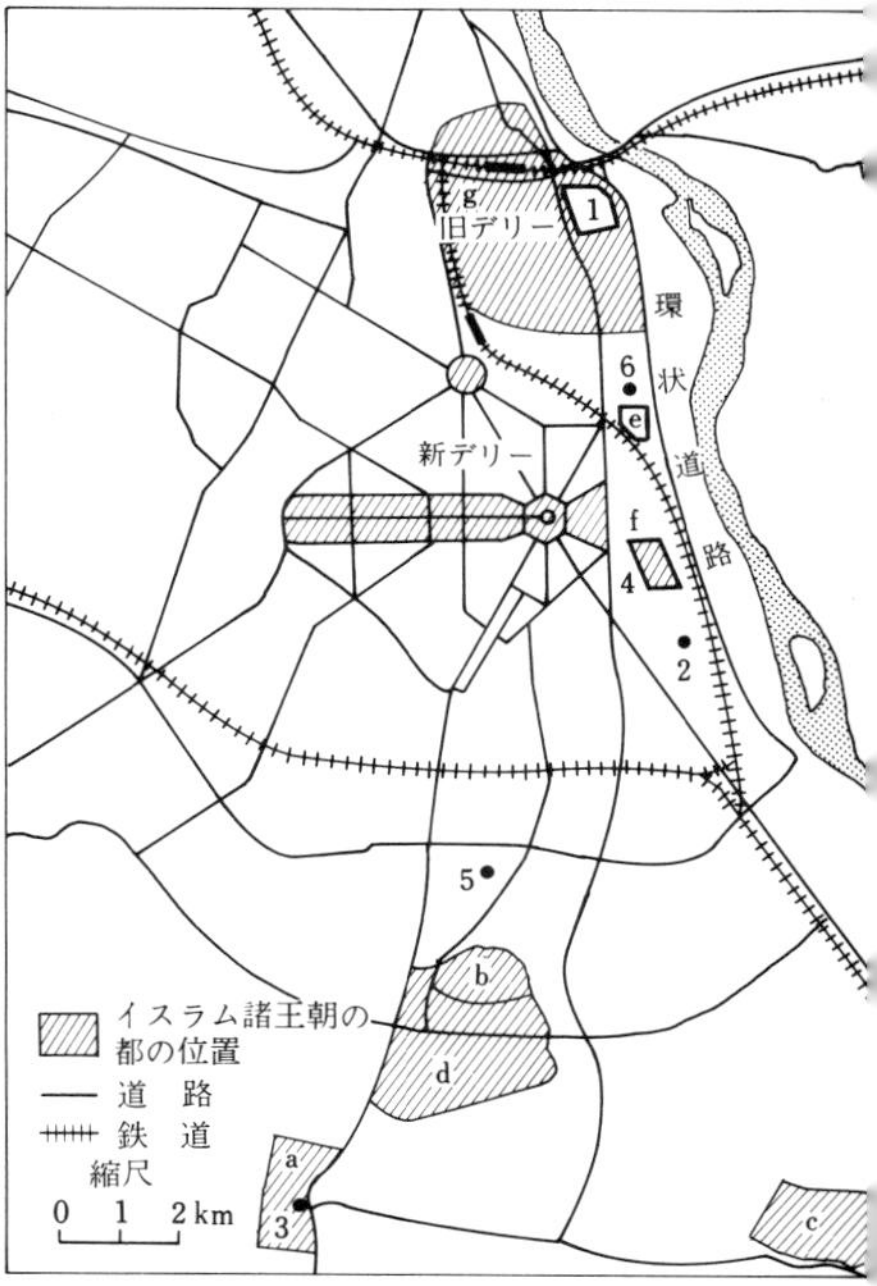

1　赤色の城
2　フマーユーンの墓
3　クトゥブ・ミナレ
4　プラーナ・キラ
5　モティ・マスジッド
6　アショカ王の碑
a　奴隷(マムルーク)王朝
b　ハルジー朝
c　トグラク朝初期
d　トグラク朝中期
e　トグラク朝末期
f　スール朝(シェル・シャー朝)
g　ムガル朝

おり、「あんな弱い敵と戦うなどただの形だけだ」と高をくっていたのである。戦闘が始まると彼は指揮を誤り、瞬く間に大砲隊をほとんど全て失ってしまい、ムガル軍の騎兵部隊の馬を怯えさせるために、戦闘用の象を前列に並べて失地挽回を図ろうとした。数日後の一五五六年十一月五日に、両軍は古戦場であるパーニーパットで衝突した。パーニーパットは起伏が連なる広大な平原であった。数の上ではるかに上回るヒームー軍は、すぐさま両翼からアクバル軍に襲いかかり、すっぽりと包囲してしまった。それでもムガル軍の中心はしっかりと戦っていたので、ヒームー自身が千五百頭にも及ぶ象部隊を引き連れて揺さぶりをかけようと戦場に躍り出た。アクバルの軍勢が敵の数と猛り狂った巨大な野獣に圧倒されていた丁度そのとき、一本の矢がヒームーの目に突き刺さり頭を突き抜けたのである。その様子をアブル・ファズルは「彼の傲慢さが煙となって頭から出ていった」と伝えている。

将軍が死んだという噂がたちまちのうちにアフガーン軍に広まり、ヒームー軍はパニックに襲われ、散り散りになってしまう。ヒームーの象使いが降伏してきて、将軍の死体がアクバルの前に引き出された。バイラム・カーンは、異教徒を自分の手で殺した者に与えられるガーズィー（＊勝利した戦士）の称号にふさわしい行為をと、若き皇帝を招き、敵の首を自分で切り落とすように促した。抵抗のない者を切るのはいやだと皇帝は拒んだので、バイラム・カーン自身がその役目を果たした。アクバルはその剣に手を添えるにとどめた。イスカンダル・カーン・ウズベックが逃亡兵の追跡にあたり、大虐殺を行いながらデリーまで進んだ。アクバルがデリーに入城したのはその二日後のことである。勝利は完璧であった。ヒームーの擁する象はすべて捕らえられ、敗残兵も潰走してしまった。アクバルの治世に敬意を表していたアーグラとその他の町は、何の抵抗もなくムガルの支配下に入ったのである。

シェル・シャーがその権力と名声の絶頂をもたらした王朝は死に瀕していた。アーディル・シャーの従兄弟にあたるシカンダルは抵抗の色を見せた。彼はいくつかの戦闘に勝利したが、アクバルが自軍よりはるかに戦力のある軍を率いて接近したことを知るや、パンジャブ地方のマーンコットの城砦に閉じこもってしまった。この城砦は巨大な城壁を四つの塔の間にめぐらせた堅固な建造物である。難攻不落の城砦ではあったが立てこもった者には飢餓が訪れる。シカンダルはアーディル・シャーが自分を救ってくれるものと当てにしていたが、当のアーディルが別の戦闘で死んでしまい、その知らせを聞いてシカンダルは、降伏後自分が静かな引退生活を送ることと、自分の息子にしかるべき地位を与えてくれることとを条件に、降伏することになった。アクバルはその申出を受け入れ、シカンダルは封土を授かった。彼は二年後に死んだ。イブラーヒーム・スール――別の王侯――とシェル・シャー二世のいずれもがたやすく排除され、アクバルは抵抗する力のないスール朝の残党にこれ以上手を出すことはなかった。

統治にはやる皇帝

アクバルとムガル帝国の支配は年を追うごとに拡大していった。グワリオルの堅固な城塞も落ちた。その城壁の高さと堅固さにおいて名をはせたこの城塞は、これまで常に大ラージャー（王）に属してきた。今日でもなおその廃墟は堂々たるものである。この城塞は、それまでは抵抗していたラーナー・シャーのものであったが、彼は戦いに敗れ、城を放棄し逃げだしたのである。翌年の一五五九年に、アクバルは将軍の一人であるカーン・イ・ザマーンをベナーレース地方のジャウンプル攻略に送った。帝国の国境は次第に東へと延びていく。北西のラージャスターンと西方のグジャラートにまたがる君主国であるマールワー征服が決定され、戦争の準備が整えられた。バハードゥル・カーンはアクバル配下の将軍の一人であったが、大軍を率いて進軍中に引き返せとの指令を受け取った。宮廷内の対立が激化し、氏族たちに動揺が走ったのである。ことの原因であったのは、絶対的権力を誇ったバイラム・カーンその人であった。

どんな宮廷でもそうだが、君主が若ければ分裂は避けがたく、それぞれの氏族はその出自、宗教、利益などに従って同盟を結ぶものである。オリエント、いや西ヨーロッパでも、歴史はこうした血なまぐさい陰謀や反逆を数多く伝えてきた。アクバルの側近たちが動揺していた頃、スレイマン大帝の壮大なる支配下にあったオスマン・トルコ帝国はこうした劇的陰謀の大舞台であった。フランスでは、同時代のヴァロワ朝にやはり悲しい血みどろの陰謀が渦巻いていた。デリーでは当時皇帝の側近に二つのグループが存在していた。一つは、絶対権力を持つバイラム・カーンの派であり、彼は有能で忠実であったがいささか傲慢のきらいがあり、権力への執着が強く、その上ムガル宮廷では多数を占めるスンニー派の中にあって、彼自身がシーア派だった。バイラム・カーン派と対立していたのが、アクバルの乳母——不正確な言い方であるが——として知られる女性を中心としたハレムである。その女性とはかの有名なマーハム・アナガであり、彼女の夫はアトゥガ・カーン（養父）の称号を得ていた。彼ら夫婦の二人の子供たちはそれぞれ称号を持ち重要な地位に就いていた。アトゥガ・カーンの息子の一人であるアズィーズに対する情を、アクバルは「彼と私の間には乳の河が流れている」と語ったほどである。またイスラームの歴史家たちはアトゥガ・カーン一族を「養父一族」と評していた。タールディー・ベイの処刑がおぞましい記憶を残し、それがバイラム・カーンに対する憎悪の情をかき立てていた。敵対する二つのグループの間には深い溝があり、その溝はますます広がっていった。やがて執政バイラムのテントのすぐ近くで象同士が闘うという事件が起きた。彼は自分が殺されるのではないかと密かに恐れていた。こうした状況の中で、バイラム・カーンが、アクバル配下の一将軍ピール・モハメッドの謀略によってメッカ巡礼——当時は追放の罰と考えられていた——に送り出されるという事件が起きるのである。不運な任命と何度かの軍事的失敗——ランタムボルとチトルという二大城塞に対する戦いで失敗し、その責任を追及された——も、バイラム・カーンの名声を汚した。それにもまして、十八歳を迎えたアクバルが一日も早く帝国の実権を握りたかったのだと言えるであろう。(7)

執政に対する皇帝の苛立ちが高まったとき、謀略が実行可能になった。皇帝とその顧問(バイラム・カーン)を離間することが謀略の第一歩であった。狩りに出かけるためにアーグラを離れたアクバルに、マーハム・アナガはデリーに一刻も早く戻るように緊急の知らせを送った。その内容はアクバルの母が病に倒れ出来るだけ早く息子に会いたいというものだった。アクバルは直ぐにデリーに向けて出発した。一方バイラム・カーンはアーグラに留まっている。「乳母」は執政がアクバルに自分のライバルを差し向けてきた場合に備えて、ミールザー・ハキーム(*アクバルの異母弟)を随行させていた。この謀略は当時デリーの守護に当たっていた長官とともに練られたものである。「養父」であるアトゥガ・カーンも到着した。マーハム・アナガは、バイラム・カーンがいる限り権力の座に就くことは決してできないことと、アクバルがデリーに移るよう——この理屈は明らかに偽りであった——入れ知恵したのが彼女自身であることにバイラム・カーンが気がつけば、執政の報復を受ける恐れがあったために、アクバルを一度デリーの外に出すといった策を弄した。皇帝と執政は手紙により連絡を取り合うようになったが、やがては「自分自身で帝国を統治したいのであなたの実権はなくなった」という内容のアクバルの最後通牒が執政に届けられることになる。手紙にはこう付け加えられていた。「あなたが長い間待ち望んでいたメッカ巡礼にいますぐお発ちになれば幸いです。あなたが威厳をもって生きられるようジャーギール(*采邑地)の一つがあなたに授けられるでしょう。あなたの収入はあなたの指示した者よって届けられることになります」と。

バイラム・カーンは追放の知らせをよく読んで確かめた後、アーグラを離れ、権力の象徴である旗と杯と記章とを皇帝に送り返した。彼がメッカに旅立つためにグジャラートに着いたとき、スンニー派のムラー（律法学者）であるピール・モハメッドがバイラム・カーン追討に出陣したとの知らせを受け取った。ピール・モハメッドは、バイラム・カーンにより無名の中から引き立ててもらい、彼の信任を得ていたのだが、いつしかその寵を失っていた。彼の破廉恥な行いを罰したものの、自分に尽くすべきピール・モハメッドが、今度は自分の敵となったことを知るや否や、バイラム・カーンはパンジャブ地方に戻り、彼を迎え撃つことを決心した。そこでアクバルはバイラム・カーンに罰を与えることにした。アトゥガ・カーンと配下の部隊がバイラム・カーン打倒に向かう。はたしてバイラム・カーンは破れることとなる。インド北部の丘陵地帯のとある城砦に逃げ込んだとき、バイラム・カーンは自分が今まで持っていた執政の称号がライバルのムヌイム・カーンに与えられたことを知った。バイラム・カーンは自らの起こした叛乱を謝罪し降伏する旨を認めた親書をアクバルに送った。皇帝はバイラム・カーンへの借りを忘れてもいないし、彼への親愛の情を失くしてもなかったので、降伏を認め、敬意をもって彼を受け入れた。皇帝はバイラム・カーンを自分の右手に座らせ、メッカ巡礼に行かないのであれば、ある属州の知事になるか、それとも権力のない私的顧問になるかの選択を迫った。これはバイラム・カーンにとってみればやはり最後通牒であった。やむなく彼はグジャラートに向かい、そこからアラビアに出発する手筈を整えた。ところが運命はいたずらである。バイラム・カーンは、グジャラート北部の町パータンに着いたとき、以前の戦闘の際、この執政の率いたムガル軍に父を殺されたあるアフガーン人によって、路上で暗殺されてしまう。アクバルはバイラム・カーンの死に哀悼の意を表し、前執政の第二の妻と結婚して、四歳になるバイラムの息子の教育を引き受けた。その子は後に帝国の最も上級の高官の一人に数えられることになる。

　バイラム・カーンの失寵はいわれのないものであった。政敵を除いてすべてのものがそう判断していた。この執政がいなければアクバルが王座に就くこともそれを維持することもできなかったであろう。最も困難な暗澹たる状況においても英断を果たし勝利を摑んできたのは、何よりも彼がいたおかげである。フマーユーンには能力が欠け、アクバルには年齢が不足していた。軍事的大勝利――シルヒンドとパーニーパット――も彼のものであった。スール朝を凋落させ、長い間不安定だったこの若き皇帝の王座を確かなものにしたのも彼である。また、バイラム・カーンは財政再建にも着手した。経済は非常に混乱していたので、彼の試みが常にうまくいくとは限らなかったが、不幸な暮らしを続け何事にもすぐ騒ぎ立てようとする人々の間に秩序を保ってきたのも彼である。アクバルのように、天賦の才があり野心もある青年が、いつの日か執政の保護下から抜け出したがったとしても、それは仕方のないことであろう。ただし、もっと別の方向に進んだ方がよかったのかもしれない。「バイラム・カーンの失墜に至った一連の出来事は嫌な印象を残した」とイギリスの歴史家V・A・スミスは語り、次のように付け加えた。「権力を摑む瞬間が訪れたときに感謝の気持ちを持つことによって、皇帝はできるだけ衝突を最小にくい止めるよう配慮をすべきだった」と。王国の年代記作者であるバダーウーニーは、庇護者バイラムに対する若き皇帝の恩義を次のような一文で締めくくった。「第二次インド征服と帝国の復興は、執政の限りない努力、それに彼の有能と優れた政策の賜物であった」。

　バイラム・カーンは、政敵に嫌疑のかからないような状況のなかで暗殺されたが、アクバルが一切の保護から解放されるということにはまだ至らない。ムヌイム・カーンにはほとんど権力がなかったが、ハレムはマーハム・アナガを筆頭に健在であり、彼女は絶好の地位を利用して、自分に有利な影響力を行使することができた。すぐに自分の息子であるアドハム・カーンをピール・モハメッドの保護下に置き、アーグラ南方の公国であるマールワー遠征に当たらせた。当時マールワーを治めていたのがバーズ・バハードルであり、彼は大砲術よりも歌姫、踊り子、音楽などに熱心で、とくに美声で名をはせた歌姫であるルプマティに執着し、彼女を愛人にしていた。ある日、バーズ・バハードルが音楽と官能の夢から目を覚まし危険を察知したときには時すでに遅し、敵のムガル軍は約二十キロメートルにまで迫っていたのである。

戦闘は短かった。バーズ・バハードルは逃げだしたが、後宮と財宝は敵の手に落ちた。酷い殺戮が続いた。勝利に酔った二人の族長が囚人たちを陣に呼び寄せ、死刑の執行を命じたのである。「川が血に染まった」とバダーウーニーは伝えている。マーハム・アナガはこの惨劇の証人であった二人の美しい妾を処刑し、アクバルの怒りを宥めた。こうして彼女の息子アドハム・カーンはマールワーの知事に任命された。「乳母」とその一党はまだまだ国家に対する影響力を失ってはいない。しかし長くは続かなかった。様々な徴候がそのことを予測させていた。

正義による統治

一五六二年一月、アクバルはアジュメルにあるスーフィー僧ムイーヌッディーン・チシュティー[8]の墓への最初の巡礼を行った。このスーフィー僧は信者に善行を施したことで知られていた。巡礼の帰路、サンバルで、アクバルはアムベルのラージャーの娘であるマリヤム・ザマーニと結婚した。恐らくはこの結婚がもたらす結果を十分考慮に入れていたにちがいない。この婚姻の影響は大きかった。彼は数世代にわたってこのラージュプト族の家系を重用したが、それと同時に、二つの部族・宗教間にあった敵対関係に終止符を打ち、互いを尊敬しあうようにし、インドの人民を融合させた。それは、「宗教上やさらには民衆の血縁上での、異種集団の首長であるよりも、全インドの皇帝になる」(9)といった、皇帝の意欲の最初の表明でもあったと言えよう。同じ年にアクバルは戦争捕虜を鎖で縛ったり、彼らをイスラームに強制的に改宗させることを廃止した。翌年彼は、これまでヒンドゥー教徒がその聖地に参詣する時に彼らから徴収していた税も廃止することになる。一五六四年にはとうとうジズヤ――非イスラーム教徒に課されていた人頭税――の廃止を宣言し、この決定はこの差別的税をこれまで激しく嫌悪してきた人々に好感をもって迎えられた。

この若き皇帝が望んだことは、臣民間にある差別意識の解消であった。これはまた、ティムールの末裔たちの帝国を、人間的で平和な国に作り上げるための最初の条件でもあったのだ。彼は、大帝国というものが強制の上には成り立たないことと、ヒンドゥー教徒が余りに大勢いるので武力による支配には無理があることとを、しっかりと理解していた。あらゆる保護の手から離れて国家の長となるやいなや、彼は懐の深さを示したが、それは、平和を望む気持と寛容の精神で対処できない場合には武力によるが、可能な限り民衆と諸侯の同意を得た上で、インド全体をティムールの末裔の支配下に置くという意図の現れでもあったのだ。このように、一方ではやむなき事情があったり、他方では賞賛の下であったりしながら、帝国は半島の大部分にその領土が広げられ、しばらくは安定が続くことになる。アクバルとその末裔が営々と築き上げた労作が崩壊の危機を迎えるのは、ずっと後の、狂信が時代を席巻するときである。ところで、アクバルは二つの目的を持っていた。一つは、人種が違い様々な宗教をもつ人々に連帯や平等といった感情を起こさせ、皇帝やその後継者に対する感謝の念を持たせる力を持った君主や見識のある人々によって統治される国家を建設することであった。というのも、その結果、ただ単にインド半島が国内の敵やヨーロッパ人に代表される国外の敵から防衛されるだけでなく、民衆が共通の国民感情を持ったうえで、全体とは言わないまでも巨大なインド半島の大部分が、帝国に併合され繁栄が約束されるからである。

アムベルの王女との結婚からまもなく、王室にある悲劇が起こり、その事件によってアクバルは、はからずも、ハレムとマーハム・アナガの支配から決定的に脱出し、帝国の唯一の長として認められる機会を得ることができたのである。「乳母」の息子アドハム・カーンは、自らをアクバルに次ぐものと自認し、「乳母」の夫であるアトゥガ・カーンがバイラム・カーン死後の宰相の地位についたことを決して認めようとしなかった。ある夕方、アトゥガ・カーンが王宮のさる一室で職務を遂行中、アドハム・カーンが大勢の部下と共に乱入し、部下に命じて宰相を短刀で突き刺してしまう。アトゥガ・カーンは死去した。騒ぎに目を覚ましたアクバルが手に剣をもって駆けつけ、死体となったアトゥガ・カーンを目にするや「よくもお前は私の養父を殺したな」と叫んだ。アドハム・カーンが膝を屈するや、アクバルは彼を殴り飛ばし、彼を捕らえテラスの高みから突き落とせと命じた。地上に落ちたアドハム・カーンがまだ息をしているのを見て、アクバルは彼を引きずり上げ今度は空中高く放り投げさせたと言う。それからアクバルはマーハム・アナガのところに赴き、彼女にいましがた起きたことを伝えた。彼女はただこう言ったという。「陛下はよくなさいました」と。マーハム・アナガはその後数週間でこの世を去った[10]。謀反を起こした他の者たちは逃亡したが、そのなかにムヌイム・カーンがいた。ムヌイム・カーンは逮捕されアーグラに連行された。アクバルは彼を許し称号さえ回復させたほどだが、ムヌイム・カーンの権力は一切剝奪され、アクバルは一挙に全権を手中にすることとなったのである。アクバルは王国の乱れた財政を見直すために、宦官のブフルール・マリクを登用した。宰相には、届けられた書類に国璽をおさせる機能以外は何の仕事も与えなかった。アクバルの治世の年代記は、以後皇帝自身の年代記となり、主に彼の統治行為と華々しい活躍に当てられることになる。叛乱や不服従の動きがあれば彼は容赦なくそれを叩きつぶしていった。例を挙げると、ウズベック族のカーンであるカーン・イ・ザマーンが叛乱を起こし、初めは許されたが、やがて皇帝打倒の不埒な企てをしたことを悟られて、戦争に走った。戦いの最中に落馬したザマーンの頭を一頭の象が踏みつぶしてしまう。一人の兵士がその死体を皇帝に届けると、アクバルは見せしめとして、アーグラ、デリー、ムルターンなどでつぶれた頭をさらしものにしたという。陰謀に加わったザマーンの弟であるバハードゥルは処刑された。(11)

帝国の強化と拡張

かつてラージュプト族はインドの大半を支配していた。バーブルはメワール地方の強力な君主であったラーナー・サンガと手を携えようと試みたがうまくいかなかった。フマーユーンもラージュプト族に接近する政策を考えはしたものの突然の死によって叶わないこととなった。バーブルもフマーユーンも、この勇敢で忠実、しかも武道の優れた手ごわい戦士集団と争っていたのでは、平和で長続きする国家をインド半島に建設することなどできないことを十分承知していた。戦利品をもらえるというだけで他の陣営に乗り移るような時代になっても、不名誉よりは死を、といったラージュプト族兵士の固い誓いを破らせることなど到底できないことだった。婦女や非戦闘員をいたわるラージュプトの人々との同盟が最大の課題となった。アクバル自身も、もしインドの大地と歴史に深く根ざした大国家に、インドの全住民を王権をもって結束させるという計画を実現させるには、ラージュプト族との団結がどれほど重要であるかを理解していたのである。

アクバルは寛容とリベラルな性格で知られ、それとよく似た性格を持つラージュプト族兵士との関係は円滑に運んだ。彼の方法は、同時代にトルコ国家の他の首長、特にオスマン・トルコのスルターンたちがよく使った手法である。つまり、敵が争わずに降伏したならば手を差し伸べ、その後は彼の財産と領土には手をつけないというものである。そうすれば敵は臣下となる。アクバルは敵方に自軍の傘下に入るよう勧めたり、ときには帝国の要職、例えばある州の知事を提供するといったことをよく行った。ラージュプトのラージャーに割り当てられたポストは、ラージュプトの勢力範囲であるラージャスターンから遠く離れたところであることがほとんどだった。それは、彼らが同郷のものと手を組まないように、あるいはトラブルの原因とならないようにするためにとった措置なのである。

ラージュプト族あるいは他の王侯を自分の王国に結びつけるためにアクバルが好んだ手法の一つは、自分の親族をヒンドゥー教徒の王女と結婚させることであった。良い例として挙げられるのは、彼自身が一五六二年に、インドで最強の国家の一つであるアムベル国のラージャーの娘と結婚したことである。ジャイサルメルやビーカーネルその他の国のラージャーたちも、自分たちの娘をイスラームの王子たちに嫁がせた。王子たちのハレムではムガルの女と全く同等の地位を与えられた。もしラージャーの娘が子を産んでも、いわんや皇帝直系の子を産んだときには、ジャハーンギールの母と同様に、彼女たちは大変な威光と比類なき地位を得たものである。その逆は存在しなかった。[12] ムガルの王女がラージュプトの王に捧げられることは絶対にあり得なかった。というよりも、ある歴史家の語るところによれば、後継争いの危険を避けるために、ムガルの王女は独身を通すのが通例であったようである。

アクバルの治世になって最初の数年はメワールをどう治めるかが問題となった。ラージャーであるウダイ・シンは独立を維持したがったが、インドの中心にそれも首都から遠くはない地に、権力の及ばない陰謀と密議の行われる中心となりかねない王国を皇帝が容認するはずがない。ラージャーは武力によって抑え込まれることとなった。アクバルはこの君主の力と技をあなどることはなかった。というのもこのラージャーが一五六二年に、ムガルに反旗を翻したバーズ・バハードゥルを匿って、うまうまと皇帝に挑んだという経緯があったからである。

ウダイ・シンはメワールに難攻不落で知られる二つの軍事拠点を持っていた。ランタムボルとチトルの要塞である。一五六七年十月にアクバルが攻めたのはチトルの城である。強力な守備隊がこの要塞を守っていた。幅一キロメートル、長さ五キロメートルに広がる険しい丘陵地帯の上に建ち、まわりをいくつもの峡谷に囲まれたこの要塞はまさに難攻不落そのものであった。アクバルはまるまる一カ月をかけて築堤で補強した溝を掘らせ、平野部に展開する帝国軍に仕掛けてくるラージャー軍のゲリラ攻撃をものともせずに、地雷を設置していった。アクバルは歩兵部隊による突撃を試みたが失敗し、その損失——一日当たり二百人の死者——は大きく、犠牲者が敵軍よりもはるかに多くなったので、もはや大砲とマスケット銃による攻撃に切り換える他はなかった。そこでアクバル自身が乗り出すこととなる。ある夕方、アクバルがマスケット銃を敵方の銃眼に向けて発射すると、その背後にいた重要人物とおぼしき人物に弾が命中したのである。その男がこの要塞の指揮官のジャイ・マルであることは明らかだった。ラージャー自身はこの攻囲戦が始まる前に要塞から抜け出し、この指揮官に要塞を任せていたからである。守備隊は、こうした場合慣習となっているジャウハルの儀式(13)を終えてから投降した。ジャイ・マルが倒れたあとの指揮官は、カイルワ出身の若きセソディア・パッタ・シンである。黄色い服をまとった彼は妻と母とともに降伏した。それなのにムガル軍は三人とも刺し殺してしまう。それどころか大虐殺

図版3　アクバルの南方征服

上　ジャイサルメルの山上城郭都市の全景
中右　チトル城の廃墟
中左　ジャイプルの風の館(18世紀建立)
下　グワリオルのムハンマド・ガウスの廟

が行われたのである。全体で三万人にものぼる犠牲者が出たが、その中には近郊の村から要塞に逃げ込んだ農民たちも数多く含まれていた。ムガル軍に被害を与えたため、捕まれば皆殺しを免れない数人のマスケット銃の射撃兵だけが逃亡に成功したくらいである。チトルの大殺戮はアクバルのイメージを傷つけることとなった。

正義を重んじ人間的だとうたわれたこの人物が、平然とこの残虐行為の現場に居合わせたとすれば驚きである。なにがなんでも見せしめにしたかったのだろうか。あるいは、絶対権力を手中にしたこの人物の心の襞は、想像以上に複雑なのであろうか。勝利を天に感謝するためにアクバルはチシュティー巡礼に徒歩で旅立ち、アンベルでは惜しみなく施しを与えた。そうした施しもチトル城でのラージュプト族に対する大虐殺が与えた、おぞましい影響を打ち消すことはできなかった。ヒンドゥー教徒は深く傷つき、今日までその傷が癒えることはない。この丘は今でも呪われた場所と考えられている。

その翌年、一五六九年になってアクバルは大部隊を率いてランタムボルに進軍し、城砦を睨んで陣をしいた。作戦はすぐに終了した。何日間か大砲で砲撃を加えると、要塞の指揮官は無駄な戦闘を続けるよりも砦を明け渡すほうがよいと、アクバルに和解を申し出たのである。今度はアクバルも寛大であった。彼はその申出を受け入れ、その指揮官をベナーレースの知事に任命した。続く数カ月間に、カーリンジャルやジョドプルといった他のラージャーたちも降伏し、彼はビーカーネルのラージャーの娘と結婚した。条約が彼らラージャーたちとの間に交わされた。その条約には、彼らが武器を王宮内に持ち込むことを許可し、彼らの領土にある彼らの宗教の寺院に不可侵の特権を保証し、皇帝の前で平伏する義務を免除する、といったことがなどが盛り込まれていた。また、騎兵鼓手を随行させることが許され、自分たちの娘を後宮に差し出すことも免除された。

こうして帝国の強化が果たされていく。インド北西部にある全ての国家がアクバルの宗主国の支配下に入った。誇り高く勇敢なものたちが帝国の軍門に下ったとは、どの程度本気であったのか不思議である。あるものにとっては二心《ふたごころ》のない降伏であったとも言えようが、自分たちの独立と君主権を放棄せざるをえなかった恨みが心中に深く残ったことは間違いない。だからこそ、アクバルよりずっと後の世代になって、王朝弱体化の兆しが見えたとき、とりわけ、王朝の寛容でリベラルな政策が処刑と偶像破壊といった政策に転換されたときには、それまで決して消えることのなかった苦い思いや復讐心などが、一挙に吹き出してくるのである。

もちろんまだそんな事態には至っていない。アクバルの治世の初めの困難な年月は、過去に起因するものであった。インド北部と中央部の平定はまだ終わっていないが、皇帝の権威はかなり確かなものになり、その威信はあまねく行き渡っていた。時として起こる叛乱を鎮めるのは容易ではなかったが、皇帝の戦略はそれに優るものであった。一五七〇年からの数年は、アクバル体制の確立と新政府の編成時期にあたり、アクバルは首都とすべくファテプル・シークリーの設計に着手する。また彼にとって最大の喜びである彼の子供たちがこの時期に次々と生まれていった。双子が生まれたが出生後まもなく亡くなり、アクバルには後継ぎがいなくなったので、彼は聖者である長老サリーム・チシュティーの住んでいたシークリーに、何度も巡礼に赴き一心に祈りを捧げた。彼の祈りが通じたのか、ある日聖者はまもなく願いが叶うだろうと彼に告げたのである。一五六九年の初めに、ヒンドゥー教徒の最初の妻、すなわち一五六二年に結婚したアンベルの王女が、彼に子を宿したと告げた。アクバルは若き妻をかの長老の住居に隣り合う治療院に送り、一五六九年八月三十日に男の子が誕生した。アクバルはその子に長老の名をとってサリームと名付けた。その子は後にジャハーンギール――「世界の征服者」という意味

――の名でインドに君臨することになる。それから二カ月後に娘のチャザドが生まれ、翌年の七月七日にはサリーマ・ベガムがスルターン・ムラードを産む。三番目の息子ダーニヤールは一五七二年九月にアジュメルで誕生した。

二　ムガル国家

この時点でアクバルは三十歳を超えている。アクバルに接近したヨーロッパ人たち――いずれもイエズス会のジャリック神父とモンセラーテ神父――は、アクバルを中背で、がっちりとし、肩幅は広く、筋肉質の体軀であったと伝えている。彼は、重い荷物を背負い、虎や豹に立ち向かった。いくぶんがに股気味だったが、総じて美男であった。彼の勇気はその権力に相応しいものであった。ごく一握りの部下を率いて敵の大軍に立ち向かうということも度々あった。アクバルの目は大きくてやや細く、「中国人かタタール人のようであった」と伝えられている。日焼けした顔色、広い額であり、端整な鼻筋の左の鼻孔には、息子のジャハーンギールによって「繁栄と幸運のしるし」とされた、小さな疣があった。顔は剃られ、口髭はよく手入れされ、声は大きかった。頭にはターバンをまき、膝まで延びる金糸織りの長い服を着ていた。ジャリックによると、アクバルは自身で発明した奇妙な靴を履いていたようである。彼は「ポルトガル風の?」黒いビロードの服をしばしば着用し、剣は、常に帯に差しているか、あるいはいつ何どき事が起きても対処できるよう、手に持っていたという。「闊達な性格で、優れた判断力を持っていた」とは、アクバルへの賞賛を惜しまないジャリックの弁である。「事を成すには慎重で、それにもまして、物腰が柔らかく、愛想がよく、しかも寛大であった。こうした特質に加えて、多くの大事業を企画し、なし遂げる勇気が備わっていた。しかしながら、その性格にはメランコリックな傾向が見受けられ、癲癇の発作をおこすこともあった。(14) 悲しい気分になると、それを紛らわせるのに、象や水牛それに鶏などを闘わせたり、時には剣奴だけでなく一般人さえ、どちらかが死ぬまで剣で闘わせたりもした」。人間的で穏やかだとの名声を得た人物に驚かされるのは、きまってこうしたことである。アクバルは狩猟を愛し、多くの隼や猛禽を飼っていた。獲物を狩り立てるために、平原に四、五千人を集めて獲物を囲わせ、狩り立てを行ったこともある。しかしながら、ジャリックやその他の証言によると、こうした余興の最中にも、国務を遂行していたという。

皇帝の日常

アクバルの仕事量は膨大なものであった。当時信じられていた以上に、ムガル皇帝たちは、豪奢な暮らしとはうらはらに、気を抜けない国事に忙殺され、自分たちの時間はほとんど持たなかったのである。アクバルは夜明け前には起きだし、祈りを済ませると、夜明けとともに、アーグラかファテプル・シークリーの王宮内部の東壁にあるバルコニーに出御した。彼自身によって再開されたヒンドゥー教の古い伝統であるジャロカ(＊重臣会議)の儀式に、大勢の民がアクバルを一目見ようと集まり、その間ずっと人々は「パーディシャー・サラーマト(皇帝万歳)」を叫び続けた。ほどなく、彼は、民族や階級の区別なく、彼に訴えがあるものは全員に謁見を許すことにした。驚くべき数の人々が皇帝の裁きに頼ってきた。最初の謁見は四時間から五時間も続いた。続いて、彼はバルコニーから、闘象や競走馬や狩猟用の動物の行進を眺めた。軍隊も次々と行進した。それから彼は居室に戻る。午後になると、今度は貴族や高官その他の名士たちとの会議が催された。この会議で最重要案件が議論された。外交、高官の任命、戒告と褒賞、視察報告、財政問題、宗教問題等である。貴族の請願は、皇帝に委ねられ、管轄の高官に回されたあと、皇帝自身が即座に決断した。また、州知事や新たに任命された将軍たちは、任地に赴く前か帰還した時に、皇帝に謁見した。「ジャロカ」に列することを認められたのは、王子一人か、貴族一人、あるいは最上位の高官だけであった。会議が終わると、皇帝は、特に王宮内の工房で制作された美術品や工芸品を眺めたものである。絵画、織物、能書、写本、武器といったものである。建築家や技術者は、帝国の建造物の図面や草案を見せに来、アクバルは大いに関心を示したものである。彼はそれらを注意深く検討し、しばしば修正させた。

午前と午後の謁見は二つの別々の部屋で執り行われた。皇帝は天蓋のついた玉座に座った。左右には席次どおりに王子や貴族を配した。すぐ側に、二人の高官——ミール・イ・アルズ（＊訴願掌長）と呼ばれた——がおり、皇帝の命令を伝えたり、すでに謁見が許されたものを皇帝に引き合わせたり、そうした者たちに皇帝の前での振る舞い方を教えたり、特に、進み出て皇帝の足に口づけをすることなどを教えた。秘書たちは、一日中ずっと、皇帝の発した言葉を記録し続けた。

午後の謁見が終わると、アクバルは、続きの間——実際にその部屋を見たものの証言によると、この上もなく豪奢な部屋で、ギュザル・カーナ（＊美しい御殿）と呼ばれていた——に戻り、入浴し、休息を取った。何か重要な案件があると、そこに首相を呼びつけ議論を続けたりもしたが、その後はハレムに戻り午後の祈りを捧げた。ハレムでは、食事を取り、特に後宮に係わることなどについて話し合い、女たちの請願を持ってこさせたりした。しばらくすると、もう一度高官や側近を呼び、公には話せない国事について議論したりした。それから、知識人、神学者、詩人などと会話をゆっくりと楽しんだりした。

アブル・ファズルはこう伝えている。「陛下は、ゆうべの一時を、私的謁見の間で、哲学者や高潔なスーフィー僧たち、それに事実を削除したり歪曲したりして歴史を書きかえたりしない偏見のない歴史家たちと過ごすのが常であった。彼らのうち、ある限られたものだけが、座る特権を得ていた」。

こうした夕べの最中に、宗教問題についてイエズス会の神父と語り合うことがあった。アクバルはこう言った。「哲学についての話題は何とも楽しい。なぜなら、こうした話題は他のことを忘れさせてくれるし、国事のことを考えずに済むし、わずらわしいことを耳にするのを止める必要があるのだ」。

長い一日を終えて、寛いだ気分で音楽を聴くこともあった。アクバルはこの時間が休息や楽しみの時間であることを欲したのである。特にシャー・ジャハーンをはじめとする何人かの後継者は楽器を演奏したが、アクバル自身は演奏しなかった。夜会が終わると、参列者は夕べの祈りを捧げに引き上げたが、時として皇帝は、緊急の事態があるときなどは、さらに執務を続けることもあった。ようやく後宮に帰ると、幕の後ろに隠れた語り部が、偉人や大君主などの偉業を皇帝に語り聞かせたのである。

アクバル以前のイスラーム君主の誰も思いつかなかったこうした政務の方法は、アクバル以後引き継がれることになり、ティムール族の末裔たちがインドに築いた征服王朝にはっきりとその影響を残した。絶えず人民と接触することは、彼が導入した税や法のどんな条項よりも、またいかなる器量や高度な政治感覚をもってしても受け入れさせることが叶わなかったこの国に、ムガル王朝を定着させることに役立った。少なくとも直系の後継者たちは、このことをよく理解し、同じ方法を続けていくのである。

地平線に現れて来る天体が正面に見えるように置いた玉座に座って、皇帝が日の出の太陽に礼拝を捧げることは、単なる象徴以上のものがあった。この礼讃は、同じ瞬間に何百万ものヒンドゥー教徒が昇る太陽に向かっているのとそっくり同じであり、最も重要なシンボルの一つである太陽を受け入れることによって、アクバルは民衆の心理に直接呼びかけをしたのである。「毎朝、皇帝が王宮の窓に現れると、ヒンドゥー教徒の民は、自分たちと共に一日を始めようとする者の中に、地上におけるヴィシュヌ神の副王の姿を見ていた⑮」。このように、イスラーム教徒の皇帝と異教徒の臣下との間に直接的な繋がりが芽生えたのである。皇帝と彼らの間を隔てるものがなくなった。ごく私的な謁見の最中にも、派閥あるいは宮廷内の実力者などが不在時に、元首に対しても影響力を行使できたであろうワジール（＊大臣）や役人たちの影響力も、こうしたことによって弱められていった。国務会議の公的性格が、例えばオスマン・トルコ帝国などの、堅固でがっちりとした帝国によく見られる、君主が他の男や女の特権的支配下に置かれてしまうような危険を除く役目を果たした。

　こうしたやり方で、たとえつまらないことであっても、アクバルはあらゆる案件を次々とこなしていった。これは、歴史的に見て、数々の王朝がその無理解と失策によって、冷たく人民と疎外された専制君主の例とは圧倒的な差がある。こうした専制君主の時代は、垂れ幕の後ろにいて特権的なごく少数の者だけを側近にしたてていたアッバース朝のカリフの時代から、大ムガル帝国と同時期の西欧の王家まで続いた。モンセラーテ神父はこうしたアクバルに賞賛を惜しまない。「どこまでとは言いがたいが、彼は自分に会いたいと望むものが自分に近づくことができるようにあらゆることを行った。彼は毎朝、下層階級の民や貴族たちと話ができるような機会を創り出し、厳格であるというより、感じがよく丁寧にみられるように、あらゆることをした。時には休息したり公的な案件をそのままにしておくこともできたが、絶えず、国家的な心配事を頭のなかで考えめぐらしてやまなかったのである」。

　日が出るとすぐアクバルは側近たちを呼び寄せていたので、王子や貴族、高官たちでさえ、役所で時間を拘束されている官吏と同様に、立ったまま暁から、執務時間内はきっちりと自分たちの責務をこなすよう申し渡されていた。自分の青年時代の年月の厳しい経験から、インドのような巨大で様々な人種をかかえた国において、王家の人間が、国家全体の中心として自分がどのようにあるべきかを、アクバルはよく理解していた。国王は、国家の保護者であり守神でもある。マヌ法典(16)によると、「国王は、世界を守る八人の守神の粒子とともに創造された。このことから、国王の輝きは他のあらゆる被造物の輝きに優る」。アクバル自身、反抗的な一人の王子に許しを与えるときに、次のように述べている。「われわれは、地上において神の庇護のもとにあるゆえ、いただくものは少なくとも与えるものは多くあれ。われわれの許しが復讐の芽を摘むのだ」と。

アクバルの治世の腹心であり修史官でもあったアブル・ファズルはこう伝えている。「こうした慈愛の情は、全ての臣民にも等しく施されねばならないし、そこから信仰や人種に区別のない寛容が生まれる。勇気、正義、慈愛、慈悲に加えて、王は、宗教のいかなる違いも乗り越え、その愛はすべての臣民にあまねく施されねばならないし、神の庇護が国王に栄光を与えられるように、その権威のもとにすべての者が平和に生きなければならない」。皇帝の最側近である彼はこう付け加えた。「皇帝のこうした特質にもかかわらず、もし彼が普遍的平和とは程遠い人間でないならば、彼の占めた地位が相応しいとはいえない。もし同じ目であらゆる人間性の条件や宗教的秘密というものを彼が考えなかったとすれば、もし彼が一方では母として他方では継母として振る舞うようであれば、この崇高な尊厳は彼に相応しくない」。

皇帝を取り巻く人々からはこのように説明され評価されたが、後半の治世において、宗教や哲学に関して彼がとった立場は、大議論を巻き起こし数多くの敵を生み出すこととなる。

国家の構造

オリエントのはるか過去に遡る概念によると、皇帝は神の代理人であり、神聖なる法の力によって世を治め、神によって選ばれたものであり、地上にこれと等しいものはないとされていた。王は全能ではあったが、遍在するわけではなく、王の命令を実行しその仕事をきちんとこなすための人間を必要とした。大臣のいない君主は統治を行いえない。呼び名は何であれ複数の大臣がおり、その長となる宰相がいるものである。この宰相をオリエントではワジールと呼び、帝国が強大であればあるほど、人種が様々であればあるほどその権力は強大である。いくつかの帝国、特にオスマン・トルコ帝国では、ワジールと呼ばれる複数の大臣たちが王を取り巻くこともあった。彼らワジールたちの中の長を宰相（＊ワジール・イ・アーザム）とし、莫大な権力が授けられていた。

インドにおける数々のイスラーム王国においては、ワジールの制度が常に置かれていたわけではない。ロディー朝はこの制度を持っていなかったが、バーブルとフマーユーンは、自分たちの民事と軍事の権力を、前に述べた大臣バイラム・カーンに委譲していた。バイラム・カーンは、アクバルの幼年時代に、執政（アタリク、師傅ないし後見人）と宰相（ヴァキール、代表者）の称号を得ていた。バイラムの権力が余りに強大になりすぎたので、彼の称号は剝奪されムヌイム・カーンに移されたが、形骸化されてしまった。ディーワーン（＊政府、ないし財政長官。ここでは後者）と称される高官が財政と徴税の重要部門を担い、ライバルを圧倒した。

ディーワーンは、歳入と歳出の責務を負い、徴税官を任命し、国家財政について定期的に皇帝に報告していた。その職務は会計方だけにとどまらなかった。職権は急速に拡大されていった。ディーワーンは、他の大臣の管轄する部門の活動についても報告を出させ、外交関係に通暁し、皇帝の承諾があれば高官の任命にも係わった。それぞれの部門に身分の高い補佐官をおいて、彼は国家元首と行政全体の仲立ちを務めた。

もう一人の高官がおり、その重要性も瞬く間に増大したが、その人こそ、皇帝の館の長を務めたカーン・イ・ザマーン（＊保安長）である。彼は、王宮、道路、橋などの建造や、国営工場——アクバルの時代には百を超えた——、原料の買い付けと利用目的、宮廷や王宮の人員、王宮秘蔵の財宝などの監督に当たった。アクバルがそうだったように、自らの栄光と豪華さに腐心する君主の許に仕えるこの職務は、単なる名誉職というものではなかった。その重責は軍事部門の長に匹敵した。軍事部門の長はミール・バクシ（＊任用長官）と呼ばれ、徴兵と兵の給与、それに全軍の動員の責を負った。皇帝の枢密会議のメンバーとして、ミール・バクシは軍事計画の全てを掌握しており、食料と弾薬の補給に当たる責務を負っていた。彼は各州にバクシ（＊任用官）を派遣し、指揮下に置いた。その他の高官に、サドリ・ジャハーン（＊宗教長官）があり、これは宗教問題の最高責任者であった。この職は、国家の宗教政策、慈善事業とそのための基金や土地からの収入、教育制度、モスクや宗教建造物などの保全とその人員の給与などの責を負った。多くのイスラーム国家と同様に、サドル（＊宗教官）は司法部門の長であった。当時サドルは、カーディ・ウル・クザート（＊最高裁判官）の称号で、法の施行を司った。サドルの側近として置かれたムフティ（＊法学者）は法解釈を担当した。他の多くの行政機関におけるのと同様に、サドル・イ・サマーン（＊調達長官）は各州に直属のサマーン（＊調達官）を配した。ムフタシブ（＊道徳監督官）は、麻薬の使用からコーランの戒律への服従にいたるまで、モラルの監視に当たった。

下級官吏の責務は、まずはモスクの建造、次に情報活動や諜報活動、三番目はファルマーン（勅令）の起草と発送などである。こうした行政部門は、その支部や州ごとの下部機関に対し相応の人員を派遣した。アクバルは彼ら官吏のそれぞれの権能を組織したり制限したりして、彼以前には存在しなかった、あるいは未熟とは言えこの時代では最善といえる機構を創りだしたのである。例外としては、改善する時間がなかったとはいえ、シェル・シャーがなし遂げた大事業である財政システムが挙げられよう。シェル・シャーの死後何と多くのことが起きたことであろうか。アクバルは帳簿や古文書[17]の管理やマンサブダール(*将校)の馬の焼き印に至るまで、一切を再編成した。このことは騎兵部隊の乗用馬の実数の管理にまで及んだ。アクバルは帝国のほとんどの構造をすっかり作り替えてしまったのである。

諸　州

アクバルが登場するまでは、他のどんな君主といえども州の機構にまで気に留めたものはいなかった。アクバル以前の君主の主たる関心は、帝国の辺境において征服した領土を維持することと、別の領土を獲得することであった。スルターンは、必要に応じたり当時の状況や自分たちの勝手気ままな方策に従っていただけの知事たちに、州を任せっきりであった。シェル・シャー自身に地方体制改革のプランを建てるだけの時間があったようにも思えない。こうした地方改革はシェル・シャーの仕事であり、バーブルの死の際、つまりアクバルの父の最初の治世に失った領土の大半、いわば北部インドを再び獲得して以後、彼がすぐさま取り組んできたものである。アクバルは領土を区分する基準として、可能であれば古来の地方区分を採用した。スーバ(*州)とも呼ばれるこうした領土のそれぞれは、主要都市かまたは伝統的な呼び名で示された。それは、デリー、アーグラ、ムルターン、アッラハーバード、アジュメル、ビハール、ベンガル、ラホール、カーブル、グジャラート、マールワー、アワド(あるいはオウド)といった全部で十二の州である。いくつかの州は、征服後併合して領土を拡大した。ベンガルではオリッサで、ムルターンではシンドなどで人口が増加した。デカン地方征服後は三つの州が帝国に併合され、アクバルの末裔の時代には二十一州を数えた。その中でも最も辺境はアム・ダリア河に面したバルフである。続いて州の数は、ムガル軍の運命に左右されながら減少していく。帝国の全ての地域が、網の目のように張りめぐらされた官僚組織によって中央権力と繋がり、その中央は、強大な権力を握る皇帝ががっちりと抑えていた。

州（＊スーバ）のトップは知事であり、スバダール（＊スバ長官）あるいはナージム（知事）の称号を持ち、国家の頂点に立つ皇帝と同様の権力を州で行使していた。「州における皇帝」と言われ、知事は秩序を維持し税の確実な徴収を監視し、皇帝のファルマーン（勅令）を実行し、「強者が弱者を虐げないよう監視したり、圧政を阻止する」などの義務を負っていた。知事は、行政全般と職員を管理し、州の最も重要な歯車であった。彼はまた、地方の族長やラージャから、その権限において税を徴収した。

ディーワーン（＊財務長官）は、ナージムに次ぐ要職であり、国家のディーワーン（＊ディーワーン・イ・クル）によって任命された。ナージム（＊知事）とディーワーン（＊財務長官）はしばしば対立した。州のディーワーンの権限は、税を徴収する義務を負うアーミル（＊税務官）を監視し、開墾が進んでいるかどうかを見張ることにあった。開墾や開拓農民間の土地譲渡など記録の任に当たったカーヌーンゴ（＊会計監督官）との緊密な連絡が必要であった。クロリとは、国有地の徴税官であり、アーミルからの情報に従って税を徴収していた。彼ら徴収官はしばしば納税者の不満の対象であったが、まったく理由がないわけではなかったようだ。カーディー（＊裁判官）は司法を司り、サドル（＊宗教官）は宗教問題に当たった。コトワル（＊治安官）と呼ばれる高官がいて、これは、街道の保安から祭礼の組織それに度量衡の精密度にいたるまであらゆることを監督する県知事のような存在である。また、コトワルは、婦人が望まないのに焼き殺されたり、死刑囚がくし刺しにされたり、十二歳未満の子供が割礼を施されたりすることに異議を申し立てなければならなかったし、さらには、インドの風習により、牛の皮が剝がされないように監視したり、泥棒を追跡したり、夜間は町に入るのを禁じたりといった任にもあたった。バクシ（＊任用官）は、彼を任命する中央政府の最高責任者と同様に、州の軍隊の維持や動員の責任を負っていた。

いくつかのスーバは、今日でいう州に等しいほどの広大な面積をもっており、州は今の県に相当するサルカール（県）という単位に分割されていた。サルカールの長には、マンサブダールを持ち、皇帝によって任命された高い身分の官吏が就いた。サルカールの長官は警察の役目を果たす兵士を配下に置き、秩序維持に当たった。コトワル（＊治安官）やアーミル（＊税務官）それにカーディー（＊裁判官）などは、諸州の役所でと同じ機能を果たしていた。このピラミッド型の行政構造は、様々な数の村を集合させたパルガーナ（＊郡）を底辺に置いて完成した。パルガーナにも同様にカーディー、アーミルが置かれた。

皇帝や高官だけでは全てをコントロールし、監視することができないので、悪事は後を絶たなかった。だが少なくとも、アクバルは帝国全体をカバーし、官吏に対して申し立てられる人民の不平や不満を報告させる情報網を設立することはできた。シェル・シャーがすでに調査機関を設けていたので、アクバルは、最も遠い州で起きたことや、不当な行為が起きたとき、これを阻止しくい止めるためにそれを完成させたということになる。帝国は広大で、利害は複雑、しかもグジャラート、カーブル、ベンガルといった州は首都から遠く他の州よりも統治が困難であったので、リョット（庶民階級）たちはしばしばこうつぶやかざるをえなかった。「王様がこのことを知ってくれていたらなあ」。

最も豊かな帝国

アクバルの帝国は同時代の諸帝国の中で最も豊かであった。イランのシャーのそれよりも広く、オスマン・トルコ帝国とは面積からするとほぼ等しいが、アクバルの帝国は莫大な収入を手に入れていた。この帝国にあっては、全てが彼の所有物であった。アクバルは、王国の高官や高級官吏から財宝を譲り受けただけでなく、臣下が死に際して残したものもすべて国庫に入れさせることができた。また、租税や各種の税だけでなく、臣下の諸侯たちからの貢ぎ物や数知れぬ贈り物を受けとった。アクバルの財産目録は彼の死後、イギリスの歴史家(19)によって総計でほぼ二億ルピーに相当すると推定された。この金額は二億四千万英ポンドと等しかった。ちなみに、イギリス王ヘンリー七世は百八十万英ポンドの遺産を残して金持ちだと考えられたものだ。アクバルの財宝は、税収に由来する貨幣だけでなく、様々な形の金、宝石、最上質の織物、それに当時最も貴重な二万四千冊にのぼる膨大な蔵書をも含んでいた。

外国からの旅行者は、皇帝や彼の宮廷が暮らしていた豪奢な生活に仰天した。五千人の女が奴隷としてハレムに仕えていた。彼女たちは五つの階級に分けられ、監督官や秘書たちの配下に置かれていた。王族の居室の豪華さは、その部屋に住む者の身分によって様々であった。それぞれの寝室には水盤が設けられて、水道を通してあった。ベルニエによると、「まったく至るところに、花壇、美しい遊歩道、陰なす茂み、小川、噴水、日中の暑さを避けるための大きな洞、それに夜も涼しく眠れるようにと露台が設けられていた」。このフランス人の旅行者は、確認はしていないが金張りの小さな塔があると報告してきた。ハレムには、インドのあらゆる地方と外国から、最高の貴重品や珍奇品が送りこまれ、さながら金を吸い込む淵といった様子であった。

すべてがそれと同様であった。珍種の鳩の群れが柱廊の上を飛び交い、そのなかにはひっくり返ってよたよたと飛ぶ多色の鳩などもいて、ずいぶんと皇帝を喜ばせたようである。ノエルの報告では、自然が生み出したもののなかで、より完成されたものが求められ、皇帝の居室に集められていたという。皇帝は大の香水好きで、王宮の各部屋はアロエの香りが常にたちこめていた。高価で貴重な種々の香が、皇帝自身によって調合され、金や銀の壺のなかで日夜を問わずたきこめられていた。「いたるところ、妙なる香りを発する花で満ちていた」。花をかたどった貴重な大型の枝つき燭台が絶えず灯されていた。

余興や祝宴は、時にはイスラーム式に、時にはヒンドゥー式に進行した。アクバルはこうしたことに差別を設けなかったのである。ヒンドゥー式のカードゲームがチェスと同様に流行した。噂によると、皇帝は駒のかわりにハレムの女たちを使っていたという。こうした余興やゲームは、贅をつくした部屋で行われた。絨毯や壁掛けは、宝石や上質の真珠を織り込んだ極めて貴重なものであった。金がいたるところできらきらと輝いていた。天幕や女奴隷たちの小館でさえ、金の刺繍、金襴、ビロードで飾りたてられていた。壁もまた貴重な織物で張りつめられていた。奥行き百五十メートル幅百メートルもある護衛兵の部屋は、一方がアクバルの謁見の間に続いており、もう一方は床に千枚[20]の絨毯が敷きつめられた部屋に通じていた。私的な謁見専用の小館は、「花が部屋中に敷きつめられたと見紛うほどの」ひときわ見事な絨毯が敷かれていた。この館の中央には「天のランプ」という意味をもつアカスディアという名の巨大なランプがこうこうと輝いていた。入口の正面に玉座が置かれていた。

アクバルはオリエント風に客を迎えたが、その様子は、フェルトでできたクッションの上に脚を組んで座し、長子を近くに、その他の子はやや離れたところに控えさせているものであった。身につけるものは、状況に合わせて、ある日は、首に一連の見事な真珠の首飾り、指には指輪を一つと、非常に簡素なものにし、べつの日には足の爪先から頭のてっぺんまで宝石や金できらめかせるといった具合である。

「ヨーロッパ風」に着こなすこともたびたびあった。貴族や側近の高官たちは常に豪華に飾りたてていた。彼らは、死後に自分の財宝のうち一つ以外はことごとく皇帝に没収されるのではあったが、豪勢な生活を送り、派手さと豪華さを競いあったものである。

王宮のきらびやかさは春分の祭りと皇帝の誕生日に一層輝きを増した。これらの祭りはどちらも享楽の限りのうちに数日間続き、豪華さを誇ったものである。この行事のために立てられた天幕は、床に四千平方メートル以上の絨毯が敷かれ、絹や金糸の壁掛け、金や真珠それに宝石をちりばめたビロードなどで飾りたてられた。貴族たちの天幕も規模はやや小さいものの大層豪華なものである。彼ら貴族たちはそこに皇帝を迎え入れ、宴を開き、宝石や褒賞服、馬や象を交換しあった。アクバルは、分銅の代わりに、金、銀、香水、宝飾品、金製か銀製のアーモンドやその他のフルーツなどを満載した秤に自分がのって重さを量り、その宝飾品を居合わせた人々に配ったという。

自分の誕生日には、ターバンにアオサギの大きな羽根を差した貴族に囲まれて、アクバルは玉座に座った。その様子をあるヨーロッパ人の旅行者は、「星座のようにきらめくダイヤモンドのようで、これほど計り知れない富というものはかつて一度も目にしたことがない」と伝えた。豪華に飾られた数百頭の象が幾つかの群れに分かれて皇帝の前を行進した。それぞれ先頭の象はルビーやエメラルドを嵌め込んだ金の胸当てを着けていた。象の後には金で飾られた馬が行進し、犀、ライオン、虎、チータがそれに続いた。続いて、これまた金に輝く騎兵部隊が行進し、行列は締めくくられた。

軍　隊

アクバルの帝国は広大であったが、彼はそれをもっと広げたいと望んでいた。彼の後継者たちがいずれ領土を拡大することになる。いずれにしても彼は、特に南部などでは強力な独立公国が幅をきかせていたので、インド本来の境界にまで達したことはなかった。また自分の支配下においた人々のあいだに、反抗の種が消え去るということもない。さらには、北西部の山岳国境地帯からいつ何どき侵略者が駆け降りて来るかも知れないという脅威が常にあった。国境といっても、その辺りは山岳地方の荒くれ者たちによって劫掠されていた。強力で確固たる軍隊だけが唯一、この地にしっかりと根ざした豊かな帝国の保証となっていたのである。とはいいながら、侵入や部族の蜂起から完全に守られていたということもなかった。

アクバルの祖先たちに仕えた兵士たちは、かなり以前から、未組織のステップ遊牧民ではなくなっていた。アッバース朝やガズニー朝の跡継ぎたちは、強力でよく訓練された軍を持っていた。一方、ティムール朝の先祖であるティムール・レングことタメルランからは、およそ三十年にのぼる征服のあいだに獲得し、科学的見地から編まれたトゥズーク(*法令集)と呼ばれる戦術書に書き留められてきた戦術のノウハウが、ティムール族(*ムガル朝)に受け継がれていた。しかしながら、火器特に大砲の到来によって、これまでの戦法は大部分が時代遅れとなっていた。その上、ティムール族の軍勢はそう多くはなかった。例えば、パーニーパットの戦闘ではわずか一万二千人であった。フマーユーンが帝国を奪回したときには、ほんのわずかその数を上回っていたが、敵と何度も戦い部隊が分裂を繰り返したので事実その力は弱まっていた。したがって、アクバルはこの分野でも全てをやり直さざるを得なかったのである。軍は四つのカテゴリーに分けられていた。騎兵将校であるマンサブダールが軍の中心をなし、帝国の「脊柱」と呼ばれた。ダー・バシ(*十人隊長)と呼ばれる十人を率いる隊長から、一万人を率いる司令官ダー・ハザリ(*一万人隊長)に至るまでの等級があり、官吏の給料は、軍人かそうでないかは関係なく、この騎兵将校の有する兵数によって定められた。実際には一万人分の給料など出されたことはなかった。せいぜい王子や高級将校だけが五、六千人分の俸給を受け取っていたにすぎない。この俸給は原則として、それぞれの人物の序列と給料を定めた一覧表に記された数の兵員の維持に充てられるものであった。現実には必要な兵員が確保されることはなかった。アクバルはこの無駄な出費を改めさせようとはしたが、どうやらそれほどうまくはいかなかったようだ。

アハディース（＊親衛将校）とは皇帝直属の特別部隊を構成する将校たちであって、個人的な護衛に当たった。彼らは上級のエミール（＊将軍）の指揮下に入っていた。

歩兵隊は、弓兵やマスケット（火縄銃）銃の射手から、剣や小刀を持った戦闘員や工兵まで、実に様々な任務を負った者の集団であった。象の飼育は、象のランクに従ってクラス分けされた人員によってまかなわれた。これらの出費は月に二百八十から二千三百二十ダム（＊七ないし五十八ルピー）を数えた。

一ないし二分の一モーンド（＊一モーンドは四十シール＝八十封度＝三六キログラム、ただし七十二キログラム、二十八キログラムなど地方によって異なる）の重量から、五ないし十シール（一シールは二封度、九百グラム）の重量など様々な砲弾の大砲を擁する大砲隊には特別の配慮がなされていた。大量の部品は象やラクダの背に乗せられ運ばれた。帝国の重要都市にはすべてこの大砲部隊が駐屯した。首都におかれた大砲部隊は皇帝の大砲部隊の主力となった。アクバルやその後継者たちはこうした大砲部隊の指揮官に、しばしば外国人、とくにトルコ人を採用した。トルコ皇帝に仕えたことのある鋳造工と砲手はひっぱりだこであった。

将校と、将校と同じ待遇をうけてそれと同一視された高官とは、ジャーギール（＊釆邑）による収入を得ていた。ジャーギールとは、いわば一村ないし数村からなる領地からのあがりのことである。国家に義務を負う者に報いるこの制度は、完全な成功を収めなかったのであるが、俸給あるいは待遇を帝国の国庫収入によってまかなう制度を存続させようとした、アクバルの意にそぐわないものであった。この制度によって生まれたのは、良心もなく巧妙に立ち回る者が、本来その権利を持っているものよりも高い収入を得る事態である。

訓令も資格認定も要求せず、自分の意志によってこのジャーギールを割り当てたのは皇帝自身であった。彼は人を判断する自分の能力を誇りとし、それだけで十分だった。昇進の規則などもちろんなかった。将校も官吏も、皇帝の意志によって、降格されたり解任されたりした。どんなことでもあり得た。無から出発して国家の要人にまで昇格した人物もいる。例えば、ペルシャから来たハキーム・アリーは一度一文無しになったが、どういう理由なのかは知る由もないが、アクバルの意志一つによって莫大な報酬を得る要職についた。

文官あるいは軍人としての皇帝への奉仕は、他の絶対君主制の場合と同様に、寵愛失墜のリスクを伴った、最も射幸的でかつ最も邪心を起こさせる職業であった。アクバルの治世には、皇帝自身のように父あるいは祖父が征服者としてインドにやって来たムガル族の大部分や、その他の非インド人が多数を占めていた。官僚ポストや軍事ポストの七〇％がムガル人によって占められていた。ヒンドゥー教徒の占めるポストの大半はこうした方法によって皇帝が配下においたラージュプト族に握られていた。彼らの中に有名なトダル・マルがいた。彼は税・財政改革の主導的役割を果たした人物である。ポストには限りがあった。四十年間に三十二人のヒンドゥー教徒出身者がいたが、そのうちの十七人をラージュプト族が占め、ブラフマン（＊婆羅門）はたった二人であった。

ムガル軍の兵士数を算定するのは、推計がまちまちなので容易ではない。歴史家によって二万五千人から四百万までの開きがあり、いずれも真実には程遠い。本当のところは年によって差はあるが、四十二万から四十八万と思われる。正確さを期せば、皇帝の近衛兵が七千から八千、マスケット銃を装備した歩兵が約四万、諸侯やマンサブダール（将校）に徴兵された兵が約四十万、それに四万の大砲の砲手と工兵をくわえ、数は不明であるが、大工、武器職人、その他あらゆる労働者、それに運送人と伝令などを加えられよう。軍は十二の部隊に分けられ、そのうちの一つずつが戦争の無いときに、一カ月間首都近郊で駐屯した。皇帝はその軍を定期的に視察し、毎月月初めの閲兵時に俸給を皇帝自身で手渡した。王宮内と地方で飼われていた戦闘用の象の数はおよそ五千頭であった。

戦時の大ムガル帝国

出陣の日程は占星術師によって決められ、その日は大儀式が執り行われた。隊列は音楽隊と連隊旗手が先導し、騎兵隊と各部隊がそれに続いた。皇帝は主力部隊の中央に馬上の人となり、ウラマー（＊聖職者）、ハレム、一団の召使やその他雑多な働きをする下僕たちが続いた。宿営地は、水の便がよく小高い丘によって守りに向いた場所が前もって選ばれていた。巨大な天幕が皇帝やハレムそれに高官たちのために設営され、天幕の外側は赤く内側は様々な色彩に塗られ、各天幕の内部は壁の代わりをする高い垂れ幕で仕切られていた。天幕は、謁見用の大広間、祝宴用や休息用の室群などに分かれていた。天幕全体が豪奢に飾りつけられていた。「宿営地全体はあたかも一つの町のようで、その景観は見事であった」[22]。宮廷生活はここでも続けられた。もしこのキャンプが敵の間近であったときにはもちろん攻撃を受ける危険があるため、その周りに堀と胸壁をめぐらせ、樹木は切り払われ、守備用の水牛が並べ立てられた。このほか、大砲、武器、投石具を加えた巨大な物資の輸送を確保する水牛、ラクダ、象などがいた。象は河を渡るときにも使われた。河があると船や舟艇などを繋いで橋にしたりもした。糧食は、国営穀物倉庫、貢納下臣、穀物その他の産品を売りにくる商人などから調達された。略奪は稀で、略奪事件が皇帝に聞こえると、皇帝は農民にその代価を支払うよう命令し、悪者には処罰を命じた。

アクバル軍の戦闘隊形は、当時のオリエントの他の軍隊とほぼ同じだったが、大砲部隊[23]を使う比率が高かったことが際立った違いといえる。例えば、前衛、右翼、左翼、中央、後衛に大砲部隊を配した。戦闘態勢で周りを固めた主力部隊は、戦闘時に歩兵を従えて前線に躍り出る騎兵部隊からなっていた。皇帝は馬を極端に重視した。マンサブダールは最も優れた品種の馬を育てる義務があった。彼らの報酬はその働きによって決まったほどであり、馬は定期的に検分されていた。

戦闘に入ると、皇帝かそれに代わる指揮官——同族の諸侯か高官——は常に中央に陣取り、ウラマー(＊聖職者)や医師それに占星術師を引き連れていた。皇帝の周りを、旗を立て音楽隊を乗せ[24]た華々しい飾りつけの象が固めた。妃たちやお気に入りの子供たちも時として、皇帝のハウダ(象の輿)に乗って同行することがあった。甲冑を付けた戦闘用の象は、装甲を施された小さな櫓を上に載せて皇帝の前に配置された。その櫓の中には弓手、ナフサで火を射かけるもの、投石具とその砲手がそれぞれ乗り込んでいた。命令は伝令によって伝えられたり、軍旗や太鼓の信号によって伝えられた。大砲は両翼と中央の前列に置かれるのが通常で、それぞれの大砲は大型の荷車に載せられて鎖や綱で車と繋がれていた。個々の砲架に砲門を載せることを発明したのはアクバルであり、これによって戦闘中でも砲門の向きを変えることができるようになり、機動性が増した。戦闘は、最も経験豊富な将軍たちを従えた皇帝付の軍師かあるいは総指揮官が先導した。いよいよ戦闘という時に皇帝は、部隊を前に熱のこもった演説をしたものである。

戦闘はしばしば夜明けとともに始まり日が暮れるまで続いた。ムガル軍は夜間攻撃を軽蔑していて、アブル・ファズルはこれを「英雄たちに軽蔑された臆病者の取引」と呼んだ。攻撃目標は常に総指揮官のいる敵軍の中心であった。敵の勢力をそぐための最初の砲撃が終わると、騎馬部隊が矢を浴びせかけながら突撃し、敵と接触すると戦いとなるが、ムガル族はサーベルを持ち、ラージュプト族はお気に入りの槍を手にしての突入である。矢で負傷したぐらいで撤退するのを恥と考える相手方の総指揮官周辺は、最も激しい戦闘の場となる。その指揮官が死ぬかあるいは姿が見えなくなると戦闘は終了だ。敗軍は潰走し、勝利軍はこれを追討する。勝利側はできるかぎりの戦利品をもぎ取るのが常であった。

平和時には、正規軍が全国に分駐し、特に辺境地域では敵を撃退するために常時戦闘態勢に入れるように構えていた。糧食はたいていの場合、堅固な要塞に蓄えられていた。いくつかの要塞は祖先のティムール朝によって、また特にデリーのスルターンによって、また別のものはムガル軍が制圧したヒンドゥー教徒の諸侯によって建造されたものである。アクバルはこうした城砦を帝国全体に網の目状に建設し続けた。あるものは、純粋に軍事目的だが、あるものは華麗なる王や王子の居城として使われた。例えば、シェル・シャーによって建造されたロタース、アクバルが制圧したグワリオル、チトル、ラホール、アジュメル、ランタムボルなど数多くある。あらゆる防御策がとられていた。数多く現存するこれらの要塞のうちいくつかは、堀を巡らせた巨大な建造物であり、長期の攻囲戦に堪えうるよう糧食と武器を蓄えておくような備えがなされていた。

海から遠く

ムガル人は、海がもともと身近にあるものではなかったので、艦船建造に関心を抱くということはなかった。中央アジアの草原や森林からやって来た彼らは、戦艦を所有する必要性を決して理解しなかった。国土が広大で、連絡にはたいそう時間がかかったので、デリーやアーグラに居を構える諸侯にとっての脅威とか争いは、半島の北西部や北東部に存するのであって、海洋にではなかった。一五七二年にアクバルがグジャラートに赴いたのはこの地の諸侯を平定するためであって、果てしもなく続く海岸線をわがものにするためではなかった。彼はその地カンベイで海を知り、異国の商人[25]と対話を交わした。それからアーグラに戻ったが、この旅からは何の政治的あるいは軍事的結論も引き出さなかったようである。そのとき、彼には別の心配事があったのだ。ポルトガル、トルコ、他のアラブ諸国からはムガル領を訪れる者があったが、彼らは産品の買い付けや彼の財産を豊かにするためにくるのであって、けっして脅威ではなかった。しかしながら、ポルトガル人は、控えめに言ってもしばしば面倒な存在だった。彼らはメッカに向かう巡礼団を載せた艦船を、ゴアやダマーンやディウなどの要塞化した地点から出航したポルトガル艦船にしばしば掠取させ、君主権と極似した権利をインドの沿岸地帯に行使したのである。だがポルトガル人の人数はさほどではなく、また沿岸線は広大であり、彼らの望みは物品を売買し、金を儲けることであった。アクバルも彼の後継者たちも侵略者を撃退できるような艦船を建造しようとは真剣には考えなかった。しかしながら、あるイスラームの歴史家[26]の言うように、アクバルの誕生の少し前の一五三九年から一五四〇年にかけて、ディウのポルトガル人に対して、オスマン・トルコ帝国の艦船が、その後のインド侵入をもくろんで、グジャラートへの上陸を試みたことがある。「この時代、セリムの息子であるスルターンのスレイマンは、インドの港町からフィランジたち（ポルトガル人のこと）を追い払ってこの地域を自分のものにしようとする意図を見せた」。遠征は、失敗に失敗を重ねたオスマン・トルコ帝国提督のスレイマン・パシャのミスにより頓挫してしまった。もっと別の方法を取ることもできたし、スレイマン大帝は成功の確率がもっと高い別の遠征隊を差し向ける手だても持っていた。ムガル帝国にとって幸運だったのは、その当時のオスマン・トルコ帝国のスルターンの注意がヨーロッパに向けられていたことである。ウィーン征服の方がアーグラ征服よりもずっとスレイマン大帝を惹きつけていた。その後に起きたことはよく知られているように、二世紀の後、艦隊を持たないムガル帝国はフランス軍とイギリス軍の攻撃に敢えなく崩壊してしまったのである。

アクバルの注意を引いた唯一の艦船は、沿岸航行に向いた船もそうだが、特に経済活動や軍の遠征に欠かせない河川航行用の船であった。アブル・ファズルの言によれば、「こうした艦船の第一目的は象の輸送にあった。優秀な将校がこの任に当たったので、攻囲戦の最中にも象は有効に活用されたのである」。付け加えてこう述べた。「艦船は帝国全体に相当数あり、特に、ベンガル、カシュミール、シンドにはかなりの数が置かれていた。また、ラホールやアッラハーバードでは大船舶が建造され、海まで曳航されたあと、ベンガル、グジャラート、コロマンデルなどの港まで移送されたものである。最も優秀な船乗りはマラバル出身者である」。この通商用船舶は、当時としては比較的大きいもので、中にはトン数の大きなものも含まれていた。しかし、その使われ方が限定されていたので、当時の国際貿易に占める比重はほんのわずでしかなかった。(27)

三　大事業

帝国をしっかりと確立して継承すること、束の間とはいえ平和を打ち立てること、行政と軍隊の改革に着手すること、こうした大事業にアクバルは残りの生涯をかけていく。彼の想いは、これらの事業をなしとげ、この大地に自らの痕跡を限りなく深くしかも永続的に残すことにあった。したがって、ただ一つの信仰に全ての臣下を結びつけるような宗教の確立と、アクバルの輝かしい治世を永久に伝える美しく壮大な建造物の建造などが目標となった。

諸宗教の統一と人民の結集

アクバルはずっと以前から、イスラームの教えがヒンドゥー教徒たちに、集団的には浸透しないということを見抜いていた。神に従う道の単一性に基をおいたイスラーム教の一神論と、神々の霊感を享けて生まれた（インド固有の）強い哲学的思弁とは、まことに相いれないものであった。アクバルは、ヒンドゥー教徒やその他の宗教を信じる者に、イスラームへの帰依を強制しようと考えたことは一度もなかった。むしろ、そうした態度はイスラームの教義に逆行することでもあった。

アクバルは現実主義者なのか、それとも夢想家、あるいは政治的理由から神秘主義者となったのか。おそらくこのいずれもが非凡な人物の人間像の一部なのであろう。アクバルが宗教に対して強い関心を持っていたかどうかには議論もあろう。しかし、彼自身や他のイスラーム教徒の征服者たちも、自分たちが少数派でしかない多民族多宗教国家であるこの帝国の基盤を整えることを、アクバルは望んでいたはずである。

彼らの成功の要因には、ある民族つまりトルコ民族に固有の様々な長所が挙げられようが、まずは彼ら自身の戦士としての特質を挙げねばならない。トルコ民族は全アジアのみならずヨーロッパにまでその統治能力のほどを知悉させたが、これをR・グルッセは「古代世界の鉄の民族」と称した。理想も信仰も異なる人々の間にある対立を解消し、共通の信仰を彼らに与えることなしに、半島北部と脆弱な中央部にしか達していない支配を、いったいどうやってインド全体に広げていけようか。もしある日、もちろんそう遠くはないある日、数百万の男女が、戦士の長であると同時に精神や魂の導き手でもある唯一の君主に導かれて、同じ宗教を分かち合えるならば、異国の支配者といえどもその責務は、困難なものではなくなるだろう。

アクバルの最初の仕事は、彼の相談役であり腹心でもあった史家アブル・ファズルが「習俗の改革」と呼んだものである。例えば、嬰児殺し、サティー（未亡人の殉死）、麻薬濫用、牛の屠殺などの禁止と、巡礼税やジズヤ（＊非イスラーム教徒に課する人頭税）の廃止などである。彼はヒンドゥー教徒とイスラーム教徒の間での結婚を手本として示したり、非イスラームの人々に称号や公職を与えるなどして、彼自身臣民の間にいかなる差別も設けないことを示してきた。一五七八年初めには、金曜日には肉を断つよう宮廷に申し渡し、それから間もなく、ジェーラム河のほとりにあるベーラで狩りだしの猟がアクバルのために盛大に催されたとき、まさに勢子たちが止めをさそうと円陣を縮めかけると、彼は狩りを中止させ、勢子たちを追い払ったのである。何が起きたのか。アクバル治世の史家の一人であるバダーウーニーは神秘主義昂揚の説に傾いている。「奇妙なエクスタシー、神への強烈な傾倒が彼を襲ったようだが、説明のしようがない」。アブル・ファズルもそのときアクバルが退位を決意したか、あるいは死の際にあったのではと確信している。「崇高な歓喜が彼を呑み込んだ。その日から、彼は精神的なものを優位におくようになった」。しかし、王付きの修史官は、この神がかりのエピソードが、ある発作、癲癇らしき発作のあとか、あるいはその最中に起きたことを否定してはいない。

以前からアクバルはスーフィー僧のもとをしばしば訪れていた。こうした発作が起きたとき、彼は神秘主義者の追求する神との合体と解釈される幻覚にとらわれていたのか、あるいは、ヨーロッパの歴史家のいうように狂気の発作だったのか。彼はファテプル・シークリーに帰ってから数週間後、自らの内に生じた変容と確実に係わるある行為に没頭した。干上がった貯水池を、四百二十五万ルピーに相当するありとあらゆる貨幣で満たし、その貨幣を宮廷に居合わせた人々や「知識人」たちに配ったという。知識人たちは、すくなくとも初めは皇帝の寵愛を受けていた。彼はファテプル・シークリーにギリシア十字の形をした部屋を作らせ、その部屋の真ん中においた一種の高座に彼自身が座し、その四方に、敬虔であると評判の高いシャイフ（宗教の長老）、預言者の末裔であるサイード家系のもの、法博士であるウラマー、神学的思弁に興味をもつ宮廷人などを並ばせたが、それらはすべてスンニー派のイスラーム教徒であった。ほどなくシーア派教徒も招かれるようになったが、このことが論争に火を注ぐ結果をもたらした。(28)

このような集まりを続けても、わざとらしくまたいかにも学者然とした議論がどれほど弱いものかということを知っていたアクバルは、これに満足することはなかった。彼はこうした集まりを、他の地方代表者やバラモン教徒それぞれにジャイナ教徒にまで広げていった。一五七三年に、スラトの本部で、あるゾロアスター教の学者との対談を催したが、これは彼を大いに惹きつけた。一五七八年には、別の有名なゾロアスター教学者マニヤルシ・ラーナーが招かれ議論に加わった。この学者は皇帝に間違いなく影響を及ぼした。日の出の礼拝と、夕日が沈むときの儀式用のランプの点灯が彼の役目となった。やがて、皇帝がペルシャの古い宗教に回心したと皆が口にしはじめた。しかし、彼は、魂の輪廻転生というヒンドゥー教の教義と同時に、ジャイナ教の儀式も受け入れ、他方でイスラームの信者の勤めをいくつか禁じたりした。

アクバルにとっては、イスラームがほとんどよそものになり、ゾロアスター教やヒンドゥー教などが、彼をとりこにするというほどではないにしても関心を深めるものとなっていった。彼は霊性のもっと別の形を知りたがり、ベンガルからの帰途にあったポルトガルの司祭アントニオ・カブラルを引見したが、そのときカブラルは皇帝にキリスト教の教義をはっきりと説明することができなかったので、ゴアにいる副領事に手紙を送り、皇帝に「キリスト教の律法」と福音書を説くことのできる司祭を二人よこすよう求めた。この手紙は、イエズス会の管区長のもとに届けられ、彼は皇帝のもとへモンセラーテ神父、エンリケス神父、リドルフ・アカヴィヴァ神父(29)の三人の神父を派遣することを決めた。一五八〇年二月五日、三人の宣教師はファテプル・シークリーに到着。皇帝は彼らに旅の費用として八百枚の金貨を差し出したが、彼らは全てを神の意に任せていると答えた上でそれを断り、そのことで皇帝に強い印象を与えたのである。聖書に対して、また彼ら三人が携えてきたキリスト、聖母マリア、聖人たちなどの聖画に跪く様子に向けて、皇帝が見せた敬意のほどを、三人はこの地上で最も偉大な君主の一人をキリスト教に導くことができる兆しと考えた。

非常に興味をもってイエズス会の神父と長時間にわたって対話を交わし、彼らを質問責めにしたが、アクバルには、キリスト教会の二つの本質的教義だけは認めることができなかった。それは、キリストの受肉と三位一体との二つである。また一夫多妻の問題もあった。アクバルはおよそ百人の妻や愛妾をもっていた。どうやって娶るのをただ一人の妻だけにすることを決断できようか。先祖伝来の風俗や性習慣を根底的に変えることの困難さには、三人には理解しがたいが、アクバルにとってはまことに重要な政治的問題が絡んでいたのである。そう、アクバルはイスラーム教徒とヒンドゥー教徒の融和をはかるために、ラージュプト族の王女を何人も妻にしてきたのである。一挙にすべてのラージュプトの妻たちと離婚したならば、ラージュプト族はそのことを深く恨むこととなり、そのうち何人かが叛乱を起こす可能性もある。いずれにせよ、民族の融和と大帝国の統合という壮大な計画は、取り返しのつかない結果を生み出すことになろう。アクバルは三人に、キリスト教を広め、ヒンドゥー教徒とイスラーム教徒をキリスト教に改宗させることを許可したが、かえって彼ら宣教師たちは皇帝の個人的真意をはかりかねて失望した。

イスラーム教徒には、失望というより怒りが沸き立った。皇帝自身がその中に生まれ育った信仰を放棄することが憤激の波を引き起こした。同宗者に対して彼が嘲弄したり侮蔑を与えたのではないということは本当である。一五七九年に彼は、帝国の主たる神学者を集めて、正統派イスラーム教徒からすればまさに法外な宣言（マズハル）を、ファトワ（勅令）（＊宗教的判定）の形で公布させた。神学者たちは一致して次のことを断言した。「イスラームの王であり地上における神の影である、アブル・ファトフ・ジャラルッディン・モハメッド・アクバル・パーディシャー・ガーズィーは、最高の正義と英知をそなえ、神を恐れるものであり、もしいつの日か、ムジュタヒド（＊上級神学者）たちの一致をみないような宗教的問題が生じ、陛下がその洞察と明白な賢明さにおいて、一つの意見をすすんで採り、一つの教令を発布するならば、われわれはここに、われわれ自身と国全体がこの教令により結び合わされるであろうことを宣言する。……この宣言がコーランと一致するだけでなく国に対して現実の恩恵をもたらすことを望まん」。この宣言は、皇帝を不可謬としたり、ウラマーたちの見解それ自体より政令布告が優先するとしたのに等しい内容であった。実際ウラマーたちはほどなくして宮廷から追放の憂き目にあうことになる。全ての信者にとって、信仰が危機に瀕していた。信仰を救う道は一つしかなかった。つまり、恥ずべき皇帝を罷免し、その首を本当のイスラーム教徒にすげ替えることである。当時皇帝としてカーブルを支配していたアクバルの異母兄弟モハメッド・ハキームが選ばれた。この人物の資質はありふれたものであった。性格が弱くアルコール中毒の傾向があったが、まずは王家の血筋であり良きイスラーム教徒であった。つまり、なんとしてもアクバルを追放したいものにとっては、それだけで十分だったというわけである。

ビハールについでベンガルも皇帝に反旗を翻し、皇帝は叛乱を静めるために実力者のトダル・マルを派遣した。トダル・マルはいくつかの地方では勝利し、また別の地方では負けた。民衆は彼のために蜂起するだろうとの保証をとりつけたモハメッド・ハキームは、カーブルを出発しラホールまで陣を進め、そこからアーグラを攻略して王座につこうと考えていた。その間に、事態はアクバルの優位に動き、アクバルは周囲にいたハキーム一派を処刑し、この異母兄弟に対し、即座にカーブルに戻り、アクバルを君主として戴く心構えをしておくよう言い渡したうえで、北西部戦線に出陣した。数週間してアクバルがカーブルに到着すると、当のハキームは逃げ去った後だった。カーブルの総督の称号は、アクバルの姉妹である、バフト・ウン・ニサー・ベガムに与えられた。総督が女であることはハキームにとってはこのうえない屈辱であった。それから、秩序が取り戻されると、皇帝はシークリーに戻り、そこでアクバルの勝利が盛大に讃えられた。

神聖宗教

オリエントで最も偉大なイスラーム大帝国の君主が父祖の宗教と決別し、自らを新たな信仰の指導者と宣言することを決意したのは、ちょうどそのころ、一五八二年の雨期のさなかであった。彼は、イスラーム教、ヒンドゥー教、ジャイナ教、ゾロアスター教、仏教などのあらゆる宗教を検討しつくした。そのいずれもが彼の意に沿わなかったのだ。キリスト教がもっとも彼の気を惹いたものであったかも知れないが、もろもろの障害、特に政治的障害が、彼にキリスト教を断念させた原因であった。彼はスーフィー派の神秘主義に親近感を抱いていた。この神秘主義は、神への飛翔、「心情の吐露」について大いに彼を満足させたのだ。他の信仰にはほとんど触れることがなかった。そのとき彼がシャイフ（＊宗教の長老）であるムバーラクの助けを借りて構想を描いていたのは、個人的なクレド（信念）であった。ムバーラクは、アブル・ファズルと同様聖人君子——いささか追従者であったが——であり、ムバーラクはさしたる苦もなく、アクバルがもはやただの王ではなく、あなたの義務は、精神的な権力と皇帝としての権力とを自身の上で結びつけ新たな宗教を宣言することである、とアクバルを説き伏せた人物である。アブル・ファズルいわく、「王権は神から発した光であり、あまねく照らす太陽の光線である。王に直接王権を授けるのは神である。（……）人々が、アクバルの周りに集まれば、皇子への恭順のうちに、また神への敬意のうちに、人々は自らの悲惨からの解放を見いだすであろう」。

皇帝は首都に主だった人物を集め会議を開いた。カトリックの聖職者は参加しなかった。エンリケス神父とモンセラーテ神父は、皇帝が回心するつもりなどまったくないことを思い知らされて、すでにゴアに向け旅立っていた。彼ら二人にはアクバルの使者が同行し、スペインとポルトガルの王であるフェリペ二世に宛てた手紙を携えていた。アカヴィヴァ神父は宮廷にとどまっていたが、この帝国の宗教の変更を法的に認めることになる会議には招かれなかった。このような事態にカトリック教会の代表が果たしたであろう役割についてはよく分からない。皇帝に最も影響力を行使したのは間違いなくアブル・ファズルであり、彼はヴィジール（＊宰相）の称号を授けられた。宮廷人であり追従者ではあったが、おそらく自由思想家なのであった。彼はそれぞれの宗教にはそれぞれの利点があるのだとの見解をもっており、この点に関しては皇帝とかなり共通するものがあった。彼の高い教養が、アクバルに、自分の意見の拠り所となる論点を発見させるのに一役買ったのである。アクバルが公布したディーニ・イ・イラーヒー（神聖宗教）の文言を起草したのはおそらくアブル・ファズルであるにちがいない。ディーニ・イ・イラーヒーは、一つの宗教的教義以上のものであり、いわば、様々な宗教例えばゾロアスター教や特にヒンドゥー教からとられた掟の総体であり、またアクバルを地上での神の代理と認める一種の汎神論的色彩を帯びた一神論とも言えよう。

神聖宗教——宗教というよりもむしろ命令——の構成は大ざっぱなものである。信者は自分の何を犠牲に差し出すかによって、四つの等級に振り分けられる。差し出すものは、命、財産、ハレム、宗教的信条である。この中の、一つ、二つ、三つあるいは四つ全部を犠牲に捧げることによって、一から四の等級のどれかを手に入れることになる。この等級に入るときに信者がたてる誓いは、もしイスラーム教徒であればイスラームを捨てることが条件とされた。入信の許可は非常に簡素な儀式を催して与えられる。儀式の手順は次のとおりである。信者はターバンを手に皇帝の足元に身を投げ出す。皇帝は選ばれた者の頭に手を置き、彼を立たせそのターバンをまた頭に戻してやる。それから、チャシュトつまり神の名と決まり文句のアッラーフ・アクバル（＊神は偉大なり）を刻んだ指輪を授けるのである。アッラーフ・アクバルは「アクバルは神である」とも解釈でき、信者はこれに対してジェラ・ジェラルーハ「彼の栄光は偉大なり」と答えたものである。入信許可の決まり文句[30]には、普遍的寛容が除外された唯一の宗教であるイスラームを異端として誓絶することが含まれていた。もはやムハンマドの名もアフメッドの名も使われていない。アラブ起源の名を使うことを避けたのである。祈りの招誦（＊アザーン）は禁じられたが、鐘の使用は認められた。ヒジュラ暦（＊イスラーム紀元）は廃止され、アクバル自身の即位を新たな紀元の出発点とする歴史を書くように命じたが、これは年代記全体を編み直すことを強制したものである。死者は頭を東に足を西に向けて葬られたが、これは祈りに際して顔を西方つまりメッカの方角に向けるイスラーム教徒たちを侮辱するものであった。「心身を壮健にするとの医者の処方があれば」、酒の販売も許可され、宮殿の脇に酒屋が開店した。これは大酒飲みの居酒屋と形を変える結果となった。豚肉と犬肉はもはや不浄なものとは見なされなくなり、牛肉が禁止された。「神聖宗教」の信者はどんな肉であれ断たねばならなかった。バダーウーニーの報告によれば、アクバルは自身で、「チベットのラマ僧やモンゴルの信者たちをまねた」断食の様子を見て回ったという。同じ理由から、皇帝の足はしだいにハレムから遠のいていった。彼は仏教徒のように頭を剃髪し、スーフィー僧をまねて羊毛製の服を着た。まもなくバラモンのしるしである額に色を付けるジナールも導入された。

こうした改革は世論に「様々な動き」を生じさせたが、仏教やヒンドゥー教それにスーフィズムといった各宗教から様々な借用をしたということ以上に、最も衝撃が大きかったのがペルシャのゾロアスター教から儀式や式文を借りてきたことである。古代ペルシャ人式の太陽や火の前にひれ伏して行うサッジャードの儀式が導入され、神の前にしかひれ伏すことのないイスラーム教徒には、大変大きな不満となった。即位後二十五年目の初めに、アクバルは盛大な儀式を執り行い、その中でパーシー教徒（＊インドに在住するイラン系のゾロアスター教徒）と同じように太陽を崇めたのである。太陽に関するサンスクリット語の名称が調査され千一を数えたという。その名を読み上げることが信仰の実践として推奨された。日の出に礼拝を行うという日常的儀式に満足したのは、ヒンドゥー教徒とごく少数でしかないパーシー教徒だけであり、イスラーム教徒は怒り狂う事態となった。また別の決まりがイスラーム教徒の不満の種となった。それは、女が十三歳、男が十六歳と結婚年齢が引き上げられ、従兄弟同士の結婚が禁じられたことである。十二歳までは割礼が禁止され、割礼にはその子の同意が必要となった。床入り前に夫を亡くしたヒンドゥー教徒の妻が夫とともに火葬される儀式は禁じられたが、未亡人が夫の亡骸と共に焼かれるサティーは強制がなければ行っていいこととされた。様々な規制が知的領域に余波として広がった。アラビア語の研究は、罰せられるということはないまでも、すくなくとも非常に悪いものと考えられ、サンスクリットの翻訳が奨励された。

アクバルの宗教的信条の真摯度が彼の生存中から論争の対象であった。全ての臣下を政治的かつ精神的な唯一の帝国に融合させるという意義は、彼の夢見た宗教的統合の動機の一つを別にすれば、あまりに明白だった。いずれにせよ、アクバルの熱意は比較宗教学の単純な研究の範囲を大きく逸脱している。おそらく彼は真理を、先祖たちが伝えてきた信仰の真理とは別の真理を追求していたのだ。その真理は、時には荒っぽく試され、時には興味の対象が変わるにつれ理想から遠のいたりはしたが、彼の言葉からすると至高のものを求めていたことがわかる。彼が持ついかなる高尚な動機をも認めなかったり、彼の神への追求を否定したりすれば、この新たな宗教が自分の帝国の利益になることを認めないことともに、彼の名誉をひどく傷つけることになっただろう。

神聖宗教は成功したが、それには限界があった。加入者はかなりの数にのぼったが多くは下心があった。何世紀も前から、バラモン教やイスラーム教、それに広大なインドで数百万の人々が数世紀にわたって信じてきたその他の信仰のうちに暮らしてきた人々に、それら全てを束ねる別の信仰が存在しうること、また長い間自分たちのものであった儀式が忌まわしいものであり、他のあらゆる神の代わりになる新たな神をすぐに崇めねばならないことなどを、どうやって理解させることができようか。大衆のメンタリティーや日常生活からはほど遠い皇帝の考えたこの宗教を導入するような変革を群衆に受け入れさせるには、例えば、キリストの使徒や弟子が行ったような、仏陀の弟子の行ったような宣教と類似した、何年も何年もかかる布教を続けるべきだったのだ。要職にあるラージュプト族や宮廷に近いイスラーム教徒は回心した。大衆にはほとんど回心したものがなかった。アムベルの有名なマーン・シンは、自分の宗教に加入するよう誘いをかけたアクバルに次のように答えたという報告がある。

「弟子になるということが自分の命を犠牲にするのに等しいということですが、私は自分の命はこれまで自分の手に握ってきました。いまさら新たなどんな証拠が必要なのですか。もし意味が違っていて、その意味が信仰に基づくというのなら、私はヒンドゥー教徒です。もしあなたが私にイスラーム教徒になれと仰せられるならば従いましょう。ですが、私はこの二つの宗教以外の宗教など知らないのですから」。

こうした精神的反応が当時最も一般的なものであった。神聖宗教はゆっくりと危機に瀕していき、儀式は宮殿と何人かの貴族の館で続けられた。この宗教は少しずつ消えかかり、一六〇五年のアクバルの死とともに完全に消滅した。

建築への情熱

偉大なる先祖であるティムールが首都サマルカンドを素晴らしい建築物で覆い尽くしたように、アク

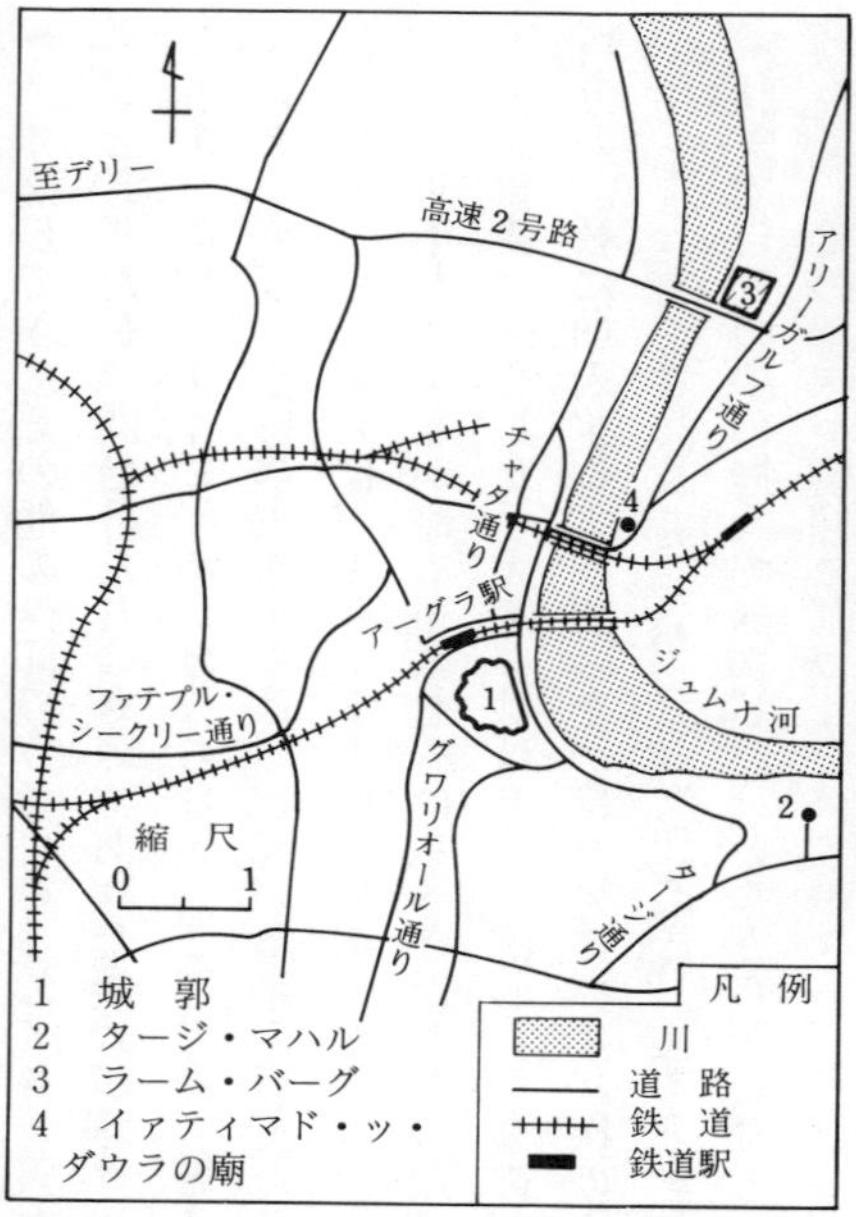

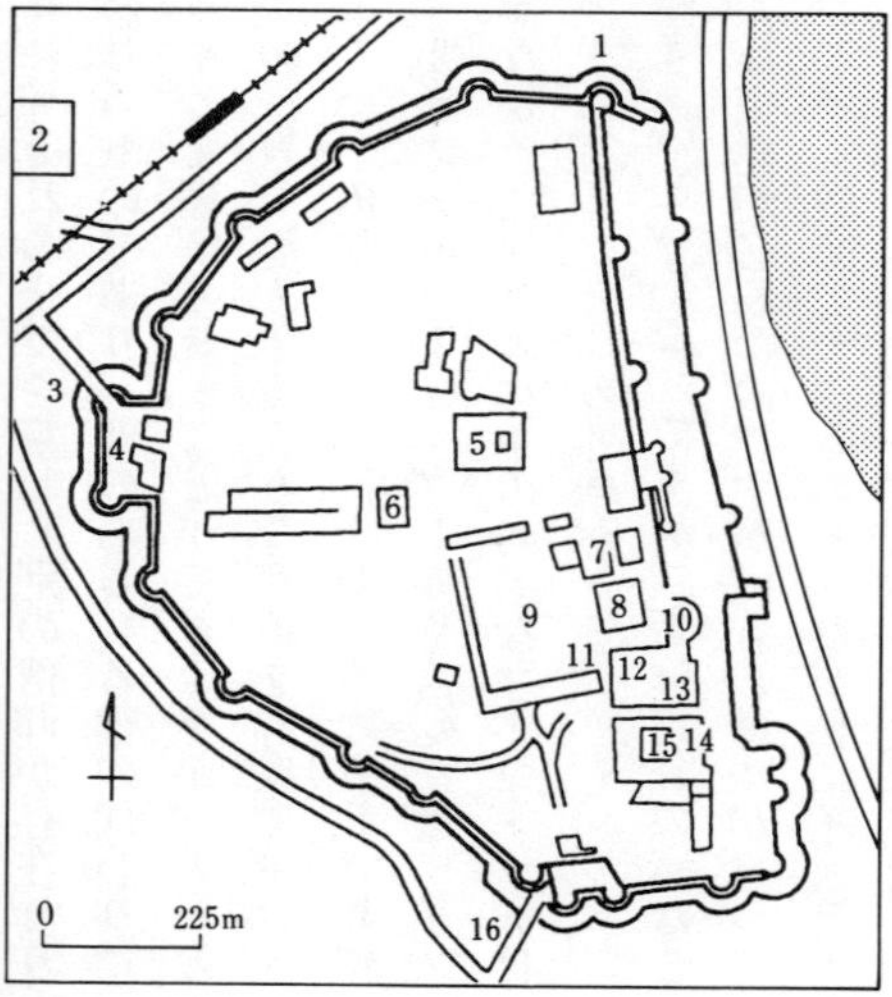

図版4　アーグラと宮城

上右　アーグラ建設図
上左　アーグラの市街と古跡
下　アーグラの宮城

1　北側塔
2　ジャミ・マスジッド(主モスク)
3　デリー門
4　象の門
5　モティー・マスジッド
6　女性用市場
7　ナギナ・マスジッド
8　ディーワーン・イ・ハース
9　ディーワーン・イ・アーム
10　八角塔
11　ミーナ・モスク
12　ぶどう園
13　シーシュ・マハル
14　ハース・マハル
15　ジャハーンギール宮殿
16　アマル・シン門

バルにも建築への強い情熱があった。一五六五年頃、即位が確立するとすぐに、アクバルは、何カ所か崩壊のおそれのあるアーグラの城郭を、土台から屋根まで再建するよう指令を出した。工事は十五年続き、費用は三百五十万ルピーにのぼった。アブル・ファズルによれば、当時五百以上の建物が、「優れた彫刻家や芸術家が模範としてきたグジャラートやベンガルの技法で」建造された。それより少し前、皇帝はベナーレース地方のグムティ河のほとりに一本の橋を建造させていた。この橋はとりわけ軍事的に利点のある橋であったが、小円柱のついた小さなパビリオンを各アーチの上に配した様子は、建築術を駆使ししかも実用的な作品を好むインド・ティムール族の嗜好を反映したものである。アーグラ城の改築はこの半島におけるティムール王朝最初の大建築であった。これほど堅固で美しい城壁は、これまで建築されたことがなかった。当時としては貴重な建築材料であった赤い砂岩のブロックで建造されたもので、ミリメートル単位近くまで揃えられた仕上げは「髪の毛一本たりとも入らない」といわれたほどで、この城壁は高さが二十一メートルでその長さは二・五キロメートルに達していた（＊巻頭口絵写真の四頁参照）。ジュムナ河近くにあることから不規則な形となったが、その沈んだ色合いの威容は、中庭の中央に建てられたひときわ白い「真珠のモスク」（のちにシャー・ジャハーンによって建立されたもの）のドームと対照的に輝くばかりである。「デリー門」あるいは、二頭の象が彫刻されていることから「象の門」と呼ばれるアーチ形天井のついた主門は、側面を二つの強固な八角形の堡塁で固めた三階建ての見事な建造物である。外側のファサードは、羽の生えた龍、象、羽を広げた鳥などを表す色ガラスで装飾され、明かりが採られるようになっており、そのイメージはイスラーム様式の原則とはかけ離れたものであり、アクバル皇帝の精神の深さを物語っている。城の内部に入るとおよそ五百ばかりのグジャラートやベンガルの様式で建てられた建造物群があったが、しばらく後に、主に川に張り出すような空間的配置で建てられた大理石の小館群に建て替えられた。大王宮の一部も、アクバルの後期の治世に、当時王位継承者であったジャハーンギールの宮殿ジャハーンギール・マハルを建造するために改築されることになる。この宮殿もアクバルの宮殿と同様に赤い砂岩で建造され、方形の中庭を囲んだ三階建ての建物である。美術史家たちによれば、これら二つの宮殿の建築家は、その大部分の着想を、それ以前に木材で建造されていた建物から得ていたようであり、こうした様式は、木材が石材よりも頻繁に使用されていた近年の建造物に継承され、特にラホールにおいては今でも目にすることができる。これらの建造物は、例えばグワリオルの城砦に代表されるような当時の他の建物と同様に、ヒンドゥー様式の影響が明らかである。つまり、象の門、建物の配置、それに多くのディテールなどは、アーグラの建築家たちが六十年ほど前に建造されたラージュプト族の大砦から着想を得ていないというにはあまりにもそれに似通っている。グワリオルを訪れると、マーン・シンの宮殿の城壁に、アーグラと同じく、象、鴨、孔雀、その他の鳥などをかたどった陶器製のタイルが今も見られる。アクバルは、役に立ちそうな職人や工匠の大半を移住させたティムールやオスマン・トルコのメフメト二世などの、他の征服王と同様に、ペルシャやトランスオキシアナから建築家や職人たちをできれば呼び寄せたかったのかも知れない。しかし、アクバルは、自分自身や配下の貴族たちがヒンドゥー教徒の名家の娘と結婚して同盟を結んでいったのと同様に、征服したばかりの国の人々を徴用することを好んだ。[31]

アーグラの城壁や宮殿が完成したのとほぼ時を同じくして、よく似た構想の城郭が、北部に位置する帝国第二の大都市ラホールに建設された。自然の地形による限界があったのでアーグラのそれより幾分小さかったが、この城郭の形は二辺が四百メートルと三百メートルという整然とした長方形であった。この城も赤色砂岩で建てられ、官庁用の一連の建物の後ろに私的な小館が隠れるように建てられた。象、獅子、孔雀などで装飾されておりアーグラの装飾とかなり近いものになっており、ヒンドゥー芸術家の影響はいっそうはっきりとしていると思わせるものである。外側の城壁は、狩猟やポロ競技それに闘象などの場面を描いた、イランのカチスを思わせる花模様の陶製タイルで飾られている。他の部分同様ここでもヒンドゥー教徒の芸術家たち——おそらくペルシャ人も含まれる——が、自分の好みのままに自分たちの様式でムガル宮殿を飾ったのである（二一三頁図版12参照）。

インド北部のガンジス河とジュムナ河の合流する地点に位置するアッラハーバードにも、同じ時期に城砦が建設された。一度破壊したあと華麗な城に造り直した。モスクというよりもヒンドゥー寺院を思わせる、対になった円柱を組み合わせた柱廊が、精妙な装飾を施された欄干をめぐらせたテラスを支える構造となっている。透かし模様のついた石の目隠しによって採光された小亭がいくつか上のテラスに配され、全体としてオリエントで最も豊かな君主にふさわしい美と華麗さをあわせもった構成をなしている。

いままで紹介した城とはかなり異なった様式の城がアジュメルの城である。この城はそれらより数年前に建造されたもので、その輪郭は重々しく量感のずっしりとしたものであり、直前まで支配された地域の中心にあったので、装飾的というよりもむしろ戦闘用の構えである。これは堅固な砦であり、その二重の分厚い城壁は中世ヨーロッパの主塔を思わせ、城塞が目的であることを強く印象づける。中庭には、皇帝の滞在時に使われる三階建ての瀟洒な小宮殿が置かれている。

新しい首都

アーグラ城やその他の美しい建物が完成してからまもなく、アクバルはアーグラを離れ、そこから四

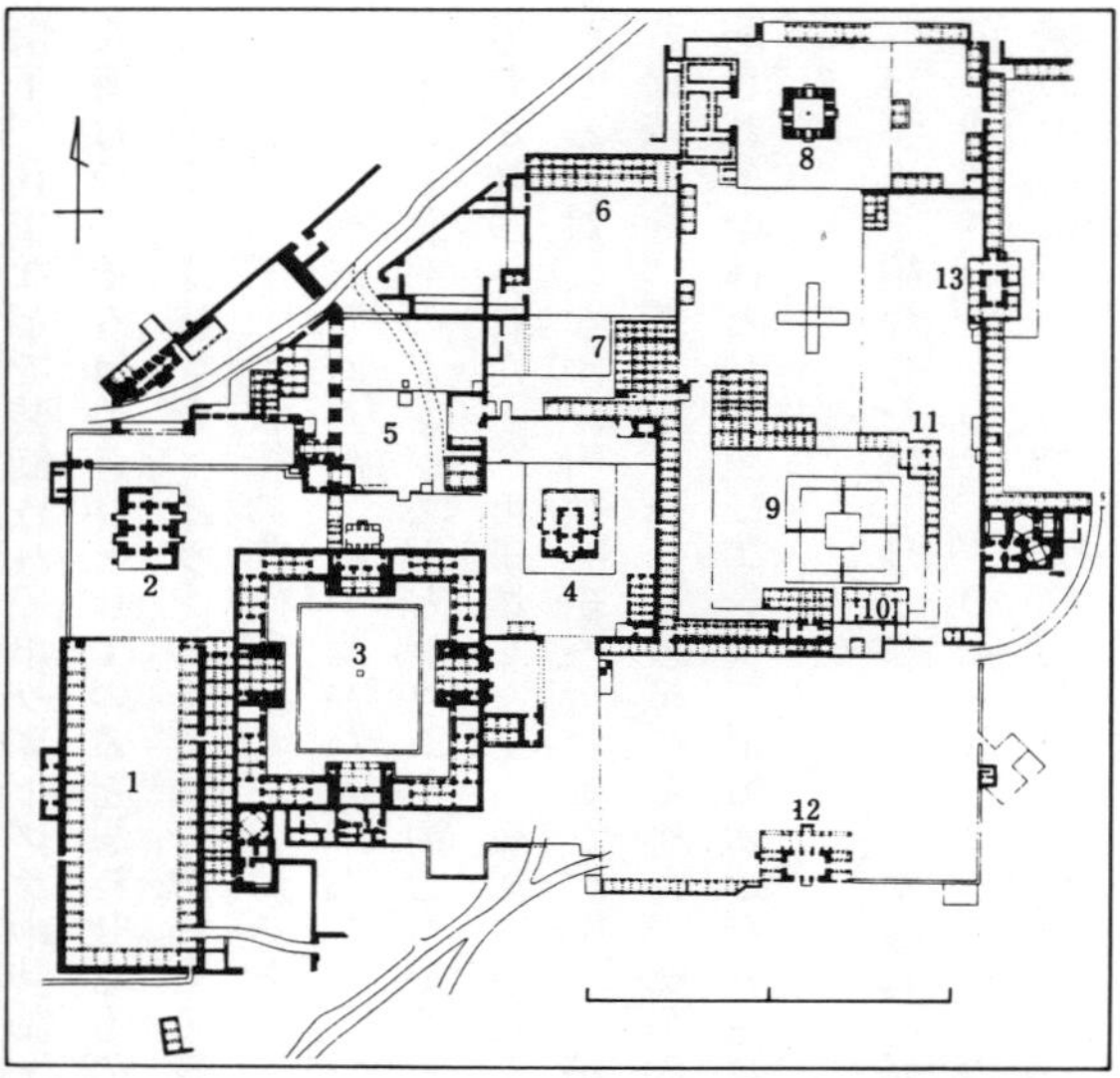

図版5　ファテプル・シークリーの宮殿全図と五層殿

上　平面図

下　五層殿(パンチ・マハル)

1　厩舎
2　ビールバルの館
3　ジョード・バーイー宮殿
4　ミリアムの館
5　ミリアムの庭園
6　病院
7　五層殿(パンチ・マハル)
8　ディーワーン・イ・ハース
9　池
10　アクバルの寝室
11　ハレム
12　政務室
13　ディーワーン・イ・アーム

十キロメートルほど離れたシークリーに遷都することを決意する。この地はシャイフ（＊宗教の長老）であるサリーム・チシュティーの暮らしていた町で、アクバルがここに何度も巡礼を行ったところであり、サリーム・チシュティーが長年望んでいた子供の誕生をアクバルに約束したことで知られている。即位後十三年してようやく後の皇帝ジャハーンギールがこのシークリーで誕生したのは、待ち望んだ出産がこの聖人の住居の近くでなされるように、母であるラージュプトの王女がここに移されたからである。最も大切な望みを叶えてくれたシャイフに対する感謝の念だったのか。あるいは、古今東西を問わず君主の大半は自分の足跡をこの地上にすべて残したいものだが、アクバルも例外ではないのだと付け加えておこう。ただし、アクバルは他の君主よりもずっと遠大な計画を持っていた。彼が建てたかったのは都市全体だったのだ。そして、それまで何もなかった森林から突然都市が出現するのが見たかったのか、この都市は「魔術的スピードで」建設された。十年足らずで「ジャングルは都市に生まれ変わり、あらゆる種類の庭園、家屋、エレガントでしかも力強い建造物、快適で魅力にあふれる空間が備わっていた」。モンセラーテ神父の説明によると、すぐ近くの石切場から切り出されたすべての石材が、互いにぴたりと嵌まるようにあらかじめ正確に切りそろえられ、「建築現場では槌も斧もどんな工具も必要がない」ほど入念に準備された結果だという。出費は天文学的数字にのぼった。

シークリーは、やや高く突き出した岩山の上に建設され、長さ三キロメートル、幅一・五キロメートルの長方形に近い形をしている。帝国の首都として今後拡大発展するような通常の都市には向いていないが、アクバルのイメージしたのは、これだけで宮殿、小館、集会場、官庁がそろった総体であって、そのまわりを防御の役目は果たせないにしても、象徴的に城壁が守っていればよいというものである。緊急時には、さほど遠くないので、堅固な城壁で守られた難攻不落のアーグラ城まで逃げ込むだけの時

図版6　ファテプル・シークリーのマスジッドとディーワーン・イ・ハース

上　ジャミ・マスジッド

中　シャイフ・サリーム・チシュティーの廟

下　ディーワーン・イ・ハース

間はあった。シークリーの薄めの城壁には九つの門が開けられていたが、通常門は象の門で、儀式用の門は謁見の間に続いていた。その他の門は、大小様々な、貴族、高官、多数の人員などが住まう端麗な建築群に囲まれた広場に通じていた。ここに、トダル・マル、アブル・ファズル、ビールバルなどが居を構えていた。都市らしくない都市である。国家組織を構成するすべての者がここに集まっていた。こうした人々に仕える者、必需品を供給する者、かつ王の宮殿と行政の機能を併せ持ったこの奇妙な都市を機能させるために必要な人員が居住して、強大な権力を持つ君主を取り囲んでいる宮殿、といったところであろうか。

アーグラ門がこの都市に入る通常門である。賓客はこの門から中に入り、一度控えの間に通されたあと謁見の間に導かれる仕組みである。都市のこのあたりからモスクまではほとんど公共のスペースとなっている。左右には宮殿や小館それぞれに官庁などがそれぞれ中庭を取り巻くように配置されている。アーグラやラホールの城砦を建造したときと同様に、全ての建造物がヒンドゥー・ムガルの様式で建造され、そのうちいくつかはヒンドゥー様式の色彩が濃く、このことが、この都市も帝国全体からかき集められたヒンドゥー教徒の職人や工匠を数多く徴用して建設したことを物語っている。これほど速く建築が進んだのは、必要最低限の人を除いて、計り知れない数の労働力とありとあらゆる作業が絶え間なくつぎ込まれた結果であろう。

規模からいって最も目立つ建物は、きっと皇帝が個人的に最大限の注意を払ったジャミ・マスジッド（＊会衆モスク）〔図版6〕という名の大モスクであろう。縦が百七十メートル、横が百三十八メートルあって、広大な中庭の周りには三方を列柱廊《クロイスター》式の回廊をめぐらしてあり、このモスクはインド・イスラーム建築の中で最も広大で美しい建造物の一つであるが、アクバルが示したイスラーム恐怖症をいささか思わせるものとなっている。この建物の広さはデリーの大モスクよりもやや小さめだが、それでもずっとバランスがよく、その平面構成と内装の素晴らしさは遠くから見てもはっきり分かる。このモスクの建築術はデリーのモスクとは違っている。デリーのモスクは、エンタブレチュア（＊刳形）を使って円柱上部を装飾する形式であるのに対して、シークリーの方はむしろアーチの方が優勢となっている。装飾は、壁や円柱に施された様々な色彩の幾何学文様や花柄のタイル、またあらゆる色彩の大理石のそれにスタッコの浮き彫りなどもあいまって、より変化に富み空想的な趣となっている。内部の大きさは感嘆に値する。三つの門が開けられた正方形の身廊の上部には、中央に大ドームが、両脇にそれよりも小さな二つのドームが載せられている。様々なモチーフの色彩鮮やかなタイルで飾られたミフラブ（＊壁龕）は西方正面に多彩な輝きを放っている。この記念建造物は、タージ・マハルに匹敵する美しさで、今でも芸術家や観光客の賞賛の的になっている。「アクバルの治世に建てられたどの建造物をとっても、絵を描かれ、象嵌され、彫刻されたこのモスクの装飾にはかなわない。いかなる描写もここで用いられた装飾の多様性を正当に評価できるものはない。あたかも、実に細やかな技法で彩色された写本のページを模範として描いたかのようである(32)」。

モスクの中庭の前面の近くには、アクバルが敬愛してやまなかった聖人サリーム・チシュティーの墓があり、その気品と繊細さはまさに珠玉の作品である。シャー・ジャハーンは、建築様式を壊さないよう配慮しつつ、自分の時代の流行に合わせてこの墓を大理石で覆わせたが、木の枝形の柱が屋根を支えているポルチコは特に見事なつくりで、ヒンドゥー様式を強く感じさせる。この小さな記念建造物の美しさは、均整のとれた形とその建築材料にあり、特に材質は極上の趣味と細部に至るまでの見事なセンスを感じさせるものである。

図版7　ジョード・バーイー宮殿など

上　ジョード・バーイー宮殿の表門
中右　ジョード・バーイー宮殿の西側の館
中左　ビールバルの館
下　皇帝妃ミリヤムの館

このモスクの完成とデカン地方からの凱旋を記念して、アクバルはモスクの入口に巨大な門を建造させたが、人々はこの門をブランド・ダルワーザつまり「凱旋門」（口絵四頁参照）と呼んだ。威厳に満ち堂々としたこの建造物は、モスクの門よりは町や城砦の門とした方が相応しいかもしれない。しかし、特に外側から見ると、背の高いアーチ状の門と、それよりは低い高さで中庭を取り囲むように巡らせた壁の上に小亭を並べた光景は、驚くべき効果を生み出している。はるか昔の遺産であり、建造後ずっとモスクを守り抜いてきたこの砦門は、現在でも全体と見事に溶け合い装飾の大きな要素となっている。アクバル帝がこの世に残したかったメッセージとして非常に有名な碑文が連なるのは、まさにこの巨大なアーチの周りである。碑文にはこう書かれている。「マリアの子イエスに平和あれ、イエスはこう言われた。『世界は人が渡る橋である。この橋の上になにも建ててはならない。世界は一時間しか持続しない。この一時間を祈りで満たせ。誰がそれ以外のことを分かろうか。あなたの最大の財産はあなたがなした施しである。世界は財が現れては消える鏡であることを知りなさい。あなたはなにものも自分のものにしてはならない。なぜならあなたの目にはそれが見えないのだから』と」。

住居あるいは集会場としての建物のうち最も重要なものが、今日も残る皇帝の宮殿ジョード・バーイーである。東方に高い壁がそびえ、ひと続きになった部屋や広間などは中庭を向いて建てられている。外側から見るとここが宮殿であることを示すものはない。建築装飾は内部に施され、互いに独立した三層からなる建造物である。各部屋はほとんどがテラスから通じるようになっている。細部を見るとこれらの建造物は、インド様式の影響が非常に強く感じられる。例えば、エンタブレチュア（＊刳形）、ニッチ（＊壁龕）、石柱、彫刻、格間などは、インド特にグジャラートの様式を借りてきたことを示している。それ以外に妃の宮殿として特筆すべきは、トルコ人の皇帝妃であるミリヤムの宮殿であるが、これもまたインド半島全域から集められた工匠、職人たちによる作品である。ミリヤムの居室はやや狭いが、力強い筆致で仕上げられたペルシャ風の壁画が素晴らしい。壁画は、職人の技の高さを十分鑑賞できるくらい保存がよい。このトルコ人皇帝妃の宮殿の装飾は、たいへん繊細な洗練された仕上がりで、自然の風物、木々、動物などを描いたり彫刻したもので、イスラームとヒンドゥーの両様式からなるものである。もう一つの有名なのが、ディーワーン・イ・ハース（貴賓謁見殿）と呼ばれる建物である。この建物は三階建てで、内装は素晴らしく、その中央には彫刻された三十六本の「腕」で支えられた説教壇があり、皇帝はここから様々な宗教の支持者の声を聴いたり、彼らと議論したりしたものである。さらにパンチ・マハルという建物群がある。これは「五階建ての宮殿」という意味で、下部を円柱で支えた段々と先細りになった構造であるが、その目的は今も分からない。「占星術師の座」や「夢見の館」なども、同様に垂直的イメージを持った様式で建てられていながら、石柱、バルコニー、アルコーヴなどのもたらす効果は見事なバランスであるとは言いがたい。

アーグラからシークリーに移された宮廷と行政機構はしばらくしか続かなかった。人口が想像以上に急速に増加したこの都市に水を供給するには水源が貧弱であった。そこで湖を造り他から水を供給しようとしたが、水量が不十分であったにせよ水質が飲料に適さなかったにせよ、十分な水を供給できなかったので、アクバルはこの都市を放棄することを決意した。この都市は大部分がほとんど無傷のまま現存し、平原に広がる森や野原の真ん中に浮かぶ細長い岩山の上にぽつんと建っている。この都市は、統一的インドを建設しようとしたアクバルの大計画と、同時にその挫折の証拠とその象徴なのである。

四　死を迎えるまでの勝利と支配

ムガルのような複雑で広大な帝国にあっては、どんな征服といえども決定的とはなりえないものであった。叛乱は常に潜在的にあって、もし中央権力が脆弱とみるや敵方は、あちらこちらの州を奪取、再奪取する機会を狙っていた。オリエントでは当時のヨーロッパと同様に、完全な征服などはなかった。叛乱勢力との抗争、天然の国境にいたるまでの領土の拡大とが相次ぐこととなった。あるいは野心的な諸侯や皇帝の運命などどれも同じようなものだった。常に戦闘準備を整え、できれば敵を弱体化させるか壊滅させようと、チャンスを窺っていた。アクバルも同様に、叛乱を起こした貴族を平定するために、常に配下の将軍たちを派遣しなければならなかったし、ときには自身で軍を率いることもあった。

グジャラート、ビハール、ベンガル

七〇年代の大事件といえば、様々な観点からみてインド半島でもっとも発展した地域の一つである、グジャラートに対して起こしたアクバル軍の遠征である。この戦争はインド・イスラーム教徒にとっては特に重要な意味を持っていた。というのは、この地方には、カンベイ、スラトといった港町があり、メッカへの巡礼はここを出発点としていたからである。また、外部世界との接触がもっとも頻繁な地域でもあり、特にポルトガル人は全盛期の終わりにこの地に拠点を持っていた。海外との交易はグジャラートにこの半島には比肩するもののないほどの繁栄をもたらしていた。その首都アフマダーバードは大都市であり、インド全体でも最も美しい都市の一つである。一四一一年に君主アフメド・シャー一世

によって建設されたこの都市には、イスラーム世界で最も美しい記念建造物が残されている。例えば、セプティミウス・セウェルス帝（＊一四六—二一一、ローマ皇帝在位一九三—二一一）、コンスタンティヌス帝の凱旋門を思わせる三重の凱旋門によって王宮と続く大モスクを含む、およそ五十ばかりのモスク群が立ち並んでいる。他の都市例えば、スラトからほど近い港町のブローチや、カンベイ、チャーンパーニル、パータンなどにも数多くのモスク、王宮、マウソレウム（霊廟）などがあり、それらは十四世紀初頭の大いなる繁栄と、イスラーム教国インドの大部分に影響を与えた芸術趣味の証となっている。

その当時、正統性が問題となっていた名目上の君主ムザッファル・シャー三世が支配していた国土は七人の諸侯によって引き起こされた戦争によって完全な無政府状態となっており、荒廃してしまっていた。このほとんど権威不在の隙間をくぐって活躍したのが、ポルトガル人や様々な出自の盗賊たちである。彼らは貿易船や巡礼団搭乗の船舶に襲いかかった。沿岸地方に沿って支配地域の拡大を図ってきたポルトガル人は、できることならばいつの日か内陸部を征服することを望んでいた。アクバルの計画にポルトガル人を半島から完全に駆逐することが含まれていたことは十分予想できる。

一五七二年七月(33)に、皇帝はシークリーを離れアジュメルに向かった。ここから南に向かってまずは一万人の部隊を送り出し、あとから主力部隊を送る計画であった。遠征隊は途中ほとんど抵抗にはあわなかった。パータンで何日か逗留した後アフマダーバードに向かった。十一月二十一日、フトバ（＊説教）が大モスクにおいてアクバルの名で唱えられた。数日後に、今度はこの地方を荒し回っていたミールザー一族(34)を制圧するためカンベイへと軍を進めた。十二月八日ついにカンベイに到着、彼は初めて海を見た。彼は帆船で遊覧をしたが、「皇帝はいたく魅了された」と年代記作者たちは報告している。彼は、その当時この港町にいた、トルコ、ペルシャ、ポルトガル、トランスオキシアナ、それに各地からやってきた商人たちに謁見した。それから、ミールザー一族追討のためにさらに南へと前進した。スラトは六週間の攻囲戦ののち降伏した。スラトの知事はハムザバーンと言い、尊大な態度を見せたので舌を切り取られた。スラトでは再びポルトガル人と出会うことになった。皇帝はポルトガル人に、彼らの祖国やヨーロッパについて問いただした。彼らの話題は皇帝に大きな印象を残した。

シークリーへの帰路、アクバルは、グジャラートで叛乱が勃発し、ミールザー一族がカンベイを奪取し、アフマダーバードを攻囲し、アフガーン族やラージュプト族と手を結んだという知らせを受け取った。すべてがやり直しとなり、彼はまた進路を南へと戻さざるを得なくなった。激戦が続き、歴史家によると、「皇帝が持ち前の勇気を見せ」、ミールザー一族は敗北し、皇帝の権威は決定的に確立した。六月三日アクバルはシークリーに帰還した。近年の偉業を祝して、シークリーの名に「勝利の都市」という意味のファテプルを付け加えたのはこの時である。

翌年、アクバルはダーウードが統治していたビハールとベンガルにふたたび進軍した。ダーウードはスール朝の王子の一人で、王の称号を得ていた。彼は莫大な富と強力な軍を持っており、軍は四万人の騎兵兵力と、様々な口径をもつ二万門（*?）の大砲を擁していた。しかしダーウードは無能な人物であった。パトナを守っていたハージープルの砦が陥落したとの知らせを受けると戦わずに逃走してしまった。アクバルはこの都市に入城し、ムヌイム・カーンをベンガル総督に任命した。その他の拠点もさしたる困難もなく次々に陥落し、アクバルは一五七四年の暮れにファテプル・シークリーへと帰還した。

カーブルならびに北部地域

カーブルでの状況は長く複雑なままであった。フマーユーン帝によってアフガーニスターンを与えられていたアクバルの異母弟であるミールザー・ハキームは、ウズベック族に唆されて皇帝に叛旗を翻したのち逃亡していた。それから十五年近くが過ぎた一五八一年に、ハキームは再びアクバルの領土に侵入した。しかし、アルコールに蝕まれたハキームはそこから退却し、一五八五年に死去する。その知らせを受け取ったアクバルは、彼の家族には大変深い愛情を持っていたので、ハキームの息子たちにこの州を与えることに決めた。しかし彼の顧問たちは、ハキームの息子たちでは統治するのに若すぎるとか、すでにバダフシャーンを占領していたウズベック族がカーブルを窺う状況がきっと生じる、などと繰り返し皇帝に述べたてた。この地方は、幼き者が治めたのでは奪われる危険があったのだろう。皇帝はすぐさまマーン・シンに率いられた部隊とともに北西部への進路をとった。ハキームの家族は素直にアクバルの配下に入った。アクバルは持ち前の慈悲と寛容を見せ、皆に贈り物や役職を授けた。マーン・シンがこの州の総督となり、以後この地は帝国に併合されることが決定的となった。

カーブルは平和を取り戻したが、北西部の諸地方は平和どころではなかった。荒々しいアフガーン人の住む地方を平定するのに成功したものはこれまでいなかった。彼らがインド－アフガーン高原を結ぶルートを断ち切る危険は常にあった。このとき起きたことはまさにそれだった。ある宗教セクトが、シーア派の一分派であるイスマーイール派の傾向を持つイスラームの修道僧ピール・ロチャナイのまわりに形成された。過激な神秘思想に凝り固まったこの人物は、自らを神だと見做していた。「我輩は王であり、世界の創造者である」と公言していた。彼は諸部族に多くの支持者を見いだしていた。彼の死に際して、若干十四歳の息子のジェラールッディーンは父よりもずっと恐るべき人物だということが明らかになった。族長ユースフの名を取って、自らユースフザーイー部族のパーディシャーだと宣言し、軍を結集し、インダス河に臨んだアトックに隣接する地域を制して、その威力のほどを発揮しはじめた。パンジャブ地方が脅かされかねない事態となった。そこでアクバルは、全幅の信頼を寄せていた一人の将軍ザイン・カーンを派遣し、続いて側近のうち最も強力な人物の一人であるビールバルに率いられた部隊を送り込んだが、このことは戦術的失敗を引き起こし、将軍間に反目を生じさせることとなった。本当のところは、彼らは宮廷人、行政官なのであって、決して武将ではなかったということである。その結果恐るべき事態となった。夜の帳が降りるころ、ある山間の隘路に差しかかった時、アフガーン軍が皇帝軍に対して矢や岩をここぞとばかりに浴びせかけ、皇帝軍は大虐殺の目にあったのである。軍の半数にあたる八千人が命を落とした。ビールバルは逃げだしたが殺された。ザイン・カーンはやっとのことで逃げ延び、残りの部隊を率い帰還した。完全な敗北であった。責任は、能力のない宮廷人を軍の頭に仕立てたアクバル自身にあった。アクバルはトダル・マルを派遣して、必要があれば退却できるような砦を数カ所作らせて、態勢の建て直しに当たらせた。それからアクバルは、未知の山岳地帯にむけてゆっくりと軍を進めていった。決戦はハイバル峠近くで行われた。ヒンドゥー教徒の将校が部族軍に対して勝利を収め、これまで決して支配することのできなかったこの地域に、しばらくとはいえ平和が樹立されたのである。

カシュミールとカンダハール

北西部の谷間を囲むようにそびえる山岳地帯の諸部族を平定することは、帝国西部の諸地域をすべて決定的に帝国に組み入れようとするアクバルの計画の一部分にすぎなかった。見かけは支配されているようだが、やがて叛乱に立ち上がるのだから、この地域が不安定であることは、ムガル国家の弱点の一つであった。地勢的見地からすると、インダス河上流高地の谷間からヒマラヤ地方の峠の出口にあたるカシュミール地方は、以前からそうだったような不安定な区域のままではすまされなかった。バーブルもフマーユーンも峨々としながらも美しいこの地方を平定しようと試みた。しかし、両者とも時間が足りなかった。そのころから、スリーナガルは策謀の火種であった。不和が続く諸侯たちを支配下に置くことができないまま使節の交換が続いてきた。一五八〇年頃、名目上この地方を統治していたユースフ・シャーにはもはや取り巻きに抗うほどの力は残っておらず、折しも一五八五年にアクバルの密使が、シャーを皇帝の宮殿に招き皇帝に敬意を表するよう伝えたとき、シャーは、ファテプル・シークリーに行けば廃位すると貴族たちに威かされて、この招きを断ったのである。皇帝が期待したのはこの言い訳であったのだ。彼は、アムベルのラージャーの王子であるバグワーン・ダースの指揮下に一部隊を派遣した。優れた将軍であるバグワーン・ダースは、真冬にスリーナガルに続く隘路や峠に兵を進めていった。寒さと雪それに食料が不足してきたので、バグワーン・ダースは皇帝の権威を認め、独立を保持しつつも「サフラン、織物、貨幣」といった貢ぎ物を支払う、というユースフ・シャーの申出を受け入れた。ユースフ・シャーはフトバ（＊説教）を皇帝の名で唱えることに同意したが、皇帝は自分が命令したとおりに将軍たちがカシュミールを征服できなかったことを知って激怒した。今度はもっと強力な将軍カーシム・カーンに率いられた別の部隊を派遣した。この遠征も困難を極めた。住民たちは各峠を塞いだが、族長間にお決まりの内紛が生じて、ムガル軍は一五八六年十月十五日についにスリーナガルに入った。これを期としてカシュミールは帝国に併合されたが、ユースフの息子であるヤクーブ・カーンと他の族長たちは以後三年近くにわたって抵抗を続けた。

インダス河流域ではカシュミールだけが征服され、下流域はまだ帝国の域外にあった。カーブルとカンダハールを征服したあと、アフガーン人たちは当時タッタのスルターンであったジャーニー・ベグの支配下にあったシンドに逃げ込んでいた。アクバルの君主権を認めながらも、彼はそれまで公式の臣従の誓いを立てていなかった。また一度として皇帝の前にひれ伏したこともなかった。頑固に反抗を続けるこの封臣を攻撃するのに恰好の口実ができたことは明らかだった。アクバルは、カンダハールへのルートにあたる戦略上重要なインダス河口地域をとくに欲しがっていた。遠征は迅速に進み、ジャーニー・ベグは破れシンドは併合された。ほどなくしてムガル部隊は隣国のバールチスターンへと侵入した。またも大きく美しい国が帝国に加わった。かくしてカンダハールへのルートは開放されたのである。

バーブルとフマーユーンによって何度も取ったり取られたりしたカンダハールの堅固な要塞を奪取する計画を、アクバルは一度たりとも諦めようとはしなかった。しかし、当時そこを統治していたのはイランの君主シャー・タフマースプであり、彼も帝国のこの貴重な財産を手放すつもりはまったくなかった。町の総督はサファビー朝の王子ムザッファル・フサインで、彼はシャーの代理を務めていたが、当時はシャーと抗争中であったし、あいかわらず落ちつかずに征服を企むウズベック族に脅かされていた。シャーに助けを求めるわけにいかないのでフサインはアクバルに援護を頼み、アクバルはその申出をもちろん直ぐに受け入れて、この町と要塞を奪取するように、将軍たちの一人を送り込んだ。カンダハールの西部を流れるヘルマンド河が今や帝国の西側国境となった。

アクバルの西方への目的は一五九五年頃達成された。東方も、マーン・シンによるオリッサ占領とともに完了した。いまや彼にとって最も重要なバダフシャーン征服が急務となった。ムガル族ならすべてのものが、オクスス河（別名アム・ダリア河）の彼方が祖先たちの故郷であり、そこから全てが始まったということをどうして忘れないでいられようか。バーブルは、「世界で最も美しい町」サマルカンド奪取に何度も挑み、結局失ってしまうことになったのだ。いかなるムガル人もこのことを、また偉大なるティムールの思い出が今も息づくあの高原を、あの肥沃な谷間を忘れてはいなかった。世界征服に向けて旅立ったこれらの国々を奪い返す夢をすべての者が育んできたのだ。アクバルは北西部での作戦を指揮するためにラホールに本拠を置き、トランスオキシアナを夢見ていた。まずは、バダフシャーンを統治していたウズベック族のカーンに、親書を送り豪奢な贈り物をすることによって揺さぶりをかけようとした。アブドゥラー・カーンはそれを理解できないかのような振りをした。二人の人物はそれぞれ自分の立場にとどまりながら、互いが他方の攻撃を望んでいるのだという疑心暗鬼に駆られていた。しかし、アブドゥラーが死んだので、アクバルは大作戦を実施する好機が到来したと考えた。アクバルは息子のサリーム王子（＊アクバルを継いでジャハーンギールとなる）に、祖先の領土を奪還するための遠征隊の先頭に立つよう持ちかけた。当時、サリームは王位継承の方に気を取られていた。彼は父に逆らう筋書きを準備していたが、首都を離れることは望まなかった。そこで彼はアクバルの提案を拒絶した。アクバルは、より緊急な別の遠征に気を取られ、中央アジアへの計画を断念することとなった。

デカン地方での絶え間ない戦争

そのころアクバルは治世の頂点に立っていた。帝国の安全を保障する国境として彼が考えていたものは今や彼の手中にあった。しかしながら、インドには彼の権威の及ばない広大な領土がまだ残されていた。それらの地域を支配する諸侯たちが中央権力の弱体化の隙をついて、そこかしこの州に侵入を企てる日は間近に迫っていた。しかし、アクバルは同時代の大君主と同様に征服者であった。領土を次々と拡大する、要塞を陥落させる、族長を呼び寄せては臣従の誓いを立てさせる、これが彼の人生そのものであった。アクバルは征服するために、制圧するために生まれてきたのである。

長い間デカンの諸侯たちは互いに抗争を繰り広げてきた。そこにこそ、帝国の障害となりかねない不安定要素が潜んでいたのである。広大な領土がいまだ多くの王朝のものであったインド半島中央部に勢力を拡げたい、という誘惑にアクバルが駆られる状況が整ってきた。十六世紀の初めには、七つ足らずの公国あるいは王国が、森林で覆われて南北に連なる丘陵——ガート山脈——に縁取られた三角形の台地状のこの広大な地域を分け合っていた。なかでも、ヴィジャヤナガル、ビジャープル、アフマドナガルが強力な国家で、ヴィジャヤナガルが最強であった。十年ばかりでこれらの国は四つに統合されていく。ビジャープル、アフマドナガル、カーンデシュ、それにゴルコンダであり、それぞれの国はヒンドゥー教徒かイスラーム教徒の君主によって統治されていた。一五九一年アクバルはこの四つの国のそれぞれに使節を派遣し、代償を提供しつつアクバルの権威を認めるよう迫った。カーンデシュのラージャーを除いて残りのものは拒絶した。カーンデシュには、アーグラからデカンに至る交通の要衝であるアシールガルの堅固な要塞が控えていた。アクバルはこのラージャーの娘と結婚し、しばらくの間は平和が保証されていた。アフマドナガル公国にアクバルはまず攻撃を仕掛けた。王であるニザームのブルハーン二世の死後まもなく、彼の息子が殺され、貴族たちが後継者を認めなかったため内乱が勃発したのである。宰相ミーアーン・マンジュはアクバルに援軍を要請し、アクバルはただちにそれに応えた。しかし、その間に叛乱をどうにか制圧できたミーアーン・マンジュはこともあろうに豹変し、皇帝の息子の一人ムラードに率いられたムガル軍が近づくや防衛に回ったのである。ミーアーンは、女傑である王女チャンド・ビービーにアフマドナガルの要塞を任せて、帝国軍と戦うために進軍した。この王女は、オリエント諸国ではどの時代でもよくみられるような、自分自身で銃をもって戦うほどの大変強い性格の持ち主であった。彼女はビジャープルとゴルコンダの君主に援軍を求め、彼らは七千人の騎士を送り込んできた。ムガル軍にとっては危機的な状況となりつつあった。それでも和解が成立したが、まもなくそれは破られた。ゴルコンダとビジャープルの連合軍と、ムガル軍の戦争は、あやふやなまま決着してしまい、皇帝軍は敵を追討することができなかった。この不運に加えてアクバルはもう一つ悲しみを知った。オリエントではしばしば王家にみられるように、息子のムラードをアルコールによって奪われたのである。この苦しみを紛らわそうと、皇帝は帝国の統治を長子のサリームに任せ、下の息子のダーニヤールと共に、自身で部隊を指揮することにした。皇帝は自らアシールガルの攻囲に向かい、一方ダーニヤールはアフマドナガル占領に向かった。アフマドナガル攻略は「防衛側の不和によって」あっさりと片づき、千五百人がムガル軍の刃にたおれた。チャンド・ビービーは「毒殺されたのでなければ」暗殺されたのだと史家は言う。さてこのときアシールガルはすでに陥落していた。疫病が守備隊に襲いかかり、ビジャープルの王はアクバルに使節を送り、娘の一人を嫁としてダーニヤールに差し出す用意があると伝えた。こうしてアクバルは「数世紀にわたって」城に貯えられてきた財宝を所有することができた。デカン地方の中でも最も帝国に近い地域は帝国に併合された。アクバルはこれらあらたな州に総督を次々と任命し、一六〇二年にアーグラに帰還し、いささか大げさだが自分の称号にデカン皇帝の名を付け加えた。デカン全体が支配下に入ったわけではなかった。今後ムガル政府は、数多くしかも不安定なラージャーやスルターンたちの公国に頻繁に介入しなければならないことになる。野心的な領土拡張論者を抑え、平和を回復するために、莫大な費用のかかる遠征部隊をなんども編成しなければならなかった。こうして、アクバルは、帝国にとって壊滅的危機をもたらすことになる、デカンでの絶えざる戦争に責任を負うことになったのである。

後継王子の血なまぐさい叛乱

できることならアクバルはデカン征服を自身で続けたかったのかも知れない。サリームが次第に見せるようになった叛乱の兆しに不安を感じた側近たちが、もし皇帝不在が長引けば首都が重大事件の舞台になると、皇帝にしつこく注進したのでアクバルは帰還することにした。

君主の世継ぎは、ともすれば統治を焦るものであるが、サリームも例外ではなかった。父はまだ若く健康も良好そうであるし、もしかするともっと長く王座を手放さないだろう。サリームはアクバルの王座が終わることを早めたかったのか。アクバルの死に先だつ五、六年間に起きた数々の事件には、こうした解釈が与えられてきたが、はたしてそうだろうか。いずれにしても、サリームによって引き起こされたり、示されたりした事件は増えていった。すでに一六〇〇年には、アクバルは、あるアフガーン人族長が叛乱を起こしたベンガルに出兵するようサリームに命じている。サリーム自身は莫大な収入を恣にしていたアッラハーバードに留まっていたかった。彼は限りなく絶対君主に近い生活をビハールで送っていたのだ。一六〇一年五月に自分の息子が三万の騎兵を率いてアーグラに進軍している、との知らせをアクバルが受け取ったときが最悪の事態であった。アクバルはサリームに引き返すよう命じた。サリームは返事の代わりに、首都に七万人の兵を率いて入城するのを認めるように要求した。自分自身の肖像を刻印させた硬貨の見本を父帝に送りつけるほど、不遜な態度は度を増していた。あたかも彼が王国の頂点に立っているかのような成り行きだった。サリームは首都近郊を離れることを拒否し、部隊とともに留まっていた。自分たちの身を案じた皇帝の側近の高官たちは、皇帝が厳しい処罰を取るようしつこく迫った。いささか途方にくれたアクバルは、当時デカン地方にいた腹心中の腹心であったアブル・ファズルに、自分が息子に出来るかぎり早く会いたがっているということをサリームに告げに行かせた。アブル・ファズルは皇帝に、子息には十分厳しくあって欲しいと進言した上で、アーグラに向かった。アブル・ファズルの出発を知ったサリームは、アブル・ファズルがどんな意味の影響力を行使しようとしているのかを悟り、全幅の信頼を置いていたラージャーであるビール・シンに彼を待ち伏せして殺してしまえと命じたのである。サリームはこのことを、ごく当たり前のことのように後の回顧録に残した。「アブル・ファズルは、(彼のいた)デカンから召還を命じられていたが、彼の余に対する感情がまともではなかったし、公私を問わず余に逆らってきたので、宮廷に彼がもどるのを阻止する必要があった。また、彼がちょうどビール・シンの国を抜けるルートを取ったのと、当時ビール・シンが叛乱側にいたため、反逆者を押し止め殺すようにとのメッセージを彼に送り、彼は特別の計らいで余の申出を受け入れたということだ。ビール・シンはアブル・ファズルの行く手を遮り、手下どもを蹴散らし彼を殺したのだ。彼はアブル・ファズルの首をアッラハーバードにいた余まで届けてきた」。

自分の息子のしでかした罪を知ったアクバルは怒り狂った。「もしサリームが皇帝になりたいというのなら、余を殺してもアブル・ファズルは生かしておけ」と叫んだ。彼は三日間居室に閉じこもり、ビール・シンがどこに居ようと奴を捜し出し捕らえてこいと命じた。しかし、誰もその命令を実行しようとしなかった。「彼は年老いているし、誰も王子の恨みを買いたくはなかった」。アクバルは一度のみならず二度も彼を許した。妃でありアクバルの従姉妹でもある、サリーマ・スルターン・ベガムがサリームに会いにアッラハーバードまで行き、サリームに懇々と話してきかせた。王子の誠実さを確信したからかそうでないのかは分からないが、彼女はサリームと共に帰り、王子の手を引いて父帝のもとまで連れていった。アクバルは自分のターバンを取りサリームの頭に載せ、かくして公式にサリームを後継者と示したのである。皇帝には他の選択はなかった。他に残っている王子はお気に入りのダーニヤールのみで、そのダーニヤールもアルコール中毒で死の淵を彷徨っていた。また少なくともこの時点で、サリームが生きているのに、サリームの息子であるフスローを皇帝にすると宣言することなど考えてはならなかった。アクバルは決して自分の息子を殺させようとはしなかっただろう。そのことは皆が知っていた。サリームはアッラハーバードに戻り、前よりもいっそう酒に耽るようになった。(35)

死に向かって

ムラードに続いてもう一人の息子ダーニヤールを失った悲しみ、アブル・ファズルの悲劇的最期以降のサリームの自分に対する振る舞いと暴力、トダル・マルの老いと衰弱による死、こうした身近な人々に起きた出来事は、アクバルの健康を著しく損なわせていく。一度はやめた麻薬の使用の、やめたり始めたりを繰り返し、ついにはそれがこの壮健な人物を衰弱させてゆく。また彼は人生を通じて自分の体をいたわるようなことはほとんどしてこなかった。父サリームよりもむしろ好ましく思えるようになってきた若干十八歳のフスローを、自分の後継者に推すために戦う力などどこにも残っていなかった。アクバルは自分の息子についての噂が本当なのかどうかを確かめようとアッラハーバードに行く予定をたてた。アクバルの出発は、その愛してやまなかった母ハミーダの死で予定が遅れ、サリーム自身が、四百頭の象と父への贈り物とする見事なダイヤモンドを携えてアーグラにやって来た。アクバルはこのとき、自分の後継者としてフスローを指名しようと考えたであろうか。陰謀が企まれ、両者の支持者とも名乗りを上げた。このとき最も影響力を持っていた人物の一人である、ラージャーのマーン・シンはフスロー支持に傾いた。しかしながら、皇帝の軍部が辞退を示し、アクバルは自分の終焉が近いことを悟った。おそらく内紛を収めようと考えたのだろう、一種の「神の裁き」に任せることを思いつき、二頭の象による闘いを催させた。勝利した象を所有する者が運命にしたがって君主となる——占星術師に頼らなければ何もできない君主にはとくに驚くべきというほどではない考え——というものである。サリームの象はジラウバルという名で途方もない大きな象であった。一方フスローの象はアブループという名を持っていた。サリームとフスローの両者は馬に乗って競技場に立ち、お抱えの闘士たる象を見守った。皇帝は宮殿の窓から観戦した。ジラウバルはいとも簡単に敵を打ち倒し、アブループは傷つき追いやられ、ついには隣のジュムナ河に投げ込まれた。アクバルは引き下がり沈黙を守った。翌日、しつこくつきまとってきた赤痢が悪化し、アクバルはペルシャ人の医者を呼んだ。医者はアクバルにある薬——おそらく阿片だろう——を処方したが、その効き目が余りに激しく、かえって熱を上げてしまった。毒が終焉の速度を上げさせたのだろうか。歴史家たちはそう語った。

日増しにアクバルは衰弱していった。ジャハーンギールは回顧録に、このときアクバルがイスラーム教に戻ってくれるのではないかと期待したと書いている。他の誰もそうは言わなかったが、「地上に映った神の影」であるパーディシャーが、迫り来る死を見つめながら祖先の宗教を思い出すことなど不可能であった。

フスローの支持者たちはまだ諦めてはいなかった。マーン・シンと皇帝の乳兄弟であるミールザー・アズィーズ・コーカは依然として宮廷での実力者であって、いずれサリームが宮廷に現れたとき武力によって追い払おうと陰謀をめぐらせていた。しかし、この陰謀は露顕し、サリームは引き返した。アーグラにいた貴族たちは会議を開いた。マーン・シンとミールザー・アズィーズは、サリームが君主に相応しくなく彼の息子の方を推挙すべしと宣言した。しかし、大多数が反対意見であり、とくに、その場にいたティムール族の貴族の一人が、今の提案はジャガタイ（＊ジンギス・カーンの子、中央アジアの汗で、ティムール朝の遠祖）の法と慣習に反すると述べたのである。勝負はフスロー支持者の負けに終わった（サリームの最初の妃で、フスローの母は、マーン・シンの娘で、一六〇三年初め、サリームの暴虐に耐えられず自殺した。マーンはサリームに悪意を抱くようになり、フスロー支持者となった。このときベンガルに逃れたが、後にジャハーンギールに忠誠を尽くした）。マーン・シンとフスローは翌日ベンガルに向けて旅立った。サリームは臨終を迎えんとする皇帝の側に寄り、他の高官たちとともに彼の足元に跪いた。皇帝はサリームを認め、彼のために準備させておいたターバンと服を着け、彼自身の短刀を帯びるよう合図した。「参列者はひれ伏し、同時に君主はその罪を許され、身を屈め、大いなる魂は召された。神が彼を創り、彼は神のもとに帰った」[36]。時は、一六〇五年（ヒジュラ暦一〇一四年）十月二十五日夜半であった。あと数日で六十三歳を迎えるはずだった。遺体はイスラームの典礼に従って清められ、アーグラから数キロメートルにあるシカンドラの庭園に運ばれた。この地はアクバル自身が墓所として選んでおいたもので、後にジャハーンギールがここに霊廟〔口絵二頁〕を建立する。大帝の遺骸を納めたこの建物は壮大で堂々としており、花を敷きつめ絶えず水が流れる大きな庭園の中に、ムガル様式で建てられた。一部を切り取られたピラミッドのような形をしたこの霊廟は、五層構造で、上に行くにしたがって段々小さくなるように造られている。最上部分は大理石で築かれている。神を表す九十九もの名をそれぞれの面に細かく刻み込んだ墓碑が、テラスの中央に置かれた。

柩を通路のない地下廟堂に納めることが望まれるイスラームの王家の墓の伝統とは逆に、アクバルの墓は石灰で白く塗られた平らな地面にじかに置かれている。装飾はまったくなく、柩は白い大理石の板で覆われている。柩の向きはおそらく皇帝の意志に従ったのであろうか、習わし通りに頭をメッカの方角に向けるのではなく、頭部が東を向くように置かれている。大理石の表面にはアラビア文字でアクバルと書かれた黒い文字が刻まれている。

インドを征服した君主の中でも、アクバルは最も高貴かつ高潔な人物であった。

なによりもアクバルはヒンドゥー教の汎神論とイスラーム教の一神論を両立させ、ヒンドゥー教徒の集団をムガル帝国に結集させた、最初でまた唯一の人物であった。この企ては空想的で一連の出来事がそれを物語っていたが、彼の天才的ひらめきと言おうか、アクバルは同一の宗教的信仰によって国がまず統一されなければ、いかなる帝国といえどもこの大きな国の全ての人々を結集することなどけっしてできない、ということを理解していたのである。たとえ失敗に終わろうとも、人々が憎しみ合うよりは一つに結ばれ合うのを見たいという激しい思いに駆られたこの試みは、インドの歴史に比類のない寛容と宗教的平和の世紀をもたらし、ほぼ同時期にあたる、われらがアンリ四世のナントの勅令に続く年月を思い起こさせる。アクバルの後継者たちがこれと同じ理想を持っていたならば、インドは変貌を遂げていただろう。

ティムール族の祖先たちが征服した全土を含む国家をつくるには至らなかったが、帝国を建設したのはアクバルであった。比較的短い年月で彼は、帝国に行政府と諸機構それに軍隊——つまり国家——をつくり上げた。「単なる軍事的征服者でしかなかったムガル族が一つの王朝を完成した」。アクバル自身、大胆不敵な兵士であり、大将軍、戦略家、戦術家を兼ね備えた人物で、バーブルとフマーユーンの脆弱な王国を、世界で最も強力な王国に仕立て上げた数々の勝利は、組織化と指揮に発揮された彼の天賦の才能にこそ帰せられるべきである。

同時代人も、後世の人も、アクバルを歴史上最も偉大な君主の一人に位置づけた。アーグラに滞在しアクバルの近くで時を過ごしたモンセラーテ神父は、「彼は本当に偉大な王であった。なぜなら彼は、良き君主とは、臣下の尊敬、服従、愛、恐れを同時に集めることができる人物であることを知り抜いていたからである。また、あらゆる人に愛された君主であり、身分の高い者には毅然とした態度を取り、賤しいものには温かく振る舞い、位が高かろうが低かろうが、自分自身の部下であろうが、見知らぬものであろうが、すべての者に公正であった」。スタンレイ・レイン・プールにとっては、「かつてインドを支配した王のなかで最も偉大なる王」となる。歴史家ウォルスレイ・ヘイグ卿は、アクバルが、ヨーロッパの同時代の君主、例えばイギリスのエリザベス女王、フランスのアンリ四世、イランのシャー・アッバース大帝に匹敵するとした。

(1) セイーディ・アリ・レイスは、オルムズ占領の作戦中、もう一人の提督であるピリ・レイスがバスラで見捨てた艦隊を取り戻すために、スレイマン大帝によってエジプト艦隊の司令官に任命された。結果的には、アリ・レイスは艦隊を取り戻せなかっただけでなく、自身がインド、アフガーニスターン、ペルシャを経由して陸路イスタンブルまで帰って行かざるを得ないこととなった。しかし、結果としては、この長旅の生き生きとした報告が歴史に残されることとなった。

(2) 宮殿の高官や将軍たちによる会議のこと。

(3) *Tarihi-Salatin-i-Afgana*(アフガーン支配史)の中の Ahmed Yadgar.

(4) A.B. Pandey.

(5) ポルトガル人が、特にアフリカのギニア地方から手に入れていた金は、こうしてオリエントへと向かうことになり、その「路線変更」が結果として、イタリア・ルネサンスの衰退を導くことになった(P.Vilar, *Or et Mon-*

naie dans l'Histoire, p. 69)。

（6）現在のボンベイの近く。

（7）オリエントではよく起きたことである。オスマン・トルコのスルターンであるあの恐るべき天才セリム一世も、どうやら父帝バヤジト二世を暗殺したようだ。実権をあせる息子ムスタファが自分を殺すのではないかというスレイマン大帝の恐れが、一五五三年にその息子を処刑する大きな動機となった。

（8）付録1を参照。

（9）W. Haig, *Cambridge History of India.*

（10）アクバルは彼女とアドハム・カーンのために、デリーに素晴らしい霊廟を建てさせた。この建物は現存している。一段と高いドームの下にアーケードを巡らせた、ロディー朝風の建築様式を持った大建造物であり、華々しい印象を与えている。

（11）カーン・ザマーンとその弟であるバハードゥルは、王宮に一種の「ウズベック・グループ」を形成していた。チンギス・カーンの家系にあたるシャイバニー朝の王家の血筋にあたることを誇りとし、彼らは自分たちの務めが十分報われてこなかったと不満を持っていた。

（12）A.B. Pandey.

（13）砦あるいは守備隊が攻囲され陥落寸前になると、婦人を一室に閉じ込め、男たちはそこに火を放ったあと自決した。

（14）ジャリック神父だけがアクバルのこの病気に言及し、アクバルの息子たちのうちの一人がこの病気に罹った。

（15）Havell E.B., *History of Indian Rule in India.*

（16）ヒンドゥー教徒によるものと考えられている法典で、社会の諸規則や慣習を法典化し、人民をいくつかのカーストに区別した。紀元前九世紀ごろの成立とされている。

（17）この配慮はトルコ起源の他の国家に共通のものであった。特に、オスマン・トルコ帝国は、トルコ共和国に数トンの古文書を残したが、そのほとんどはいまだ散逸したままである。

(18) 一千万を表すクロルから来た言葉。
(19) Hoyland.
(20) 千枚というのは、非常に多いという意味。
(21) この制度は、オスマン・トルコ帝国のティマル（＊采邑地）と類似している。これは、スルターンからの動員の命令が下るとそれに答えるべき責を負った騎兵将校に授与された村や領地からの収入のことである。ティマルあるいはゼアメット（ティマルよりも大きい采邑地）の授与には、インドのような人員や馬の養育の義務が必ずしも含まれてはいなかった。この制度はしばしば宮廷や官吏に対して採用された。拙書 *Soliman le Magnifique*, p.395 sq を参照のこと。
(22) トーマス・ロー。
(23) オスマン・トルコ帝国を除いて、その防衛のために大砲を所有した国家はなかったかもしれない。数台の大砲を引くのに多くの象と千頭の牛が必要であった。
(24) 象の背につける輿のこと。
(25) 一一一《（ママ）》頁参照。
(26) Firichta.
(27) 本書第七章、二八四頁参照。
(28) 本書一三五頁参照。
(29) 彼は後にイエズス会の総会長を務めた。
(30) 文言は以下のとおり、「誰それの息子である私は、自らすすんで、大小を問わずどんな局面でも、イスラームを放棄し拒否し、すでに公言したとおりにシャイフ（＊宗教の長老）であるアクバルの聖なる信仰を選びます。ここに、私は、出席者の皆さんのもとに、自らの土地、財産、命、幸福、宗教を彼に捧げる所存です」。
(31) 特に P. Brown.
(32) P. Brown.

(33) アクバルがグジャラート遠征に向かっていたころ、彼は初めて三人のイギリスの使節団を引見した。彼らの名は、ニューベリー、フィッチ、リーズであった。ニューベリーはエリザベス女王の親書を携えていた。アクバルは大変丁重に彼ら三人の商人をもてなし、リーズをお抱えとして置くことにした。

(34) アクバルの遠い親戚にあたり、ティムールの末裔。

(35) より速く酩酊に達するようにサリームは酒に麻薬を混ぜていた。彼はこのように酷いことばかりしていたので、サリームの最初の妻、つまりフスローの母は夫の暴力に耐えられなくなって自殺した。

(36) Asad.

第四章　ジャハーンギール

王位についた放蕩者

父の死から一週間後の一六〇五年十一月三日、サリームは大ムガル帝国の王座についた。厳粛で豪華な儀式が執り行われて、彼は自らジャハーンギール、つまり「世界の支配者」の称号を名乗ることを宣言した。これについて彼は回想録にこう書きつけた。「王の役割とは世界を支配することにある」と。この日から二十二年間続く彼の治世はインドの歴史において最も輝けるものの一つとなる。あたかも彼の到来で始まる世紀が、この広大な帝国の力と富にふさわしい、美と芸術、悪徳と残虐、大いなる愛と途方もない罪などの頂点として、歴史に名を残すかのようである。ペルシャ、インド、中央アジアなどの文明の中で最も優れた「ムガルの世紀」がこのとき誕生したことになる。ムガルの世紀は、ジャハーンギールの持つ寵愛、魅力、恐怖とともに今もなおわれわれを驚愕させ魅惑する。アクバルおよび、あらゆる領域でヒンドゥー教徒に歩み寄ったアクバルの政策だけが、トルコとムガルの古い下地を混ぜ合わせながら、この大いなる文明の基礎を作り上げたというだけではない。ヌール・ジャハーンが、ペルシャの様々な慣習や文化を持ち込み、彼女以前にも存在していたそうした慣習・文化を、より豊かで輝かしいものに仕立て上げたということもある。

ジャハーンギールは教養のある人物であった。父は文字が読めなかったが、知性の有り様に深い尊敬を払い、子供たちには最高の教師をつけ最高の教育を施した。サリームの教師は「ペルシャ語、アラビア語、サンスクリット語、ヒンディー語に通暁し、(……)雄渾な散文家であり、また韻文作家として文学史にその名を残した人物である。バーブルの回顧録をペルシャ語に翻訳したのも彼である」。ジャハーンギールは回顧録にこう書き残した。「余には詩に対する素質があった。特にそうしたかったわけでもないが、時には意図して連節や四行詩などを書いた」。彼は生涯、文学、芸術、特に絵画への強烈な関心を持ち続けた。こうしたことに彼ははっきりとした考えを持ち、その趣味は常に優れたものであった。彼はまた画家や芸術家を庇護した。庭園に対する情熱も強かった。

オリエントでは、西欧と同様に、君主は即位に際して、従臣を魅惑するために自分の持つ魅惑的財宝をすべて誇示する習慣がある。ジャハーンギールも例外ではなかった。彼は気前よく高い地位と褒美を分け与えた。国中の貴族と高官のすべてがその分け前にあずかった。例えば、アブル・ファズルの暗殺者であったビール・シンが兵三千人のマンサブ(＊官位)を受ける一方で、その犠牲者の息子にはわずか兵二千人のマンサブという具合に。マーン・シンとアズィーズ・コーカは忘れられた存在であった。(彼らのやったことを考えれば)それでもまだましだったということであろう。国民に対しては、自分が正義を重んじ国民を思いやる君主であるというイメージを与えたかったので大恩赦を公布した。また、大都市に病院を建て、医者を配属するよう命じた。次に十二の勅令を発布し、罪人の鼻や耳を切り取ること、限度を超えた課税、木曜日が自分が王位に就いた日だとの理由から木曜日に動物を殺すこと、日曜日が父帝の誕生日だったという理由で日曜日に酒――サリーム自身が大酒飲みであったのでこっけいであるが――を製造したり販売すること、などを禁じた。通行税、人頭税、孤児の財産への課税、海や鉱山からの生産物への課税などが廃止された。さらに、彼は臣下の健康に有害であるとの理由から喫煙を禁止した。まず第一の関心が正義であり、正義を帝国全土に行き渡らせるためにすべてを投げ出す覚悟であることを強く印象づけるために、彼は、アーグラ宮にあった「正義の鎖」をジュムナ河の岸辺に建てた柱に付けるように命じた。この鎖には純金製の鐘が六十個つり下げられていた。臣民の誰かが正義の欠如に不満を申し述べたいときにはこの鎖を揺すり、皇帝は直ぐに駆けつけるという仕組みであった。この鎖が一度でも使われたことがあったのかどうかは誰も知らなかった。

ジャハーンギールは、歴史家たちが言ったように、インドにイスラーム教を回復させたのだろうか。即位の際に、彼は、廃れはしたものの父アクバルのとった宗教政策が復活しないよう慎重に計りながらも、肉食を禁じる日を設けたり、自分自身の前で人をひれ伏させることなどに関する指示は変えなかったが、イスラーム信仰の表明を貨幣に刻ませた。彼の個人的な宗教観は、ヒンドゥー教とイスラーム教の両信仰から着想した理神論であったように思える。彼自身はさほどそのことに関心はなく、臣下が自分の好きな礼拝——母はヒンドゥー教徒である——を実践しても構わないとし、社会秩序が乱れたりしなければ興味の惹かないことなどほとんど口を出さなかった。自分がマフディー（＊救世主、「正しく導く人」の意）であるなどと吹聴するシャイフ・アフマドのような、特に民衆を煽動していたイスラーム教の修道士などは何度でも逮捕させたが、彼は何日か拘留した後釈放されていた。また彼は、イスラーム教のスーフィー僧（神秘主義者）とヒンドゥー教の苦行僧はすすんで受け入れていた。彼自身の語ったところによると、ある日どうしても有名なスーフィー僧であるジャドループに会いたくなって、彼の独居房まで訪ねていった、ということである。「余は、彼の口から、宗教の義務と神聖な事象を知ることに関する崇高な言葉を直に聴いた。何の誇張もなく、はっきりと、スーフィー教全体の教義とその修道会に入れば人は幸福になれるのだと、彼は余に説明してくれた。確かに、彼の助けによって、真理を求める霊が余から分離するのを見て感激した……」。

英国大使トーマス・ロー(2)は、ジャハーンギールと一人の苦行僧との出会いについて次のように報告した。苦行僧はぼろを纏い、灰を体に塗りたくり、頭を鳥の羽で飾っていた。その苦行僧と「皇帝は、諸侯間にはっきりと見てとれるなれなれしさと優しさの中に、ほんのわずかだが敵対心が認められることについて、一時間にわたり会談した。別れ際に、ジャハーンギールは僧の手を取り、彼を抱きしめ、彼の手を三度胸に当て、それから彼を父と呼んだ」。

イスラーム教やヒンドゥー教の神秘主義者にジャハーンギールが見せた尊敬の態度は、おそらく単なる好奇心の域を超えていた。しかし、尊敬の念があったとて、このどちらかの宗教の教義に賛同したというわけではなかった。

ジャハーンギールのリベラリズムは父のそれと等しいもので、この領域においてはジャハーンギールは父を真似て何も変えなかった。ピエトロ・デラ・ヴァレによると、「ヒンドゥー教徒とイスラーム教徒は一緒に平和に暮らしていた。というのも、ムガル帝国は臣民にいかなる差別も設けなかったし、軍でも宮廷でも同じであり、また最高位の高官たちの間でさえも序列や配慮は等しいものであった」。この寛容はジャハーンギールの全治世に亘って続いた。

ジャハーンギールの治世は、このように、ムガル帝国の新しい世紀の発端とはならなかった。これまでジャハーンギールはアクバルと仲違いをしてきたが、それでもジャハーンギールはアクバルへの絶大なる賞賛を惜しまなかった。さらに、帝国の行政や軍がまずはうまく機能していたし、帝国の勢力と繁栄が高い水準にあったため、享楽主義者であった彼は、帝国の秩序を変化させることに精力を注ぎたいとは思わなかったのである。

即位して数ヵ月が経つと、ジャハーンギールは、父がペルシャから導入した、ヌールーズ（＊新年）と呼ばれた春の祭りを華々しく祝った。そのときアーグラに滞在していたイギリス大使トマス・ローは、この祭典の様子を次のように伝えている。金、銀、ビロードで織られた布で飾られた天蓋には、見事な真珠の総飾りや、金製のリンゴ、梨、ざくろが垂れ下がり、その天蓋の下には真珠や宝石で美しく飾られたクッションを敷いた王座が置かれ、皇帝はここに座っていた。貴族たちは、とてつもなく大きな高価なペルシャ絨毯の上に座っていた。王座のある天幕の前には、高官たちが、ビロード、ダマスクス風の絹の紋織物、タフタ織、金糸織などの天幕をそれぞれ立てていた、と。彼の報告では、「天幕の内部は、各高官の財宝で飾り立てられていた。というのも、皇帝がこの天幕に入ってきたときに、皇帝の気に入ったものを贈り物として差し出すためであって、皇帝に差し上げたいと思って持ってきた財宝は途方もない量で、なかにはすべてを持って来れないほどの高官もいた」という。祭りが終わると、皇帝は礼を述べ、自ら高官たちに贈り物をした。

美しき王子の残酷な最期

麗しき春の祭りが終わったしばらくのちに、皇帝と後継者——彼は推定相続人ではあったが、満たされない思いを抱いていた——という永遠の問題がまたもや持ち上がった。フスローが再度反旗を翻したのである。

この若き王子は、魅力にあふれ、美男子で、がっちりとした体格の持ち主であった。表情も物腰もたいそう感じの良い人物であり、人望を集めていた。妻はただ一人にとどめ、二人の仲は良く、どこに行くのでも連れ添って、夫の苦難も野心も共に分かち合ってきた。フスローは魅力も資質も十分に備わっていたが、ただ練熟と、正義という面での信頼がないのと、他人の影響を受けやすく意志が弱いという難点があった。「まさしく陰謀と策略の具として生まれてきたような人間である」との証言がある。それ以上に、父の振る舞いは、息子とうまくやっていこうとするような性質のものではなかった。当時ベンガルの総督を任命されたフスローの叔父であるマーン・シンは彼をベンガルへ連れて行きたがったのだが、ジャハーンギールは、フスローが遠く離れた資源も豊富なベンガルに行けば、マーン・シンによって皇帝に祭りあげられるのではないかと恐れ、フスローをアーグラに留め置くように決めてしまった。だから、この短気で野心にたぎる王子がどんな思いでいるのだろうと人々は噂したものである。フスローはある夜こっそりと出立の準備を整え、それまで彼に付き従ってきた騎士八百人とともに旅立ち、やがてラホールの手前までたどり着いた。ラホールの総督はジャハーンギールから警戒するように連絡を受けていたので、町の門を開けるのを拒否したため、フスローは、合流していたシーク教徒(3)の建てた粗末な砦の助けをかりて、攻囲陣を張った。今や彼の軍勢は一万二千を数えていた。ジャハーンギールは、強力な部隊を率いてフスロー追討に乗り出した。別の部隊もジャハーンギールに続いた。フスローはラホールの守備隊と父の軍隊に挟まれた。フスローは打って出たが負けてしまう。そこで北西の国境からアフガーニスターンに逃げようとした。ある川の浅瀬を渡っているときに、彼は父の軍の兵士によって捕まり、ラホールに連行された。

今回の事態に対して、ジャハーンギールは例外ともいえる残忍さを発揮した。息子フスローに従った七百人の兵士をラホールの出口に二列に並ばせ、くし刺しの刑に処したのである。フスローの騎兵隊長フサイン・ベグは生皮の中に生きたまま縫い込まれ、日向乾しにされ、じわじわと窒息させられる刑を受けた。フスローは父の前に手足を縛られたまま引き出され、それから縛られたまま象に乗せて町の通りという通りを引き回されて、晒しものにされ、群衆から罵りを受けた。シーク教徒の集団の長グルー・アルジャンは死刑に処された。その理由は、フスローを助けたというだけでなく、ジャハーンギールが彼に、皇帝がヒンドゥー教徒とイスラーム教徒を侮辱していると判断した一節をシーク教の聖典から削除するよう要求したのに、グルーがそれを拒絶したからである。フスロー自身はラホール市中をさんざん引き回された挙げ句に、目を潰され牢に入れられた。彼はいくらか視力を取り戻したものの、父に対する敵意が生涯消えることも、父と和解することも決してなかった。ジャハーンギールがヌール・ジャハーンと結婚した際、ヌール・ジャハーンがフスローに、自分の前の夫との間に生まれた娘との結婚を申し出たときこれも拒否した。こうしてフスローは後の生涯を牢獄で過ごすことになった。一六二〇年に弟のシャー・ジャハーンは、フスローを牢から出してデカン地方まで連れていったが、この地で彼は暗殺されてしまう。彼の遺体はとり急いでブルハーンプルに埋葬されたが、しばらく経ってアーグラに移された後アッラハーバードに送られ、母の側に埋葬された。墓のある地は今日でもなお、クスルー・バグ（フスローの庭園）と呼ばれている。

このように、美しき王子フスローは、父の懲罰と弟の蛮行の犠牲となって命を落とした。ところで、弟であるシャー・ジャハーンは兄フスローよりも野心が強く粗暴な人物であった。彼の生涯とその死のおぞましい物語は、暴力と、死と、愛――彼の唯一の妃に対する愛の物語は感動的である――をめぐる悲劇の最も完全な典型であり、その悲劇はインド・ティムール族の全治世を通じてほとんど類を見ないほど際立っている。

美しき野心家ヌール・ジャハーン

ほぼ同じ時期にインドの歴史に登場したヌール・ジャハーンの波瀾と野望に満ちた生涯は、この王朝と帝国の将来に、ずっと深くずっと早くから影響を及ぼした。愛と暴力、ハレムの陰謀といった、小説よりもずっと真実味があり、中東を題材にした小説たらしめる要素はすべて含まれている、この若き女性を中心にした物語が、大ムガル帝国宮廷に展開する。この女性の美しく大胆不敵な容貌がジャハーンギールの治世を支配していくのだ。

イランのサファヴィー朝に仕えていた一家の出身であるヌール・ジャハーンの父であるギヤース・ベグは、落ちぶれてやむなく、一五七七年、インドに、妻と息子二人と娘を連れて移住するに至った。カンダハールで二人目の娘が誕生したが、メフル・ン・ニサと名付けられたこの娘こそ、一家に栄光をもたらす娘である。ギヤース・ベグは教養のある人物で、詩人であり小説も書けば能筆家でもあった。また彼は心の広くしかも大胆な人柄で、大変な知識人であった。アクバルに紹介されたあと愛顧を受け、瞬く間にアクバルの宮廷執事となり、重責を担った。その後いくつか公職についたが、ジャハーンギールの代になってヴィジール（宰相）となり、イァティマード・ッ・ダウラ[4]（＊国の信頼する者）の称号を得た。

一方メフル・ン・ニサは絶世の美貌の娘に育った。頭が良く、教養も備わり、詩作に長け、魅力にあふれんばかりであった。彼女は宮廷で高い地位に就くに足る、ありとあらゆる資質を備え持っていた。また、皇帝に仕えるという父の公職との関係でジャハーンギールと知り合い、ジャハーンギールは彼女の美しさに強い衝撃を受けた次第である。アクバルは息子の育む純愛についての報告を受けたが、この話には賛成するどころか、誰か別のものがこの娘と結婚するよう勧めたという。彼女は皇帝つきの高官であるクリー・ベグと結婚した。クリー・ベグもペルシャ出身のイラク人で、シェル・アフクンの称号を持ち、ベンガルにマンサブ（＊官位）とジャーギール（＊采邑）を得ていた。ところが、ベンガルでは彼の振る舞いが総督のクトゥブ・ッ・ディーンの不評を買い、総督は彼のところまで出向き、袖に短刀を忍ばせたまま戒めようとした。口論が次第に激しくなり、とうとうシェル・アフクンは剣を抜き総督を殺してしまい、衛兵がその場で殺人者を処刑したのである。(5)

メフル・ン・ニサは、シェル・アフクンとの間にもうけた娘を連れてアーグラに戻り、ジャハーンギールの母堂に仕えることになった。彼女は未来の皇帝の側近中の側近の位置にあったし、ジャハーンギールの方も彼女のことを忘れてはいなかった。ジャハーンギールは一六一一年に盛大な式典を催して彼女と結婚した。彼女はすぐに第一妃となった。こうしてヌール・ジャハーンの数奇な生涯は幕を開けたのである。彼女はまずヌール・マハル（〝宮中の光〟の意）と呼ばれ、続いてヌール・ジャハーン（〝世界の光〟の意）と呼ばれた。称号の変化につれて彼女の影響力は増していった。その名は、硬貨に皇帝の名と並べて刻まれたほどで、次のような言葉が添えられていた。「皇帝の命により、ベガム、ヌール・ジャハーンの名を刻んだこの金貨は、百倍にもその輝きが増す」。彼女を賞賛せずには何事も進まなかった。まもなく彼女は皇帝に成り代わって支配者となり、皇帝はほとんどただの傀儡に過ぎなくなる。(6)ヌール・ジャハーンの名前は、ジャハーンギールの名と共に、すべての勅令に書き込まれた。伝記作者の伝えるところによると、「余は、一シール（＊一シール＝〇・九五キログラム）の酒と、半シールの肉以外には何も要らない」とジャハーンギールは語ったという。

ヌール・ジャハーンは自分のためだけに権力を獲得しようとしたことはなかった。鋭い政治感覚に優れた女政治家として、彼女が腐心したのは皇帝自身のことであった。皇帝には飲酒癖――私室においては夜しか飲まなくなった――があり、彼女はなんとかそれをやめさせようとしたし、彼の性格さえ変えてしまった。皇帝は相変わらず気まぐれで暴君であったが、怒りと乱暴の発作は次第に回数が減っていった。彼女が自然に身に付けていた趣味のおかげで、宮殿は以前より美しく改修を施され、高価な絨毯、壁掛け、工芸品はより見事に活用された。これは、彼女以前には誰も持ったことのない権力によって、女性らしい手が加えられた結果である。母から教わったバラの香水の調合を取り入れたことは、ジャハーンギールの耽美主義を熱狂させた。こうしてあらゆる領域で彼女はその影響力――とりわけ女性の服装において――を行使したが、それはほとんどが好ましいものであった。

ヌール・ジャハーンは聡明な女性だったので、こうした影響力を行使するのに自分一人ではできないということを十分承知していた。そこで、彼女は自分の周りにあるグループ――一種のフンタ（評議会）と呼ばれていた――を形成し、そのグループによって権力の手綱を握ったのである。ヌール・ジャハーンの父イァティマード・ッ・ダウラ（ギヤース・ベグ）は、教養人であると同時に政治家でもあったが、瞬く間に、後継王子のフッラムに等しい権力を手中にした。彼女の弟アーサフ・カーンについて、ある歴史家は(7)「ムガル帝国には釣り合わない人物」と評価している。父が兵一万四千人の将、息子が兵一万二千人の将と、二人とも莫大なマンサブ（＊官位）を得ていた。アーサフ・カーンの娘アルジュマンド・バーヌー・ベガムと、フッラム王子――次の皇帝シャー・ジャハーン――との結婚は、二つの家系の絆を固くした。十年以上にわたって、あらゆる点で他を圧倒したこの四人が帝国を思うままに動かしていくことになる。「ヌール・ジャハーンの支配と呼ばれるものは、実際にはこの四人による支配であったのだ」。ジャハーンギールの健康がアルコールやその他あらゆる快楽によって急速に損なわれていくにしたがって、またそのころすでに決定をする知的能力が衰えていたことも相まって、この支配形態は容易なものとなっていく。

拡大政策への意欲

様々な過激集団が暗躍した宮廷での陰謀や政治的駆け引きが続いたにもかかわらず、ムガル帝国のインドにおける征服、あるいは再征服、また強情な地方領主の勢力を弱体化させる意欲は、とどまることを知らなかった。ハレムの陰謀と軍事政策の区別だにないまま、軍事力をさほど考慮に入れない命令が次々と出されたりしたが、拡大政策と国境警備は続いていた。アクバルはデカン地方の征服には成功していなかったし、ラージュプト族のすべてが味方になったわけでもなかったし、まずは今のところ何もかなわない情勢であった。中央権力の弱体化の最初の兆候となる叛乱があちこちで蘇り始めていた。

ジャハーンギールの初期の遠征はメワールに向けられた。メワールはアクバルが介入した土地だが、叛乱は一向に収まらず、メワールの領土の大半がアーグラの権力の及ばない地域となっていた。北部大平原地帯と帝国の海外交易のほとんどをまかなっていた西岸の港とを結ぶ通商路は、このメワールを横切っていたのである。こうした街道の領有者は、税率を彼ら自身で決めて商品の通行税を徴収するだけでなく、いつでも街道を封鎖することができるまでになっていた。メワールの不服従はムガル帝国の統治にとっては容認しがたいものである。それにまた、ジャハーンギール自身に征服へのたぎる思いがあった。彼は即位後すぐにラーナー・アマル・シンを討つため、次男にあたるパルウィーズ王子(8)の指揮する二万の騎兵部隊を派遣した。この遠征の結果は期待外れだった。そこで、一六〇八年と一六〇九年に二度にわたって遠征軍を派遣した。二番目の遠征はフッラムに指揮させたがこれも捗々しい成果を挙げなかった。三番目の遠征もフッラムが指揮したが、これはずっと首尾よく終わった。フッラムの部隊が国中を散々劫掠し回ったので、アマル・シンは、この王子にひれ伏さざるを得ない羽目になった。ラーナーは宮廷に息子で後継王子のカラン・シンを送り、ジャハーンギールに臣従を誓った。これにジャハーンギールは大いに満足した。「ラーナー・アマル・シンは各所の山岳地帯や城砦に引っ込んだきりで、これまでインドの王などに会ったこともなければ臣下になったこともなかった。しかし今や、余の豊かな統治の下に入って、奴は降伏せざるを得なくなったのだ[9]」と。皇帝はラーナーにチトル城を返却するほどの好意を見せたが、破壊を受けたその城を元通りには戻さないことを条件とした。姻戚関係がラーナーに課され、ラーナーは帝国に対して半独立という恩恵を受けることになる。アマル・シンは息子に有利になるように退位し、その息子カラン・シンは、アウランズィーブの狂信がラージュプト族の反抗を不可避にする日まで、ムガル帝国に忠誠を尽くした。とはいえその日はまだまだ先のことである。ジャハーンギールは旅立つ前に、カラン・シンに豪奢な贈り物を与えたが、その中には見事な褒賞服一着と宝石で装飾された一振りの剣とが含まれていた。それよりずっと例外的とも言える栄誉は、アマル・シンとカラン・シン二人の実物大の像が、アーグラ宮前の庭園に置かれたことである。ジャハーンギール自身『回顧録』に、「宝石、馬、象、褒賞服など、カラン・シンには二十万ルピー出費した」と書いたほどである。

困難を極めた遠征

アクバルは全ての目標を達成する前に、デカン地方への遠征にけりをつけるべきであった。この地方は近づきがたく、諸侯も数多く、何事も最初から始めなければならなかった。ジャハーンギールの治世が始まるとすぐにみなそのことに気づいた。ニザーム・シャー朝の首都はアフマドナガルであったが、この王朝はマリク・アンバルの権勢のもとでかなり強力になっていた。マリク・アンバルはかつてアビシニアの奴隷であったが、そののち貴族となり、ライバルを蹴散らして自分の権威を確立したあと、国家と軍を再組織していた。彼は、一六〇六年から一六〇七年にかけては戦力が分散していたムガル軍を追い出すために急いで準備を整えた。作戦はあっという間に終了した。そのとき彼はマラーター族の兵士を組織し、装備を整えたが、これは後に恐るべき軍となっていく。一六〇八年に彼は、アクバルがニザームシャー朝から奪い取った領土のほとんどを、ジャハーンギールから奪い返した。それは、アフマドナガル公国とその有名な城郭、それにベラールであった。ジャハーンギールはその全治世を通して、この抜け目ないマリク・アンバルと戦い続けることになる。ジャハーンギールはまず、ラーナー・アマル・シンを大将として遠征隊を派遣し、続いてその作戦の成功がぱっとしなかったので、パルウィーズ王子を付けて送りだしたが、何の結果も出せなかった。北と南から挟み撃ちにする作戦に出たが、連携がうまくいかず失敗してしまった。一六一六年に、今度はフッラムが選りすぐりの将軍と五万の兵を引き連れ出陣した。アンバルは負け戦になると悟って、アフマドナガルの城郭を引き渡したあとで和解を受け入れ、百五十万ルピーの賠償金を支払った。フッラムは帰還したのを機に、シャー・ジャハーン（世界の皇帝の意）の称号を得たのである。しかしながら、マリク・アンバルの軍事力は無傷のまま残っていた。彼は二年間何事もなく暮らしていたが、その間に軍を再組織し、兵力を六万にまで増やし、ゴルコンダとビジャープルの諸侯との協力をとりつけた。こうして彼はムガル帝国を執拗に悩ませ始め、少しずつ領土をかすめとり、ムガル軍を押し戻し、地方単位で領土を奪い返し、結局は奪われたすべての領土を再征服したのである。シャー・ジャハーンは新たに強力な軍を率いてデカンに出陣した。アンバルはここで戦闘に打って出るのは軽はずみであると判断した。一方シャー・ジャハーンの方もアーグラへの帰還を焦っていたのである。というのは、ジャハーンギールの健康が予断を許さなくなっていたからである。継承を巡る闘いが始まったので、平和工作が進められることとなった。アンバルはもう一度賠償金を支払い、自分が奪い取った領土を返却した。

デカンの状況はこのようにアクバル死亡時とほぼ変わらないものとなった。シャー・ジャハーンは好戦的な人間ではなかった。彼はマリク・アンバルの軍事力を破壊しようとはしなかった。彼は、平和協定と半臣従の形でアンバルの忠誠心を確保するほうが、軍事力で圧力をかけるよりもましだと考えたのである。シャー・ジャハーンのとった政策は、アクバルや初期のジャハーンギール、のちのアウランズィーブなどのぱっとしない政策を考えると、あながち間違いとは言えないだろう。アンバルは、組織力があり、司令官、外交官としても一流の人物であった。彼は自分にとって難しいと気がつけば後退できる人物である。彼がとりあえず平和を持続していたのは、敵が弱みを見せたときに再度攻撃できるよう準備を整えておくためであった。彼は、諸侯や隣国人と中立政策を採ったり、時にはムガルに逆らったり手を結んだりしていたが、ムガル軍と戦わざるを得ないときには、他国と一致連結して幅広い同盟を組んだりする力量を備えていた。それがアーディル・シャー一族との間に起きたことである。この一族はビジャープルの強力なスルターンであり、状況に応じてムガル側とときには連盟したりあるいはそれを解消したりする、なかなか抜け目のない連中である。一六二〇年にムガルと対抗してアーディル・シャーはマリク・アンバルと連盟を結んだが、ムガル側とマールワー側との交戦が再び始まると、シャー・ジャハーンが再出陣したので、アーディル・シャーは皇帝側に寝返り、皇帝に対してアンバルに対抗するための援助と引換えに、皇帝への服従を申し出た。一六二一年にまたもやシャー・ジャハーンはデカンに遠征せざるを得なくなったが、これも決定的な結果をもたらさなかった。

ゴルコンダのスルターンはクトゥブシャー一族であった。彼らは、別の政策をとっていた。彼らは平和を好んだ。特徴的なのは、彼らの領土の狭さを考慮に入れれば、彼らが世界で最も裕福な君主であったことである。彼らが採掘している宝石の鉱山は目も眩むほどの富（ゴルコンダの財宝と呼ばれた）をもたらした。ハイデラーバードは世界で最も大きなダイヤモンドの市場であった。豊かでよく開発された鉱山、働き者の民、設備のよく整った港――マスリパタムは東海岸で最も良い港である――があれば他に何が必要だろう。こうしたことがこのスルターンの国家を半島で最も繁栄した国に仕立てあげたのである。この驚くべき富がクトゥブ・シャー一族の政策にとって恰好の手段となったわけだ。部隊を招集したり部隊を養ったりする代わりに、自分たちの敵を「買っていた」のである。だが同時に彼らは莫大な資金を投じて、最高の火器を備えた城郭を建設し、最も近代的な部隊を備えた軍を持っていた。シャー・ジャハーンが一六二一年に二百万ルピーに上る莫大な賠償金をデカン地方の諸侯に要求したとき、その大半を払ったのがゴルコンダであった。公式に降伏することなくゴルコンダは皇帝に大枚を支払った。これでどちらも満足したというわけである。

デカンでの失敗とカンダハールの喪失

ジャハーンギールの治世の最後に、彼がデカン地方に求めた征服と封建関係樹立の政策は失敗に終わっていた。アクバルによって併合あるいは支配されたデカンの領土は、ほんのわずかにまで減っていた。力量というよりも皇帝の引き立てによって選ばれた将軍たちの間に内輪もめが起き、皇帝自身の戦闘意欲は欠如していた。皇帝は敵から巨大な金額をしばしば受け取るほうを好んだが、その敵は、皇帝と戦ったところでスルターンやラージャーたちに最大限の成功を保証するものでもなかった。また、マリク・アンバルのように強力で抜け目のないスルターンやラージャーたちは、依然として恐るべき敵であったし、それどころか、財力と引換えに影響力を行使できるように、アーグラの宮廷人たちを買収するほどの狡猾な輩であったのである。このような敵に対する手だてはことごとく失敗してしまった。ジャハーンギールはまたもや攻撃を仕掛けたが、その最中の一六二六年に五十八歳でこの世を去ることとなる。

大ムガル帝国四代目の治世の最後に、デカンでの失策よりもインド・ティムール族にとってずっと過酷な出来事が起きた。カンダハールが陥落し、再びペルシャの手に渡ったのである。

一六〇七年に、シャー・アッバース一世は、幾度となく両国間で奪い合ったあげくに、アクバルがやっとの思いで征服した[10]この都市を奪い返そうと図っていた。このときは、ある有能な総督によって固く守られていたので、カンダハールは何とか持ちこたえた。イランの皇帝はその攻撃が自分の承諾なしに開始されたと弁明し、義憤にかられたふりをした。ジャハーンギールはその説明を受け入れ、互いの大使に贈り物を一杯持たせて返すことにしたので、両国の関係は一六二〇年までは変わりなく続いた。一六二〇年には、シャー・アッバース一世は、アーグラの宮廷で起きていることに通じていたので、防御体制が緩んだカンダハールの奪回にまさに好機到来とみたのである。ジャハーンギールの軍はデカン地方で忙殺されていたが、ジャハーンギールはカンダハールを守るだけでなく、シャーの都であるイスファハーンにまで進軍するに足る大部隊を編成するだけの時間があると考えていた。彼はこの軍の指揮をシャー・ジャハーンに任せることにしたが、シャー・ジャハーンはこれを忌避した。彼は、もし自分の居ないあいだに父が亡くなったら、誰かが弟のシャリヤールを王位に就けてしまうことを恐れ、彼は父のジャハーンギールに雨期の間はインドに留まり、その後で出発したいと答えたのである。その結果カンダハールは陥落し、それとともに帝国の至宝、ティムール族の遺産、インドとイランを結ぶ重要な拠点が失われることになる。「ムガル帝国がこの都を占拠するつもりがないのなら余に返すべきであった。しかし、両国の結びつきと親愛を示す花は永遠に咲きつづけるだろう」などと、シャーはジャハーンギールに厚かましくも書いて寄越したほどであった。

継承をめぐる血なまぐさい戦争

ジャハーンギールの健康が次第に衰弱していくに従って、野心と対立が表面化した。誰もが世継ぎは誰かと思っていたが、さしあたって何事も起きてはいない。二派閥が対立していた。一つはシャー・ジャハーン派であり、もう一つはヌール・ジャハーン派であった。ヌール・ジャハーンはまず自分の娘であるラードリー・ベガムをシャー・ジャハーンに嫁がせて、彼を自分の側に引き入れようとした。そうなればすべてうまくいくはずであった。ところが皇子はこれを拒絶したので、ヌール・ジャハーンはラードリーをシャリヤールと結婚させた。シャー・ジャハーンは、自分の弟がこの国で最も権力のある女性の支持をとりつけたので、彼がいずれ自分のライバルになるだろうとたちまち悟った。この二人のライバルはそれぞれが自分の派を結成した。ジャハーンギールが生きている限りはヌール・ジャハーン派が優勢であっただろうことは明白である。続いて思いがけぬことが起きた。軍の宿命というべきか、シャー・ジャハーンとその部下の連合が、ヌール・ジャハーンとシャリヤールの連合と対立した。疑惑が続いて憎悪の念が、皇帝の妃と自分こそ推定相続人であると考えている者との間に生じていった。

シャー・ジャハーンも当初は、自分が今のままでよしとしようと考えたが、結局はこの都の主になろうと決心することになる。結果は帝国にとって最悪の事態となった。カンダハールの陥落、マリクの逆襲、デカンでの失敗などがそれにあたる。

帝国内の不協和音が招いた災厄が何であれ、王座を確保するためには何でもやるとシャー・ジャハーンは心に固く誓っていた。再度国境に赴く事態が生じたが、シャー・ジャハーンは拒絶し、ヌール・ジャハーンはまずシャリヤールを、続いてパルウィーズを派遣した。ここでシャー・ジャハーンは正面切って反撃に出ることにした。彼はアーグラに進軍した。これにジャハーンギールは激怒し、「その男は余の息子ではない」と言い放ったという。皇子はそれ以上軍を進めなかったが、それでもファテプル・シークリーにまでは部隊を率いていった。その部隊の先頭には高官を何人も置いた。先陣を務める高官たちは病気の老皇帝の死を待つよりも、王座の継承者に即座に与する方を望んだというわけである。戦闘になったが、叛乱軍は崩れてしまう。シャー・ジャハーンはデカンに撤退するが、マリク・アンバルは彼を助けることを引き受けた。しかしながら、彼の立場は難しく、おそらくは心配しはじめた取り巻きの影響であろうが、シャー・ジャハーンは父に許しを請い、子の親を慕う愛の証として、豪奢な贈り物とともに、自身の二人の息子であるアウランズィーブとダーラーを人質に出したのである。彼はまた自分が占領した城砦を返却した。こうして、無益で血なまぐさい反逆は終わりを告げたが、それは高貴な家柄の出身である卓越した将軍マハーバト・カーンのおかげである。彼はシャー・ジャハーンの敗北においても決定的な役割を演じていた。

事態はこのまま推移していたかもしれないが、それも、その成功がマハーバト・カーンに与えた威厳と権威を、懸念しながらも見抜いていたヌール・ジャハーンの野心を考慮に入れない場合である。ヌール・ジャハーンは彼を潰そうとした。二度目の内戦が勃発した。マハーバト・カーンの挑発に対して、ジャハーンギールはこの将軍にベンガルに戻るか（＊当時マハーバト・カーンはベンガルの総督を務めていた）、さもなくば宮廷に出向くよう命じた。マハーバトは二番目の道を選択した、ただし、四千人のラージュプト族兵士を率いたままである。このとき皇帝はヌール・ジャハーンとともにあり、宮廷はカーブルに向かう途中にあった。マハーバトは宮廷に到着するやたちまち部下に命じて皇帝の天幕の周りを包囲させた。皇帝は孤立し、ヌール・ジャハーンと取り巻きもろとも監禁されてしまう。今度こそクーデターである。マハーバト・カーンが権力を握った。ヌール・ジャハーンはまたもや抜け目なさを発揮した。彼女は実にうまく切り抜け、彼女が余りに説得力があったので、将軍――おそらく彼にも独裁者たる資質はなかったのであろう――は脅えて、ヌール・ジャハーンの軍門に下ったのである。

このころシャー・ジャハーンは、シャー・アッバースに助けを求めるべくペルシャに赴いたがその後デカンに戻っていた。彼が兄のパルウィーズの死の知らせを受け取ったのはここである。しばらくして、シャー・ジャハーンとマハーバト・カーンの間で権力を巡る闘争が幕を開ける。ヌール・ジャハーンはこの機に二人とも排除しようと画策するが、そんな最中にジャハーンギールが突然死んでしまったのである。場所は、ヴェルナグの庭園にヌール・ジャハーンとともに造らせた王宮からさほど遠くない、カシュミールのラージャウリであった。

後継を巡る闘いはまだ終わってはいない。父の死に際にはシャー・ジャハーンもシャリヤールも居合わせなかった。ヌール・ジャハーン（＊彼女は自分の娘ラードリーをシャリヤールに嫁がせていた）と彼女自身の弟であるアーサフ・カーンだけが居合わせており、アーサフ・カーン（＊彼は自分の娘アルジュマンド・バーヌー、後のムムターズ・マハルをシャー・ジャハーンに嫁がせている）は、シャー・ジャハーンの到着を待ちながら、すぐさまフスローの息子であるダーワルの皇帝即位を宣言した。シャリヤールも自分が皇帝であるとラホールで宣言した。そこで、ダーワル即位を宣言したばかりのアーサフ・カーンはこれを叛乱と宣言し彼を逮捕してしまう。シャー・ジャハーンはその後ダーワルとともに、父の弟である今は亡きダーニヤールの二人の遺児をも処刑してしまうことになる。これでシャー・ジャハーンにはライバルがいなくなった。

ヌール・ジャハーンは年金を受け取り、残りの人生を自分を愛してくれた皇帝の思い出の内に、そして神への信仰の内に生きた。彼女は一六四五年に亡くなり、ラホールのジャハーンギール霊廟の置かれた庭園に埋葬された。彼女の墓は弟でありしばしば敵としても戦った、アーサフ・カーンの墓からそう遠くはない。

ジャハーンギールの継承を巡るこのような戦いはムガル帝国の歴史において初めてのことではなかった。しかしながら、これまでのいかなる事例よりも今回の戦いほど長く、しかもこれほどの残忍さにまで達したことはなかった。これが前例となり今後ムガル王朝の最後まで、こうした内紛が各世代で繰り返されることとなる。

帝国の繁栄がジャハーンギールの評価を左右した。アクバルのような父を継承することは彼にとって容易ではなかった。なにしろアクバルはありとあらゆる資質を備えていたので、その息子のイメージは父と比べられるとどうやっても色あせて見えたのである。父ほどの見識もなく、精力的でもなく、想像力にも欠けていたが、強い精神というよりも豊かな心を持っていた。彼を単に飲んだくれとか淫蕩な男だというのは公正ではないだろう。確かに彼には欠点もあれば生きてきた時代の特質もある。オリエントにおける王朝の本質である専制政治がジャハーンギールに全てを許し、富を与えた。彼は十六世紀のオリエントにおける君主の枠は出ていなかった。彼には見識があり、公平であり、様々な条件下で多種多様な人民からなる大帝国に君臨したが、また犯罪とも言えるほどの骨肉の争いを演じて身動きできなくなっていた。しかし、この対立は、彼自身にというよりも、継承についての法が不在であることにこそ責任の大半は帰されるべきであり、彼は一度ならず自身の感情と国家理性の間で板挟みにならざるを得なかった。いささか不穏当な言い方のように聞こえるかも知れないが、ムガル帝国に欠けていたのは、(オスマン・トルコの)メフメト二世が宣言したような「兄弟殺し」の掟[11]である。この掟は確かに残酷ではあるが、君主の死に至るほどの内戦を避けさせることは出来た。

即位して以来生涯を通じて、ジャハーンギールは寛容であり続けた。あらゆる証言がこれに一致している。完全な宗教的自由——同時代のわれらがヨーロッパにおいて同じことを言うのは難しい——が帝国全体に浸透した。即位した時よりも帝国が満足いかない情勢になるまで帝国を放っておいたと彼は非難された。その責任は、国境を守るよりも王座を入手することにしか主たる関心を寄せなかった、彼の息子たちに帰されるべきである。

ヌール・ジャハーンのジャハーンギールに対する情念が、おそらくは彼自身の人生に、また帝国の命運に大きな影響を与えた。良い方と悪い方のいずれなのか。全体としてみればまずは良い方であろう。飛び抜けて頭の切れるこの女性は、自分の権力を維持することに惹かれていたことは明白であるが、彼女は皇帝自身と同じ称号を持つ国家の長であると自負していたので、ほとんどいつも帝国の利益のためにその権力を行使してきた。彼女の際立った手腕によって、自身もムガル帝国も暗礁を見事に乗り切ったのだが、その暗礁に一度ならず彼女自身が乗り上げることになったというわけだ。彼女は未曾有の大成功を遂げたが、それは彼女の魅力とその能力によるもので、その逆はあっても帝国にとっていかなる間違いも引き起こさなかった。ヌール・ジャハーンはジャハーンギールに対して仲裁者として賢明な影響を及ぼした。彼女は夫が麻薬の吸引によって悪化したアルコール中毒に完全に冒されることもおそらく阻止したが、それはティムール一族がこれまで随分と麻薬の犠牲になってきたからである。

庭園への情熱

ヌール・ジャハーンは皇帝と趣味を共有した。彼の興味は知的なこと、芸術、特に絵画(12)に向けられていたが、典型的なムガル芸術といえば庭園であった。ジャハーンギールの治世とその後継者の治世において、その庭園芸術は完成の極に達した。皇帝と王子の住まう全ての宮殿、それに墓所が庭園に囲まれた。これらの庭園のいくつかは広大なものであるが、カシュミールのそれは格別である。いくつかの庭園は今でも存続している。それら庭園の平面構成はイランや中央アジアの庭園に着想を得ているが、大抵は正方形か長方形である。また、内側は、ほとんどが正方形の花壇によって区切られ、周りには壁がそびえる。四方の壁にはそれぞれ門が開けられている。主門の両脇を二つの見張りの塔が挟む。庭園の中央と四方の壁に沿って、段々に水が水路を下り、その幅を広げながら十五歩から二十歩分の大きさの泉池に流れ込む造りになっている。大抵は白あるいは黒の大理石でできた一軒の亭《ちん》が真ん中に建てられているが、この亭のまわりには水が流れるようになっていて、ここにいると涼しさが満喫できるというわけだ。糸杉やプラタナスなどの大木が枝を張り、太陽の光を和らげ、その下には、花壇やつる棚それに果樹などが広がっている。生い茂る大木や数多くのマンゴーの樹などが濃い影を作りだしている。人々はそこにソファー、クッション、絨毯などを並べ、夕闇が迫ると、詩人がやって来て朗唱する詩句やお抱えの音楽家が奏でる調べに聞き入ったものである。十七世紀にインドを訪れたフランス人の旅行家フランソワ・ベルニエは、ジャハーンギールとヌール・ジャハーンによって建てられたカシュミールの庭園の一つを一六二五年に訪れ、次のように描写している。「これら庭園の中でも最も美しいのがシャリマール[13]と呼ばれている王の庭園である。湖からは、芝生に縁取られた大きな水路を通ってこの庭園に入る。この水路は普通の歩幅で五百歩以上あり、二本のポプラ並木の遊歩道が両岸に沿って延びている。この流れは、庭園中央にある大きな亭に通じ、ずっと見事な別の水路がそこから始まり、いくらか上り気味に庭園の外れまで続いている。この水路には大きな切り石が敷きつめられている。水路の土手も敷石と同じ石で出来ており、水路の中央には十五歩ごとに噴水の長い列が見える。さらに一定の間隔で貯水池のような円形の池が造られ、そこから様々な形を描く多くの噴水が上がっている。この水路は最初のとほとんど同じ大きさの別の亭のところまで続いている。……」

ジャハーンギールはカシュミールに別の庭園をいくつか造らせた。そのうちいくつかは失われたが、その他は存続している。残っているものは全体あるいは部分的に姿が変わってしまっているが、それでも彼らの栄光の時代を彷彿させるだけの景観は窺える。その中にアチバルの庭園がある。この庭園は今でも訪れることができ、ムガル庭園の中でも最も大きなものとして知られている。雪を頂いた山々を背景にこの庭園の大木がそのシルエットを浮かばせている。ベルニエはこの庭園の噴水についてこう描いている。「様々な形を描きだす噴水、魚がたくさん泳いでいる貯水池、高くから落ちる滝の姿は、とりわけ夜に見事である。夜になると、この水瀑の裏側の岩壁に特別に窪みを刻み、そこに嵌め込んだ無数の小さなランプが輝き、見事な美しさを醸している」(同書、三六九頁)。

パンジャブ地方では、ラホールの近くにヌール・ジャハーンの思い出につながる別の庭園がある。その名をシャー・ダーラーといい、「地上の楽園」という意味を持つ。この庭園に隣接するのは、愛してや

サルバール
バンディプル
サンガム
ソナマルグ
カンカン
コラホル山
(5,425m)
サファプル
エムヘル峠
シェシュナーグ
シャリマール①
アル
ニシャト
チャンダンワリー
アンチャル湖
パハルガム
バラムラ
チャスマ・シャーヒ②
スリーナガル
グルマグル
アバンティプル
ジェーラム河
アナントナーグ
ユスマルグ
アチバル③
シュピアン
クルガム
ラスール
0
10
20km
④
コタマルグ
ジャワルハル
トンネル
ヴェルナグ
コンサルナグ
凡例
都市・集落
①〜④ 庭園
舗装路
非舗装路
河川
湖
峠
トンネル

図版 8　ジャハーンギールの遺跡

上　ジャハーンギール・マハル（アーグラ）

右頁下　スリーナガルの名園地図

左頁下　ジャハーンギールの廟（ラホール）

まなかったカシュミールにあるヴェルナグの庭園に埋葬してほしいという希望を聞き入れられなかった、ジャハーンギールの眠るディルクーシャの庭園である（二一三頁、図版12参照）。柱廊に取り囲まれた大きな中庭があり、中庭からは多くの小部屋に入れる。中庭を出ると広大な空間が開け、その中央に皇帝の廟堂（＊ジャハーンギール廟）がそびえ立つ。この庭園は、最も広大で、インドの諸君主や諸侯の、墓を取り囲む庭園を最も見事に配した庭園の一つである。小道によって十六に分割された同形の花壇があり、それぞれの花壇には様々な色彩の花が咲き誇り、水を吹き上げる泉水や水盤などが、永遠の休息のこの場所に、どこかしら楽しげな雰囲気を醸しだしている。ジャハーンギール自身のモニュメントは、一辺が百メートルの正方形の形をした二階建ての建物で、丸天井は載っていないが、五層になった八角形の光塔《ミナレ》が四本聳えて、軽快な印象を与えている。この建築家は特別凝った造りを目指したのではなさそうだ。墓碑に向かって集中するように廊下が各辺から伸びており、中央にある墓碑は大理石でできており、文字彫刻の繊細な装飾が施されている。このモニュメントの独創的かつ斬新な性格は色彩過剰のモチーフにある。壁、陶器のタイル、敷石自体にも、切り込みが入り、彫刻が施され、着色されているのだ。その様子は、あたかもヌール・ジャハーンが、ジャハーンギールの墓の周りに、彼が愛してやまなかった自然や花々、そしてカシュミールの色調と色彩を蘇らせたがっていたと言いたげである。

（1）一八九一年に、ボンベイで出版された。
（2）英国王ジェームズ一世に仕えた大使。彼はインドに関する大変重要な日記を残してる。
（3）十五世紀にバーバー・ナーナクによって創設された一派で、その目的は、「真実なるもの、不滅なるもの、露わなるもの、不可視なるもの、純粋なるもの」である唯一神を一心に見つめ、絶対服従、祈り、自制心の助けを借りて、魂の解放を目指した。宗教的セクトから出発して戦闘的集団となり、導師《グルー》たちは地上の征服を目指し、戦闘規範が道徳的で精神的改革にとってかわることとなった。

（4） ペルシャ起源の称号で「国家に忠実な支持者」の意味。

（5） 歴史家によれば、ヌール・ジャハーンの夫を自分が彼女と結婚するために暗殺させたのは、恋に狂ったジャハーンギール自身であるらしい。しかし、ジャハーンギールの同時代のどんな歴史家も年代記作者も、たとえ彼に悪意をもっているものでさえ、この罪について仄めかすことがなかった。さらに、これを告発するにしても、なんらの確証もないことと、野心家でありどうやら誠実であったらしいヌール・ジャハーンについて知られていることと全てを考えると、彼女が皇帝の最初の妃ではあっても、どうやら彼女がその暗殺者とは結婚しなかったのではないかと言いたいのかも知れない。

（6） イスラーム教諸国において、女性がこれまで単なる男の欲望の道具に過ぎなかったし、権力もなくただ服従するためにあったというのは不正確である。フランスに現れた王妃や西欧諸国の君主の寵妃などは、オリエントの妃や愛妾などと並ぶと色あせてしまう。オリエントの妃や愛妾たちは文字どおり帝国をつくったり壊したり、王子や大臣たちを死に至らしめたり、お気に入りをその地位に就けるため、時には純粋に個人的復讐として、ヴィジール（宰相）や高官たちを罷免したりしたものである。ハイズラーンに始まり、ハルーン・アッ＝ラシードの母であり妃となったズバイダ、スレイマン大帝の妃であったロクセラーヌなど、イスラーム教諸国のすべてにおいて、ほとんど例外なく、女たちは直接かあるいはそうでないこともあるが権力を行使し、歴史の流れを変えてきた。『大ムガル帝国の諸国への旅』の中で、F・ベルニエはこう報告した。「インドの女性は、コンスタンチノープルやその他多くの地の女性同様に、たとえ彼女たちが努めてそうしなかったにせよ、また別の理由を探そうとするときに煩わしいということはあるが、しばしば大事件が起きる際に重要な役割を演じてきた」。R・マントラン監修『オスマン・トルコ帝国史』、パリ、一九八九年。B・ユコック著『イスラーム教諸国家におけるトルコ人女性、女王、女摂政』、アンカラ。アンドレ・クロー著『スレイマン大帝とその時代』、パリ、一九八三年。アンドレ・クロー著『ハルーン・アル＝ラシードと千夜一夜物語の世界』、パリ、一九八六年。R・ボスケ著『イスラームの性倫理』、パリ、一九六六年などを参照のこと。

（7） プラサド。

（8） ジャハーンギールには四人の息子がおり、上から、フスロー（一六二二年没）、パルウィーズ（一六二六年没）、フッラム（シャー・ジャハーン帝、一六六五年没）、シャリヤール（一六二八年に処刑）。

（9） 『回顧録』。

（10） 一五九四年。

（11） 本書三五七頁の注6を参照のこと。

（12） 絵画に関する章を参照のこと。

（13） F・ベルニエ、前出『大ムガル帝国の諸国への旅』参照、三〇四—三〇五頁。ラホールの近くに別のシャリマール・バーグという庭園がある。本書二一五頁参照（訳注、アンドレ・クローは、フランスで出版された一八三〇年版と一九八一年版のうち、縮約版である後者を底本としている。ベルニエ『ムガル帝国誌』、岩波書店、十七、十八世紀大旅行記叢書5、一九九三年、赤木昭三氏の解説による。倉田信子訳『メルヴェイユ氏への手紙』三五九頁）。

第五章　壮麗王シャー・ジャハーン

シャー・ジャハーンは一六二八年二月四日にアーグラで王座に就いた。宮廷の高官、貴族、臣下の諸侯が儀式に参列した。豪華さにおいてこの即位の礼に比肩するものはなく、前世紀のオスマン・トルコのスルターンと同様に、ヨーロッパ人から〝壮麗王〟と異名をつけられた。宮廷中に贈り物がふんだんに振る舞われた。愛妃ムムターズ・マハルには二万アシュラフィー（＊九万英ポンド）もの黄金と、六十万ルピー（＊七十二万英ポンド）の現金、百万ルピーの年金が、皇帝の愛娘ジャハーナーラーには十万アシュラフィーの黄金、その他王子や王女には皇帝のお気に入りの度合いに応じて贈り物が振る舞われた。

シャー・ジャハーンを王座に導く手助けをしたマハーバト・カーンには、この一連の事件において果たした役割が重要だったのに報いて、カーン・カーナーン（最高のカーン）の称号が与えられ、アーサフ・カーンは宰相《ヴィジール》となり、国璽を任されることとなった。即位の一周年記念日のとき、カシュミールから大量の天幕が取り寄せられ、記念行事のためにわずか二カ月の作業でそこに張るよう命じられた。宝石をちりばめた皇帝の衣装に加えて、それと釣り合うように、また繁栄の願いとして、王座の台座も様々な宝石で飾りつけられた。宝石類は後に参列者に分け与えられた。出費は天文学的数字に上った。帝国の財宝がこれらの法外な出費を可能にしたのである。帝国の財政は、ジャハーンギールによってしっかりと管理されていたので、健全であり、アクバルの号令によって開始された財政改革は着々と実施されていた。生涯を帝国の繁栄に捧げ、その間に蓄積した財産を帝国に差し出すことは、家族も含めた高官の義務であった。

シャー・ジャハーンはジャハーンギールの三番目の息子にあたり、彼はラホールで一五九二年一月五日に誕生していた。彼はラージュプト族の王女、ラージャー、ウダイ・シンの娘であるジョード・バーイーの血を引いている。従ってラージュプト族の息子（ジャハーンギール）から孫（シャー・ジャハーン）へとヒンドゥー教徒の血が流れているということになる。彼にも子供が何人かいたが、その中で唯一歴史に名を残したのは、愛妃ムムターズ・マハルとの間に生まれた子である。彼はムムターズ・マハル(1)のためにタージ・マハルを建立した。彼はムムターズ・マハルとの間に十四人の子供を儲け、そのうち七人が生き残った。愛娘ジャハーナーラー、驚くべき知能を持ったダーラー・シュコ、ムラード、ガウナーラー・ベガム、アウランズィーブ（後の皇帝）、ロシャナーラー・ベガム、シャー・シュジャーである。ムムターズ・マハルと結婚する前に彼はペルシャ人の娘ゴーダーリ・ベガムと結婚していたが、彼女との間には娘が一人いた。ムムターズの死後、ムガル人の王女との間に息子を一人儲けたが、その子は幼くして死んでしまった。シャー・ジャハーン自身は、アクバルの妃の一人であるルキーア・ベガムによって育てられた。ルキーアとアクバルの間には子供がなかった。優れた家庭教師には恵まれなかったが、シャー・ジャハーンにとって学問は生涯を通して大きな位置を占めていたように思える。彼は、ペルシャ語やトルコ語よりは弓術、馬術、剣術に精進した。とは言いながらも、彼の趣味が文学や絵画それに建築にあったという証言があるように、しっかりとした教養も身につけていた。特に建築に対する彼の関心には凄まじいものがある。ジャハーンギールの四人の息子の中で最も天分に恵まれていたのがシャー・ジャハーンである。物腰はこの上もなく優雅、それに戦闘においては比類なき勇敢さを彼は示したものである。父が最も信頼して軍事作戦の指揮を幾度となく任せたのがシャー・ジャハーンである。数々の戦闘において、常に輝かしい勝利とは言えなかったが、それでも彼の活躍は抜群であった。また、デカン地方でのムガル軍の敗北を招いたとは言え、若き名将軍としての評判はすでに確立していた。さらに、宮廷の陰謀が相次ぎ、父が末期に衰弱したという状況は、彼に思いがけない力量を発揮させることとなる。父の死に先立つ数年前から、彼は宮廷策謀家としての手腕を発揮していた。権力を争う各党派の間でさしたる失策も犯さずうまく切り抜けていくが、ヌール・ジャハーン一派だけはかなり手強い相手であった。シャー・ジャハーンは知恵がまわったので、数々の敵を打ち破り処刑したあとも、ヌール・ジャハーンだけは生かしておいたのである。この時代に生きた人だけでなく、帝国の末裔たちも、ヌール・ジャハーンに感謝しなければならないことは多く、彼女を歴史における稀有の女性として最高の位置に置くことになる。

華々しき治世

シャー・ジャハーンの治世下に、帝国はその栄光の頂点を極めた。彼は飽くことなく建築に熱中し、デリーに新たな首都を、また愛する女のために世界で最も美しい墓を建て、帝国の首都をモスクや美術品で覆いつくし、先帝たちの建てた宮殿を徹底的に改築し、白大理石で埋め尽くした。これまで誰も見たことのないような王座を作らせ、この王座の高みから帝国の高官や外国の大使を迎えたが、だからといって彼はこの世で最も富裕な皇帝なのであるから、それが豪華すぎるということも派手すぎるということもなかった。

即位してすぐ、皇帝シャー・ジャハーンはこの巨大な宝飾品（＊王座）を作るよう命じた。その宝飾品のために帝国の財宝の中から、二百ラク（二千万ルピー）にのぼるルビー、ダイヤモンド、エメラルドなどの宝石が王宮の金銀細工師の長の元に集められ作られたものである。細工師の長は、王宮の宝石に加えて、別の蔵に保管してあった宝石や上質の真珠をもかき集め、何とその価値は千四百万ルピーに匹敵したという。この王座は純金製で奥行き五ガズ（＊三・七メートル）、幅二・五ガズ（＊一・八五メートル）、高さ五ガズ（＊三・七メートル）であり、一種の背もたれのないソファーのような形をしていた。金むくの王座にはさらに宝石や真珠がちりばめられ、皇帝はこの上に両足を組んで座った。この王座の上方に付けられた天蓋の内側も宝石類で埋め尽くされていた。天蓋は、エメラルドの飾りクギを嵌め込んだ十二本の円柱によって支えられていた。それぞれの円柱の頭部は、宝石でできた二匹の孔雀が、やはり宝石と真珠で覆われた樹の両面に配されていた。王座の踏み段でさえ宝石がちりばめられていたという。この宝飾芸術の王座を作製するために、ムガル人、ヒンドゥー人だけでなく、ヨーロッパ人も含めて、多くの金銀細工師が呼び寄せられ、これだけで七年が費やされたという。これほどの貴金属が大ムガル帝国の王座につぎ込まれた後では、「世界中が金不足になる」と噂されたほどである。

すべては、壮麗、豪奢、荘厳との印象を与えるためになされたことである。どれほど小さな儀式であっても、君主の栄光を高揚するために研究された儀典書に従って執り行われた。歩き方、微笑み方、会話の仕方、贈り物の差し上げ方やその断り方など、ほんの些細なことまでが詳細に準備された。金や銀は湯水のように使われた。吉日を選んで行われた祝宴は、「千夜一夜物語」の宴以外に比べるものがなかったという。王子や王女の結婚式ともなると、使われた金銀は夥しい量にのぼった。ずっと後に行われたダーラー王子の結婚式などは、三十二ラク・ルピー（＊三千二百万ルピー）という目も眩むような出費であったという。宮廷や各貴族の家では、文字通り浪費が余儀なくされ、毎日、ほぼ一時間ごとに衣装替えを行い、二度とその衣装を着ることはなかったという。褒賞服はキルアトと呼ばれ、誕生日、宗教的祝祭、褒賞授与などの様々な状況に応じて振る舞われ、金糸銀糸織りの極めて上質な布地からなるものである。皇帝下賜の短剣や長剣は宝石で装飾され、見事な彫物が施されていた。シャー・ジャハーンは一日に数百あるいは数千もの贈り物を振る舞ったので、帝国内だけでなく外国においても、これほどまでの財力を誇る帝の気前よさに啞然としたという。これほどの財力を誇る皇帝であれば、望みさえすれば、史上空前の強力な軍隊を編成することも可能であったかも知れない。

悲嘆に暮れる日々

シャー・ジャハーンの治世はさしたる困難もなく始まった。継承問題は解決し、アーグラで即位した栄光の皇帝が、この王朝の中で最悪の状況のもとにその命を落とす日までは、長い期間が平穏に過ぎていく。彼の晩年はまだまだ先のことであり、治世の始まりとは大抵そうであるように幸福な日々がしばらく続いた。この帝国においてかつて頻繁に起きてきた叛乱がやがては再発するようになる。しかし、これらの叛乱も深刻な事態とはならないまでも、波及する前に消してしまう必要があった。最初の叛乱は、名声と羨むべき地位の両方を手中にしていた人物を父に持つ者の仕業である。彼の名はナール・シン・ブンデラーと言い、アクバル帝の顧問であり修史官を務めたアブル・ファズルを暗殺した人物である。彼は、ジャハーンギールを帝位に導くための助けとはならなかったが、やがてジャハーンギールの寵愛を受けることになる。ところが、その息子ジャージャー・シンは父よりずっと欲が深かったのであろうか、ジャハーンギールの死後まもなく、叛乱を起こすに至る。そこでアウランズィーブが二万の兵を率いてデカンに遠征し、森の中を追討しているうちにジャージャーの首が届けられた。平和がよみがえったが長くは続かなかった。

アクバル帝の高官の息子であるカーン・ジャハーン・ローディーという名の別の君主がおり、今こそ独立する絶好の機会だと考えた。彼は当時グジャラートとデカンの総督の地位にあったが、当地で疑わしき行いがあったと、皇帝のいるアーグラに召喚されたある夜、二千人の部下とハレムを引き連れて首都を離れ、叛乱軍となる。皇帝軍はたちまち追討に移ったが、ある河を渡る際に、カーン・ジャハーンは皇帝軍を引き離しアフマドナガルに辿り着き、その地の侯に匿ってもらうことになった。旱魃が続き、おぞましい飢饉の襲来していたことが事態を悪化させた。デカンの諸侯たちは互いに争ったり、皇帝に頼ったり、時には逆らったりしていた。結局、カーン・ジャハーンは再び捕えられ、おきまりの叛乱軍大虐殺が敢行されて、この悲劇的叙事詩は幕を閉じた。カーン・ジャバーンとその息子の首が皇帝の許に届けられ、皇帝は慣例にしたがってその首をアーグラの城門にさらさせた。その他の蜂起した諸侯も結局降伏し、いくつもの城砦や戦利品がムガル軍の手に落ちた。ジャハーンギール治世末期の失敗は、少なくとも幾分取り戻された。そんな最中、シャー・ジャハーンは人生最大の悲しみを味わうこととなる。愛妃ムムターズ・マハルが亡くなったのである。享年四十歳、一六三一年六月十七日、産褥死であろうと伝えられている。

喪の悲しみが深く皇帝を襲った。ムムターズ・マハルは彼にとって、十九年間を共にした伴侶であり教養のある知的な友でもあった。「彼は憂愁に沈みすっかり変わり果てた」と、宮廷史家のサイード・モハメッド・ラティーフは伝えている。彼の心はひどく傷つき、色彩鮮やかな服や刺繍が施された服は絶対に着用しようとせず、白い服で通したという。また大好きであった楽曲を遠ざけ、香水も二度と使おうとしなかった。葬儀にあたって、皇帝は白い服を、宮廷人は喪服を着用した。一週間の間彼は全ての国事を拒んだ。それ以降彼は、以前あれほど情熱的であった国事を顧みようとしなくなる。失った妃の面影が心をよぎる度に彼はむせび泣いていたという。もしイスラームの法の教えが、愛しい者の死によって引き起こされた苦痛を表すことを厳しく禁じていなければ実行できたのに、帝国も王位も放棄し、領土を子供たちに分けてしまいたい、などと皇帝がただ口走るのを周りのものは何度も耳にした。ムムターズ・マハルの死の時点で皇帝の顎髭にあった白髪はわずか二十本あまりであったが、たちまちに全体が真っ白になったという。

ポルトガルとの紛争

ところで、ポルトガル人は、十六世紀初めからインド西岸のゴア、スラト、ダマーン、ディウを中心に入り込んでいた。しばらく経つと彼らは、東岸のフーグリーや特にチッタゴンにまで足を延ばしていた。そこを足掛かりに彼らはインド南岸の港を利用して中国やマラッカと交易をしていた。ポルトガル人やその混血人はかなりの数にのぼり、ベルニエは、「ポルトガル人とは、修道院を放棄した者、海賊、二度も三度も結婚する輩、殺人者などからなり、一言で言えばならず者の集団であった。奴らは救いようのない生活を送り、とてもキリスト教徒などとは言えない連中である」と報告した。ポルトガル人は遠い国々との交易に加えて、盗みやとくに略奪などの恥ずべき行為を犯していた。ベルニエは自称キリスト教徒のやったことを、次のように冷静に描写した。「たくさんのガレアス船（＊戦闘用ガレー船）と呼ばれるガレー船を使って彼らがやっていたことといえば、辺りの海をうろつき回り、ありとあらゆる川や運河、それにガンジス河の支流にまで入り込み、四十から五十里《リュー》（＊百六十―二百キロメートル）

も内陸に食い込んでは、町という町、集会場、市場などに手当たり次第に襲いかかり、これを荒し回っていた。また、大人であれ子供であれ、恐るべき残忍さで男女を問わず奴隷にしたり、何も分捕れなかった家は焼き払う有り様である。彼らは恥知らずで厚かましく、使いものにならないような老女さえ連れてきては国中に売り払ったりするのだ。ときには、ゴア、セイロン、サン・トメの同国人に奴隷を売り渡したりもした。ジャハーンギールはポルトガル人を受け入れたが、それは交易のためであり、彼がキリスト教徒を憎んでいなかったことも相まって、彼らに他の海賊からベンガル湾を守らせるためでもあったからだ」。

シャー・ジャハーンの代になると事態は一変した。皇帝の許に届けられる報告はどれもこれも彼を苛立たせた。父や祖父の寛容主義を引き継いでいたにせよ、彼はキリスト教徒を甘やかすつもりはなかったからなおさらのことである。ムムターズ・マハルのハレムに連れてこられた二人の女奴隷が彼らポルトガル人の海賊に連れ去られたことが分かったため、両者の関係は一層悪化した。ムガル軍の司令官バハードル・カーンが先陣を切って彼らに攻撃をしかけたが、これは退けられた。ポルトガル人は一度ならず話し合いを拒んだばかりか、ムガル軍の艦船を焼き払おうとさえした。しかし次の攻撃は完璧であった。ポルトガル人住民は雪崩をうって町から逃げようとしたが、うまく逃れた三千人を除いて、残りは全員捕虜となりアーグラに連行された。「ほんの小さな子供も、司祭も修道士も。バビロンへの移住（＊ユダヤ人の）さながらであった。アーグラで全員が奴隷となった。きれいな女や娘はハレムに閉じ込められ、老女やその他の者は様々なエミールに下げ渡された。小さな男の子は小姓にされ割礼を施され、年老いた男は大半が、象の下敷きにするぞと脅されたり、空約束に騙されて、改宗を強制させられた[2]」。シャー・ジャハーンは怒りのあまり、「町中に鐘の音を響かせていた高い鐘楼のある、ラホールの美しいキリスト教会を取り壊させた」という。

少なくとも公式には、ポルトガル人がらみのいざこざなど無かったにもかかわらず、皇帝は、普段なら見せることのない不寛容を露にしてしまい、それもヒンドゥー教徒にその矛先を向けてしまったのである。彼は、建築されたばかりのベナーレースの寺院やその他の地方の寺院を合計で三十六も破壊させるよう指示した。宗教的に野放しにしたからああいった蛮行がはびこるのだという警告を、フーグリーのポルトガル人の行動のなかに読み取ったのであろうか。このころアウランズィーブはこうした宗教的問題で皇帝に影響を及ぼし始めていたが、こうした事件は後のアウランズィーブを予告するものである。

デカンでの成功

即位する前から皇帝の心を悩ませてきた二つの問題に比べれば、政治・宗教の問題などとるに足らないものであった。その二つとは、未だ解決を見ないデカンとカンダハールの問題である。

デカンはシャー・ジャハーンのよく知っている地方である。彼は部隊を率いて何度もデカンに遠征してきた。結果は良かったり悪かったり様々である。父の後継問題が沸き起こりデカン攻略を諦めざるを得なかったが、もしそんなことがなかったら恐らく彼はアフマドナガル王国を決定的に崩壊させることができたであろう。デカン攻略は今や急務となり、いやそれ以上に、インド中央部の広大な地にティムール族の拡大政策を見事になし遂げるという野望を果たすときがきた。デカン地方の諸王国で諸侯間の内紛があったため、シャー・ジャハーンの進出し易い情勢となり、彼ら諸侯を配下に置くために必要な資金が豊富にあったという事情もある。十七世紀のインド特にデカン地方で最大の大飢饉が発生したため苦労は倍加したが、苦心惨憺して彼はようやくデカンに辿り着いた。ある宮廷史家(3)がおぞましい報

図版 9　ビジャープルの遺跡

上　ジャミ・マスジッド(主モスク)
中　イブラーヒームの廟
下　スルターン・ムハンマドの廟

告を残している。「人々は穀粉に死体の骨を砕いて混ぜこんでいた。それから互いを喰いはじめた。何と愛する自分の息子の肉を喰う者までいた。死体は数知れず道にまで溢れ出していた。まだ力の残っている者は町や村をふらふらと彷徨っていた。豊かであると、肥沃であるとの評判が高かったこの大地が、もはや何も生み出さない土地となったのである。こうした人々を救い出さねばと気づいたときには時すでに遅しという状況であった」。

この恐ろしい飢饉は軍の作戦に甚大な影響を及ぼした。部隊は現地調達ができなかったので、やがて食糧は尽きてしまった。敵方も同様である。シャー・ジャハーンは指揮を部下の将軍に任せてアーグラに引き返さざるを得なかった。デカンはやはり人員と金を吸い込む深淵であり、しかも決定的な打撃を与えるには至らなかった。戦闘再開となり、ムガル軍は三方から一斉にアフマドナガルに、続いて強力な城砦へと襲いかかった。この城砦は奪ったり奪われたりが続き、再度奪回を果たしたのは一六三二年のことである。反抗勝ちな諸侯の命運が尽きたことにはなったが、それも暫くの間に過ぎない。次にシャー・ジャハーンはビジャープルの攻撃に移った。アーディル・シャー朝の君臨するビジャープルは完全な内紛状態に陥っていた。ムガル人との和平を巡って、支持派と非支持派に別れ陰謀と暗殺が相次いだ。一六三六年になってようやく条約が締結された。アーディル・シャー朝はムガル帝国の支配権を認め、国境の修正に応じた。これにより平和が二十年近く保たれることとなった。

ゴルコンダ王国になると、事態は違った方向に進みはじめた。この国はインドでも最も豊かな国家であり、信仰されていた宗教はシーア派イスラーム教であった。フトバ（説教）はイランのシャーの名で唱えられていたが、シャー・ジャハーンが介入するための口実は二つあった。アーディル・シャー朝が壊滅したあと、クトゥブ・シャー朝が君臨する王国は孤立を深めていたため、大ムガル帝国は数々の要求を突きつけやすい情勢となった。その要求とは、フトバをシャー・ジャハーンの名で唱えること、ムガル帝国の宗主権を認めること、八ラク（＊八十万ルピー）の貢租をムガル帝国に納めることなどであった。その見返りとして、もし王国がビジャープルに攻撃されるようなことになった場合、ムガル帝国がゴルコンダ王国の支援にまわるというものであった。この条約は、イランのこの国に対する影響力に止めを刺すものであった。その結果シーア派が消滅し、スンニー派がそれに代わり、やがてゴルコンダの国家宗教となり、ムガル帝国はこの豊穣の地の支配を固めることができたのである。多くの諸侯がムガル帝国の軍門に下り、ある意味での静けさが取り戻されたので、シャー・ジャハーンはアーグラに凱旋し、最も能力があると皇帝の信任を得た若干十八歳のアウランズィーブがデカンの副王（＊王を代理する総督）に任命された。アウランズィーブに与えられた使命は、平和を確実なものにすること、何年にもわたる飢饉で疲弊したこの不幸な地域に繁栄を取り戻すことであった。

望郷のサマルカンド

デカンだけでなく、北西部の山脈の彼方の地方であるアフガーニスターンもカンダハールも、ムガル帝国が変わらぬ関心を注ぎつづけてきた地方である。インドにその叙事詩を生み出した祖先の土地を再征服する夢は、未だ覚めることはなかった。バーブルやフマーユーンと同様に、末裔たちにもすべてインドの血が流れ込み、アジア高原に広がる昔の領地を南の帝国に併合したいという野心を、その血は育んできた。チャンスがあれば躊躇わず行動に出てきたものである。

バーブルがその刻印を刻み、アクバルが一五九五年に再征服した、名高い城郭都市カンダハールは、再びイランのシャーの手に落ちていた。喪失の責任は、この都市を帝国の支配下に留めるために戦うことよりも、王座をめぐる闘争に明け暮れたシャー・ジャハーンに帰されるものであった。彼はそのことを辛い思い出として胸にしまい込み、シンボルとしても交易上でも、要となるこの都市を奪回するという野望を胸に秘めてきた。イランのシャーの大使たちは、アーグラで例外とも言える盛大な歓迎を受け、皇帝は彼らに托して、大ムガル帝国からシャーへの驚嘆に値する豪華な贈り物を届けた。何もシャー・アッバースが貧窮のうちに暮らしていたというのではなく、こうした振る舞いは、ムガル皇帝には何でも思うとおりになるだけの富があり、その資力によって右に出るものがいないほどの暮らしが可能であり、望みさえすれば強力な軍隊を含むあらゆるものを所有することができるのだ、ということをシャーの王朝に見せつけるためであった。幾度かの軍事作戦で勝利したことをイランのシャーに報告させるために、一人の大使が派遣された。

シャー・アッバースはオスマン・トルコからバグダードを奪った（＊一六二三年）あとの一六二九年、この世を去り、息子のサフィー世が後を継いでいた。若きシャーは即位まもなく厳しい状況に追い込まれていた。オスマン・トルコやウズベック族との紛争、内乱の鎮圧が連続した。シャー・ジャハーンにとっての好機到来である。彼は、当時シャーの宰相と不和になっていたカンダハールの総督アリー・マルダーンとの接触をはかった。両者の関係は緊密になり、一六三八年、アリー総督はガズニーとカーブルにいたムガル将校に支援を求め、その代わりムガル帝国にカンダハールを返還する旨を伝えた。これに応じた皇帝は自らカーブルに赴く。数カ月後カンダハールで、フトバ（説教）がシャー・ジャハーンの名で唱えられた。カンダハール周辺も全てムガル軍の手に落ちた。皇帝の鮮やかな手腕が見事に発揮されたというわけである。

カンダハール占領は大成功であった。シャー・ジャハーンにとってこの成功は、バダフシャーン、バルフ——もし神が望めばの話だが——、トランスオキシアナ、そしてサマルカンドへの足掛かりにすぎなかった。当時ブハーラを掌握していたナースル・モハメッド・カーンとその息子の間に起きていた争いが、シャー・ジャハーンに介入する絶好の機会をもたらした。彼は一六四六年に五万の騎士と一万の兵士からなる部隊を編成し、指揮権を息子のムラードに任せ、バダフシャーン、続いてバルフ、可能であれば最後にサマルカンドを攻略する使命を与えた。この遠征は当初さしたる困難もなく進んだ。厳しい気象条件のせいで遅れはしたものの、ムラードはバルフに到着し、まもなくここを占領、百二十万ルピーに相当する財宝と数多くの馬やラクダを手中にした。その後、オクスス河を臨むティルミズに入った。シャー・ジャハーンは喜びのあまり、バルフで貨幣を鋳造させたほどである。彼はサマルカンドが射程に入ったと感じ取った。ところで、ティルミズからサマルカンドまで軍を進めて夢にまで見たこの都を占領することは、ムラードにとってはどうやら難しいことのようであった。彼自身が何ら変わることなくティムール族であったと言えるだろうか。トランスオキシアナの気候は自分が生まれ育ってきた環境と全く違って大変厳しいものであったし、それに加えて、彼が常に身近で楽しんできた快楽をここでは手に入れることができなかった。つまり、安楽なインド暮らしに慣れた若き王子には、こうしたことが耐えられなかったということであろう。バーブルも、アジア高原へのノスタルジーも、ムラードにははるか遠いことでしかなかった。むしろ末裔たちに流れていたのはヒンドゥーの濃い血であったと言えよう。ムラードは父の希望であるトランスオキシアナ統治を拒み、後ろ髪を引かれる数多くのエミールや高官たちを引き連れてインドに引き揚げてしまう。さりとて高官たちがアーグラやデリーでの悦楽の日々を恋しがっていないわけではなかった。怒り心頭に発した皇帝は、ムラードからマンサブを取り上げて不満を露にした。皇帝がムラードの代わりとして派遣した宰相のサアド・ウッラー・カーンはバルフと軍の秩序を回復した。しかしながら、ウズベック族の攻撃はしつこく、ムガル軍は大変苦しめられた。ムガル側はヒンドゥー教徒兵士の性格を知り尽くしていたので、今回の戦いに宗教的性格を与え、兵士を大いに奮い立たせることにした。一方シャー・ジャハーンは、アウランズィーブを総督に任命し、これら諸領地全体を支配するよう言い渡した。後の皇帝アウランズィーブはかくも困難な状況を、その勇気と冷血さで見事切り抜けた。報告によると、ある日、戦場の真っ只中で祈りの時が訪れた時、周りの激しい戦闘をものともせず、アウランズィーブはおもむろに絨毯を広げ、そこに跪き、静かに祈りを唱えたという。しかし、いかに戦闘力に優れた有能な王子とは言え、迫り来る冬を前にしてはなす術もなく、食糧は尽きた。戦争によって国全体が荒れ果ててしまったのである。部隊も士気を失い、退却以外に打つ手はなくなった。そこでアウランズィーブは、権力をブハーラのエミールであるナースル・モハメッド・カーンに任せて引き揚げることにした。この度の遠征はムガル帝国の財政に甚大な被害を与えた。しかもそれは純粋な損失であり、雪と寒さの中を退却せざるを得なかったため恐るべき出費を招いた。この結果、五千人が命を落とし、それと同数の家畜や計り知れない量の軍備を失ってしまったのである。

翌年（＊一六四九年）カンダハールが、再びペルシャの手に落ちた。シャー・アッバース二世が王位に就いたのは一六四二年である。即位当時のシャーは、大規模な軍事遠征に出るには余りに若く、余りに経験不足であった上に、オスマン・トルコとの抗争が再燃していた。ところがトルコとの平和協定が結ばれるや、彼はムガル帝国との戦争の準備に入った。彼は大部隊を編成し、バルフをナースル・モハメッド・カーンに返したことに感謝するという内容の（皮肉たっぷりの）書簡をシャー・ジャハーン宛に送りつけ、その領土がいずれ自分に返ってくるだろうとの期待を表明した。シャー・ジャハーンはこの書簡に、「気候が好転しないうちはムガル軍が部隊を送りだすのは困難なので、これを利用して攻撃するチャンスを窺う」というシャーの腹づもりを読み取り、すぐにも出陣しようとした。ところが、ムガル軍の将軍たちは、悪天候や寒さと戦いたくなかったので、皇帝に春を待つよう進言した。結果は予想どおりとなった。十二月十六日、シャーはカンダハールを攻囲し、五十七日後守備隊は降伏した。この知らせを聞くやシャー・ジャハーンはアウランズィーブに強力な部隊を預けて送りだした。新たな攻囲戦を開始したが成功しなかった。アウランズィーブ側に、大砲が不足し、攻囲戦や城攻めに関してペルシャ軍ほどの経験が欠けていたからである。シャー・ジャハーンは挫けなかった。イラン平原を睨むムガル帝国の存在の象徴としてのカンダハールは、何としても押さえておかねばならない都市であったからだ。彼は新たに準備を整えさせたが、今回はより大がかりなものとなった。大砲が数多く鋳造され、食糧や物資が集められ、一六五二年五月初めに再び攻囲戦が開始された。二カ月経ってもなんの進展もなかった。籠城側には食糧が豊富であって、一万のウズベック族が接近しているとの噂が流れた。贋情報であった。皇帝は翌年再び攻囲することにして、陣を解かせた。彼は作戦の指揮を長男の王子ダーラー・シュコに預け、王子は鉄の砲弾を打ち出せる巨大な大砲を二門と大量の火薬と三万発の石製の砲弾を携えて出陣した。ダーラー・シュコは一六五三年四月の終わりにカンダハールの前に陣を敷く。やがて小競り合いが始まり、いくつかの砦がムガル軍の手におちたが、カンダハールはあらゆる攻撃を耐え、やがて冬が迫り、ムガル軍は食糧が尽き、三度目の攻囲戦も失敗に終わった。一からやり直さなければならなかった。それでもダーラーは、父から素晴らしい褒美を授かった。彼に与えられた褒賞服は金糸織りでダイヤモンドのボタンが付き、袖には真珠が縫いこまれていたし、別に三千万ルピーが贈られた。シャー・ジャハーンは彼に、シャー・ブランド・イクバルという称号を与え、その意味はほとんど王に匹敵するものであり、皇帝の王座に隣り合う金の椅子に彼が将来座ることになることが確実となった。息子への豪華な褒賞やアフガーニスターン遠征の莫大な出費を物ともせず、大ムガル帝国は、金で覆われダイヤモンドをいくつもはめ込んだ琥珀製の見事な燭台をメッカに贈って、預言者の墓の側に置いてもらえるようにした。そのダイヤモンドの中には、ゴルコンダ王国の王子が皇帝に貢ぎものとして差し出した、巨大なダイヤモンドも含まれていた。

イランとの外交関係は断絶し、シャー・ジャハーンの死後、アウランズィーブ帝の治世を迎えるまで、それが回復されることはなかった。

飽くなき建築意欲

大ムガル帝国の歴代皇帝の中でもシャー・ジャハーンほど建築に情熱を傾けたものはいない。当時世界で彼に匹敵する大君主と言えばルイ十六世、ピョートル大帝、オスマン・トルコのモハメッド二世（＊メフメト二世）くらいである。シャー・ジャハーンの治世はムガル建築の頂点と重なるもので、彼の激しい情熱はこの領域の芸術に向けられた。インド歴代の皇帝の中で彼に匹敵するのはアクバル以外にはない。アクバル同様に、いやそれ以上に、シャー・ジャハーンは、城郭、宮殿、墓廟、モスク（四十以上）を建設した。彼の名は、世界で最も美しい霊廟タージ・マハルと離しがたく結びついている。白大理石をこれほど大規模に利用したのは彼が初めてである。白大理石は記念建造物に、他の材料では決して出すことのできない繊細さと官能美をもたらした。「煉瓦のローマを引き継いで大理石のローマを残した」初代ローマ皇帝アウグストゥスのように、シャー・ジャハーンは同時代に建てられたかあるいは改築された記念建造物を、光り輝く繊細な建物へと造り変えさせたのである。その技法はシンプルであると同時により洗練されたもので、花弁形の切れ込み模様が付いたアーチや尖頭形のアーチを用い、刳り形と余白とのバランスをうまく取り、金や多色石版によって様々なモティーフを描いていた。ドームの形状はペルシャ風の、主として尖頭付きの球根形をしており、全面に装飾が施されている。曲線はその輪郭に、大理石だからこそ作りだすことのできる、しなやかさと官能性を備えた滑らかな風趣を付け加えている。この皇帝の即位以来、それまで使われてきた赤色砂岩に代わって大理石が使われるようになったので、赤色砂岩の建物は新皇帝の取り巻き連中によって野蛮扱いされるありさまだった。インド・ムガル帝国のあらゆる都市は、建築に対する炯眼とインスピレーションを併せ持ったシャー・ジャハーンの好みを反映するものに生まれ変わった。

アクバルとジャハーンギールの時代に建てられた建造物のほとんどが改修され、中には完全に様変わりしたものまである。アーグラ城内（城郭細部は一二四頁図版4参照）では、ジャハーンギール・マハル（ジャハーンギール宮殿）の周りに建てられた建造物のほとんどが部分的に取り壊されるか、大理石で出来たよりほっそりした優雅な建物に置き替えられた。皇帝の即位した年に、ディーワーン・イ・アーム（一般謁見殿）は今日われわれが見ることのできるものに造り替えられた。この部屋は、丸ごと大理石からなり、様々な色彩の硬い石が象眼されている。それから十年後、今度はディーワーン・イ・ハース（貴賓謁見殿）が改築された。これは、二列の円柱の上に花弁形切り込み模様で装飾された優雅なアーケードが載り、円柱はどれも簡素な風趣の多色石板によって装飾されている。夏場に暑さをしのぐために造られた地下室があることでよく知られているハース・マハル（＊皇帝の御殿）は真っ白に塗られた。シーシュ・マハル（＊鏡の宮殿）とはハレムの女たちの化粧室のことであるが、数多くの鏡が部屋を取り囲んでいる。この建物のすぐ近くに、アーグラのモニュメントの中でも最も端正な優雅さを誇る

「真珠のモスク」（＊モティー・マスジッド）さえ建っていなければ、これほど優美で白く輝く、この建物ほど美しいものはないだろう。ムガル建築がその頂点に達した時代に建てられたこの「王室礼拝堂」は、貴重な一粒の真珠を意味するペルシャ語の碑銘から名付けられたものであり、その均整のとれた調和美と装飾の美しさは大傑作と言うに相応しい。軒蛇腹の上に載った伸びやかな小塔楼の配置と、中央と各辺のドームの織りなすバランスは、その当時のムガル建築家の比類ない才能を完璧に物語るものである。この建物のために選び抜かれた最高品質の大理石の美しさには並ぶものがないと言いたいところだが、まさに世界一に値すると言えるのは、ここからさほど遠くないやはりジュムナ河の辺にそのシルエットを誇るタージ・マハル（口絵三頁参照）である。

世界で最も美しい霊廟

この驚嘆すべき建築作品の建築家は一体誰なのか。そのアイデアと全体的な構想は、これまで存在したことのない最も美しい墓を生涯唯一人愛した妃に捧げたいと願った、シャー・ジャハーン自身によるものであろう。つまり、彼が大まかなデッサンをし、それに従って細かく構造が決められたのであろうが、建築家が誰なのかは未だに不明である。マンリケ神父の言葉を信用すれば、これまではベネツィアの宝石商ジェロニモ・ヴェロネオであるとされてきたが、彼の名は今日入手できる現場監督のリストの中には見当たらない。そのリストに上がっているのは、イスラーム教徒とヒンドゥー教徒の名前だけである。ラホール、デリー、ムルターンなどの職人たち、ブハーラの「花の彫刻師」、カンダハールの石工の親方、アーグラの別の石工の親方、イスマーイール・カーン・ルーミーという名のドーム構造の専門建築家（この名からするとおそらくオスマン・トルコ出身であろう）、作業全体を調整するウスタード・イーサーという名の男などが、そのリストに載っている。どちらかと言えば、装飾はヒンドゥー形式、構造はイスラーム形式である。一人の大工と大勢の熟練した石工がデリーから、能書家がカンダハールから呼び寄せられたが、こうした職人や職工の中にはヨーロッパ人の名前はない。さらに、この記念建造物の建築にはヨーロッパ的なものの影響の痕跡はまったく認められないし、この建築がムガル・ヒンドゥー芸術の頂点として達成されたものであることは一目瞭然である。いかなる外国の影響も見出されず、仮にヴェロネオの名が上がっているにせよ、それはおそらくたまたまそこに居あわせた外国人がこの計画を完成させるために援助を請われ、それを断れなかったと言うことではないだろうか。全てが十七世紀初頭の極めて典型的なムガル形式である。この建築術には、ヨーロッパ的な特徴だけではなく、アジアの他の地域の特徴も認められない。このモニュメントの大理石に嵌め込まれた宝石や半貴石の由来は分かっている。死してもなお愛された皇帝の妃に捧げられた、この世で最も輝かしい至宝を完成させるために、全オリエントに要請がなされた。バスラからアッサムまで、シナイ山からグワリオルまで、ゴルバンドから大西洋まで、ジョドプルへ、セイロンへ、ナイル河へ、地球上のその他の地域へと、その要請の範囲は広がっている。

一六三二年に着工され、一六四七年に完成したこのタージ・マハルは、ムガル朝のほとんど全ての墓陵と同様に、前面に長方形の大庭園が置かれ、その庭園を壁で取り囲み四隅に塔が配されたものである。主門自体が楼門としての記念建造物である。草花形の刳り文様で装飾されたいくつかのアーケード（＊列拱）に挟まれた拱門（＊アーチ型開口部）は幅が広くかなりの高さである。この門から参道が始まり廟に至る。この廟堂の右手には、周りに小塔楼を配し、三つの大理石のドームが載った赤色砂岩でできたモスクがある。廟堂の背後にはジュムナ河が流れ、その対岸にもタージ・マハルに似た墓陵が見えるが、こちらは黒大理石で出来たもので、シャー・ジャハーンの亡骸を納めるために建造されたものであろう。一本の橋によってこの二つのモニュメントが繋がれるはずであった。しかし、シャー・ジャハーンの治世末期に起きた悲劇的事件によって、この計画は挫折した。その結果、皇帝の亡骸は愛した妃のすぐ隣に安置されることになる。

河に近いこともあって地面の湿度はかなり高く基礎工事は困難を極めた。まずは巨大な基壇を造りその上にこのモニュメントを載せることになった。全体の堅牢さは三百五十年以上たってびくともしていないことからも明らかである。おそらく、タージ・マハルの最も美しい光景はジュムナ河のほうからの眺めである。あるいは、噴水や泉水で心和む庭園を歩いていくと、タージ・マハルがだんだんと近づいてくる時の、荘厳さと一体になった優雅な美という強烈な印象は、ここを訪れた人の心に強く焼きつくものである。この墓陵が女性のために建てられたものであることは間違いない。その優美・崇高で端正なたたずまい、表面全体に漂う繊細な色彩感、「タージ・マハルは、それぞれの色彩が時には混じり合い時には互いを際立たせるように組み合わされた、宝石でできたモザイク模様の透かし彫りを施された、目も眩むほど美しい大理石からなる。すべてが究極の繊細さを誇り、驚くべき細工が施されている。この墓陵には、数々の驚異をなし遂げた女性の気品と栄光が今も感じられるほどである(4)」。

大理石の頑丈な基壇《テラス》の上に置かれたこの霊廟は、近寄りがたい威容を感じさせる。建物の調和を損なわないように、内部につづく階段はこのテラスの内側に隠されている。霊廟の四隅には、廟堂の高さと釣り合った四層からなる光塔《ミナレ》が聳え、この大理石でできた目も眩むばかりの建物の下に眠る女性のための祈りを捧げているかに思える。平面構成は全く単純なもので完全な正方形である。正面入口は高さの等しい二つの層に分かれている。下層部分と、四面を構成するアーケードと、小塔楼が載る上層部分とである。この上層部分のもう一段上に載るのが、優雅で豪奢な球面構成のドーム（丸屋根）である。このペルシャ的着想のドームは、厚みのある鼓胴の上に載せられ、天に向かってそびえ立っている。典型的なイスラーム様式であるこのドームを取り囲むように、ヒンドゥー寺院の屋根に類似した四つの小ドームが立っている。二つの違った様式がここに結びついているのであるが、いささかの違和感も感じられない。このモニュメント全体に使われた大理石は第一級の品質を誇り、数世紀を経た今日、その表面の艶が大理石の白さに穏やかな印象を与えている。

　ドームの下は、この廟堂の中心となる八角形の大きなホールとなっている。その中心から放射状に通路が伸びその先に各部屋が設けられている。各部屋には、繊細な彫刻が施された透かし彫りのアーケードが付いた飾り窓の格子から、光が射し込む。二つの石棺がホール中央に置かれているが、ムムターズ・マハルの石棺は、このモニュメントが彼女に捧げられたものであるから、まさにホールの幾何学的中心に位置している。二つの石棺はいずれも白大理石製で、花や草葉形の色石で象嵌されている。皇帝とムムターズ・マハルの遺骸は、この墓石にではなく、ホールの真下に造られた地下廟堂《クリプト》に安置されている。元々この墓石を取り巻くように立てかけられた格子には、金で「宝飾と碑文の技法の完全なる見本」と書かれていた、と年代記作者のラホーリ[5]は伝えている。大きな球体が一つ、さらにいくつかの金製のランプが二つの墓石の上方につり下げられている。この建物の内部と外部の両方のフリーズ（＊小壁）にはコーランの唱句が、書き込まれたり浮き彫りにされている。また、あたり一面が開花した花やまだ蕾の花などあらゆる種類の花が色石による暖かな色調で描かれ、他のムガル皇女と同様に、インドの庭園に咲き誇る花々に囲まれて生涯を送った女性の思い出に捧げられた、このモニュメントに一層の彩りを与えている。「これが物質でできたとは思えないほど優麗なタージは、見るものを感動と夢想のひとときに誘うものだ！」

光り輝く首都の建設

シャー・ジャハーンの建築にかけた情熱とその趣味に対する自信を永遠のものとするのであれば、タージ・マハルだけで十分であろう。しかしシャー・ジャハーンはこれに留まることなく、ずっと大きなしかも信じられないほどの美しさを備えた他の建築群を、このモニュメントに続いて建てていく。アーグラより涼しい場所で暮らしたかったのだ、と言う人もいる。いや、自分の治世が開始した時には、あるいはその最中に、より自分の好みに合った別の宮殿に移り、自分の名を後世に残すために新たな別の都を建設するという、オリエントの君主に受け継がれてきた伝統に沿った決意のほどを示したということなのであろうか。例えば、ハルーン・アル・ラシードはバクダードを捨て、ラッカに移り、彼の後継者たちはサマーラに移り住んだものが多い。ルイ十四世はヴェルサイユ宮殿を建てさせた。動機が何であれ、シャー・ジャハーンが世界で最も輝かしく最も富裕な君主たらんと欲したように、こうした決定はまさにその人物の思い一つでなされるものである。タージ・マハルの完成がまだまだ遠い先の一六三八年に、遷都が決定された。この都の名はシャー・ジャハーナーバードとなり、デリー――それまでにここに少なくとも五王朝の都が置かれてきた（七五頁、地図3参照）――が、ジュムナ河右岸に建築されることになる。大まかなプランを描いたのは皇帝自身であるが、それだけでなく、幾つもの建物や、より詳細な構造も彼の手になるものだという。しかし何故か彼はこの都に住まなかった。(6)

奥行きが約一キロメートル、幅がその半分という規模のシャー・ジャハーンの都デリーは一辺が河に張り出した恰好の四辺形をしている。平面構成は、通りや建物が四角く構成されており、カーブや円形広場が見当たらないといった印象を与える。その中央部、都の中心部のほとんどを王宮が占め、王宮自体がまた城壁に囲まれている。王宮内には、いくつかの接見室に、皇帝や王族の居室、厨房、馬や象の厩舎など、皇帝と多くの従臣たちの生活に必要なものはすべて揃えられた。敷地の大半を占めるのが、庭園、泉水、噴水などである。皇帝や側近たちの居室は白大理石で造られており、それぞれ川に面している。公務に使われる場所は王宮の中央部を占め、アーケードの付いた幅の広い長方形をしている。ディーワーン・イ・ハースとは貴賓謁見殿であり、東側（中央）に位置する。この間にはボールト天井の付いた長い入口を通って入るようになっている。長方形の左右両辺には、使用人たちの雑務室や居住区が並び、公務区域の西の端にディーワーン・イ・アーム（一般謁見殿）があり、ここで国務が司られた。

宮殿区域は、全体としては城郭の外観を持ち、難攻不落の防衛施設を目的とした建物であるように見えるが、実際は中央政庁として、また皇帝と皇帝配下の者の住む居住区として機能していた。水は、そこからおよそ百キロメートル（＊著者クローは百キロメートルと書いているが、間違いであろう。ベルニエの『ラ・モット・ル・ヴァイエ氏への手紙』を参照すると、約五、六リュー（里）とある。五、六リューは約二十〜二十四キロメートルに当たる。前出『ムガル帝国誌』二一六頁）も離れたジュムナ河上流から（運河によって）大量に引かれ、大理石造りの段を落ちる滝をいくつか経たあと市街地に入り、やはり大理石や白い石でできた数多くの運河によって隅々まで引かれている。建築物は同じ様式ではあるが、それぞれの平面構成はまちまちで、基本的には円柱やアーケードによって支えられた二層構造である。天井は金や銀が貼られ、壁面のパネルには絵が描きこまれ、職人によって思い思いにデザインされた、金や様々な色彩からなる堅石で象嵌された草花文様で装飾されている。大理石を敷きつめた舗道、壁の下部を流

図版10　デリーの宮殿

上　内部の装飾
中　赤色(砂岩)城壁
下　赤色城郭と宮殿の平面図

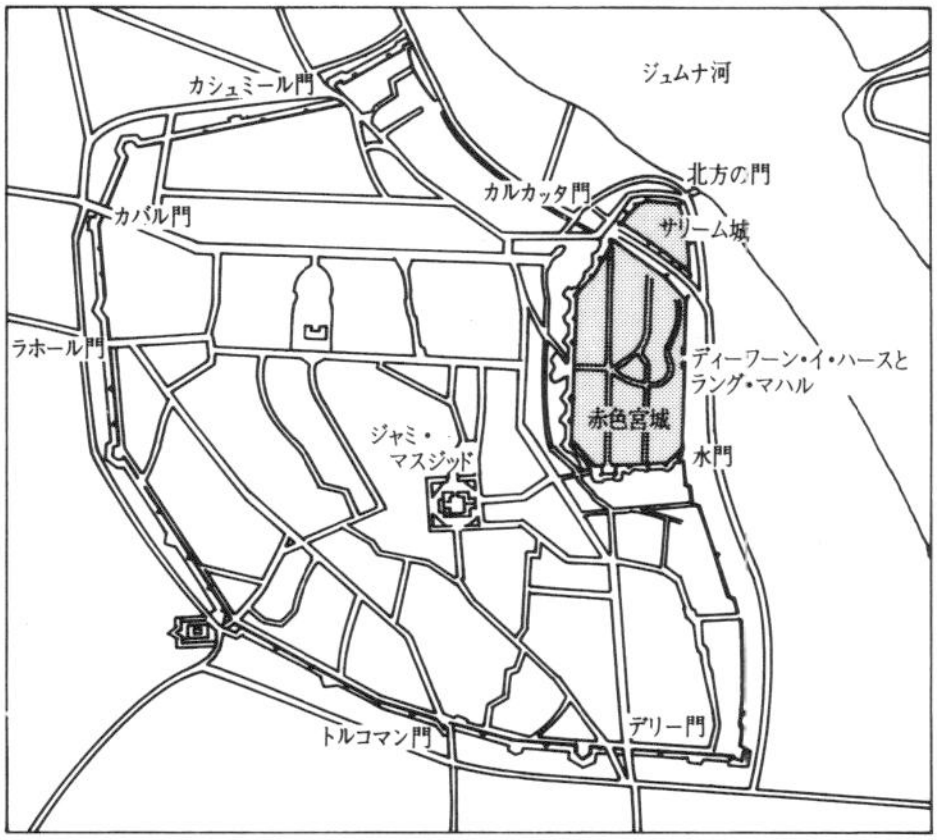

れる水によって、これらの建物は常時涼しさが保たれていた。ある亭など、その真ん中に、見事に咲いた睡蓮の花を形どった水盤が置かれ水が満々とたたえられていたという。水は、あちらこちらの亭や接見室に涼気をもたらしたのち、庭園に流れ込む。二つ造られた大きな庭園のうち、ハヤート・バフシュ（＊「生命を与える」の意）と呼ばれた庭園の両端へとまず水は流れていく。絵画で飾られた二つの亭があり、そのうち一つに、エメラルドをちりばめたソロモン王の王座を描いたものがある。また、壁面の（＊壁龕《ニッチ》）に置かれた金の花をあしらった金銀の壼などは、夜になって、白い燭台に灯が燈されると、さながら「雲の波間に浮かび出る星のきらめきのようであった」と伝えられた。その他の亭も「ダイヤモンドの館」、「真珠の館」、「絵画の館」など、帝国の栄光を示す名が付けられている。ディーワーン・イ・ハースについては、「眩く色彩に満ち、天が約束する宮殿よりもずっと素晴らしいものである」と表現された。それには、四方からよく風の通る美しい部屋で、金塗りの花やその他の図柄を象嵌した大理石の角柱が並ぶアーケード付きの十五の大窓が開けられている。天井は絵が描き込まれ金を貼り巡らせたもので、あたかも全体が巨大な宝石であるかのような煌《きらめ》きを見せていた。これよりもずっと簡素であるがひときわ強い印象を与えるのがディーワーン・イ・アームである。この部屋には四十本の細身の円柱が並びその上に、他の王宮と同様に花弁形切れ込み模様で装飾されたボールトを戴き、三列の拱廊《アーケード》が形成されている。「孔雀の王座」が置かれているのはここである。この色彩過剰とも言える装飾を受けた王座は、基盤の上に置かれ大理石の天蓋の下で光り輝いている。王座の内部は豊かに装飾され、その模様は堅石からなるものであるが、奇妙にも西欧を思わせるものが多い。特に、樹の下で竪琴を鳴らして周りの動物たちをうっとりさせるオルフェウスの模様などは興味深い。この部分はおそらくフィレンツェ派の手になるもので、外国の商人から買い取ったものであろう。

図版11　デリーの古蹟

上　ジャミ・マスジッドの全景
中　ディーワーン・イ・アーム
下右　ディーワーン・イ・アームのアーケード
下左　モティー(真珠)・マスジッド

それとほぼ時を同じくして、デリー「城」が建造された。シャー・ジャハーンは宮殿の近くに巨大なモスクを建造するよう着工を命じた。このモスクはインド最大で最も美しいものである。数千人の職人がこのモスクのためだけに従事し、完成には十四年を要した。この建造にも想像を絶する費用がかかったと思われる。建物の前部には柱廊の付いた大きな中庭が置かれ、これが強い印象をもたらしている。幅が七十メートル、奥行き三十メートルにもなるこのモスクは、途方もなく大きな基壇の上に置かれ、三方から幅の広い階段を上がって中に入る造りである。主門――「王家の門」――だけが拱門の造りであり、皇帝と王族専用であった。側面にはそれよりもやや小さなアーケードが左右に五つずつ並び、見事な調和をもたらしている。内部に入ると、西面に、エレガントな三つのミフラーブ（＊メッカに向かって拝礼する方向を示す壁龕）が造られているのが目に入る。これは、白黒の碑銘や模様が施されたもので、それ自体がモスクそのものを表した造りである。モスクは球根型のドームを三つ戴き、四隅には四基の光塔《ミナレ》が立っている。この全体像は優雅であると同時に崇高さを感じさせる。

皇帝が愛娘ジャハーナーラー・ベガム――シャー・ジャハーンはこの娘を溺愛したと言われている[7]――の生誕を祝ってアーグラに建立させたモスクは、アーグラの主モスクほどの大きさも、デリーの堂々たるモニュメントであるモスクほどの荘厳さもない。このモスクは大部分が赤色砂岩からなっているが、ひときわ目を引くのはその白く大きな入口である。ファサードのペディメント（＊切り妻三角壁）の上には櫓が並び、小さな亭が建物の四隅に置かれており、全体として優雅で調和のとれた印象を与えている。その上に洗練されたドームが三つ載り、壮大というよりは愛らしい雰囲気である。ここは皇帝の愛娘の祈りの場であって皇帝自身のものではない。

ラホールでもやはり、アクバルとジャハーンギールによって建てられた城郭が、皇帝の好みに合わせ

図版12　ラホール市街と宮城

上　ラホール市街図
1　ジャハーンギールの廟
2　ヌール・ジャハーンの廟
3　シャリマールの庭園
4　宮殿
a　ムカニルプラ駅
b　ラホール市駅
c　ジンナー公園
d　イスラミア公園
e　モデル・タウン公園

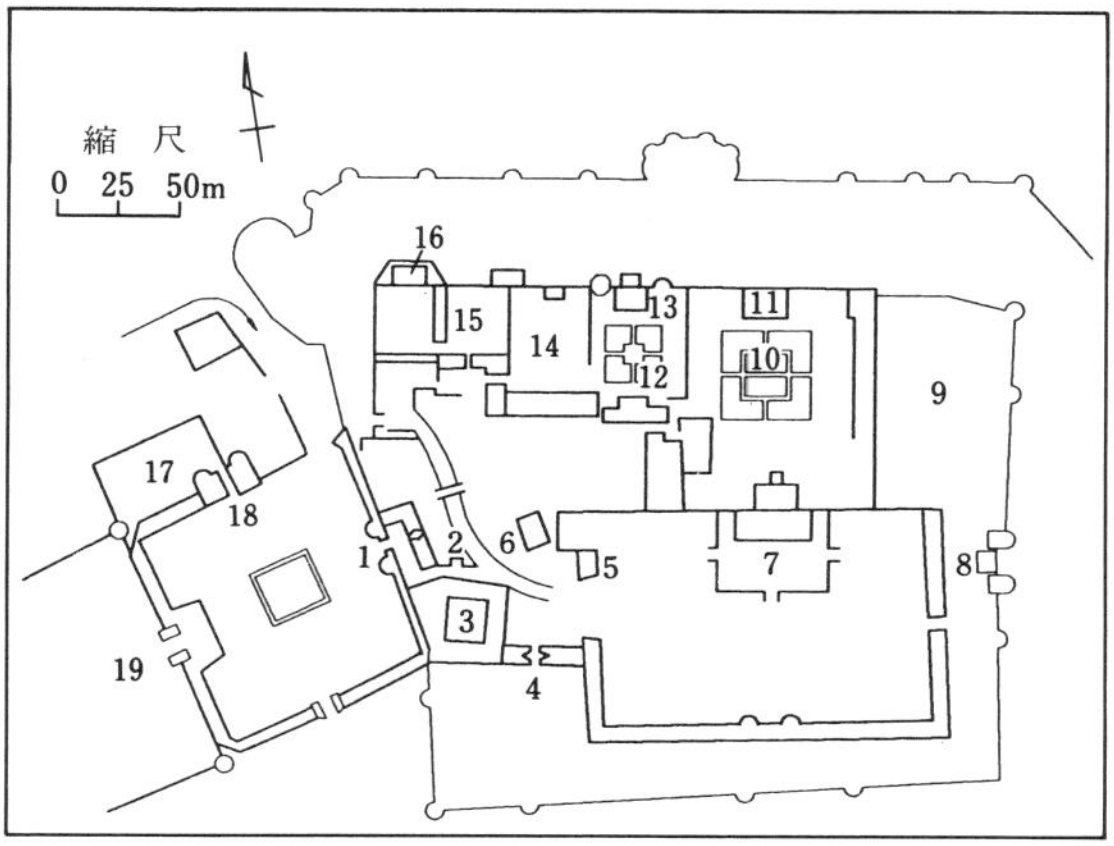

下　ラホール宮城
1　アーラムギール門
2　ムサンマン・ブルジ門
3　大厨房
4　大厩舎
5　事務庁舎
6　モティ・マスジッド
7　ディワーン・イ・アーム
8　マスティ門
9　アクバルの宮殿
10　ジャハーンギールの中庭
11　ジャハーンギールの廟
12　シャー・ジャハーンの中庭
13　ディーワーン・イ・ハース
14　ヒルワト・ハーナ（女性の館）
15　パレン・バーグ（女性の庭園）
16　シーシュ・マハル
17　シャー・ブルジ門
18　ロシュナール門
19　パディシャー・モスク

図版13　ラホールの古蹟

上　ジャミ・マスジッド
中　シーシュ・マハル
下　シャリマールの庭園

て大幅な改築を施された。アクバルによって建てられた赤色砂岩の建物のほとんどが消え去るか、あるいは白大理石を利用して改築された。例えば、ディーワーン・イ・アームやシーシュ・マハル。シーシュ・マハルは「鏡の御殿」と呼ばれ、色石、金箔、彫刻を施された大理石の隔壁などでまばゆいばかりに装飾され、姿美しい亭が御殿に華を添えている。亭はナウラカと呼ばれ、その全体は宝石が花模様に象嵌されたもの。ディーワーン・イ・ハースは、透かし彫りの隔壁から射し込む光が宝石をきらめかせ、その他の装飾も、政治よりも芸術の才能を発揮した君主が構想した魅惑の世界に夢幻の趣を与えている。

ラホールのすぐ近くには、シャー・ジャハーンが一六三七年に造営させたインドで最も美しい庭園の一つであるシャリマール・バーグ（二一三頁、図版12参照）をもつ離宮もあり、ラホールとそこにあるシャー・ジャハーン時代の芸術は見逃すことのできないものである。今もなお残されているものを見るだけでも、シャー・ジャハーンの栄光の時代が偲ばれる。数年前に筆者がここを訪れたときに、ラホールは依然として魅力的な都であった。テラスからテラスへと、滝を経て、三つの大きな池に次々と水が流れ込み、四百以上もある噴水となって吹き上がる。最も大きな池の中央には亭が置かれ、木々の陰に隠れた楽隊が音楽を響かせる中を皇帝やお付きの者たちが迎えられたという。最も高いところにあるテラスは、「快楽を与える」という意味を持つファラハ・バフシュと呼ばれ、それ以外の二つのテラスは「善意に満ちた」という意味のファーイズ・バフシュと呼ばれた。シャー・ジャハーンの時代には、こうしたテラスには様々な花が咲き誇り、皇帝はポプラが木陰を作るすぐ脇の芝生に座って憩いの一時を過ごしたという。また、シャー・ジャハーンは、ラホールに滞在するたびにここを訪れ、自身で植樹するのを楽しみとしていたと伝えられている。

後継者をめぐる悲劇

インド・ティムール族の王座を巡る継承問題はいずれも悲劇的であった。何としても権力を手中にしたいと願う者がいずれも皇帝の息子たちであったため、権力への欲求は帝国を崩壊させる危機を孕んでいた。アクバルの遺産はジャハーンギールとフスローとの父子の争いの的となった。シャー・ジャハーンが死ぬかもしれないという観測が、彼の息子たちにそれぞれ同じ血なまぐさい野望をかき立てた。シャー・ジャハーンの四人の息子のうち、最も力量があったのが、三男のアウランズィーブである。彼は、度胸はあっても気取ることはなく、外交に長けると共に優れた将軍でもあり、大指導者としてのあらゆる特質を備えていた人物である。反面、彼は陰険で執念深く、なんでも平気でやりかねないという性質も持っていた。彼は誰も信用しなかった。そのうえ、彼は熱烈なイスラーム教徒であり、ヒンドゥー教にすべてを注ぎ込んだアクバルを筆頭とした彼以前の皇帝とは正反対であった。彼は曾祖父の政策を間違いと決めつけ、自分がもしうまく王座を摑んだならばそれをひっくり返してやろうと心に期していた。

アウランズィーブの兄である(*長男の)ダーラー・シュコは、その弟とは違って大変寛容な人物であった。彼はアクバルの宗教的混淆主義《シンクレティズム》を受け入れ、イスラーム教のスーフィー僧のみならず、ベナーレースや他のヒンドゥー教の聖地にいるパンディット(ブラーフマン)などとも親しく交わるなど、その交友関係のすそ野は広かった。また彼はウパニシャッドをペルシャ語に訳したり、自分の息子の一人をラージュプトの王女と結婚させたりしていた。「彼はヒンドゥー教徒にはヒンドゥー教徒として、キリスト教徒にはキリスト教徒としてふるまった」とは、彼をよく知るベルニエの言である。また「結局彼は宗教心など持たなかったし、宗教に対して抱いていたにしても、それは好奇心と気晴らしだけであった、などと語るものもいた」と彼は付け加えているが、あながち否定できまい。彼は、パンジャブ、グジャラート、アッラハーバード、カーブルなどの総督を歴任してきた。父シャー・ジャハーンは、ダーラーを他の息子よりも愛していたので、そうした称号を彼のために確保したのだという。シャー・ジャハーンは、ダーラー・シュコのようなものこそ自分を継ぐに相応しいと考え、またそのことを公言してきたので、それが却ってこの皇子の兄弟たちの怒りを増幅させたのだと言えよう。ダーラーはまた、善良な人物であるとの評判も高かった。貧者や無法者たちを庇ったりするので、宮廷では、彼は意志が弱く情に脆いとの評判をとったものである。

アウランズィーブのすぐ上の兄シュジャーは、ダーラー同様にあらゆる狂信に反対した。シーア派イスラーム教にかなり好意的であったが、兄同様にあらゆる信仰を受け入れた。物腰は穏やかで大変な教養人であったという。傑出した将軍であると同時に勇敢な人物であったが、彼が望んだのはむしろ安楽な暮らしであった。各地の総督を歴任した後、一六五七年になって、彼はベンガルとオリッサを治めることになった。

シャー・ジャハーンの最年少の息子はムラードと言い、彼もまたアルコールにのめり込んでいた。インド・ティムール族の王家のみならず帝国の高官たちにもアルコール中毒が蔓延していた。ムラードは宗教的なことに無関心で、むしろ戦争で度胸を発揮する人物であった。国を統治するという野心など彼にはなかったのだから、一連の出来事が起きたとき、いずれどちらの陣営を選んでも最悪の事態になるのであれば、彼は王座を巡る闘争から離れた所にいるべきではなかったか。

一六五七年九月、デリーにいたシャー・ジャハーンの病状が悪化した。一週間以上も生死の間を彷徨う。ダーラーは父の近くにいたので献身的に看病し、やがて皇帝は立ち直った。しかしシャー・ジャハーンは病と闘ううちにある予兆を感じ取ったようである。自分はもはやそう長くは生きられないと感じたのか、彼は自分をアーグラへと移送させた。旅立つ前に廷臣を呼び寄せ、「ダーラーに皇帝の座を譲るからそのように取り計らえ」と言い渡した。ダーラーは、「父が生きている限り皇帝は父以外になく、その他の誰も皇帝にはなれない」と固辞した。シャー・ジャハーンはこの言葉にいたく感動し、息子を大いに賞賛した上で彼のマンサブ(＊地位を示す統率兵員数)を増やしたという。実に様々な噂が急速に広まったが、それでも皇帝は王宮に閉じこもったまま辛うじて命をつないでいた。「皇帝はもう死んだのだ」とか、「いやいや夜ごとバルコニーに現れる人物は皇帝の衣装と勲章を身に付けた宦官である」とか、「ダーラーが皇帝の退位をせまって彼を軟禁しているのだ」などの噂が流れた。ダーラーがとった行動は、そうした噂を打ち消したり静める性質のものではなかった。彼はヴィジール(宰相)の権限を他のものに与えたり、何人もの高官の称号を取り替えさせたりした。アウランズィーブの巧みさと、どんなに不利な状況でも態勢を建て直してくる彼の才能とを知っていた貴族の大半を、自分の側に与させる工作としては、疑念に走りすぎる行動であった。宮廷内で最も思慮深い者たちは、最後の切札はダーラーが握っていることを知ってはいたが、ダーラー自身が、皇帝として振る舞いつつも皇帝になることを拒み、帝国を統治しているのにその称号をもたないという様子だったので、混乱にいっそうの拍車がかかったことになる。その上、ダーラーは兄弟たちと対決するための準備を怠っていたという事情もあった。こうした混乱に乗じてシュジャーはベンガルで独立を宣言、軍を率いて首都に向けて出陣した。シャー・ジャハーンはその知らせを受けとるや猛り狂い、ダーラーの息子のスレイマーンに二万二千の兵をもたせて応戦させた。スレイマーンは叔父の軍に襲いかかりこれを壊滅させてしまう。その結果、ベンガル、オリッサ、ビハールの一部に対するシュジャーの権限が帝国に戻され、平和は回復された。

一方ムラードは、アフマダーバードで皇帝を宣言し、貨幣を鋳造させ、フトバ（説教）を自分の名で唱えさせていた。やがて兄のアウランズィーブと共闘戦線を張ることを決意し、両者は一六五八年八月に合流した。

アウランズィーブは術策を尽くして行動していた。彼は父と正面から戦うことを避け、「ダーラーが権力を不正に奪取し、それによる混乱が帝国に広がっているとの噂を懸念しており、自分はあなたの息子（ダーラーのこと）の鎖からあなたを解き放つため馳せ参じる覚悟である」という内容の手紙を父シャー・ジャハーンに送った。そうする一方で彼は、その当時ラージャーのジャスワント・シンによって率いられた皇帝軍と戦うべく、アーグラに向けて兵を進めていた。マールワーのダルマットで戦端を開いた。大勢がラージュプト族からなる皇帝軍は、なんとかアウランズィーブとムラードの連合軍に対抗しようとしたが無駄だった。イスラーム教徒側は戦争の終結が宣言されるのを望んでいた。おそらく彼らはアウランズィーブがイスラーム教に傾注していることに賛同していたのであろう。アウランズィーブはラージャー軍に勝利し、今回の王家の中でのいさかいを平和裡に解決しようと、「これ以上都に近づかないようにとの父のファルマーン（勅令）が出ているので思い止まって欲しい」という姉ジャハーナーラーの嘆願を無視して、彼は進軍を続けた。それどころか彼は、「今回の辛い事態を引き起こした責任はあなたとダーラーにあり、ダーラーに与えていた権限を自分に引き渡して欲しい」という内容の手紙を皇帝に送りつけた。和解をはかる努力はことごとく失敗した。

二人の兄弟が率いた両軍が衝突するのは必至の情勢となった。この戦闘によって、王座継承が決定づけられることになるので、両軍とも万全の態勢を整えた。こうした一連の出来事の証人となったのはベルニエである。ベルニエは、一六五八年六月八日にアーグラ近郊のサーミガルに展開したこの戦闘と、当時ムガル軍によって使われていた戦術（ムガル軍の戦術は、中央アジアのトルコ人やオスマン・トルコの戦術に酷似していた）についての報告を残した。最初に失策を犯したのはダーラーである。彼は、強力な布陣を敷くために不可欠な息子スレイマーンの部隊の到着を、待ちきれなかったのである。「彼は前衛に全ての大砲を横に並べて鎖で繋ぎ、騎兵部隊が突破できないようにした。これら砲列の後ろに軽装備のラクダを多数同様に横に並べ、二連マスケット銃ほどの太さの小形大砲をラクダの体の前に取り付けさせた。……ラクダの尻に乗った男が地面に降りないで砲弾を装塡したり弾薬を抜いたりできるようになっている。ラクダの後ろにはマスケット銃部隊の大半が配置された。残りの軍勢は主として騎兵部隊である。騎兵は通常のムガル軍がするように、剣と弓矢と箙を装備していた。ここで言うムガル軍とは、ペルシャ人、トルコ人、アラブ人、ウズベック人などの、白人でイスラーム教徒の外国人からなっていた。……彼らは三つの異なる部隊に編成されていた。……アウランズィーブとムラードの側でもほぼ同様の軍勢を配置していた。……本当にこの騎兵部隊はみな小廻りが利き、目ざましい速さで弓矢を放つのである。例えば、マスケット銃兵が弾を二発発射するよりも速く、騎兵は矢を六本放つことができる。……最初の弓矢攻勢が終わると、両軍は接近し、いよいよサーベルを抜いて突撃し、両軍入り乱れ、互いに攻撃の手を休めず戦闘が展開する。最初はアウランズィーブが優勢に立っていたが、やがて運はダーラー側に傾いてきた。ところがダーラーは、右翼を任せていた将軍の奸計にまんまと引っ掛かってしまったのである。この将軍はかつてダーラーに受けた辱めに対して深い恨みを持っていた。そこで、この将軍はダーラーに近づくや言葉激しく、〝あなたが象の上にとどまり、身を危険に晒し、もし傷つきでもすれば軍がばらばらになりかねない〟とダーラーを咎めだてた。よもや自分が大変な過ちを犯すことになるとは気づきもせず、ダーラーは象から降り馬に乗りかえようとした。ダーラーが象の上にいないことに軍勢が気がつくや否や、彼らは裏切りがあってダーラーが殺されたと思い込んだ。……ダーラーは象から降りるのが一瞬早すぎたために、王座の上から下へと転落し、世界で最も不幸な王子となってしまったのである。運命の女神はこのように、戦闘の勝敗と帝国の行方を、ささいな出来事のせいにして楽しんだという次第である」(8)(*前出『ムガル帝国誌』四二頁)。

皇帝の長き苦難の日々と内乱

事態に干渉せずアーグラに留まっていたシャー・ジャハーンは、アウランズィーブを呼び寄せたが、ベルニエによれば、この召喚はアウランズィーブを暗殺するための計画であったという。自分の息子に会うことは計略だったのか、それとも心からの願望か、どちらであったのだろう。アウランズィーブはアーグラに赴くことを承諾したが、それには城の警備を配下の兵に任せるという条件をつけることを忘れなかった。皇帝はこれを拒絶した。戦闘が長引けば、その間にアウランズィーブ支持派がアウランズィーブを見捨てるのではないかと密かに皇帝は考えていたのである。ところが実際に起きたことは全く逆であった。アウランズィーブには好機が訪れる。しかもその好機はこの厄介ものの策謀家に必ずや味方するであろうと皆が確信していたことである。アウランズィーブは、勝つチャンスが与えられれば見事にそのチャンスを生かしきる術を心得た人物であった。「皇帝直属の配下までもが皇帝を見捨て、二度の大勝利を収めたその人物に機密をばらしてしまう有り様だった」。アウランズィーブはアーグラ城への水の供給を三日間停止させたりもした。やがてシャー・ジャハーンは息子の囚われ人となってしまう。息子の方は父に手紙を出し、その中で「ダーラーがイスラーム教にとっての敵だったから彼と戦

図版14　ダーラー・シュコ王子

い、その彼に味方したゆえあなたもまた然りである」と書きつけた。彼は宗教を守るためのジハード（聖戦）を起こさざるを得なかったと言いたいのだ。パルウィーズとフスローに対してシャー・ジャハーンが同様の仕打ちを見舞ったのだということを、アウランズィーブは父に無理やり思い出させたことになるが、それは事実であった。シャー・ジャハーンの治世にその頂点に達し、輝かしい数々の足跡を残した大ムガル帝国の命運は、ここにおいて永遠に尽きようとし始めた。彼はその後八年間をアーグラ城に幽閉されたまま生き長らえた。しかも、「シャー・ジャハーンがアウランズィーブに与えたかつての奴隷であるアティバール・カーンによって指揮された守備隊が、シャー・ジャハーンを奴隷として扱うという惨めな結果となり、それが彼の死期を早めることになった」と、マヌッチは伝えている。シャー・ジャハーンは、愛妃ムムターズ・マハルの廟堂に最後の眼差しを送ったあと、一六六六年一月二十二日に息を引き取り、やがてムムターズのすぐ隣で永遠の眠りについた。

さて、父を人質に取ったあと、アウランズィーブは四人の兄弟の運命にけりをつけなければならなかった。もし四人が一致団結すれば危険となりかねない。術策の限りを尽くし、鉄の意志を発揮して、アウランズィーブはその四人を次々と排除していった。

最も手ごわい相手はダーラー・シュコであった。彼は頭が切れ人望もあったので、彼が生きている限りアウランズィーブの未来は保証されない。ダーラーと手を組めば危険になる人物、つまりムラードから手始めに排除するのがより安全である、と彼は考えた。ムラードは長く自分と同じ側にいたが、今や彼の敵と化していた。自分が皇帝であると考えている者――アウランズィーブは一六五八年七月に即位していた――にとって受け入れがたい野心を、ムラードも公然と宣言し、パンジャブ、シンド、アフガーニスターン、カシュミールなど、帝国内で最も豊かな地方や中枢部への統治権を要求した。アウランズィーブはその全てを約束した。ところが、その後しばらくして、アウランズィーブは狩猟の集いということでムラードを晩餐に誘い出し、やがて夜が訪れると、一人の女奴隷を脚のマッサージに差し向けた。ムラードが眠り込んだのを見て、女は彼から武器を取り上げた。たちまち彼は捕らえられデリー城に送られ、続いてグワリオルへと移された。グジャラートにいたとき高官の一人を暗殺させたという咎で刑を宣告されたあと、ムラードは一六六一年にグワリオルで処刑された。

今や最も困難な責務となったのが、ダーラー・シュコを打ち破ることであった。ダーラーは自分の息子スレイマーンと一体になって強力な軍隊を編成していた。両軍を結集するのが知恵というものだろう。

ところが、知的才能に優れていても、戦略的素質がさほどではなかったダーラーは何と逆のことをしてしまうのである。彼は、軍を補強するために兵をかき集めようと考えて、自分の評判が良いパンジャブに赴くために息子と離れてしまったのである。その結果、スレイマーンの軍勢は戦いに破れ潰走する羽目に陥る。ダーラー軍も士気を失い、もはやアウランズィーブ軍との接触をひたすら避けるという戦術以外に手の打ちようがなくなった。ダーラー軍はデリーを逃れ、夏の厳しい行軍ののちラホールに至る。続いてムルターンに向けて出発したときには、彼の軍勢は脱走が続いたため半減していた。ムルターンからは、大守備隊を擁しおそらくはそこの部隊が自分の軍に合流してくれるであろうカーブルに向かうことも出来た。しかし、ここでもまた彼は逆の方向を取り、シンド、グジャラート、アフマダーバードに向けて出発したのである。ラージャのジャスワント・シンは彼に協力を申し出たが、結局は彼を裏切ってしまう。さらに彼は、度重なる失策と妃の死に士気をくじかれ、「目には死相が表れ」、カンダハールを抜けてペルシャまで行こうと試みた。ケッタ近くのボラーン地方のある部族の族長がダーラーに宿を提供したが、なんと彼はダーラーをアウランズィーブ軍の将軍に引き渡してしまった。ダーラーは二番目の息子シピフルとともにデリーに送られた。アウランズィーブは兄におぞましい刑罰を与えた。その場に居合わせたベルニエは、おそるべき詳細を次のように報告した。「薄汚く見すぼらしい老いて醜くなった象の上に彼は乗せられた。彼の身に付けているものと言えば、汚れきった白く大きな粗布の上着とただの下僕が付けるようなやはり薄汚いターバンだけであった。町中の人に見せるために、ダーラーをこのような哀れな恰好のまま市内の一番大きな市場《バザール》、つまり商店街を引き回した。私としては、恐ろしい殺戮を見ることになると考えていたし、ダーラーをそんな風に市中引き回しにするなどという大胆なやり方に驚いたが、それもダーラーが貧しい人々から大変愛されていたということを知らないでもなかったので、なおさらのことである。……しかしながら、剣に手をかけるような大胆さを持った者はいなかった。ただ、何人かのファキール（＊托鉢僧）とバザールの貧しい商人たちは、この卑しむべきパターン人（＊ダーラーを捕らえた者がパターン人であった）がダーラーの脇の馬に乗っているのを見て、口々に罵り声をあげ、彼を裏切り者と呼び、石を投げはじめた。……男も女も、大人も子供も泣き崩れた」。そこでアウランズィーブはダーラーの処刑を命じることにした。「何人かの死刑執行人が彼を地面に仰向けに打ち倒し、押さえつけた。そうしてナーゼルという奴隷がダーラーの首を落とした。その首は城にいたアウランズィーブの前にすぐに届けられたが、首を皿に載せるよう命じ、続いて水をもって来させた。さらに布切れでその首を洗わせて、血を拭き取らせ、その首が確かにダーラーであることを見届けると、アウランズィーブは泣きはじめ、次のように言ったという。〝ああ何と哀れなこと、その首を余の前から片づけて、フマーユーンの墓に納めてやれ〟と」（＊以上は前出『ムガル帝国誌』八七―八八頁）。

ダーラー・シュコの息子スレイマーンもほぼ父と同じ運命を辿った。父が西部の砂漠地域を彷徨っている間、スレイマーンは北部の山岳地帯に逃げ場を求めていた。スリーナガルのラージャは彼を受け入れ、数カ月間宿を提供したが、アウランズィーブはそのことを「国を脅かす腐敗」とみなし、ラージャにスレイマーンを引き渡すよう要求した。彼はデリーに、続いてグワリオルに連行され、自分の知らないうちに与えられた阿片の過剰服用によって、まもなく死んでしまった。兄弟の中では最後まで生き延びたシャー・シュジャーも幾度もの危険をくぐり抜けたあと逃避行に移った。アッラハーバード近郊でアウランズィーブ軍と渡り合った後、彼はベンガルに逃れ、再度反撃態勢を試みようとした。軍備や艦船は整えたにもかかわらず部隊を編成することができなかったため、彼はダッカからビルマへと落ち延び、そこで小さなアラカン王国を占領しようとして失敗した。さらにジャングルへと逃げ込むのだが、結局は捕らえられ処刑されてしまった。シャー・ジャハーンの子供と孫は、ダーラーとムラードの子供二人を除いて全て死に絶えた。その二人の子供はまだ幼かったので処刑は免れたのだが、それでも幽閉されて残りの人生を過ごすことになる。こうして、一六六一年末までにアウランズィーブに逆らうものは誰もいなくなった。さんざん苦労した挙げ句に、また何をも恐れず——勇敢さも含め——、アウランズィーブは、わずか数年前までは自分には全く可能性のなかった大帝国支配を、父や兄弟を踏み越えてなし遂げたことになる。

兄弟殺しの重苦しい帰結

アウランズィーブは打って出た激戦の全てを制した。彼は武力と奸計によって次々に父、兄弟、甥たちを退けていった。彼の兵士としてのまた政治家としての才能のほどが証明された。ただし、彼の王座がしっかりと確保されたあと、帝国には幾つかの変化が生じていく。これまでに見たことのない変化が生じたのだが、その変化には帝国の衰微と転落の萌芽が含まれていた。

父に対して、続いて兄弟たちに対して仕掛けていった新帝国の長い争いは、住民たちの目前で展開し、住民たちもその犠牲になったり、収穫物を壊滅させられたり、家畜を殺されたりしたので、父を幽閉し兄弟間で残忍な殺し合いを続けた王族に対して、侮蔑や義憤の情を抱くようになった。結ばれるとすぐに破棄された兄弟間の同盟、入り乱れた互いの策謀や裏切り、栄光と快楽のためには莫大な財産をつぎ込んだというのに民衆を抑圧することはなかったシャー・ジャハーンに加えられた仕打ち、様々な事件とその結果流れた大量の血、こうしたことが、数多くのイスラーム教徒だけでなく多くのヒンドゥー教徒の間に、轟々たる非難と侮蔑の念を巻き起こした。住民たちは彼らが征服者であることに改めて気づき、ムガル王朝に対する尊敬の念は深く損なわれた。死刑執行人の斧によって首を切り落とされたり牢獄に幽閉された兄弟たちも、血に飢えただけの、権力を望んだところでその資格などない無能の輩の頭に過ぎないし、アウランズィーブ自身も、実の父に長い苦難の日々を強いて、実の兄弟を次々と殺した罪人なのだ、という非難である。

さらに、同じ家族同士で殺しあったこのような大殺戮が帝国に大混乱を引き起こしている間に、これまでの悲劇の中での最も悲惨な結末が訪れようとしていた。イスラーム教徒とヒンドゥー教徒の間に手の施しようのない亀裂が生じたのである。アウランズィーブは今回の戦いに際しては、数多くのヒンドゥー諸侯の支援を受けてきた。従って、アウランズィーブは数々の成功の多くを彼らに負ってきたことになる。出来るかぎり中立政策を採ろうとしたり、皇帝やダーラーの側に与しようとしてきたヒンドゥー貴族以外の諸侯たちには、少なくとも満足の意を明らかにすべきであった。ところが、アウランズィーブは自分の個人的見解だけで、イスラーム教徒側の支持を求めようとしたのである。次第に不寛容が宗教政策の基盤となり、それにつれて想像も及ばない事態が次々と生じていく。ヒンドゥー教徒たちは一斉に叛乱に出た。ラージュプト族、ジャート族（＊下層カーストであるジャート農民）が立ち上がり、なかでもシーク教徒の叛乱は激しかった。マラーター族も自分たちのアイデンティティとその軍事力をはっきりと自覚しはじめた。支配下の地方勢力や、完全に配下にあると信じ込んでいた他の勢力まで、皇帝の反ヒンドゥー主義に憤り、蜂起した。住民間での反目、諸侯間での紛争などが続いて、瞬く間に宮廷にまでその影響が及んだ。宮廷では、宗教ごとにまた明らかな民族集団ごとに過激集団が形成されていった。

エミールやラージャーがこの帝国の支配者になり、また操り人形と化した君主が彼らの手の上で踊らされる日はそう遠くない。

(1) ムムターズ・マハルはアーサフ・カーンの娘で、アーサフ・カーンはイァティマード・ッ・ダウラの息子にあたる。
(2) F. Bernier.
(3) A. B. Lahori, Badsha Nama（『皇帝伝』）。
(4) J. Kessel.
(5) その名が建築家のリストにあったイタリア人ヴェロネオが協力したのはその細工であったのかも知れないが、彼が建築家であるというのは偽りである。
(6) 今日では「赤い城」（ラール・キラ）と呼ばれている。
(7) 父親は彼女を熱烈に愛した。考えにくいほどの愛情を示し、彼は、ムッラーつまり法学者が決定すれば、「男は、自分の植えた樹になった果実を食べても差し支えないのだ」などと語った、との噂が流れたほどである（前出『ムガル帝国誌』一二頁）。
(8) ベルニエ（＊以下は『ムガル帝国誌』四八頁）。

第六章　狂信王アウランズィーブ

アウランズィーブは四十歳をわずか過ぎた一六五八年七月三十一日に、皇帝即位を宣言した。彼は中背でかなりほっそりとした体軀の持ち主で、肌の色はオリーブがかっていた。頰から顎にかけて輪状に髭が生え、鼻は高く突き出ていた。F・ベルニエは彼を「秘密主義で、ずる賢く、極力感情を面にしない」人物だったと評しており、謎めいた性格の持ち主である。長所と短所が入り交じり、「カメレオン皇帝[1]」と呼ぶものもいた。彼に長く接してきたフランス人の旅行家は、彼が「長くファキール（*托鉢修道僧）として過ごし、清貧を重んじる苦行僧《デルウィーシュ》で、信仰に厚い人物であり、俗世間と交渉を断ち、王位など欲しくはないのだといった素振りで、祈りと信仰のうちに人生を静かに過ごしたいのだといった様子である。ただ、宮廷での権謀術数だけは怠らず、特にデカンの副王・総督を務めたときはそれが激しかった。謀略を弄するにしても、彼の手練手管は極めて機密性の高い巧妙なものであったため、誰もそれが謀略だとは気づかないほどであった」と付け加えた。父シャー・ジャハーンを幽閉しておきながら、その父に次々と手紙を書き送った。なかには模範的な手紙もあったが、多くは、その手紙の中に、彼好みの主題である君主が持つべき資質についてくどくどと書き連ねたものであった。「全能なる神は、臣下を愛し国民を守る義務をわれわれに課されたのだ。狼は羊飼いになるためにつくられたのではなく、また心貧しき者が統治者という大きな義務など果たせないことは明らかである。君主とは人々を守ることを意味するのであり、決して自分を甘やかしたり放蕩を尽くしてはならない」とアウランズィーブは書き残している。皇帝に対して、もっと健康に留意されるようにと進言した者には、「余は王の子であり、今や王座に座るものである。神は余を、自分のためにではなく他人のために生き、働くよう世に遣わされたのだ。国民の幸福の条件だけを考えて、自分自身の幸福を考えないことも一つの義務である。正義だけに、王の権威だけに、国家の安全のためだけに身を捧げてはならないのだ」と答えたという。さらに、父シャー・ジャハーンに宛てた手紙には、「正義をもって臣下を統治することに最も腐心するものこそ偉大なる王である」などと書き送った。

今日まで残された二千通を超えるアウランズィーブの手紙には、正義や温情を奨励する内容が多く、公平をもって統治することを第一の美徳とするオリエント独特の伝統との一致に困惑していることを示す内容だけではない。帝国内の住民だけでなく、外国人も、彼に対してほとんど共感しないものでさえ、アウランズィーブが公平さや、一点の曇りもない正義を行うことに腐心したと証言している。「大ムガル帝国は正義の大海である」とは、イギリス人の旅行家オヴィントンの言である。『王の鏡』(2)の著者であるバフ・タワールは、正義を執り行うために日に二度も三度も皇帝が法廷を開いた様子を、次のように描写している。「不平を申し立てる者は数多く、次々やって来てはそれぞれの苦情を何ものをも恐れない様子で述べ立てていた。皇帝は彼らに言いたいだけ言わせて、じっと彼らの言葉に聞き入り、彼らの身振りをじっと見つめていた。最も卑しいものも、上流の貴族と同様の敬意をもって、皇帝に受け入れられた。皇帝の下す審判は常に公明正大であった。怒りに任せたり、激情のあまりに死刑を宣告するようなことはなかったが、同時に厳しく罰することもちゃんと心得ていた。あらゆる過ちは、コーランの教えに従って定められた懲罰の中に見いだされた」と。

アウランズィーブの治世――この王朝の中で最も長かった――が始まるとすぐに、彼は激務に励んだ。彼は息子たちの一人に、「安楽に甘えるな、安らぎに走るでない。皇帝とは流れる水に似ている。同じ場所に止まれば水が腐るように、王の権力もその統制力を失う」と言い渡し、「統治するとは必死に働くことである。さもなければ神への忘恩となり、思い上がりとなろう。働かずして統治したいというのは、人民にとって、正義にもとる暴君に等しい」と言い添えた。アウランズィーブは、朝五時に起きだすとすぐに祈りを唱え、祈禱書を読み終えるや、七時半にはもう私的謁見室にて裁判を司ったという。その後、公的謁見が始まり、長い執務の一日が幕を開ける。執務の合間には、日課である祈りを唱え、またハレムを訪ね、短い午睡をとった。夜八時ごろハレムに下がり、また祈りを唱える。木曜日の正午には活動を停止し、金曜日は祈りや宗教書の読書、瞑想に一日を捧げた。一切の娯楽が禁止された。

アウランズィーブの生活や活動における厳格さは弱まることはなかった。並外れた強健さを持つ肉体に助けられ、かなりの年齢に達しても、彼は大変な苦労をものとせず次々と仕事をこなしていった。遠征の構想、軍の組織と指揮、城砦の建設、広範な情報網を組織して密偵を送り込んだ上での官吏の任命と監視などなど、帝国全体を睨む彼の猜疑に満ちて研ぎ澄まされた烔眼から逃れるものなど何もなかった。様々な人種と宗教が入り交じったこの広大な国を治めるには、これが最良の策であったかどうか。どうやら、彼は他の誰もが為しえなかったごくささいな労の多い仕事に、自分の生涯の大半を費やしたように思える。度はずれた勤勉さと良心を持ちながらも、心も視野も狭い人物であった。長い治世を通じて、彼は誰一人信用しようとせず、腹心の補佐さえ置こうともしなかった。大臣、高級官僚、軍の指揮官を選ぶ際にも、才能よりも忠誠心に重きを置き、能力のある部下に囲まれるということは極めてまれであり、自分たちの能力を仮にうまく発揮できた者も、やがてはその輝きを失う羽目になる。いやむしろ、それほどまでに、皇帝自身の納得しない目立つ行動を部下がとれば皇帝は忽ちに彼を疑っていたからだと言えよう。血族のほとんどを骨肉の争いに巻き込んだあの長い悲劇を通り抜けて王座に就いたアウランズィーブは、生涯を通してその悲劇の刻印を自らに抱き続けた。まもなく、彼は自分の息子たちが自分に対する陰謀――これは確かなことである――を企て、自分の側近でさえその共犯者なのではないかと疑いを抱くのであった。アウランズィーブの友人であると公言できるものは誰もいなかった。政府内で彼に協力するものも、彼に仕え、彼自身と等しい国家に奉仕するためであって、それ以上の関係はなかった。それにはもう一つ理由が考えられる。彼は仕事を趣味としていたふしもあったが、趣味を通り越した途方もない量の仕事が舞い込んでくることになる。しかし、すべての仕事を自分自身でやることが裏切られないための最善の策であると、彼は認識していた。結局は、おそらく配下の間諜から送られてくる情報だけを頼りに、互いに互いを監視し合う体制をとらせたことになる。このような条件でインドを治めることには無謀極まりない危うさがあった。事態をさらに悪化させたのは彼の宗教政策である。この政策は人民を互いに対立させ、帝国の基盤そのものを揺るがすことにしかならなかったのである。

帝国にのしかかる鉛のマント

ティムール族は、力ずくでインドに帝国を切り開いた征服者であった。歴代皇帝はそのことを決して忘れることはなかった。バーブルもその他の皇帝――特にアクバル――も、寛容で自由な政策をとって、最大人口であるヒンドゥー教徒に、彼らの信仰や生活様式が自分たちのものとは違うということを忘れさせようと労苦を惜しまず努めてきた。アクバルは、いささか逸ったとは言え、イスラーム教徒、ヒンドゥー教徒、その他の全ての人々を融合させる新しい宗教を創りだそうとさえしたし、もしその宗教がなければ、この半島全体を治める大帝国など決して建設できなかっただろうと彼は考えていた。末裔たちは、特別な事情がないかぎり大幅な寛容政策をとってきたが、アクバルの政策は放棄してしまってい
た。ヒンドゥー教徒の王女との婚姻が何代も続いたのち、ティムール族の血はすっかり薄まってしまった。バーブルから四代目にあたるシャー・ジャハーン以後は、人種的相違はすっかりなくなり、人種の純潔性と同様に、宗教的信条の厳格さも弱まっていったとも考えられる。ところが事態は全然違った方向に進むのである。大ムガル帝国の六代目は、根っからのイスラーム教徒であることを公言してはばからず、ひとたび王座に就いた後は、最も狂信的な皇帝となったのである。冷血で厳格な潔癖主義者であると共に、愛されることのない「あわれな人間の本性」を軽蔑しながらも、自分の信じる宗教的目的を達成することに熱狂し、こだわり続けたのである。いわば王位に就いた苦行僧というわけだ。戒律、聖伝、神学者の手になる注釈や著作などからの教養を身につけ、彼の周りには宗教家や苦行僧《デルウィーシュ》が集まった。彼はコーランの唱句を全て記憶していた。また手書きのコーランを二部書き上げ、いずれも豪華に製本し、一冊はメッカに、もう一冊はメディナへと送らせた。あらゆる学芸を保護したので、大ムガル帝国の詩や美術工芸の高揚に個人的に貢献したものも出たが、先帝たちとは違い、宗教だけがアウランズィーブの興味の中心を占めていた。

治世開始直後から帝国には、まるで鉛のマント（＊昔は拷問の道具として使われた）がのしかかったようであった。禁忌食物、飲酒、娯楽など、イスラーム教の教えに背くものはことごとく禁止された。楽士も、歌姫も歌手もみな宮廷を離れ、金銀の食器は素焼きのものと代えられた。皇帝は詩句を書くこと――噂によると皇帝は詩句の達人であったという――だけでなく、それを耳にすることも拒んだ。「全

能なる神の歓心を得るために、彼は追従者に眼を向けることも、詩人に耳を貸すことも決してしなかった」。「モラルに堪える著作は別として、詩人など嘘八百しか書かないものだ」と皇帝は語っていた。教えに従った服装、つまり飾りのない羊毛や綿の衣服以外は身に着けないことを、皇帝は守り通した。コーランや数珠といった用具を拵えることが娯楽として流行り、皇帝はそれを売って聖地に寄付するように勧めた。祈りや断食、その他あらゆるイスラーム教の義務を自ら厳格に遵守し、側近たちにも同じことを厳しく要求した。彼は毎朝夜明けに宮殿の露台に姿を見せることや、体重と等しい宝石を整えるという慣習も、きっぱりとやめてしまった。市内で戒律や教えに敬意を払わせることを任とするムフタシブ（＊道徳監督官）の権威が高まり、人々はいっそう厳格に教えを守るようにとの令を受け入れた。兵士や政治家もそれにならう。ヒンドゥー教徒が行う挨拶の仕方が、ペルシャ起源の春の祭典であるヌールーズの儀式、人や動物の彫像を建てることとともにすべて禁じられた。アーグラ城の門を守ってきた象の石像もいつの間にか取り去られた。イスラーム教の伝統に合わないという理由から、墓に屋根をつけることも禁止されたのである。

こうした禁止や制限は敬虔なイスラーム教徒を満足させるものであったが、イスラーム以外の宗教の信者には不快以外の何ものでもなかった。デリーやその他の都市ではこうした禁止などがはっきりと効果のほどを示したが、それ以外のところではほとんどあるいは全くその影響は見られなかった。ラージャー（＊ヒンドゥー教徒の王）やイスラーム教徒の諸侯などは宮廷音楽家を呼んでは、こっそりと酒を飲み続けていたという。ムフテシブや警吏の数は足りてはいなかったのである。勅令は、それがイスラーム教徒だけに限定されているならば、何の被害も出さずにただ廃れていくだけだったであろう。皇帝が、ヒンドゥー教やその戒律に攻撃を開始した日から一切が変わった。諸民族や様々な宗教共同体間に横たわる溝を埋めようと、歴代ムガル皇帝が努めてきたことはすべて無と化してしまった。インドは今後ばらばらになっていく。その結果は悲劇であり、数世紀にわたって、いや今日にさえその影響が残っているほどである。

アウランズィーブは即位後、「異教徒のために新たな寺院を建設すること」を禁じ、十年から十二年以内に建てられたすべての建物を破壊すること、それにそれ以前の古い建物を修理しないこと、などを定めた政令を発布した。

この政令はまずグジャラートで適用され、やがて全国に広まった。これに続いて、すべての寺院に置かれた人や動物の像を破壊する政令が出された。さらに一六六九年には、「信仰の守護者であられる陛下は、タッタ、ムルターン、特にベナーレースなどの州で、バラモンたちが無分別のあまり、いかがわしい内容の書を各地で広めようとしており、ヒンドゥー教徒だけでなくイスラーム教徒の弟子や師が、彼らバラモンたちの教えを聞こうと遠い地から集まっている、との知らせを受けた。それ故に、信仰の守護者は、すべての州の総督に対して、異教（＊イスラーム教以外の宗教）の学舎と寺院を取り壊すよう命令を出された」との政令を発布した。彼らの怒りは計り知れないものであっただろう。ヒンドゥー教徒は、数千にも及ぶ自分たちの宗教建築が、辺鄙な村に至るまで次々と壊されていくのを目撃させられたのである。有名な寺院、例えばソムナート――この寺院は壊されたあとガズニーのマフムードによって再建された――、ベナーレース、ウダイプル、ゴルコンダ、ビジャープルその他の寺院が、ことごとく打ち壊され、秘蔵の宝は奪われるか砕かれたものである。この時代のある年代記作者(3)はこの模様を、「異教徒の寺院から奪われた豪華な偶像の数々はアーグラに移され、常に真の信者の足で踏みにじられるようにと、ナワーブ・ベハム・サーヒブのモスクの階段下に置かれた。特にジョドプルからは、宝石で飾られた金、銀、銅、青銅の偶像を満載した二輪荷車が次々とデリーに運び込まれ、皇帝はそれらの財宝を壊し、踏みつけさせるために大モスクの階段下に置くよう命じた」と、一言一句もらさず丁寧に報告している。破壊が自分の思うように素早く進まないと見て取ったアウランズィーブは、「寺院が基盤ぎりぎりまで潰されているかどうか」を監視させるために密使を任命した。グジャラートではヒンドゥー教徒の所有する土地は全て奪い取られた。皇帝の狂信は年を追うごとに激しくなり、それにつれてイスラーム教徒に対する前代未聞の憎悪が、ヒンドゥー教徒の間に沸き起こった。さらに、ベナーレースでは両教徒間での乱闘が始まり、ヒンドゥー寺院の廃墟の上に建てられたモスクの周りでは本当の戦闘にまで発展した。また別のいくつかの地方では、ヒンドゥー教徒の抵抗が激しくなり、当局は手を出さないか、あるいは袖の下をもらって見て見ぬふりをしたので、寺院は崩壊を免れたものもあった。

アウランズィーブの目的は、人口の大部分を構成するヒンドゥー教徒や他の異教徒の相当数の人民をイスラーム教に導き、ティムール帝国をイスラーム教国家につくり替えることにあった。改宗に導くのに最も有効な手段は、統治下の異教徒——ズィンミー——つまり真の信者でない者に対して、預言者ムハンマドが想定した特別の税——ジズヤ——を課して、打撃を与えることであった。イスラーム教徒であるティムール族の父祖たちが永い間実施してきたジズヤは、アクバルによってすでに廃止されていた。一六七九年に、アウランズィーブはこの税を復活させたが、それによる増収は非イスラーム教国への支出の三分の一にのぼり、これがあまりに重い税であったために、多数の改宗者が生みだされた。イスラーム教徒に改宗したもののほとんどが最下層の民であったが、それも改宗すればすぐに褒美が与えられたからである。改宗者には金だけでなく、公務員にとりたてたり、象の背に乗せて町中をパレードさせたりもした。その逆に、改宗を拒んだものは打ちすえられ、デモ行進をすれば棒で殴られて追い払われ、象の下敷きにして押しつぶされる、などの脅しを受けたりした。

それからまもなく、別の差別的措置が非イスラーム教徒を襲った。積荷にかけられる手数料が二・五％から五％へと引き上げられたのである。ヒンドゥー教徒に対してはその率は変わることなく存続した。それとほぼ同時に、ヒンドゥー教徒の官吏が中央や地方政庁から追い払われ、イスラーム教徒に置き換えられ、公務員組織は改組されて、イスラーム教徒と非イスラーム教徒の比率が五〇％に固定されたが、逆らうこともできなかった。

ヒンドゥー教徒の祭りを、灯明、縁日、余興などで祝うことが禁じられ、続いていやがらせの極めつけとして、ヒンドゥー教徒が競走馬に乗ったり、輿や象の背に乗ること、武器を携行することなどが禁じられた。さらに差別は全土に波及する。アウランズィーブの得た唯一の成果とは、ヒンドゥー教徒を永遠に遠ざけたことと、イスラーム教徒でさえかつて誰も体験したことのない教条主義に支配された不断の監視と疑いの対象となったため、皇帝の側に寄りつこうとしなくなったことである。つまり、一方は不満だらけ、他方は憎悪と怒りに満ちていたというわけだ。こうしてムガル国家は悲劇的結末へとなだれ込んでいく。諸王国と諸部族が次々と叛乱を起こし、アウランズィーブはその鎮圧と征服――特にデカンに向けての――に明け暮れる毎日を送り、ついには帝国の没落と崩壊を導くこととなった。

叛乱と虐殺

アーグラに隣接する地方の農民部族であるジャート族がまず初めに叛乱を起こした。これはクリシュナの生誕の地とされるマトゥーラで、最も信仰を集めていた寺院が破壊されたことに端を発したものである。この叛乱に対するアウランズィーブの報復は凄まじいものであった。叛乱軍の族長であるゴクルは長い戦闘の後に囚われ人となり、アーグラに連行され、ばらばらに切り刻まれてしまう。数多くのジャート族農民が処刑され、その家族は散り散りとなった。こうしてほとんど名のなき人々にまで憎悪の炎は広がっていく。ゴクルの処刑ののち数年して、今度は別の叛乱が勃発したが、またもや鎮圧され、やはり残酷な結末となった。十年間の間に絶え間なく叛乱が起き、その度ごとにイスラーム勢力に対する憎悪は膨らみ、戦闘は激化していった。やや後になって、ジャート族農民はラージュプト族の王のもとに結集して一つの国家を形成するにいたる。彼らは独立し強力になり、ムガル族を絶えず悩ませ、時には首都の城門前にまで迫ったこともある。こうして、自分たちの信仰心をひどく傷つけられた元来穏やかな農民は、ティムール国家の不倶戴天の敵となった。

シーク教徒の叛乱はまったく別の集団によるものである。シーク教徒は十人の導師《グルー》を代表する導師であるバーバー・ナーナクによって設立された教団であって、十六世紀初めには単なる宗教的団体に過ぎなかったが、アウランズィーブが残虐な行為を続けたため次第に軍事的性格をはっきりと打ち出し、ついには武装集団へと変貌した。ナーナクは、祈り、自己抑制、瞑想、「真実なるもの、不滅なるもの、純粋なるもの、不可視なるもの」としての神への絶え間ない凝視などによって、人々を解放へと導くことを夢見ていた。偶像崇拝やカースト制を敵とし、大いなる寛容をもって、祭礼の生贄も霊魂再生などの思想もすべて斥けた。彼自身はヒンドゥー教徒とイスラーム教徒から等距離に自分を置いた。ナーナクは、普遍的な慈愛と友愛と共に、神——唯一神——への一途な信仰は、形のないものでなければならないと説いた。ナーナクの後継者である高位の導師《グルー》たちは、自分たちの宗教生活の神聖さに尊敬の念を払ってくれたムガルの諸皇帝とは、良い関係を保ってきた。アクバルなどは導師の前に頭を垂れたほどである。ところが、十六世紀末に、凄まじい勢いで改宗者が続出したため、この教団は戦闘的性格を強めていく。やがて、アムリツァルに相当な資金を蓄積させてきた導師たちは、その富をおおっぴらに見せびらかすほど資金的に豊かな集団となる。第五代導師のアルジャン・シンは、アムリツァルに絢爛たる金の寺院を建立させていた。この寺院にはこれまた豪華な中庭があったが、ここに武装した兵士を配していたことが皇帝の逆鱗に触れたのである。また、ジャハーンギールに楯突いたフスローの肩を持つという過ちを導師が犯したため、ジャハーンギールはこの導師を処刑してしまった。(4) 一方、アウランズィーブの非イスラーム教徒に対する粛清が始まり、逮捕、処刑、ありとあらゆる嫌がらせが続く。テグ・バハードゥル導師はこうした事態に無関心ではいられなくなり、シーク教徒と皇帝軍との間についに戦端が開かれた。テグ・バハードゥルは捕らえられてデリーに送られ、五日間も拷問にかけられ、教団の秘密を明かすよう迫られたが、首の周りに一枚の紙切れを巻き付けて「秘密はこの紙の上にあり、剣でこれを断ち切らねば秘密は決して明かされない」と答えたという。そこで首を切り落としてその紙を確かめると、そこには「頭は与えても秘密は明かさない」と書いてあった。また、あまりに何度も妃の居室の方に視線を向けすぎるので、アウランズィーブがそのことを咎めると、テグ・バハードゥルは、「おお皇帝よ、私はお前の居室もお前の妃も見てはいない、いやあの方向に、海を越えてヨーロッパ人がお前の帝国を破壊しに向かっているのが見えたのだ」と答えたとも伝えられている。

冷酷非情な敵

解決の糸口が見つからないまま、憎悪がシーク教徒とティムール朝の帝国を引き裂いていく。これに続いて、君主の狂信によって引き起こされたあらゆる憎悪が帝国全体に広がっていった。先人より復讐を果たす使命を受け継いでいたゴヴィンド導師の心に、とうとう憎悪の念が宿った。彼にとっては、イスラーム教こそ最も冷酷非情な敵である。ゴヴィンドは頭が良く、残忍な性格とともに、冷徹な打算を働かせ、人々を熱狂に導いたり、一身を投げうって民衆につくすことのできる人物であった。彼は、「二人のシーク教徒がいれば教団ができ、五人も集まれば神が現れる」と語っている。彼は信者の間に絶対的平等を打ち立て、断食を廃止し、宗教集団を鉄の規律に従わせた。彼は信者たちを「純粋なもの(カルサ)」と呼び、前もって短剣でかき回しておいた水を用いて一種の洗礼を施し、「これによってシン(獅子)であったものは私のシーク(弟子)となった」などと語るのであった。こうして、獅子たちの数は急速に増え、死を恐れず導師に尽くす八万人の兵からなる軍が組織されていく。

ゴヴィンドは首都を、ヒマラヤ山脈から下る渓谷に出来た町、アーナンドプルに定め、パンジャブやカシュミールの住民に対し、ムガル皇帝と闘うために馳せ参じよと呼びかけた。これを拒むものは宗教の敵と見なされ、痛めつけられたものである。彼は地方のラージャーたちとの戦闘を開始したが、勝利したことも敗北したこともある。彼自身の母と二人の息子が囚われ人となったとの知らせを受け取ったとき、彼は近くにあった一本の灌木を引き抜き、「今わしがこの木を引き抜いたように、この国からトルコ人を引きずり出してやる」と叫んだという。皇帝の軍に散々追い回されたが、その都度彼はこれを撃退した。首都が包囲されたので、彼はデカン地方に、続いて北部丘陵地帯へと逃げ帰った。皇帝に召喚された時、彼は次のような長い手紙を書いてこれに答えた。「わしはお前なんぞ少しも信用しておらん。だが、もしお前がわしのところまで来るというのなら、お前にはなんの危害も加えられないだろう。この地方の部族はすべてわしに従っているからな。(中略)わしは王の中の王の僕であってそれに仕える所存である。したがって、わしは命をかけてその王の命令には従うつもりだ。お前は今王座に座っておるが、ああ、神を恐れるがよい。神こそが、天と地の皇帝であり、弱い蟻から強い象に至るまであらゆる動物の創造者である。神は不幸なものの保護者であり、不埒なものを懲らしめるものである。わしはお前のところに出向くことはないし、お前と同じ道を歩もうとも思わん。もし神が望むならばわしはお前に対抗することになろう。お前には軍も富もあり強力であるかもしれんが、わしにとって大切なのは神を讃えることである。お前は自分の帝国を誇りに思っていようが、わしはわしで不滅の神の王国を誇りに思っているのだ」と。

ゴヴィンドの不遜極まりない脅しは、少なくとも彼の生きている間は実現しなかった。彼は個人的な敵によって暗殺されたのである。彼の死と共に、偉大なる導師の十代目、最後の導師にしてシーク教の設立者、またシーク教徒軍の組織者が消え去ることとなった。シーク教徒は、いるとの噂が立てばどこまでも追い討ちをかけられ、次々と処刑されていったが、だからといって彼らの決意やその復讐心が変わることは決してなかった。ここにバンダという新たな頭目が登場する。彼は厳格な苦行僧であったが、残忍な性格を持つと同時に、組織力においては抜群の才能を見せた。北部丘陵地帯に逃げ込んでいたシーク教徒は、数年たって、バンダの指令一つで住んでいた村を突然離れて、パンジャブ東部一帯へと襲いかかった。彼らの残虐さは想像を絶するものであった。モスクは次々と破壊され、ムッラー（＊イスラームの法学者）も他のイスラーム教徒も年齢・性別に関係なく拷問にかけられ、村人は皆殺しに、死者は掘り出されて動物や猛禽の餌にされた。シルヒンドは占領されたあと全員が刃にかけられ、大規模な掠奪も合わせて、ジュムナ河東部の寒村はシーク教徒軍によってかたっぱしから蹂躙されていった。同じ州にあるルディアナ、アムバーラ、タネスワルといった大きな町もすべてシーク教徒に占領された。皇帝軍の優勢がしばらくの間続いたので、彼らは森に逃げ込んだりもしたが、やがて勢力を盛り返し、ラホールやデリーに隣接する地域にまで恐怖の種を植えつけていった。アウランズィーブは当時表舞台から姿を消していたので、この激しい叛乱の嵐を静める責を負ったのは、彼の息子とアウランズィーブの後継者バハードゥルであった。叛乱はじわじわと広がり、帝国の莫大な財源を呑み込んでいった。続く五年間は税収の全てがシーク教徒との戦いに費やされる。結局バンダと七百四十人の兵士は捕らえられて、彼らがイスラーム教徒に加えたのと同じ残虐な仕打ちを受けた。まずは、嘲り笑わせる目的で彼らに黒羊の革を被せてラクダの背に乗せ、デリーの町中を引き回した。しかし、シーク教徒はただの一人も自分の宗教を否定することなく、死刑に処せられた。バンダは、槍に突き刺した側近たちの頭を周りに並べた鉄の檻に入れられたうえ市中を引き回しにされた。バンダの三歳になる息子を拷問にかけて心臓を引き出し、その心臓をバンダに投げつけたという。バンダ自身は火で真っ赤に焼けたやっとこでずたずたに切り裂かれたが、彼の勇気は萎えることがなかったという。処刑の間中ずっと彼は神への賞賛を唱え続けた。数々の戦闘に敗れたとはいえ、インド全体を掌中にしたいという望みを捨てず、最後の勝利を信じるシーク教徒の思いはその後も弱まることはなかった。十八世紀全体を通じてこうした戦闘が各州で連続し、パンジャブ州では特に激しく叛乱の炎が燃え盛った。続くムガル皇帝たちも、その他の諸侯や族長も、勇敢かつ見事に組織されたシーク教徒を完全に叩きつぶすことはできなかった。さらに、外国人の侵入によって皇帝の権威が弱まったので、シーク教徒には影響力増大の絶好のチャンスが訪れる。しかしながら、もしアウランズィーブの狂信というものがなかったならば、その影響力が大きいといっても、今日にまで続くほどの深刻な事態とはならなかったであろう。

最も恐るべき敵

アウランズィーブの約五十年に及ぶ治世の間に、彼が闘ったヒンドゥー教徒の大首長の中でも、抜きんでた大人物がいる。その名をシヴァージーといい、族長を経てマラーター族の王となった人物である。マラーター族とは、ガート山脈と海に挟まれたプーナ地方——今日のボンベイ州——にはるか昔から住みついてきた種族である。歴史上彼らが一国を造って現れたことはなかったが、そのかなりはっきりとした種族的性格、その性格の特徴——地味、質素、器用——、インドの他の方言とはまるで異なるその言語などによって、他の部族とは一線を画していた。彼らの宗教的・政治的な理想は、種族に荒々しい権力への野望を抱かせるような内容を含んでいた。ビジャープル、アフマドナガル、ゴルコンダなどの君主たちは彼らを自軍に雇い入れてきた。最初こそただの一兵卒に過ぎなかった者が、やがて軽騎士へと階級が上がっていく。宰相を務めた人物も少なくなかった。ムガル帝国とデカン諸王国との戦争の物語では、マラーター族の兵士は、ゲリラ戦を展開し、重装備中心の皇帝軍に深刻な被害を与えた、恐るべき相手として描かれている。大族長の多くが彼らの軍を率いて勝利を収めたが、その第一人者として名を馳せたのがシヴァージーであった。古代インドのもっとも著名な一家系の出身であったとは言え、彼自身はおそらく祖父母が広大な所有地を有していたダウラターバード地方の農民と小役人の末裔なのであろう。さて、祖父の一人にマーロージという名の男がおり、偶然何かの秘宝を発見して、それを元手に千人からなる部隊を組織した。彼はまず、当時のインドではほとんどの武装集団がそうしたように、お決まりの掠奪に乗り出し、やがて、ニザーム・シャー一族（アフマドナガル国）からプーナ地方にジャーギール（*采邑地）を受けるまでになった。彼の息子はさらに一家の地位を高めた。マーロージの息子シャージーは恐るべき策略家であり、仮に乏しい戦力であっても、地形を有効に使うことによって、ずっと大規模で強力な敵を撃破する術を心得ていた。才腕のほどを発揮して、ムガル皇帝と各デカン諸君主の間をうまく切り抜けて、瞬く間にこの地域全体で最強の君主の一人となった。しかしながら、まもなく人々の視線はシャージーの息子シヴァージーに注がれることになる。

シヴァージーは母ジージャバーイーに育てられた頭脳明晰な人物である。母はシヴァージーに、その名に自尊心をもつことと、ヒンドゥー教徒の人種とその宗教に誇りをもつことを教え込み、統治する技量だけを身につけるのでなく、それよりもずっと難しい人に愛され、仲間から尊敬されることも手ほどきするなど、彼に優れた教育を施した。十分力を発揮できる年齢に達するとすぐに、彼はジャーギールを授かり、かつてないほどの正義と、永い間安定しなかった平和を領地にもたらした。短期間で彼は周囲に多くの若者からなる徒党を組織し、ヒンドゥー教徒の理想を追求するために闘うよう説いてまわった。彼は言う、「われわれの国はイスラーム教徒に占領されている。彼らはわれわれの寺院を、われわれの神像を打ち壊し、われわれの富を掠奪し、われわれの牛を殺したのだ。われわれの聖なる宗教を、軍を組織して守り、われわれの国を解放しようではないか。もしわれわれが戦いに挑めば神は必ずやわれわれと共にある」と。また「シャー・ジャハーン皇帝とぐるになったアーディル・シャー一族から父は土地を奪われた。しかし奪われた土地を取り戻し、祖国を解放する時が来た」などと同胞に呼びかけたのである。異議をはさんだアーディル・シャー一族に対し、彼は、「今回の作戦行動は純粋に防衛が目的である」と返事しながら、次々と砦を占領し続けていく。シャー・ジャハーン最後の治世にあたる一六五六年に、シヴァージーは、一万人の騎兵と同数の歩兵をもって四十もの砦を保有する、あるムガル朝の地方君主からその特権——王家の印璽、統治権——をすべて奪い取ってしまったことがある。さらに彼はムガル帝国の領土にも侵入したが、王子アウランズィーブが部隊を率いて接近したことを知るや、すぐに謝罪したうえ撤退したという。すっかり没落してしまったアーディル・シャー一族などとは比較にならないほど強力なムガル軍と事を構えるほどの力はまだ持っていなかったという判断であった。可能ならば策謀によって、必要があれば武力で打倒すべきは、まずアーディル・シャー一族であった。

アーディル・シャー一族の部隊を率いていたのはアフザル・カーンである。彼は名門出身の貴族で、シヴァージーをことあるごとに蔑んできたので、卑しい生まれのヒンドゥー教徒であるシヴァージーは、アフザルと対決する機会を窺っていた。いよいよ両軍が間近にまで接近したとき、シヴァージーは、互いに丸腰で会ってくれるならば、イスラーム教徒の大将軍（アフザル）に降伏する旨を申し出た。アフザルはこの申出を受け、モスリンの服をまとい、儀仗用の長剣だけを下げて会見に赴いた。シヴァージーの方もあっさりとした出立ちで、見かけは武器など携行しているようには見えなかった。ところが彼は、服の下には鎖帷子を付け、「虎の顎」との異名をとる鋼の鉤と短剣を忍ばせていた。二人が互いに歩み寄り抱擁を交わしあったその時、シヴァージーはあの恐るべき「虎の顎」を取り出して、やにわにアフザルに襲いかかり、続いて短剣で何度も切りつける。シヴァージーの合図で配下の兵士がイスラーム教徒軍に襲いかかり、敵方に反撃する間を与えず、切り殺していった。こうしてシヴァージーは大勝利を収めた。その勝利によって彼が得たものは、栄光だけではなく、大量の大砲と弾薬、六十頭の闘象、四千頭の馬など莫大な戦利品であった。こうして、シヴァージーはデカン諸侯にとって、ひいては皇帝にとって、恐るべき敵となったのである。

アウランズィーブの挫折

さて一六六〇年時点に戻ることにする。当時アウランズィーブは王座に就いたばかりであったが、ヒンドゥー教徒のこの若き王を叩いておくには二つの理由があった。シヴァージーはデカンの諸王国をすべて奪い取るという野望を抱いていた。また、アウランズィーブが反ヒンドゥー教の宗教政策をとったため、シヴァージーは彼を不倶戴天の敵と認めていた。その一方でシヴァージーは段々とヒンドゥー教徒の盟主を自任するようになっていたのである。アウランズィーブを怒らせるのにこれ以上の理由はなかった。そこでアウランズィーブは新たに副王・総督を任命し、デカン統治と、シヴァージーに対抗するために、アーディル・シャー一族との連携を計るようにとの指令を言い渡した。ところが事態はすぐに悪化し、当のムガル人将軍は命からがら逃げだす始末で、後宮は奪われ、近衛部隊は壊滅、将軍自身は不具の身となってしまう。アウランズィーブは彼に代えて、別の将軍を送り込んだ。その名をジャイ・ライ・シンと言い、外交に手腕を発揮するだけでなく、戦略にも長けた人物である。しかし、彼がデカンに到着するよりも前に、シヴァージーの方が先に、インドで最も重要な商業港として、また、メッカへの巡礼団を送りだす港町として有名なスラトに、見事な一撃（一六六六年）を食らわせた。頑丈な警備に守られたイギリス人街とオランダ人街を除いて、町全体が掠奪に遭い、数多くの家が焼け落ちた。ムガル人の将軍は部隊と共に城内に封じ込められ、テベノーの伝えるところによると、「砲撃による被害は敵よりもむしろ町の方に多かった」という。当然のことながら皇帝は、外国との交易に手痛い打撃をもたらしたこの侮辱に、報復しないで済ますわけにはいかなかった。シヴァージーも報復に備えてはいたものの、まだ自分がアウランズィーブほどの敵を打ち負かすだけの技量はないことを悟って、停戦に応じた。奪い取った二十三の砦を返却、十二を自分のものとし、帝国軍に五千人を兵として差し出した。また、皇帝に謁見するためにアーグラに出向くことも承諾した。

アウランズィーブの言葉を信用することほど軽率な行為はなかったが、シヴァージーはそのことをよく知った上で、四千人の兵を引き連れていった。何の抵抗もなく城内に入ったが、しばらくすると事実上彼らが城砦の内部に閉じ込められたのも同然となる。アウランズィーブは彼を暗殺する手筈を整えた。

これほど危険な敵を抹殺するにはその手段しかなかったからである。シヴァージーはその計画を察知した。彼はやおら寝台に入り込み病人を装った。神々からの治癒を施していただくために、食べ物やお菓子を入れた大きな篭を毎日バラモンや不幸な民に届けさせた。やがてある日、彼は、病状が悪化したのでもうこれ以上私に構わないでくれと頼んだ。彼の寝台に部下の一人を身代わりに寝かせたうえで、息子と共に二つの大篭の中に潜み、やすやすと城砦から抜け出したのである。アウランズィーブはすぐさま兵に追討を命じたが後の祭であった。ジャイ・ライ・シンに対して、デカンからの帰還と、その途中でシヴァージーを捕捉するように命じた。人呼んで「奇跡」の脱出劇は人々の語り種となり、シヴァージーの威光はいっそう高まったのである。

アウランズィーブとシヴァージーのどちらもが平和を望んでいたから、この和平は実にあっさりと結ばれるのである。皇帝は当時、望むとおりの勝利の道を驀進していた。帝国の領土はカシュミールまで広がり、チッタゴン地方はベンガルに併合された。メッカの教主《シャリーフ》、アラブ諸国の諸侯、アビシニア王、ウズベック族の族長《カーン》など、近隣の列強はこぞって、たいそうな尊敬のしるしを持たせて大使をムガル帝国に派遣した。イランのシャーは豪華極まりない贈り物の数々を届けさせた。アウランズィーブはより豪華な品を贈り返すことで応えたが、却ってそれが仇となり戦争の火種につながる恐れがあった。しかし、シャー・アッバース二世が不慮の死を遂げたため、その計画は後回しとなったという。当面のあいだ皇帝はシヴァージーを攻撃するつもりはなかった。ところがシヴァージーの思惑は別のところにあった。シヴァージーにとっての和平とは、態勢を建て直し、軍を再編成できるようにするただの停戦期間に過ぎなかった。シヴァージーの軍は、十人、五十人、百人の兵からなる連隊や師団などに編成し直され、指揮を領主に任せるのではなく、国家から給料を支払われる将軍たちに任せるようにした。戦力も見直され、シヴァージーは着々と次なる戦闘に備えた。こうして再び戦争が開始された。

マラーター王国

危険が各地で生じており、またマラーター族の頭との抗争に明け暮れて出費が一層嵩んできたことに危機感を持ったアウランズィーブは、今度こそシヴァージーを謀略によって抹殺しようと試みた。結果はすべて失敗。それどころか、シヴァージーは幾つもの砦やムガル帝国領内の村々を手中にし、スラトなどは再び掠奪に遭うありさまだった。こんななか、アウランズィーブにとってさらに悪い事態が起きてしまう。一六七二年、配下の部隊が野戦で敗北を喫したのである。アウランズィーブは猛り狂い、その将軍に、「お前は何故死ななかったのか、余にこんな恥をかかせおって。こんな知らせを聞くことになろうとは、余は死んでしまいたい」と言い放ったという。こうしてシヴァージーは、時にはゴルコンダのクトゥブ・シャー一族と対立する一方で、ビジャープルのアーディル・シャー一族と手を結んだり、またその逆を演じながら、次第にその領土を広げていき、一六七四年にとうとう念願の国王となるのである。

その当時アウランズィーブは北西部国境でアフガーン軍との戦いに忙殺されていたので、シヴァージーは一層有利な状況にあったと言える。大ムガル帝国六代目はサマルカンドと、オクスス河の彼方の相続権のある土地を奪い返すという、ティムール族の永遠の夢を永い間放置してきた。彼自身がインド生まれのイスラーム教徒であるということは、ひいてはその使命がインド亜大陸をイスラーム勢力の頂点に押し上げることを意味していた。したがって、アウランズィーブにとって、中央アジアの出来事などほとんど瑣末なことに過ぎなかったが、それでも帝国とカーブルとの交流がこの北西部地域の峠を通じてなされていたので、皇帝はこの峠だけは何としても手放してはならなかった。そんな中、一六七〇年に、アフガーン族が叛乱を起こし、皇帝軍を撃破するという事件が起きた。そればかりかアフガーン族は捕らえた婦女子の身代金を要求する始末であった。また王を勝手に選んだり、貨幣を鋳造させたりもした。アウランズィーブは息子の一人であるモハメッド・スルターンに何人もの将軍をつけて派遣し、カーブルの秩序を取り戻させようとした。遠征隊はまずまずの成果を挙げたが、完全に平和が実現されたわけではなく、その後長期に亘ってムガル軍部隊を常駐させなければならなくなった。年を追うごとに王国を拡大させてきたシヴァージーにとって、これ以上明白で満足すべき条件はなかった。一六八〇年にシヴァージーは、西部沿岸地方の、スラト地域から北部のゴア付近まで、また内陸部には八十キロメートルから百五十キロメートルも入り込んで、王国の勢力を広げていった。行政管理の行き届いたこれらの領地からの収入は莫大で、およそ八百万ルピーにも上ったとも言われている。ずば抜けた知能と鋭い政治感覚に助けられて、シヴァージーは民衆から大変な人望を集めた。特に、初期の数々の武勲に始まって、アウランズィーブの迫害と正面切って戦えるヒンドゥー教徒の覇者として彼は頭角を現していったのである。帝国の宮廷に出入りするラージュプト族の高官たちがシヴァージーと通じているということは公然の秘密であった。ファキール（＊托鉢修道僧）たちはヒンドゥー教徒をシヴァージーに従うように説得したが、一方のイスラーム教徒も彼にさほどの敵意を持っていなかった。彼はイスラーム教徒を処刑しなかったし、どんな宗教を信仰しようと好きにさせておいたのである。また、敵方のムガル軍がまとまりに欠けるという情けない状況も有利に働いた。皇帝は絶えず叛乱に悩まされていたが、そのほとんどが彼の迫害に端を発するものであった。それに加えて、作戦を展開すべき領土が余りにも首都から遠かったので、副王や総督への統率が行き届かないのが実情であった。シヴァージーに買収さ

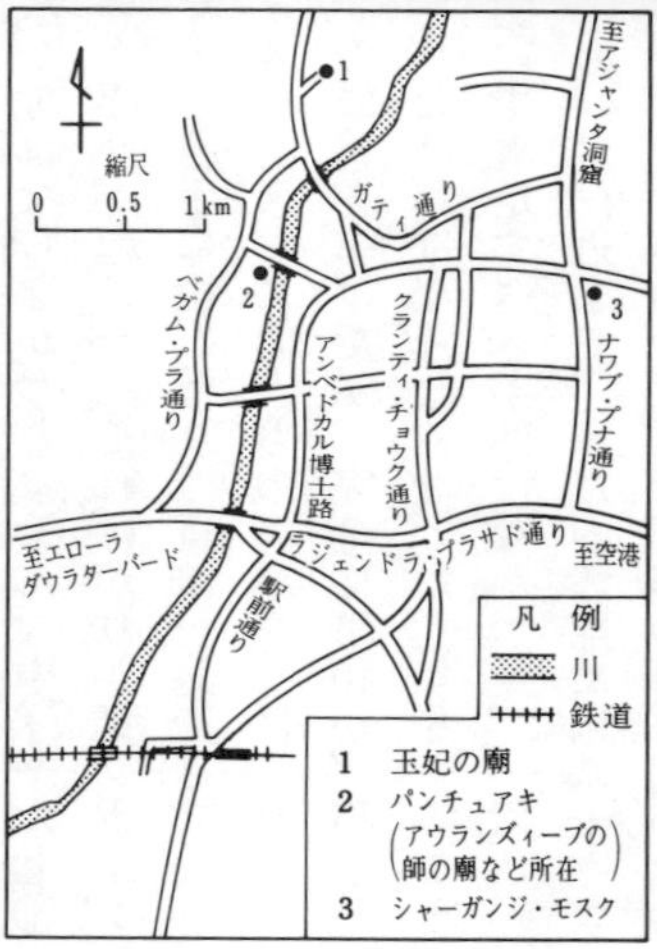

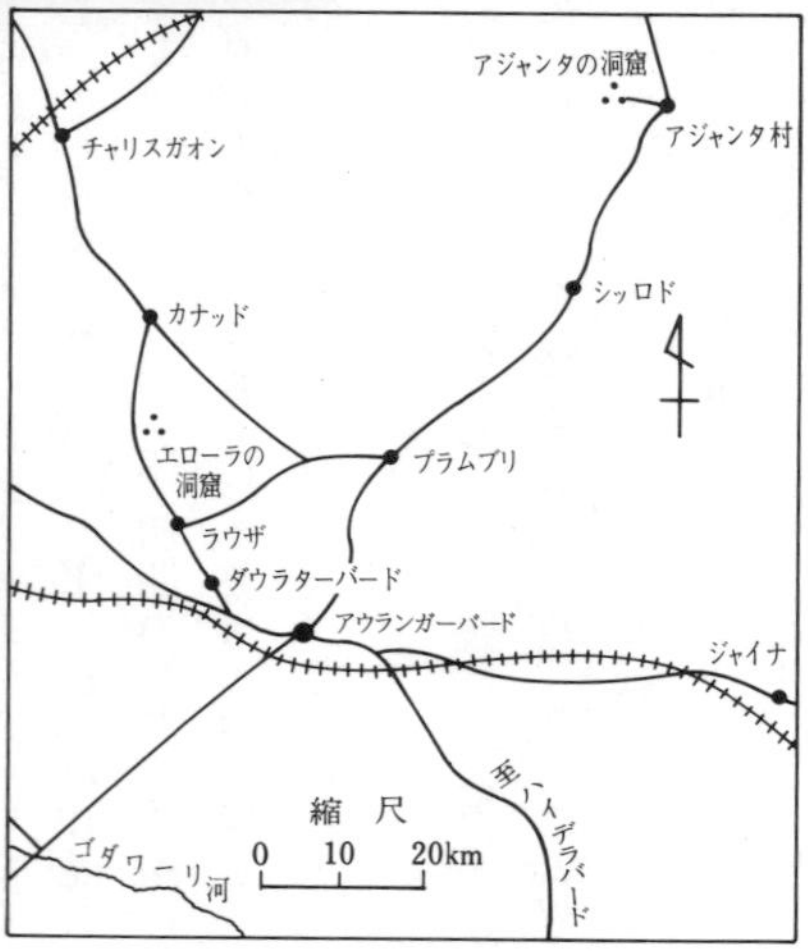

図15 アウランガーバードと周辺

上 ラービア・ッ・ダウラーニー妃（アウランズィーブの妃）の廟

中 ダウラターバードの廃城

下右 アウランガーバードの周辺図

下左 アウランガーバードの市街図

れた総督たちは、一刻も早くデリーやアーグラに引き返し、デカンの過酷な自然から遠く離れて、閑暇と豪勢な生活を取り戻すことばかり考えていた。

新たな都と無駄な征服

一六八二年に、重大な結果をはらむある事件が起きた。当時アウランズィーブはデリーを離れて、首都をデカンのカドケに定めることを決定し、新都をアウランガーバードと名付けた。アウランズィーブの息子の一人であるアクバルが、事もあろうにシヴァージーの息子であるシャンブージーのところへ逃げ込んでしまったというのだ。シヴァージーから王位を継承していたシャンブージーは、皇帝を倒すためにアクバルを助けることにした。アウランズィーブは経験から、このような叛乱がどれほど重大な危険を伴うのかを知っていた。彼はアクバルのところにもう一人の息子であるアーザムを差し向けたが説得に失敗した。彼にはもはや、作戦指揮を自ら執ってデカン全土を併合する手しか残っていなかった。こうしてアウランズィーブは二度と再びデリーに戻ることはなかった。帝国の重心は遷都以後南に移ったが、その結果犠牲となったのは北部方面である。アウランズィーブは北部に絶えず起きる戦争に大出費を強いられ、勝利して凱旋するのだが、帝国は疲弊するのみであった。こうして帝国の財産は、彼のデカンへの拡大の夢に呑み込まれていくのである。

当然ながら、アウランズィーブの関心は、何よりも、アクバルに手を貸したシャンブージーを打倒することにあった。その若き王子が父シヴァージーよりもはるかに能力が劣ることがはっきりとし、マラーター族の貴族がばらばらな状態にあっただけに、アウランズィーブはいとも簡単にシャンブージーに勝利することができた。シャンブージー軍の将校たちは散り散りに逃げ、軍は無秩序状態に陥った。

マラーター族が次々にムガル帝国の砦を陥れても、当の指揮官が皇帝側に寝返る始末であった。アクバルはこれ以上待ちきれなくなり、ついにペルシャへと旅立つことにした。彼はペルシャに行けばシャーの支援を得られるだろうと期待していた。ところがシャーは、アクバルを迎えるだけで、助けようとはしなかったのである。アクバルは世に忘れられたまま、一七〇四年にこの世を去った。

シャンブージーの方は、アウランズィーブ軍の部隊に散々追い回され、長い逃避行の末にとうとう、二十五人の部下とともに捕らえられてしまう。皇帝の前に引き出されたシャンブージーは、皇帝に砦を引き渡すことと、娘を妃にしてもらうことを条件に財宝のありかを明かすと述べた。アウランズィーブは怒りを爆発させ、シャンブージーを一日中拷問した挙げ句に手足を一本ずつもぎ取らせた。彼のおぞましい最期がマラーター族の憤激を買い、マラーター族はまもなく、伝説の人シャンブージーの弟にあたるラージャー・ラームを押し立てて、復讐するための部隊を再結集する。しかしながら、アウランズィーブは、ビジャープルのアーディル・シャー王朝に輝かしい勝利を収めたばかりということもあって、しばらくは勝利の行進を続けていく。アウランズィーブはこの王朝の最後の王シカンダルの降伏を受け入れた。丁重に砦内に迎えられたアウランズィーブはシカンダルに、カーンの称号と十万ルピーの年金を授与した。ビジャープルはこうして長い没落期に入り、二度と浮上することはなかった。アーディル・シャー王朝(5)の不滅の栄光を伝える美しいモニュメントだけが当時の面影を忍ばせる。それはスルターンのモハメッドの霊廟であり、この霊廟に載る丸天井(6)は世界で最も大きなものの一つである。

栄華を誇ったゴルコンダも、攻囲戦の後にアウランズィーブの手に落ちた。この国を治めていたクトゥブ・シャー一族は、シーア派としてはインドで最後であったが、彼らがシーア派であったということと、宮廷内のやはりシーア派が今回の作戦に反対したということもあって、攻囲戦は困難を極めた。

クトゥブ・シャー側は市の城壁の内側に立てこもっていたので、もしクトゥブ・シャーに仕えていた一人のアフガーン人がある夜ムガル軍に小さな城門を開けたりしなければ、この作戦はもっと長引いていたかも知れない。この王朝の最後の王アブル・ハサンは潔く王位を明け渡してアウランズィーブの前に進み出たので、皇帝は彼を幽閉することで許した。ムガル軍は待ちに待ったゴルコンダの財宝をついに発見した。巨額の富は、数えきれないほどの現金（七千万ルピー）と、底知れぬ価値のある宝石や貴金属からなっていた。続いてアウランズィーブは自身でビジャープルとゴルコンダ両国内の多くの城と主だった都市を奪い取った。その結果、帝国の広大な領土がさらに広がり、名目上は少なくとも皇帝の権威が広がったことになるので、皇帝は一層自信を深め、今後も指揮は自分が取り、以後一切誰にも統治を任せようとはしなかった。一六九五年にアウランズィーブに謁見したあるイタリア人の旅行家の報告によると、アウランズィーブは七十五歳くらいで、歳のせいか体が曲がり杖をついていた。金糸の刺繡を施された綿の服を着て、ターバンはエメラルドで装飾され、眼鏡はかけず、謁見を許された請願者には皇帝自らが話を聞いていた。彼は肉食を断ち、祈りに長い時間をかけていた。それ以外の時間のすべては執務に当てられていた、という。

混乱と災禍の日々

一六九〇年の初めには、デカン地方の諸王国はすべてムガル帝国の手に落ちていたが、マラーター族だけはあいかわらず最強の軍事力としっかりした組織を誇っており、その上ムガル皇帝の圧制に抵抗するヒンドゥー教徒の守護者として、またシヴァージー家に加えられた理不尽な仕打ちへの復讐者として、絶大な支持を得ていた。彼らが公然と宣言したのは、デリー、ビジャープル、その他地方の主要都市を奪い取り、ティムール族を追い払い、ヒンドゥー教国家を建設することであった。政治的統治、宗教の自由、勇気と犠牲などが合言葉であった。このような「軍事国家」というのは、ムガル族がこれまでインドでは経験したことがない最も恐るべき相手であった。以後、マラーター族を撃破しようとするアウランズィーブの執念が、ティムール朝の頽廃と転落の主因となっていく。

一六八二年、皇帝が作戦区域のより近くにいられるようにとの理由で、アウランガーバードへの遷都が実施されたが、北部諸州を衰えさせたということを除けば、いろいろな出来事があったにせよ、たいした変化は生じなかった。敵が着々と軍備を整え、次第に民衆の幅広い共感を集める一方で、皇帝の取り巻きや将軍たちはこの戦争が果てしなく続くことが分かっていたので、次第に嫌気がさしてきていた。宮廷人も後宮の女たちも、居心地も悪く退屈なアウランガーバードを去って、デリーかアーグラに帰りたがっていた。無駄で無益な作戦を続けるよりも、もはや八十歳を過ぎたアウランズィーブの後継者のことばかり考えていた。一七〇〇年にラージャー・ラーム（＊シャンブージーの弟）が世を去った。ムガル側は、わずか四歳にすぎないラームの息子が後継者となったので、今後はマラーター族が衰退し、片を付けることが可能になると期待した。ところが思いもよらぬことが起きた。ラージャー・ラームの未亡人が実権を握り、彼女の活躍に群衆の心は今まで以上に活気づいたのである。アウランズィーブが奪った砦は再び取り返され、ムガル軍は追い払われた。その上アウランズィーブ自身、自分の努力が無駄であったのではないかと迷いはじめる。マラーター族の指揮官は和平を申し出たが実現しなかった。アウランズィーブはその申出を自分を陥れるための戦略ではないかと恐れたのである。側近たちの意気消沈をよそに、アウランズィーブは軍事作戦を緩めることなく、驚くべき手腕を発揮していく。ある砦は守備側を買収したり、別の砦は苦労の末に打ち破るなど、数多くの砦がムガル側に取り戻された。高齢だったにもかかわらずアウランズィーブは自ら指揮をとり、野営地から全帝国を統治し続けた。命令や戒告を伝える手紙が毎日各州に送られたが、大抵の場合大した成果もなく、混乱状態はひどくなり、皇帝の権威は揺るがされた。父シャー・ジャハーンに訪れた境遇の思い出と、息子たちも同じことをしかねないとの思いが頭から離れなかったので、彼は全権力を一手に掌握しようとした。そこで息子たちを監視するために間諜を差し向けて、連絡を密にした。彼が息子たちと会う際には、彼らに武器をもたせず随行者もつけさせないよう策を巡らせた。ムアッザムという名の息子などは、七年間も牢に入れた後で、最も遠いカーブル州の統治に送りだしたほどである。息子たちのそれぞれは父からの手紙を受け取るたびに恐怖に青ざめていたという。アウランズィーブは、側近に信頼感を抱かせようとしたり、互いに反抗心を抱かせようとしたりしたが、ことごとく失敗するのであった。誰かが自分を痛い目に遭わせるのではないかと常におびえ、年を追うごとに段々と側近に対して寛容になり、山のような褒美や贈り物を与えるようになる。宗教の教えが問題になっている場合を除いては、敵を作りだすことの恐怖が彼に媚びへつらう態度をとらせていった。このような臆病な態度は、他人にはっきり関心を抱かせることになったが、だからといってさしたる影響もでなかった。彼は人に恐怖を抱かせることはあっても、愛情を抱かせることは決してなかったのだ。もはや彼が何をしようと何を言おうと無駄であった。皆が彼の死を望み、それ以外に当てにするものなどなかったのである。

皇帝の統治が長引けば長引くほど帝国内の混乱はその度を増していった。財政状態も毎年悪化の一途を辿った。地方の税金徴収人の任命にまでけちをつけられ、マラーター族がそれを任命するほどにまで皇帝の権威は失墜した。ジズヤの徴税官もその税のほとんどを着服する有り様である。行政機構も壊滅状態となった。帝国の財政のほとんどを賄ってきた北部地域は悲惨な状況である。皇帝が存在しているということだけが、辛うじて国家の体を成させていたのだと言える。軍の各部隊も、兵への支給が滞り、次々と叛乱を起こしていく。騎兵連隊も解体を余儀なくさせられ、その結果マラーター族はますます増長し、皇帝の本営に近い天幕までも掠奪にあったり、護衛兵が首を切り落とされたりした。ムガル軍はいまや防戦一方であった。ムガル軍に小競り合いをしかけてはすぐに撤退するマラーター族に囲まれて戦意を喪失した帝国軍は、死ぬほどの苦しみを味わわされていた。穴だらけの道でぬかるみに足を取られて、行軍は進まず、橋はことごとく壊され、荷運び用の動物は疲れ果てて飢えで死に瀕したが、それは兵も同様であった。帝国の墓場となりかねないこれらの地方から撤退すべしという声が聞こえてくるのをアウランズィーブは望まなかった。「北に帰った方がよいのでは」などという進言を聞いて皇帝は怒りを爆発させ、「そんなことを言う奴は腰抜けだ、色情魔だ」と罵った。将軍たちの互いの嫉妬心が皇帝の努力を無駄にしていたので、結局は彼自身で作戦の指揮を取るしかなかった。八つの砦を攻囲するのに軍は五年半もかかった[7]。ムガル軍の部隊が弱体化するに従って、敵軍は増大していくように見えた。デカン地方を無人地帯にしたあと、マラーター族はマールワーに、続いてグジャラートへと襲いかかり、町や村を掠奪などで荒し回った。ある州など、彼らが通りすぎたあとは、食料だけでなくあらゆるものが奪い去られ、馬は野に放たれたりしたので、ムガル軍が到着したときには何も残っていないということもあった。農民たちはもはや土地を耕そうとはせず、マラーター族に合流した。全くの無政府状態となり、全土が貧困に喘いだ。アウランズィーブは何度も病にたおれたにもかかわらず、彼の持ち前の肉体的な強さが発揮され、それは側近たちだけでなく敵をも唖然とさせるほどであった。しかし、一七〇五年、とうとう皇帝は、アフマドナガルへの撤退を命じた。昼夜なくムガル軍の部隊に小競り合いを仕掛けてくるマラーター族に付け回されて、「彼らの通ったあとには木も苔も生えておらず、残されたものは人間と動物の骨だけであった。緑は失われ、あたり一面真っ黒になった。ムガル軍はこの撤退で数十万の人員と、三十万に及ぶラクダ、馬、象を失った。一七〇二年にはペストが大流行し、続いて大飢饉が発生した」(8)。皇帝が奪った砦は一つずつ敵の手に落ちていった。ムガル軍の崩壊を前に、他のヒンドゥー教徒も士気を取り戻した。ラージュプト族も敵意を露にし、特にラージャスターンではアジート・シンがジョドプルを占領しようとしたり、ジャート族も一斉に蜂起するのであった。

「もはや余に残されたのは神のみ……」

辛うじて生き残った皇帝軍は、一七〇六年一月三十一日にアフマドナガルにたどり着く。そこで陣を張ったが、何度も襲撃を受け、特に翌年五月には激しい攻防戦が行われた。簡単にはアフマドナガルを撃破できなかったので、マラーター族は地方に展開し、そこでほとんど絶対的な支配者となった。雨期が終わり九月に入ると、攻撃は一段と激しくなった。都に入れるものはいなくなり、誰もが路上で強盗にあい、商人は護衛ともども殺されるか、身ぐるみ剝がされる有り様だった。皇帝は深い悲しみと、殺されるかさらわれるのではないかとの恐怖のうちに、長きにわたった治世の最後を迎えようとしていた。彼の望みはことごとく壊された。「もはや余に残されたのは神のみ」と彼は語った。これまでずっと彼に付き添ってきた側近たちも皆死んだ。皇帝は側近たちから愛されることも知らず、見慣れた顔は消え去り、いまやまったくの孤独の身となった。こうなっては父シャー・ジャハーンに対して自分が与えた同じ境遇を受けることになるという恐怖を次第に募らせながら孤独な暮らしを続けていた。息子の一人であるアーザム王子からの、「私のいるグジャラートの空気は私には合いません。ですから私がアフマドナガルに帰ることを許していただきたい」という内容の手紙を受け取って、「ああ、これはシャー・

ジャハーンが病気の際に余が使った口実だ。野望の放つ空気ほど体に悪いものはない」と言ったという。アーザムがマールワーの総督を任命されたのと同様に、皇帝の権威の最後の幕切れの一つとなったのは、皇帝がいつまでも宮廷に執着するのを何とかして妨げることにあった。彼はこれまで暮らしてきた自分の人生や、かくも長きにわたって持ちつづけてきた強大な権力の使い方について、絶えず自問していたようである。彼が息子のアーザムに残した鬱々たる手紙の中で次のように述べている。「余はたった一人で来てたった一人で去っていく。余は自分が誰であるかも自分が何を成したのかも知らない。余がこの地上で過ごした日々は、贖罪の日々を除いては、余に後悔の念しか残さなかった。余は真に余の王国を統治したのでもなければ、農民たちを十分に面倒見てやったというわけでもない。多大なる犠牲を払って過ごした我が生涯は空しく過ぎ去った。神は我が住まいにいらっしゃったが、我が盲いた両眼は神の栄光の姿を認めることはなかった。（中略）余はこの世に何ももたらさず、我が罪の果実を携えて旅立つのだ。余はどんな罰が下されるのかは知らない。余は神の恩寵と善意を固く信じているが、余の為したことを考えると、ただ苦悩するのみである。余が自分から抜け出してしまうとき、一体何が残されるのであろうか」と。

アウランズィーブの死後、枕の下から彼の遺書が発見された。その内容は「ムアッザムが後継者に指名され、帝国を分割し、都のデリーを含む北部と東部をムアッザムのものとする。また、アーザムはデカンを含む北部と南西部を統治する。ゴルコンダとビジャープルの諸王国はカーム・バクシュのものとなる」というものであった。しかしながらこうした願いは、ムアッザムが自身で武力によって王位を奪わざるを得なかったという事情があったにせよ、ムアッザムを皇帝とするという最初の条項を除いては、どれ一つ実行されなかった。同様にアウランズィーブは息子たちに宛てた手紙を残している。その中で、

「皆が仲良く平和に暮らし、おぞましい内戦を避けるよう切に願う、もし内戦が起きても……」と書き、「地上のあらゆることが空しい」と結んだ。一七〇七年二月二十八日、アウランズィーブは高熱に襲われたが、それでも日々行うイスラームの五回の祈りだけはさせてほしいと言い張ったという。三月三日の明け方、朝の祈りを唱えるために寝室を出たとき意識を失い、その日の夕刻息を引き取った。享年九十一歳。遺骸はアウランガーバードにほど近い、あるイスラーム教の聖者の墳墓の傍らに建てられた、イスラームの教えどおりの屋根のない墓に葬られた。

アウランズィーブの死後、デカンへの拡大政策は放棄された。その政策は、破綻して帝国にとっての鬼っ子となり、無駄の一言に過ぎなかった。アウランズィーブに大半の責任があったが、彼一人の責任というわけではない。南に向けて最初の眼差しを送ったのはアクバルである。アクバルは、南部地方の諸国家は弱く内部抗争によって麻痺していたため、強力な帝国軍が攻めれば簡単に餌食になるだろうと思い込んだが、それが間違いの始まりであった。これらの王国にはおそらくムガル軍に抵抗するだけの大きな力はなかったが、かといってムガル軍が現れたら降伏する構えであったというわけでもない。裕福な王朝の手にする最も有効な武器は、買収したムガル軍の将軍や高官たちへの賄賂としての金であった。そこにマラーター族の危険が出現する。粗暴で大した軍備も持たず、自分たちの小ぎれいな部隊と比べれば野蛮の一言に尽きるようなマラーター族の部隊を、ムガル軍は過小評価していたのである。宮廷にたむろする貴族階級は、金ぴかの武器や乗用馬を愛用する一方で、節制に勤め、清貧に甘んじ、彼ら同様に疲れを知らない頑丈な小馬に乗って、手中にする恐ろしい武器となる長さ四、五メートルの竹槍を抱えて戦うマラーター族兵士など、歯牙にもかけなかったというわけだ。テントも覆いも持たず、地面に直に眠るマラーター族の機動性は、絹やビロード織りの布で飾られ、金箔に輝く馬具を付けた大きな馬の幅の広い鞍に乗るムガル軍の重装備とは対照的である。将校たちのテントは貴族や皇帝のテントとその大きさを競い合っていた。兵士たちも資金が許すかぎり上官のテントを真似たものである。[9]「行列には見栄えがしても、戦闘には向かない」と言われた兵士たちは、装備の重さに加えて訓練を十分積み重ねなかったため、たちまちに疲労してしまうのが常であった。アウランズィーブ配下の兵士は、重装備のヒンドゥー教徒軍を手際よく片づけてきた質素で不屈の魂を持つバーブル時代の軽装備の兵士とは、比べ物にならなくなっていた。そういえば、バーブル時代には、足ののろい象に引かれたり、運ばれた装備で大行列となった重装備は、今とは逆にヒンドゥー教徒側であった。よくあることだが、勝利者が敗者の習慣や欠点を身につけてしまったというわけだ。

デカンでの遠征の作戦指揮を執ってきたアウランズィーブの先帝たちが犯した過ちの帰結は、デカン攻略を政策の中心に置いて、マラーター族やその族長たちとの抗争の際などは特にその達成が難しくなるデカンの制圧を目指して、あらゆる努力とほとんどすべての財政をつぎ込む代わりに、過去の教訓を政策の一部分にすることが出来たならば、あるいは避けられたかもしれない。アウランズィーブ治世の最後の二十五年間のムガル軍を正確に評価すれば、この間にムガル軍は毎年十万人ずつの人員と、合計で三十万頭の動物を失ったことになる。全くの無秩序状態と化した帝国の財政は、深淵を思わせる大出費を埋め合わせることができなかった。帝国北部は打ち捨てられ、大地はもはや耕されなくなり、税は徴集人の懐にそのほとんどがしまいこまれるようになってしまった。もはや街道を見張るものはいなくなり、強盗事件が多発した。帝国南部は混乱の極に陥った。民衆は疫病と大飢饉に襲われ、大量に死んでいった。行政機構は消滅した。こうなればもはや国家など事実上存在していないも同然であった[10]

（1） S.R.Sharma.
（2） 『王の鏡』とは、インド・ペルシャ起源の、君主に国民を統治する際の数々の義務についての手引きをするための指南書である。この中で、国民は、羊飼いが羊を連れて守ろうとするその羊の群に譬えられている。
（3） Maasir-i-Alamgir.
（4） 本書一六三頁参照。
（5） アーディル・シャー一族はトルコ起源である。
（6） この丸天井はゴルクムバズと呼ばれ、実に形が美しいという以上に途方もなく大きいものである。この丸天井の下には千七百平方メートルにも及ぶ方形の部屋がある。
（7） J. Sarkar.
（8） マヌッチ。
（9） 「メルヴェイユ氏への第二の手紙」（岩波、前出『ムガル帝国誌』三二六―三四六頁）において、フランソワ・ベルニエは、皇帝と共に移動する巨大なテント群の様子を長々と描写している。このテント群は皇帝が遠征する度に移動するのだが、赤く塗られた大きなテントは皇帝専用の儀式や居室に使われ、妃や寵臣のテントは金銀の布地で飾られ、豪華な装具を付けた象によって運ばれた。象の背に乗るか徒歩の人間たちとともに、動物たちも連なって、行列は果てし無く続いた。また、デリーやアーグラの宮殿と同様の暮らしができるように、皇帝や後宮、それに宮廷人を毎夜毎夜饗応するのに必要なありとあらゆるものを背に乗せて運ぶ召使たちの行列が続いたという（前出『旅行誌』二七三―二九三頁）。
（10） アウランズィーブの息子であるアクバルが叛乱を起こしたとき、彼は父に大惨事が迫りつつあることを警告していた。この上なく厳しいとともに稀有な洞察力を示す手紙を父に送り、その中に「陛下の治世において、大臣は権力を持たず、貴族は信用を失い、兵士はおそろしく貧しく、商人は売るものを持たず、農民たちはとことんまで搾り取られております。広大な地域を有し、地上の楽園ともうたわれたデカンは、いまや山岳地帯か砂漠と見紛うほど荒れ果てて廃墟と化しております。ヒンドゥー教徒の部族には二つの不幸がのしかかっております。

その一つは町におけるジズヤで、もう一つは田舎における敵による圧政であります。帝国の状況を見るにつけ私をかき立てるものは、王政の意味が、圧政者や信仰も法も持たない輩をインドから追い払い、彼らの代わりに教養人を置き、誰が独裁と圧政とを排除できるのかを知ることにあるということであります。八十歳を過ぎ気力を失った陛下よ、あなたにはもはや余命がわずかしかないということを弁えていただきたいのです」と書き述べた。

それと同じ調子で、またほぼ同じ言葉づかいで、シヴァージーはアーグラでの冒険の後、やはりアウランズィーブに「陛下、あなたの部隊は動揺しており、商人は不平を言い、イスラーム教徒は涙に暮れ、ヒンドゥー教徒は虐待され、ほとんど全てのものが夕べにパンもなく、一日を悲嘆のうちに過ごしております。(中略)歴史の書は、インドの皇帝がティムール族の名声と名誉を根底まで壊したと書き残すことでありましょう」と述べていた。

第七章　大ムガル帝国下のインド

一　田園の風景

　旅行者がムガル帝国について残した描写や、皇帝やラージャーたちの軍事遠征にまつわる物語がわれわれに与える印象を信じるならば、大ムガル帝国時のインド亜大陸は、全体的に見れば、今から約五十年前のインドの様子とあまり変わらないし、いくつかの州に限って言えば、今日われわれが目にするのとほぼ同じであると言えよう。植生は全く同じだが、森林は以前の方がずっと広範囲に広がっていた(1)。多くの州が、農民の技術力や肥料などの不足のために、ほとんど未開拓であるか、あるいはまったく開拓されていないところを持っていた。道具もこの数十年間ほんのわずかな改良しかなされていない。例えば、種まきや収穫物の運搬用として使われる、鋤あるいは他の耕作用農具などは、未だに人力か牛に頼っている。しかし、気候や農作物の違いを考慮すれば、多くの点で、インドの農業はオリエントや西欧のそれと似ていると言えよう。

　数世紀前の収穫物は今日同様に、その地方や自然条件によってまちまちである。ベンガルやオリッサでは米やサトウキビが主な農作物である。これらの食料品はほぼ全土に供給されている。北部に目を向けると、穀類（小麦や大麦）、キビ、野菜が主で、デカンでは綿の栽培が中心である。藍は特にグジャラートやアーグラ近郊で生産され、そこからスラト、ゴア、ディウやその他の沿岸の港町に向けて出荷され、さらにこれらの港から中近東やヨーロッパに輸出される。かつてはペルシャにも輸出されていた。ビハールでは小麦、サトウキビ、綿、ケシ（アヘン生産用）が生産されている。ジュート（黄麻）はインドで最大量の生産物となるのだが、ムガル帝国当時にはこれに関してほとんど報告がない。唯一の例外は、アブル・ファズルで、彼は、おそらくジュートの繊維から作られたとみられる「袋の形をした一種の下着」を紹介し、これはその後衣服として一般化する。十七世紀になると、トウモロコシ、ジャガイモ、タバコ、やや遅れてコーヒーなどの、新たな作種が導入された。

この時代の農業は、他の国々と同様に、灌漑への依存が大きかった。モンスーンは毎年様々な時期にインドの諸地域を潤すが、貯水池、運河、井戸など人間の手になる工夫がなければ、激しい降水が破局的大洪水を引き起こしたり、旱魃があらゆる農業を壊滅させるのであった。はるか太古の時代からこの半島の人々は水を溜めるか、地中深くに水を求めてきた。王も諸侯も、富裕か貧困かは別として、それぞれの地方には渇きを癒したり、沐浴——宗教の教えを守るため——をするため、あるいは、田園や庭園を潤すために、貯水池、堰、井戸を造ってきた。頭や肩の上に甕を載せて川や井戸から水を汲み上げる女たちは、インドで最もよく見られる風景である。ムガル皇帝たちは水の供給システムの開発に心血を注いできた。例えば、ファテプル・シークリーにはアクバルが大きな湖を造らせた。アウランズィーブは特に堰や運河の保全に注意を怠らなかった。彼はあちこち出掛けては、堰や運河の状態が悪いと部下に命じて修繕させたり造り直させたりした。シャー・ジャハーンはデリー近郊に泉水や運河を数多く建設した。十四世紀にフィルーズ（＊マムルーク朝の）によって造られた運河は一七九五年時点でまだ存続していた。「多数の裕福者が街道近くに旅人たちの喉を潤すための隊商宿や貯水池を建設し、中には貧しい者専用の宿を作り、彼らが旅を続けるのを助けたり、旅人たちに水を提供する者もいた」とテリー(2)は伝えた。またタヴェルニエは「大ムガル帝国の領土はどこも見事に耕されていた。それぞれの田畑の周りには堀が巡らされ、灌漑用の貯水池が置かれていた」と報告したが、これにはおそらく少し誇張が含まれているだろう。

権力者や特定の個人によってなされる灌漑工事やその保全だけでは、まずは定期的に住民に襲いかかる大旱魃や大洪水といった、極端な災害を引き起こす季節的要因から住民を守ることはできなかった。西欧でも、同時代から十八世紀末にかけて食糧危機が起き、何年にもわたって多くの地方を壊滅させ、大量の死者を出した(3)。しかしながら、インドではおそらくそんな程度ではすまなかっただろう。インドでは旱魃ともなるとその影響は全土に及ぶ。男も女も村を逃げだし、街道を歩きつづけ、ジャングルに逃げ込んで、草や木の根を食べて飢えを癒そうとした。この時期にインドを旅したオランダの商人であるファン・ツイストは、自分の子供を食らう母、妻を食らう夫、両親を食らう子供たちについて報告している(4)。バダーウーニー自身がこのカニバリズム(人肉食)を報告した。アクバル治世下の一五五五年から五六年にかけて、デリー地方を飢饉が襲い、数千人の犠牲者が出た。一六三〇年から三一年にかけてはゴルコンダとアフマドナガルで新たな飢饉が発生した。こうした飢饉が一度起きると必ずコレラ、ペスト、インフルエンザが流行し、飢饉で弱った人々を死に追いやるのであった。

気候条件による飢饉だけが田園地帯の不幸の要因なのではない。戦争や叛乱も、収穫物や耕作地を壊滅させ、動物を殺したり逃げださせたりして、国を荒廃させるのである。敵方の農業を無力化したり村を焼き払う方法が交戦国同士で盛んに用いられ、それによって結果として双方が弱体化するのが常であった。これまで述べてきたデカンでの戦争は、この地域一帯を荒廃させ、住民に飢饉をもたらしたのである。

一体帝国の皇帝や高官たちは、これら無数の住民たちの境遇に憐憫の情を抱いたことがあるのだろうか。アクバルの時代を除いて、この広大な帝国の農民たちの生活条件が統治者の関心の中で大きな位置を占めていたとはほとんど思えない。アクバル以外の皇帝たちで、こうした飢饉に備えて食糧の備蓄を考える者など稀であり、救助が求められる時にはすでに遅しといった状態であった。わずかしかない交通網は通行もままならなかったし、その距離も果てしなく延びていたので、それぞれの町に食糧の貯蔵庫を時間をかけて組織しておくことが必要であっただろう。しかしながら大抵の場合国家にはこうした能力がなかったと言える。よくても罹災者への援助が都市や大きな町に届くぐらいで、飢饉に襲われた数多くの小さな村には到底届かなかった。

重税

それでもインドの普通の人々にとっては、天災、疫病、戦禍よりも、国庫の主要財源である土地税を毎年負担する義務の方がずっと辛いものであった。君主に人気があるか、あるいは憎まれるかは、たいていの場合、税の対象を君主がどう考えているかにかかっていた。一国の長が統治の最中に住民によって評価を下されたのは、いくつかの例外は別として、税負担の重さによるものであったし、ましてや人口の大多数がぎりぎりの貧困に喘いでいて、そこから抜け出せないでいるインドの住民ならなおさらのことである。ティムール族の君主は誰もが先帝たちと同様に、この問題を解決せねばならなかったが、満足のいく結果は得られないか、あるいは仮に取り組んだにしても長続きはしなかった。シェル・

シャーは税制改革に着手したが、彼の治世は余りに短く、十分な結果を見ることはできなかった。彼の死後、フマーユーンがふたたびこれを問題として取り上げた。アクバルは人気を重要視し、正義に対する深い思慮をもってこの難問に立ち向かった。アクバルがこの問題に与えた結論は、少なくとも制度上は、帝国の終焉まで存続した。

一体土地は誰に属しているのか。その答えは、オリエントの帝国や王国においてまちまちである。オスマン・トルコ帝国においては、ワクフ（宗教寄進財）や特定の恩恵を享受するムフル（＊免税地）などを除いては、土地の全てがスルターンの所有であり、土地を開拓したものは長期の占有権者とみなされた。アクバルは、それとは逆に、農民を所有者とした。皇帝の権利とは、農民を保護し、農民が満足のいくような様々な措置を講じることと引換えに、農民から税を取り立てることであった。もし農民が税を支払わなかったら彼らを追い出すのではなく、権力側は彼らに強制措置を講じることができるというものであった。強制措置とは、例えば笞刑、妻や子供を売ることであった。ただ、農民自身はその地に留まらなければならなかった。というのは、もし農民がいなくなったら、折角の農地が耕作されないまま放置されたり、再び荒蕪地となってしまうからであった。

アクバルの決定した税は、耕地面積、耕作の種類（＊灌漑地か非灌漑地かの別など）、土壌の状態、肥沃度、作物の種類などに従って取り決められた。土地の測量は、ある一定の長さの竹を用いて行われた。そのために新しい測量単位が取り入れられた。それは、一ビーガ（約三千平方メートル）が二十ビスワに分割されるというものであった。また土地は四つのカテゴリーに分割された。毎年耕作される土地（ポラージ）、隔年に耕作される土地（パラーティ）、三年ごとか四年ごとに耕作される土地（ガシャール）、五年間かそれ以上休ませる土地（バンジャール）の四つである。

可能な限り、税は、毎年設定されるそれぞれの生産物（小麦、大麦、綿、米など）の価格早見表に従って、現金で支払われた。実際にはこのシステムはきわめて複雑である。しかも何度も修正されている。それを単純化するために、収穫物の価格を決定するのに十年間の平均をとった。このシステムはダサーラと呼ばれたが、様々な理由から伝統的方式が生きている州、近年併合された州、ラージャーが未だ実権を握っている州などを例外として、すべての州に適用された。ラージャーたちは臣下に対して自由に税額を決定することができた。ラージャスターンや特にビハールなど、交通がままならない地方においても、ラージャーはこうした決定に従わないものを武力で制圧するという強権を発動したりしていたが、中央から独立したこうした税制は十九世紀まで存続した。

アクバルによって導入されたシステムによると、生産の半分が国庫に入ることになっている。実際にはせいぜい三〇ないし三五％である。大部分は、国家と農民を仲介する地方領主に搾取されるか、宗教教団の上層部や貧者に配られた。実質の歳入は二つの部分に分けられた。その第一は、最優先である正規のマンサブ保持者（＊マンサブダール）への割当である。マンサブダール（＊現金を支給されて部下を養う将校）は自身で武器を備え兵を徴集することが義務づけられており、彼らが帝国軍の中枢を固めていたからである。その次をしめるのが、総計で一八％にのぼる皇帝専用費である。この財源が、マンサブダール以外の軍部隊の予算、ハレム、贈り物等に配分された。税金台帳を握るカーヌーンゴ、税を徴集するアーミルなどは、ともすれば権力を濫用しがちになるため、国家に属する別の官吏によって監視されていたが、だからといって濫用や不公正な強要がなくなったわけではない。

アクバルは、官吏に農民を虐げる可能性をもたらしかねないジャーギールダール（＊土地の授与を受けて部下を養う将校）の制度を好まなかった。しかしながら彼はこの制度を徴税請負制と同時に一部の地域で存続させており、それが徴税権の濫用をはびこらせる一因となった。財産を極めて厳しい管理下に置いて、専ら宗教あるいは文化的用途に充てる、メーンモルトの制度（＊継承権喪失、すなわち死亡時に直系卑属がなければ財産を領主に帰属させる制度）もアクバルは続けた。この結果、アクバル治世の末期には、農民たちの境遇は全体的に改善された。アクバルの後継者たちの何人かは優柔不断な政策をとり、また度重なる軍事遠征──特にアウランズィーブの治世──に追われたりしたので、国家財政は逼迫し、農民たちの状況はまたもや悪化した。徴税請負の制度は実に便利であった。というのは、何の苦労もなく国庫に金が流れ込むようになったからで、次第にこの制度は広まっていった。しかしながら、アウランズィーブの治世においては、農民たちの逃亡が激増した。しかも捕らえられると厳しい懲罰が待っていたのだ。「初めこそ皇帝は農民たちの苦痛を軽減させようとしたものの、財政状態が悪化するや、地方の高官を公正と正義の道に従わせるよりも、彼らから出来るかぎり多くの金を取り立てることに熱心になった」(5)。ある地方などでは、年を追うごとに事態はさらに深刻化していく。それほど深刻化していない地域でも、土地の生産性の高いところを狙って、侵略者が遠近を問わず入り込むありさまで、政治的にも経済的にも状況は厳しいものとなった。アウランズィーブ以後、帝国の衰微は、地方小君主の出現によって、住民の生活環境が改善されていくという皮肉な結果を生むようになる。その改善は、最も生産性の高い土地から最も豊かな収入を得られるようなナワブ（＊本来不在総督の代理の意、転じて総督）の制度が出来てから見いだされる。

インドの住民の境遇はこのように、ある時代はかなりよくても、それ以外の時は極端に悪かったと言える。最も恵まれた農民とは、侵入者から最も遠い距離にあり、肥沃な土地に恵まれていることを条件とするものである。ベンガルがその代表と言えようか。

二　都市の風景

同時代のヨーロッパにおけるのと同様に、大ムガル帝国の時代は都市が急速に発展した時代である。トルコ・アフガーン族の先祖たちと同様に、ムガル族も大体は都市生活者である。貴族や高官たちは、貧しく娯楽に乏しい自分たちの領地よりも、大都市で暮らすことを好んだ。可能であれば、家族や多くの奉公人たちを引き連れて都市に暮らすのであった。都市のほとんどは、住民が近隣の農地に働きにでるような農民からなる大きな村と言ったところであったが、数の多少は別として職人や商人も暮らしていた。こうした村はただの村よりはずっと住民が多く、本物のバザールも備わっていたので、高官たちはここに住みつき、やがてはこうした中規模の町が全土の耕作可能地域に広がっていった。こうした町は、平常時には周辺の村から作物の大部分を吸収し、そのお返しとして、飢饉が発生すると周辺の村からは頼りにされたのである。やがて商人が居ついて、農作物や手工業による雑貨などが取引される中心地を作りだし、都市が発展していく。政府機関や軍の関係者の住む町は、あらゆる種類の生産物を消費する集団を抱えていたので、特に綿や絹の産地を中心として、商工業の発展は勢いづいた。国立の製作工房であるカルカーナ（＊国営工場）が創設されたのもこうした町である。

インドにおける大都市とは何はさておき、帝国の首都つまり、アーグラとデリーを指す。しかし、各州の中心都市もやはり大きな都市である。例えば、ベンガル州のダッカ、ビハール州のパトナ、オウド州のラクノウ、デカン州のハイデラーバードなどである。商業中心地として人口が多かったのは、カンベイ、スラト、ゴア、フーグリー、アフマダーバード、ラホールなどで、これらがこの時代の大都市をなし、後にマドラス、ボンベイ、カルカッタなど大英帝国によって設立されたいわゆる三つの「プレジデンス（総督）」市がそれに加わる。都市への人口集中は重要な聖地、つまりベナーレース、プリー、東海岸ではマスラーなどを中心として見られ、アッラハーバードやその他の都市も大交易地として発展していく。

十七世紀において最も大きな都市はアーグラであった。宮廷が置かれ、そこを出発地として、数万人、いや後には数十万からなる一行が皇帝と共に遠征に出る出発点としての都市でもあった。当時の人口は六十万を数え、デリーへの遷都以降も最大の都市として名をはせた。この住民数は当時のパリやロンドンを凌ぐものである。[6] あるイギリス人の旅行家はラホールの方が大きかったと伝え、[7] マヌッチもラホールが「アジア最大、いやヨーロッパを含めても最大の都市である」と報告した。デリーもかなり大きな都市でアーグラ同様重要な機能を果たしたが、この都市の発展はジュムナ河に面しているという類稀な立地条件によるものであり、好立地条件によって自然にできた街道がベンガルやガンジス河河口の富裕なデルタ地帯へと延びていた。スラトは西海岸の主要な港であり大変な人口密集地帯であった。十六世紀の前半は、スラトの商人が市長を務め、世界で最も裕福であるとの評判をとったものだ。しかし、スラトは、シヴァージーによって二度も蹂躙されたので、その後衰退し、ボンベイが、イギリス東インド会社が一六八七年に設立した商館の本拠地として栄えることとなる。東海岸のマドラスは富と人口が集中したことで知られるが、その要因としては、ゴルコンダの鉱山に近いということ、またコロマンデル海岸に位置し、ペルシャ、中国、その他アラブ諸国との交易に有利であったことなどが挙げられる。カルカッタは、国内を中心とした商業や国際的な商業の中心都市として、一六九〇年の商館設立時から飛躍的発展を遂げていく。パトナとベナーレースはどちらもガンジス河に面しており、前者は商業都市として、後者は聖地として大変重要な都市であり、ともに二十万の人口を誇り、大都市の仲間入りをする。「アフマダーバードはロンドンに匹敵する」とは、あるイギリス人の旅行家の弁である。

それではインドの総人口は当時どれくらいであったのか。十九世紀末までは信頼のできる統計は存在しない。アクバルは人口調査を命じたが、もしそれが本当に実行されたにしても、その結果はこれまで手に入ってはいない。旅行者たちによる推定はさほど信用できるものではない。歴史家の出した数も人によって著しく違っており、インド全体で一億人、帝国領内で六千万人と言う者から[8]、帝国領内で九千六百万人、インド全体で一億四千五百万人と言う者までいる[9]。十六、十七世紀のインド半島の人口の正確な数が何であれ、中国を除けばやはり、インドは当時世界最大の人口を擁していたことに変わりない[10]。

三　金と銀を呑み込む淵

おそらくインドは、世界最大の国であると同時に、最も豊かな国として知られていた。諸皇帝やラージャーたちの宮廷の栄華、寺院などに秘蔵される宝石、貴金属、宝飾品などの驚くべき量などの評判は、ずっと以前からヨーロッパ諸国に伝えられ、ヨーロッパからすればはるか彼方のこの国が、伝説のオリエントのイメージそのものとなっていたが、それはあながち嘘とは言えない。旅行者たちの伝える物語にいっそう誇張されて、十一世紀のガズニー朝のマフムード以来、多くの征服者が北西部の峠を越え、インド平原へと侵入し、掠奪品を満載した行列を率いてこの地を引き揚げたものである。また西欧人にとっては、香辛料、金糸入りの布地、それに一般大衆の手には届かない数多くの生産物が、インドや周辺の国々から輸出されているという、まさにリアルな現実がその伝説に付け加えられていたのである。

富がほとんど汲み尽くせないほどの量に達していたことはよく知られていたが、インド半島がほとんど輸入をしない上に、インドで生産されたものの代価を宝石で受け取り、しかもその宝石が一度インドにはいると二度と出てこなかったので、富の蓄積は巨額にのぼった。ポルトガル人の買いつけた商品はそのほとんどが銀で支払われた。アラブ諸国、ペルシャ、アフリカの沿岸諸国は金で支払った。ありとあらゆる国がインドに貴金属を運び込んだことになる。「コルベール閣下への手紙」の中で、ベルニエはインドに輸入される産品を列挙している。新鮮な果物、アーモンド、象牙、中国の食器、麝香、エチオピアの奴隷などは、中央アジアやペルシャからの馬を除いて、どれもさほど値の張るものではない。「しかしながら金や銀がこの王国から出ていくことはほとんどありません。というのは、商人たちは帰りにこの国の商品を引換えに持って帰るからで（中略）、それでもこのヒンドスターンが世界中の金や銀の大部分を呑み込む深淵であることに変わりないのです。金銀は幾とおりもの方法で四方八方からこの国に入ってきますが、出口は一つとしてないのです」とベルニエは付け加えた（＊『ムガル帝国誌』、岩波書店、一六六頁）。イギリス人の大使トーマス・ローは端的にこう言ってのけた。「ヨーロッパはアジアを豊かにするために大出費をした」と。

これら大量の金品はさまざまな用途に使われた。貴金属の製作、刺繡織りはともかく、諸侯や貴族の宮殿を時として常軌を逸したほど飾りたてる材料として金銀が使われた。例えば、宮殿の天井や壁の金箔、象や馬の装具や武器、宮廷や諸侯の館で使用される銀食器の製造などに使われた。その蓄積された量は計り知れないものである。皇帝が代わるたびに、宝石や金銀が先帝の宝庫に加わったが、それに触れるものは誰もいなかったと言われている。皇帝が死ぬと宝庫は封印されたが、次の皇帝は新たな宝庫を設立した。ラージャーや他の君主も同様であった。数世紀を経て蓄積されたこれら巨万の富は、当然ながら、征服者の目からすれば手頃な獲物であったため、おそらくはガズニー朝のマフムードに続いて、何人もの征服者がインド平原に襲いかかり、数世紀後（＊十八世紀初頭）にインドではそれまで例を見ないほどの大略奪を演じたナーディル・シャーから、十四世紀初頭にアジア高地から下ってきたアラーウッディーンに至るまで、彼らが南の王国から奪い取った富[11]はイスラーム教国の皇帝の宝庫を潤していったのである。ロディー朝の金庫にほとんど何も発見できなかった大ムガル帝国軍は、自分たちが征服したグジャラートやデカンその他の領土の宝庫を利用して皇帝の宝庫を再建してやったという。

国の高官からちっぽけな商人にいたるまで、インドでは全ての人が何らかの理由で財を蓄積していったのである。

王座の後継予定者が権力の近くにいる者を常に危険視していたので、それに備えて貴族たちは金や宝石を蓄積していた。つまり、戦争が、特にマンサブ（＊武将）の財源を使い果たさせるなど、高官たちに不都合な結果をもたらすことがあったからだ。抗争の影もなく、王座継承問題もすぐには生じる気配がない平時には逆に、自分の子孫に最低限の財産を残すことなども考えなかったので、高官たちは消費に勤《いそ》しみ、金持ちが死んだときには国家は常にその財産のほとんどを押さえることができた。

中流階級の根幹部分を構成していた大小さまざまな商人たちも、国家の代理人あるいは徴税請負人による権力濫用を恐れて財産を隠していた。これについてベルニエは、「彼らの暴力を抑えるに足る大領主、議会、カーディすなわち、裁判官などがいなかったので、一言で言えば、農民や職人が自分たちの受けた侮辱や暴虐の数々に不満を訴える相手が一人としていなかったということです。こうした結果、この手の連中特に総督に対して、奴隷が主人に対する以上に、誰もが恐れおののいているのです。ですから、商人たちは普段、金もなく、衣類、住居、家具などを質素なものに極力とどめ、飲み食いにも事欠くといった風情で、あたかも乞食であるかのように見せようと心掛けています。（中略）その結果、自分たちの金を密かに、地中かなり深くに隠したり埋め込んだりする以外には良い手だてはないということです」と語り、洞察力の鋭いこのフランス人の旅行家は、「私の意見では、民間の商取引でこれほど少ししか金銭が登場しない真の理由はそこにあるのです」と締めくくった。

四　産　業

産業革命以前はどこの国でもそうだが、本質的に農業国であるインドは、比較的大幅に多種多様な加工工業をもっていた。工業の目的の第一は、住民の欲求に答えるためであったが、それと同時に手工業生産物を外国に輸出することでもあった。

その中でも最も重要だったのが、早くから行われていた綿や絹の織物業である。「コロマンデル海岸やベンガル周辺では、街道や町から少し離れたところにある村で、大人や子供が総出になって布地を織ったりしていないところを見つけるのは難しいくらいであった」と、イギリス人の旅行家R・オームは語っている。北東部地域がかなり以前からこの半島で最も生産が活発な地域であったが、規模こそ違え、綿や絹を取り扱う中心地は国中各所に存在していた。スラトはブロケード（＊金襴）とモスリンを生産していた。アフマダーバードは絨毯、ザテン、様々な色彩のタフタ[12]、キャラコ[13]などを生産し、これらをオスマン・トルコ帝国やヨーロッパにまで輸出した。一方西海岸でもこれらの布地が生産されたが、それは戦争による被害を避けて職人たちがここに逃避したことによるもので、羊毛や高価な絹の絨毯をはじめ、安価な粗織物にいたるまで、あらゆる種類の布地が生産された。半島南部のマイソル国で生産される白と青のモスリンはすべて、「絢爛、繊細、美麗」な織物との評判をとった。ウッタル・プラデシュ（＊ガンジス河北部一帯）のキャラコやチンツ（＊インド更紗）[14]は、十六世紀初めから英国を得意先としていた。アッラハーバードもチンツを生産し、宮殿内の豪華な装飾、例えば天蓋、縁飾り、天幕、壁飾りなどに使われたため名声を博した。アウランガーバードやグジャラートの絹織物業も評判であった。カシュミールは高品質の羊毛や絹のショールを生産していた。

絹や綿の産業の次に重要な位置を占めていたのが製糖業である。「豊かに産する国」[15]と評されたベンガルはビハールと並んで砂糖の大産地である。ベンガルの砂糖はアフリカ、ヨーロッパ、アジア諸国にまで輸出された。その次に続くのが、藍である。藍は十七世紀の初めに、外国との交易で第二位の座を占めていた。シャー・ジャハーンは引く手あまたの染料の専売制度を樹立していた。しかし、国家があまりに安値で藍を買い取るので栽培農民が頑として抵抗し、専売計画を放棄せざるを得なかった。硝石の生産も大変重要なものであり、これにもその制度を適用したが、はかばかしい成果はあげられなかった。阿片用ケシの栽培は奨励もされなければ禁止もされてはいなかった。阿片はマールワーやパトナ周辺で生産されたが、特にパトナの住民はこれによって大変な利益を手にした。パトナは、イギリスがインドにおける商業の大部分の収益を引き出すために一七六一年にこの地を占領する日まで、この阿片取引を独占しつづけたものである。

さまざまな産業が国中にあったが、単純作業の工場の大半が国内の消費者向けであった。無数の焼物工が甕や壺それに一般民の使うあらゆる容器を製作していた。靴やサンダルは富裕層しか使わなかったが、皮革業はかなり広まっていた。水を運ぶための道具として革が利用されていた。紙は手漉きで量は限られていた。もちろん印刷術はまだ存在していない。金属はどちらかというとあまり利用されてはいなかった。銅製品はベナーレースの、青銅はベンガルの特産だった。鋼の品質は一級であった。その起源はおそらく中国であり、[16]ゴルコンダで生産されていたが、その用途は、刀身製作であり、その刃は見事な切れ味と繊細さを誇っていた。大砲類、精鋭部隊の使用する火器など、その他の武器は鋼を利用できなかったので、長い間、外国——オスマン・トルコ、ペルシャ、ヨーロッパ——から輸入せざるを得なかった。

豪奢な製品あるいは嗜好品などの産業も北部インドの多くの町に見られた。宝石、宝飾品、香水、象牙、貝殻、真珠、白檀、鼈甲などの産業は、少数の富裕層を顧客として、しばしば最高級の製品を供給していた。寺院もやはり大きな顧客であった。文箱、木箱、小卓、象嵌されたチェス盤などは、どれも象牙や黒檀を用いて多くの町で製作されていた。こうした製品の中で最も評判が高かったのはシンドのものである。

主な自然産品や職人による産品は、やや規模の大きい個人の工房で加工され、直接販売されたり、町の商人の仲介によって販売されたりするか、カルカーナと呼ばれる国家直営の工場で加工された。カルカーナは、デリー、アーグラ、ラホール、アフマダーバードなどの大都市に設立されていた。工場の数は時代によっても異なるがおよそ四十から六十というところであろう。こうした工房で生産されたものは、王室の収益のため販売されるのを除いて、まずは王室御用達であった。国家はこのような豪奢な品で満ちた帝国をつくり上げると同時に、商人としても中心的機能を果たしたのである。ベルニエはデリーのカルカーナについて、「こうした部屋の一つに入ると、監督官が監視するなか刺繡工が作業に励んでいる様子が目に入ります。別の部屋は金銀細工の工房です。こちらには画家の工房、あちちには漆塗りの工房があります。また、指物細工、轆轤《ろくろ》細工、宝石細工、革靴製造の部屋もあり、絹、金襴（ブロケード)、その他もろもろの上質な布地を用いて、職人たちがターバン、金の花をあしらった帯などを作っています。婦人用下着はごく上品で繊細な仕上がりとなっており、場合によっては一晩しか着られないほどでございます。ところがその値段を申し上げますと、しばしば一着で十ないし十二エキュ(*一エキュは三フラン)もかかり、ときにはそれ以上の品もありましたが、わたくしが見ましたものはそのような針刺しの細やかな刺繡が施されておりました」との詳細な描写を残している。カルカーナの職人は父からその技を受け継ぎ、また結婚する際にも同じ職を持つ職人の娘を娶《めと》るのであった。

五　交易路

インド国内の交易は、鉄道、水運、それに沿岸航路によって行われている。ほとんどの交通路と同様に、路線はさまざまに変化してきた。時には文明の大きな流れの推移に沿って、また年代によって、田舎や都市部の発展、さらに経済の発展、もちろん自然環境の変化なども要因となった。

北西部の交易路は、特にアフガーニスターンへの峠があり、アジア高地への峠があるなど、政治的、経済的、文化的、軍事的な意味で大きな役割を果たした。ムガル時代、いやそれ以前から、カーブルは第一級の軍事的、文化的な地理的要因を占め、本書でこれまで述べてきたように最重要地点であった。カーブルを経てカンダハールに至るこのルートは皇帝の勢力下にあった。インドに向かって峠を越えるルートは大きく二つに分かれ、その一つは今日と同様に、インダス河からアトックに向かい、現在の街道にほぼ沿った形でラホール、デリー、アーグラへと通じる。またそこからムルターンやシンド地方の町々に通じる街道もたくさんある。アーグラから東に向かっては、イギリス人の言う大幹線道路が走り、ジュムナ河に沿って、後にはガンジス河の溪谷を下る現在のルートと同じく、ベナーレースを経て、ベンガルの諸都市に通じている。

ムガル帝国時代には、最大の貿易港であるスラトからは、アーグラとデリーに向かう二つのルートがあった。その一つはアフマダーバードやアジュメルを通ってラージュプト諸国を突っ切る。もう一つはブルハーンプルやマールワーを通るルートで、こちらはアウランズィーブがデカン遠征のためにしばしば使ったものである。スラトから東に向かうルートはガート山脈の険しい峠を一度越えたのち、アウランガーバードからハイデラーバードに至り、そこからさらにゴダワーリ河下流のデルタ地帯へと抜け、マスリパタム、ヤナオンといった町に通じていた。こうした幹線道路からは数多くの道が分岐し、町と町を結び、ゴアやビジャープルへと向かい、そこからさらにゴルコンダへと通じていた。インド中央部は、ムガル時代にはかなり辺鄙な地域で、奥深く通行困難なこの森林地帯にマラーター族が交通網を切り開くまでは、街道は整備されなかった。

インドの街道は一般的に大規模に整備された道路であった。両脇には小さな溝が掘られ、路面はほぼ平らで、窪みには小石や砂が敷きつめられ、中央部分を軽く盛り上げて、水が両側に流れるように造られていた。大都市、聖地、城砦などの周辺では略式の舗装工事ではなく、大きな石が利用され、階段あるいは岩を刻んだ道などが付けられた。デリー、アーグラ、ラホールなどの中心都市の道路も舗石が敷きつめられたもので、郊外にまで延びていた。山岳地帯に道をつけることは大変に困難であった。ハイバル峠の整備は、アクバルが、車輪のついた乗物が通れるようにするために命令したものだが、大がかりな計画であった。定期的に洪水に見舞われるところでは、堤防、盛土などの別種の大規模工事が要求された。アッサムでは十六世紀から十八世紀にかけて巨大な堤防が築かれ、なかには延長五百キロメートルに達するものもあった。イギリス人技師のブリッグスは、「残されたものを見ると、彼らの証明した大胆な発想とその技術、また困難を見事にはねのける力などから、これらの建造物はローマ人の実現したものに匹敵するといってよいものである」と書き残している。河川の通行はさらに困難を極めた。可能であれば浅瀬を渡ったが、そうでもなければ渡し船や丸木舟、筏などを利用した。橋は稀で、経済的にさほど重要性を持たなかった。

どの街道も並木が立ち、宿泊設備が整えられ、通商路の開発、城砦の建設、街道や渡し船の保全などの責を負う、一種の土木局の管理下に置かれていた。「現代の陸軍における工兵隊のような組織であった」(17)との証言もある。

特に首都のあった北部の街道や道路は通行量は多かった。悪天候の季節を除いて、一年中これらの道路には担がれたり載せられたりして人や商品が行き交っていた。地形や気候に合わせたあらゆる輸送手段がとられた。

動物による運搬よりも、人力による運搬が楽な起伏の多い地方では、人力による運搬も行われていた。ヒマラヤやガート山脈では商品は背中や腰に載せられ、その他の地域では負い篭によって運ばれた。時には商品は、頭に巻いた麦わらや布の上に載せたり、棒の両端に付けた二つの篭に入れて運ばれた。貴族や王侯それにハレムの貴婦人などは、象の背や人夫の担ぐ輿や駕篭に乗って運ばれた。

重い荷物を運ぶことのできる動物であればどんな動物であれ利用された。牛はほぼ全土で車を引く主力であった。百五十キログラムまで運ぶことのできるように蹄鉄を打たれた荷役用の動物や、それほど頑丈でなくてももっと小さくスピードの速い動物などが、皇室の家畜小屋には何千頭も飼われていた。インドの熱帯地方では、その地方で広く飼育されていた水牛やひとこぶラクダが、牛に代わって使われた。品種によっても違うが、大体それらの動物は百五十キログラムから二百五十キログラムの荷物を運んだ。ヒンドゥー教徒は象を戦闘用に使い、ムガル人は荷駄用――五百キログラムまで載せることができた――や、パレード用に使ったものである。皇室の厩舎には象が何百頭もいたが、アクバルやシャー・ジャハーンの時代にはもっと多かった。動物の背に載せられる輿は、数々の儀式あるいは皇帝や王子の誕生日などに首都内のパレードや、宮廷の地方移動、あるいはカシュミールへの避暑などに使われた。ロバはラバ同様に不浄の動物と見なされていたが、輸送には利用された。羊や山羊は、ヒマラヤのヤクなどと共に、その背に五、六キログラムの荷を運ぶ際に使われた。役畜は軍でも王宮でも盛んに飼育されたが、それでも足りないので高い値段で動物を輸入しなければならなかった。

　荷車による輸送は、インド南部やデカン高原と起伏の激しい地域では稀だったが、北部平原一帯では一般的によく使われ、地方によってその車輪は平板であったり輻《や》（スポーク）形式であったりした。乗物は馬に引かれることはあまりなく、ほとんどは牛が牽かされた。牛の荷車は六百キログラムにも及ぶ荷を積んで、一日に三十キロメートルから五十キロメートルも移動したという。

　強盗は国中いたるところに出没するので、みな隊列《キャラバン》を組んで旅に出た。キャラバンは人と動物を含めて時には数百人から数千人の集団になることもあり、そうなると移動はゆっくりとなり、襲われる危険は少なくなった。そのような大キャラバンは一日に二十五キロメートル進むのがやっとであった。地表の問題も含めてこうした理由から、地上輸送は次第に重要性を失っていった。中国に至る北部ルートは、最も困難を極めたのでまずは使われなかった。カーシュガル（＊中国、タリム盆地北西部のオアシスに位置する）とスリーナガルを結ぶキャラバンは年に一度であった。高地にあるブラフマープトラ溪谷はほぼ通商が絶たれていた。ラホールと、イラン経由で運ばれるヨーロッパの物品と中国の物品が合流するカーブルを結ぶルートは定期便が行き交った。もう一本の定期便ルートはムルターンからカンダハールに抜けるルートでこちらは、インドとペルシャを結ぶ大幹線であった。

河川

十九世紀に鉄道が建設されるまで、河川航行はインドの最も重要な輸送手段であった。ガンジス河とインダス河とは、ずっと以前から、内陸部へのルートとして、また交通手段として第一級の通路であった。一方、航行可能な流域があったにせよ、インド中央部と南部の河川はほとんど利用されなかった。住民がこの輸送手段をおそらくは必要としていなかったということであろうか。

ガンジス河は数千年前から北部諸帝国の重要な交通路であった。その支流であるジュムナ河やブラフマープトラ河はもちろんのこと重要な河川航路であった。デルタ地方では水量豊かな河川によって地域間が結ばれていた。インダス河の方は、上流域が急流のため通行不可能であったが、中流域と下流域は一年中どんな季節でも通行可能であった。インド半島の他の地域では、どちらも東海岸に流れ込むマハーナディ河とゴダワーリ河だけが開発可能な河川であった。

こうした水域を航行する舟艇には様々なタイプがあった。どれもチーク材を中心とした木材による船体であったが、農民が市場に向かうための単純な丸木舟から、両端が反り上がった大型船や王侯貴族の娯楽用の豪華船までタイプはさまざまであった。中央部が膨れた平底の艀は物品運搬に使われ、オールと舵は一体となって漕がれたり、もっと大きなものになると船縁にオールを取り付けた方式で漕がれたりした。一本のマストには方形の帆が張られ、追い風の時にだけ使われた。むしろや竹でできた雨避けが悪天候時に乗員を保護した。

沿岸航行用の船舶は全く違った形状をしていた。東海岸に沿って航行する船舶は双胴船で、互いに繋がれた数本の桁の上に筏を組んだもので、マストも帆もなく、別の舟艇がこれを引いて航行した。西海岸では帆船が主に使われたが、その形状も積載量も多岐にわたっていた。ヨーロッパ人がダウ(18)と呼ぶアラブ世界特有の帆船に着想を得たものである。これら沿岸航行用の船舶はすべて帆を備え、二百トンまで荷を積むことができた。舵取りはかなりおおざっぱな仕組みによって行われた。水を張った盥に磁化させた金属の魚を浮かべた一種の羅針盤を利用したり、あるいは、星の高さを測るのに使われるカマルと呼ばれる、結び目で目盛りを付けた短い細紐を真ん中に付けた平板でできた原始的な装置で、太陽や星の高さを測ったりして船の進路を決めていた。とはいえ、船位計算による航行も行われていた。沿岸に近づくと、船乗りに分かるように燈台の灯も灯されていた。

インドの諸地方を結ぶ海上輸送は、おそらくは地上輸送よりもはるかに重要であった。西海岸に沿った海域では海賊に襲われる危険が高かったため、武装したフリゲート艦を随行したカフィラと呼ばれる船団を組んで航行するのが常であった。こうした船団を使った輸送はコーチンからゴアへ、ゴアからカンベイ湾の各港へと、年に二、三度行われた。第三の海路は、マラッカ海峡や東南アジアから来る船舶で、これらはセイロンの沖に集結していた。こうした遠距離輸送に頼る物品は、重量の嵩むものが中心で、穀物、油、米、砂糖などで、陸揚げされたあと、陸路あるいは河川路で、アーグラやデリーその他の都市に送られ、そこから周辺の町や村へと配送されていた。このようなインド国内の通商は、国際貿易と同様に、巨大な資本と組織が必要とされた。そのほとんどがインドの商人によるものであったが、生み出される巨額の利益に魅せられたポルトガル人、イギリス人、その他の国々の商人がこの通商に参入した。

六　国際貿易

ヴァスコ・ダ・ガマが喜望峰を通過する一四九八年まで、マダガスカルからマラッカ海峡にいたるほとんどすべての海域をアラブ諸国が抑えていた。またその海上通商路のほぼすべてがインド西海岸、特にマラバル海岸に集中していた。ここから西ヨーロッパに運ばれていったのは、インドの様々な地方の産品だけではなく、東南アジアからの産品も含まれ、アラブ諸国ならびに地中海沿岸諸国へと船は向かった。ウマイヤ朝が昔シンド地方の一部を占領したのは別として、十八世紀の初めにも、アラブ諸国がインド沿岸そのものを領土として奪おうとすることは全くなかった。交易だけで十分であったというわけだ[19]。地中海や西ヨーロッパ諸国に向かう際に、アラブの商人たちは紅海やときにはペルシャ湾を利用した。商品は紅海経由でエジプトに、ペルシャ湾経由ではアラビア半島諸国にそれぞれ運ばれていった。特に胡椒などの交易は通過する国々を豊かにしていった。マムルーク朝の宮廷には、厨房の道具にいたるまであらゆる器物が金製で、壁まで大理石か金を張りつけたものであったという。ダマスカスには、「ありとあらゆる商品や食品が満ちあふれていた。インドの香辛料、宝石、大量の絹、多種多様な香料などが、バクダード、インド、ペルシャからここに運ばれ、そこから世界中へと商品が送られていった」のである。

ヴァスコ・ダ・ガマによって、一四九八年に喜望峰経由のヨーロッパ直航ルートが発見されたことと、ポルトガル人がインド洋に進出したことによって、すべてが一新された。一五〇九年から一五一五年までポルトガルの副総督を務めたアルブケルク[20]は、ゴアを首都とし、オルムズ海峡、ディウ、コーチンを制圧し、引き続きスマトラ島、ジャワ島にまで艦隊を送った。こうして、海上交通路とこれによって運搬される物品はポルトガルの独占となった。ポルトガルの許可証と彼らへの税の支払いがなければ、いかなる商船といえどもインド洋を航海したり、インドの主要港の出入りはできなかった。許可証を持たないで航海している艦船は拿捕されるか撃沈された。

イスラーム諸国はこの事態にたちまちに適応した。彼らは、船を沈めたり乗組員を殺したりして、ポルトガルと同じ作戦に出た。こうして彼らは次第に香辛料、特に胡椒の市場の一角に食い込んでいった。胡椒に関して言えば、「トルコの平和[21]」のお陰で、十六世紀半ばには、以前とほとんど同じくらいの割合の商取引を握るほどに回復した。このポルトガルとの「戦争」は、他の国々がアフリカの南端を越えて競争に参入してくる日まで続いた。まずはオランダ人が一五七七年にスペインの支配から抜け出し、冒険心を発揮して、オランダ東インド会社を一六〇二年に設立した。これは私企業であって、国家の独占支配下にあった香辛料の取引を除いては、まったくの自由を享受した。三年後、彼らはインドの海域に三十八隻からなる艦船を送り込み、ポルトガル側に勝利した。それとほぼ同時にイギリスのエリザベス女王はロンドンのある商会に認可を出し、それが後のイギリス東インド会社設立へとつながり、十五年後にはインドとの通商を独占することになる。イギリス側はまずオランダとの競争に打ち勝ち、たちまちのうちに頭角を現していく。例えば、ベンガルからの輸出は一六六八年には三万四千ポンドを超え、一六八〇年には十五万ポンドに達した。一六九〇年にはカルカッタに進出した。ポルトガルはかなり前からオリエントにおいて勢力を失い、オランダも商取引の支配力を失っていた。しかしながらオランダ人は少しずつインドネシアに進出し、一六一九年にバタビア（＊ジャカルタの旧称）に本拠をおいた。

コルベール（＊ルイ十四世の下で財務総監を務め、重商主義をとったことで有名）が一六六四年に現地に東インド会社を設立してから、イギリスにとっては恐るべき相手となっていくが、フランスはインド半島において政治的失策と軍事的失敗を重ね、やがては勢力を失ってしまう。

西ヨーロッパとの商取引において、インドの諸王国も大ムガル帝国も、運搬業者のことなどを実際は重要視していなかった。彼らは、外国の市場にインド自身で売買しようとはせずに、自国の産物の取引からの利益を引き出すことに留まっていた。十六世紀に入るとヴェネツィア、アンコーナ、イスタンブルなどの都市にインドの商人が現れるようになる。しかしながらその数はまだ少なく、インドの艦船の大きさも五百トンから千五百トン程度で、アラビア半島の聖地に巡礼団を送り込むのが大きな目的であった。商船として四百トンを超えるものは稀で、千五百トンから二千五百トンを誇るポルトガルのキャラック船（＊中世から十七世紀まで使われた、ポルトガルの全装帆船）の足元にも及ばないものであった。

港と両替方法

大ムガル帝国時代の西海岸の大きな港といえば、何よりもカンベイ地方の港を指す。カンベイ、スラト、もっと南のディウである。ディウはかつてポルトガル人が見事に要塞化した町であるが後に、大ムガル帝国の支配下に置かれていた。スラトなどの港を経由する産品は、ペルシャに向けて輸出される藍、綿などの産品とともに、ムルターン、ラホールなどの大都市が求める銀のインゴットや豪奢な品などであり、香辛料や藍などのその他のアジア地域からの産品は、モカ（＊北イエメンの港町）、アデン（＊南イエメンの首都）、ジッダ（＊メッカの西方、紅海に臨む港町）に向けて出荷され、逆にこうした港からは、カイロやイスタンブルからの商品が積み込まれインドに向かった。これらのインド西岸の港町を拠点にポルトガル人は十六世紀に（＊スラトやディウの周辺の）カンベイ湾の航行をすべて支配していたが、ヨーロッパに向けて艦船が出航していたのは、もっと南のゴアである。

香辛料、香料、中国の磁器などのあまり嵩張らなくて高価な商品は、陸上輸送やカフィラ（船団）を組んだり、またキャッラク船やもっと小さな船などに積まれて海上輸送によってゴアに集められた。またゴアから、インドの布地、アラビア半島やヨーロッパからの産品がマラッカに向けて出荷され、そこから荷の一部はさらにマレー群島やシャム（＊タイの旧称）、極東地域へと送られていった。こうしてマラッカは、インドとこの海峡以遠の国々とを結ぶ全ての商取引が行われる最も重要な中心地となった。ヨーロッパ人の旅行家D・バルボサは、「ここは世界最大の商取引が行われ、最も高価な商品を目にすることのできる、世界で最も豊かな港町である」と報告した。一五一一年にポルトガル人はマラッカを占領していた。ポルトガルの艦船の何隻かはマカオまで足を延ばし、そこでインドの商品を売り、そこからさらに日本に向けて荷を積み込んで、日本ではその商品と引換えに銀を手に入れ、その銀で再び中国の製品を買い入れてマラッカに向かった。マラッカではインドやヨーロッパ向けに香辛料を買い込んだ。中心となったのは、最も投機的な物産である胡椒であったが、もちろんその他の香辛料や豪華な布地なども含まれていた。莫大な利益をもたらしたこうした大航海に危険がなかったわけではない。一五九〇年から一六〇〇年にかけてゴアに来航した三十隻の艦船のうち、リスボンに帰り着いたのはわずか十六隻にすぎなかったという。

インド半島の東海岸で唯一の大きな港といえば、マスリパタムであり、ここはチンツの物品（＊インド更紗）で有名であったが、とりわけ豊かなゴルコンダの物産が輸出された港として、またゴルコンダへの大量の贅沢品が輸入された港としても知られていた。イギリス人は一六一一年に、一商館をここに建設した。もっと北方のベンガル地方には、商取引の大半を吸い寄せていた町が二つあった。その一つはフーグリーである。フーグリーはまずポルトガル人の手に陥ちていたが、一六三二年にシャー・ジャハーンがポルトガル人を追い払い、その後イギリス人のものとなっていた。もう一つは、フーグリーのやや東方にあるチッタゴンであり、これもまたマラッカや海峡地域との交易の重要な中心地であった。十八世紀後半になってカルカッタがそれに加わり、やがてこれらの港を凌駕していった。

インドの外国との貿易は、ずいぶん早い時期からかなり国際色豊かであり、これは後々まで変わらない。例えば、西海岸に沿って、特にゴアは、イスラーム紀元の初期以来、紅海からマラッカ海峡一帯やスンダ列島（＊ジャワ島を含む列島）にかけて移住していった数多くのイスラーム教徒が集う港であった。ユダヤ人はコーチンに移住し、アルメニア人は綿や生糸の取引を得意とし、ペルシャ人はイランへの街道沿いの町へと移住していき、こうした人々を仲介する商人は、ポルトガル人やその他の外国人が居住しているとの噂を聞かない土地へと、交易の可能性さえあればどこへでもその活動領域を広げていった。

インドの国内および外国との為替の大部分が、銀行家と両替商が作り上げたネットワークの協力を得てなされた。こうした両替商、すなわちサッラーフは全員が、バニヤンと呼ばれる商人、すなわちカーストによる宗教熱の強くないヒンドゥー教徒によって構成されていた。その両替方法はおおむね西ヨーロッパと同様の仕組みである。貨幣の両替、為替手形、海上保険、信用貸しなどである。両替商が商人であることはあり得る話で、彼らは金を貸したり、武装商船を造ったりした。驚くほど富裕な両替商もいた。スラトには、八百万ルピーの財産を所有するものもいたという。また三百トン以上の船を二十隻も所有するイスラーム教徒もいた。タヴェルニエは、これら銀行家や両替商を宝石取引の際に利用したという。現金を持たないで旅行する商人は、例えばスラトで金を借り、その金をゴルコンダで返すということもできた。こうしたネットワークはインド全域に広がり、さらには海外のヴェネツィアやアンコーナにまで広がっていた。互いの交換レートは、例えば一〇〇%増しとかそれ以上などという途方もないものであった。それでも、多少の危険が伴ったにしても、市場の閉鎖性ということを考えると、国際貿易を生業とする商人が手にする利益は、その危険度に応じて莫大な額にのぼった。価格暴落もそうした危険の一つであった。例えばある商人は、自分が到着したときに、自分の持ってきた織物が市場に溢れていたと嘆き、別の商人はもし到着がほんの少しでも早かったらもっと価値が出ていたのになどと不満を述べるのであった。海上での損失については言うまでもないが、大体は積荷の三分の一が紛失したという。こうした事情を考えれば、インドの港で買い入れた香辛料、藍、絹などの高価な商品が、アレッポ（*シリア北西部の都市）で三倍、ヨーロッパに着いたときには五倍になったと聞いても驚くには当たらないだろう。

七　貴族

ムガル皇帝の暮らし向きについてはこれまでに述べてきたように、オスマン・トルコのスルターン、イランのシャー、西ヨーロッパの諸君主も敵わぬほどの豪奢なものであった。皇帝は文字どおり日夜金銀財宝に囲まれて暮らしていた。帝国全体が同じような状況で、君主の妬みを買いはしないかと恐れるどころか、貴族たちは、皇帝を真似て豪奢さを競ったものである。

さてこの貴族とは一体どんなものであったのだろうか。ムガル帝国では、貴族の世襲制というものがなかったので、西ヨーロッパの諸王国の様子とはかけ離れていた。行政や軍の上級ポストを独占した、数の限られたこの階級――一五九五年には百二十三人、一六五六年には五百十八人――に入るのは、出自が何であれ、(22)皇帝がその人物を良しと思えば取り立て、そうでなければ首を切るといったように、全ては皇帝自身に委ねられていた。従って、ムガル帝国の貴族――ウマラー（エミールの複数）――はたいへん国際色豊かであった。例えば、アフガーン人、トルコ人、数多くのイラン人、インドのイスラーム教徒、ヒンドゥー教徒からなり、多少なりとも高いマンサブを保有する高官や上級官僚もすべて同じありさまであった。貴族《ウマラー》が父の死後その位階を相続するということはあったが、これは例外である。貴族が死ねばその財産のほとんどを、時には全てを国が没収するので、貴族は財産を蓄える意味がない以上、収入を全て使い切るのが常であった。貴族同士のこうした分野における競い合いは、想像を絶するほどの限度にまで達し、帝国が終焉を迎える直前などは凄まじいほどであった。アクバルの時代からすでに、高官たちは食料や衣服に目もくらむほどの出費をしていた。極めて珍しい料理や果物が求められた。それらの食味などどうでもよかったのだ。まず大切なことは、誰も見たことのない食材であること、次に遠方から来た外国人の料理人が料理すること、であった。自分の食卓に供される料理がウマラーが手に入れることのできないものであること、皿数が計り知れないほどであること、そのサービスが想像を絶するほどの豪華さを誇るということに、アクバル自身がたいそう執着していたという。服装についても同様で、きらびやかさがもっとも求められた。ここでも外国の製品が珍重された。高価であるとともにそのきらびやかで眩い質感の絹製品が、イタリア、フランス、イランから、また最も珍しくしかも美しい布地を生産する世界中の国々から、インドへと輸入されていた。宮廷人はあらゆる手段を用いて、それらを手に入れようとし、またライバルを羨ましがらせるのに躍起になっていた。

宝石に対する情熱も深いものであった。その様子は細密画に窺い知ることができる。首、耳、腕、両脚、踝、両手の指という指などに、どれもこれも豪華極まりない宝石が光り輝いている。貴族たちは、宝石類の重量を自慢し、どこそこの宝飾店で作らせたなどと吹聴していたという。アジアの市場で買い求めてきた宦官たちを置いたハレムには、インドの言葉を解さない若い美女が群れ集っていた。皇帝の宮殿だけでなく、貴族の館にも、武器を扱いこなすような訓練を受けた外国の女丈夫が控えていた。

象や馬を買い、維持し、調教するために、エミールたちは、おそらくそれ以上の出費を強いられていた。皇帝と同様に、彼らエミールは象や馬を、数百頭、あるいは数千頭も所有するものもいたが、それらは戦争用だけではなく、パレードにも使われたが、象はムガル皇帝や王侯たちがひどく好んだ一騎討ちの闘象に使われた。エミールの厩舎に飼われている馬のなかで最も素晴らしい馬は、アラビア半島、ペルシャ、中央アジアから輸入された。特に海上輸送の最中に死んでしまう馬が相当数に上ったので、見事な馬ともなると目の飛び出るような値段が付けられた。馬具の出費がそれに加わり、エミールはその豪華さも競ったのである。金や銀でできた鎖で繋がれた象を見たとの証言がある[23]。これらの動物を維持するには一定数の人員を必要とした。象一頭に対して四人、馬一頭に二、三人がついた。さらにエミール全体で数千人の召使を使っていた。皇帝が遠征に出る、あるいはある都市に出掛ける、さらにはカシュミールに避暑に出掛けるなどといった場合には、宮廷に出仕する貴族はそれに随行せねばならず、もちろんそれには自分たち自身のお付きのものも連れ、テントを運ばねばならなかった。テントの維持とその装飾には数百人の人員並びに多くの職人、その他もろもろの下働きを連れていく必要があった。それぞれのエミールは、皇帝と同様に、ハレムの全員を同行させた。婦人たちは、椅子に乗って担がれたり、それぞれ豪華できらびやかな輿に載せられたりした。輿の色はあらゆる色彩が使われたが、赤だけは皇帝専用の色であった(24)。

ほとんどの場合ジャーギール（*采邑地）を搾取する原因となるこうした浪費に、貴族が皇帝に贈り物をする義務が加わっていた。

貴族たちの贈り物を、皇帝は、その美しさよりもその商品価値によって評価したから、贈り物は高官たちの任官や昇進に重大な役割を果たしたものである。多くのエミールが、今の地位よりも高い収入のある地位を得るために財産を使い果たしたという。君主にこのような贈り物をするために、また多大な出費を補うために、数々の不正に走ったとは言わないまでも、こうした行為によってどんな濫費が生じたのか、晩年の皇帝たちの支配下でこのようにして任官した高官たちの労苦にどれほどの価値があったのかを、想像するのはさして難しいことではない。

しかしながら、ムガル貴族のすべてがこうした不正に染まっていたというわけではない。ヒンドゥー教徒であれイスラーム教徒であれ、遊蕩者、浪費家など、ほとんどすべての不埒者は、自分の生活の不品行を何らかの慈善によって埋め合わせをしていた。彼らは金を惜しまず、旅人のために街道沿いに宿を建てたり、井戸を掘ったり、慈善基金（*ワクフなど）を作ったりした。このようなしっかりとした善行は褒めそやされたものである。アブル・ファズルはこうした善行の模範をなした人物である。アクバルの下で宰相を務めたトダル・マルもその権限と情熱においてアブル・ファズルにひけをとらなかった。アクバルの帝国は、こうした優れた宰相や将軍がいなかったなら、西洋、東洋の全域にその名声を轟かせた大帝国にはならなかったであろう。もう一つの自慢の種は、こうした人物が幅の広い教養を備えていたことである。特にアブル・ファズルは多くの知識人を保護した。オリエントにおける多くの君

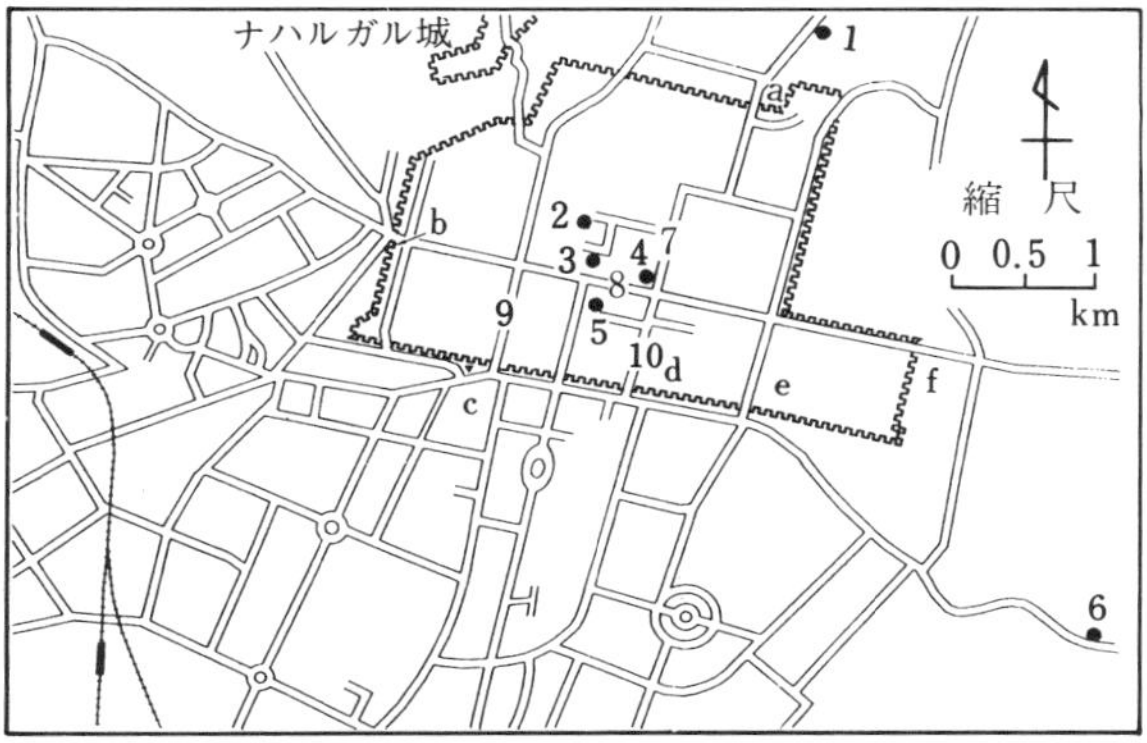

図16 ジャイプルと天文観測所
上 ジャイプル市街図
1 アンベルに至る
2 市宮殿
3 天文観測所
4 ハーワ・マハル（風の宮殿)
5 ゴパルジ
6 シソディヤ・ラニ宮殿
7 シレデオリ・バザール通り
8 トリポリア・バザール通り
9 キシャンポリ・バザール通り
10 ジョハリ・バザール通り
a ゾラワル門
b チャンドポル門
c アジミール門
d サンガネリ門
e ガト・ダルワーザ門
f スラジュポル門
中 ジャイ・シンの天文観測所
下 天文観測所の日時計

主や大人物と同様に、貴族《ウマラー》たちも詩人、作家、音楽家を周りに集めていた。彼ら貴族は、自分の家族に財産を絶対というほど残せなかったので、自分の名を刻んだ建物や墓陵を建てさせたが、中にはいままでもその大きさと建築術の見事さでわれわれを圧倒するものがある。神学にいそしむものもいれば、詩作に没頭するものもいた。アムベルのラージャーであったサワイ・ジャイ・シンは天文学に情熱を傾け、多くの天文台を建設したが、なかでもジャイプルの天文台は有名で今でも残っている。

八 女性

女性は、属している社会によって異なるとはいえ、多かれ少なかれ重要な地位にあった。民衆や小商人にあっては、場所も時代も問わず大抵の女性がそうであるように、家事にいそしみ、食事を準備し、家を守ったものである。田舎では農作業も手伝っていた。

インドの女性は、家族に尊敬されて育てられ、特に後に夫に尊敬されるが、夫に対しては絶対服従の義務があった。ヒンドゥー教徒であれば、結婚はそれぞれのカーストの中で行われる。ムガル帝国時代には、中世初期ほどこの制度が厳格ではなかったにしても、例外は一切認められなかった。子供が出来たときを除いて夫は妻を離縁できたが、たとえ離縁されても、一切の家事に関与しないという条件があれば、その家に留まることはできた。妻となる女性の両親によって支払われる婚資（＊持参金）の金額は、その家の財産の状況に応じてさまざまであったが、ヒンドゥー教徒でもイスラーム教徒でも常に困難な問題が生じていた。新妻は、大抵は十歳で、時にはわずか五歳で結婚していただけに、こうした問題に立ち入ることはできなかった。アクバルはこうした余りに早すぎる婚姻を禁止しようとしたがうまくいかなかったし、ごく最近までこうした婚姻は行われていた。大皇帝たちがサティー――夫を亡くしたヒンドゥー教徒の未亡人は火葬の際に夫を焼く炎のなかに飛び込む習慣――に対して懲罰令を発布したが、特にこれに監視をつけたというわけでもなかった。そもそもは未亡人の自発的意思によってとられた措置であるこのサティーは、いつの間にか家族によって強制される義務となったのである。なにがしかの理由でサティーが避けられても、未亡人は家を出て、街道で乞食となるか、一生を施し物で暮らすかのどちらかであった。何度かサティーの現場に居合わせた外国人の旅行家[25]は、「アーグラでは週に二、三度サティーが行われていた」と報告している。

プルダと呼ばれたヴェールの着用は、ヒンドゥー教徒もイスラーム教徒も同様に、無理やり従わせられたものである。農民や家の外で働く民衆は必ずしもこのプルダを着用しなければならないということはなかったが、それ以外の女性は厳しく守らなければならないものであった。ヴェールを着けてない顔を見られた女性は売春婦と見なされ、そのような扱いを受けた。男が女性に近づくことは厳しく禁止され、ましてや宮廷内では当然のことであり、「女性の列にかなりの距離を置いていても近づくことは危険であった。(中略) 女性とお近づきになりたいと思っても、彼女たちと余りに接近しすぎると、その哀れな男がどんな人物であれ、災いが及ぶことになる」とベルニエ[26]は報告し、彼が後宮《セラーイル》の女性に余りに近づいたために不意に捕らえられ、「お付きの宦官や召使によって不具にされるくらいならばと思わず剣に手をかける羽目に陥ったことがある」と語っている。

ムガル族の女性もやはり従順さを強いられたが、時代や地方によってはその様子も異なり、なんらかの自由を享受することはできた。例えば、アクバルの時代やその後でも、固有の財産を所有することができ、それを売ったり、相続したり、遺贈したりでき、なかにはマンサブを受け取るものもいた。男たちと同様に、施しとして領地を受け取ることもできた。それに、イスラーム教徒であれヒンドゥー教徒であれ、寺院、モスク、宗教的または慈善目的のあらゆる建物などの建立費用に充てるための信仰基金（*ワクフ）を設立することができた。

インドにおけるほとんど全ての女性の日常生活の大部分を、宗教が占めていた。ヒンドゥー教徒もイスラーム教徒もさまざまな義務を果たし、すべての祭儀を行わなければならなかった。例えば、断食、神への奉納、聖なる書――イスラーム教徒であればコーラン、ヒンドゥー教徒であればヴェーダ――の読唱、日課の祈り、禁忌食物など。どちらの宗教的年中行事の祭りも、みなで準備を整え盛大に祝ったものである。多くの女性が密教の高位にまで達し、精神的修練に生涯を捧げるために修道院や隠者庵へと入っていった。また別の女性は、自分たちの宗教的感情を詩句に表したし、十八世紀の詩人であるダヤー・バーイーやサジョ・バーイーの詩句などは今でも唱えられている。多くの女性がヒンドゥー教の神殿にある神や女神にたくさんの詩句を捧げている。例えば、クリシュナ神、ラーマ神、シバ神とその妃パハルヴァティー神など。パハルヴァティーはさまざまな形で表現される母神を人格化したものであり、恐ろしいと同時に貞淑な女性、血を好む残虐性と豊かな食物をもたらしてくれる豊穣の女神を表し、カーリー（黒い女神）やマーター（母なる女神）という名で呼ばれることもある。ヴェーダの時代から、女性は社会を反映する重要な地位を占めてきており、「美と善の、それと同時に恐怖と悪の象徴として崇められ、（中略）その長所と欠点を併せ持つ永遠の存在」[27]と考えられてきた。

服装

いつの時代でも、どんな場所であれ、インドの女性は、人目を引きつけ、他の女の羨望の的となり、男たちを悦ばせる、ありとあらゆる魅力を放っている。彼女たちの化粧は念入りになされ、装いや身につけるものはどれも幻想に満ち、その姿は多種多様である。発案者の想像から、また彼女たち自身によって産みだされたものは、宝石や真珠を縫い込み金糸で刺繡したり織られたりした布地、複雑で優雅な図案をプリントした布地など、どれも独創性と輝きにあふれた装いとなっている。上流社会の婦人の身につける服やスカートは形容しがたい豪華さを誇っていたし、たとえそれほど豊かでなくとも資力に見合ったものを身につけ、どれもが色彩の鮮やかさと幻想に満ちた美しさを持っていた。

彼女たちは、自宅で水を使わない場合には、仲間連れで河に行き水浴を済ませると、目の周りを黒い軟膏で縁取り、髪の分け目に緋色の線を塗り、顔や胸に形象あるいは花などを描き、身体に麝香や白檀の香りを付け、手足の爪に色を塗る。装い方は時代によって異なる。中世初期においては、さまざまに装飾された単なるスカートだけを身に着け、上半身には何も着なかった。イスラーム教徒による征服があって、服装は変化した。女性は優雅で刺繡の施された胴着を上半身に着けるようになったのだ。脚には、ギャザーつきのぴったりとしたズボンを履き、なかには宝石をあしらったものもあった。イスラーム教徒の王宮では、スカートはゆったりとした作りで、肉眼では確認できないほど複雑な模様の刺繡が施されていた。やがて、ヴェールやスカーフが登場し、後頭部や背中を隠すようになった。当時の細密画を見るとスカーフなどの様々な色彩と形態を確認することが出来る。髪の毛は頭の上に高く上げ、金の櫛を髷《シニヨン》に刺したり、あるいは両頰にそって両側に振り分けられたり、できるだけ独自のやり方で髪の毛を編んだりしていた。暮らし向きのいいヒンドゥー教徒の女性であれば、鼻に宝石やダイヤモンドを刺していたものである。ラージュプト族の女性は鼻に金の輪を通していた。今日のインドの女性が身に着けるサリーは、あらゆるデザインを創りだすのに適するように長い布地からできているが、十九世紀になって初めて登場したものである。上品な女性は、色鮮やかなサンダルを履くが、革紐にはダイヤモンドがあしらわれ、踝に巻かれた豪華なブレスレットと見事に釣り合っていた。十八世紀末のある細密画[28]を見ると、そこに風呂上がりの裸の女性が描かれている。その女性は唇と乳房に紅で化粧をし、両手、両腕、両踝には宝石をちりばめた輪を付けていた。今まさにゆったりとした赤いガウンをまとおうとする瞬間の絵であるが、やはり赤い色の花を付けた緑色の植物を刺繍した長袴下を身に着けている。赤い色の床几にそっと腰掛けたその女性は、ゆったりとした赤いガウンをまとった女召使の差し出す鏡を覗き込んでいる。上半身には青い胴着が、頭には金糸刺繍の透かし織りの網がふわりとかけられている。同時代の別の細密画を見てみよう。雷の気配を孕んだ空を指し示す姿の若い女の絵[29]である。彼女はさまざまな色彩の縦縞の長いスカートを履いて、青い胴着を着け、その上に真珠の長いネックレスをかけ、指という指に指輪をはめている。また別の細密画[30]には緑色のスカートを履いた若い女が描かれている。ダイヤモンドとおぼしき花をかたどった宝石が文字どおりちりばめられた白い一種の下着を履いているのが見える。額、耳、胸、両手の指、両足など、全身がまばゆいばかりの女に向かって、一人の男が進み出ているが、その男も、恋い焦がれる愛を象徴する宝石類を身に付け、やはりきらびやかな装いである。

恋　愛

恋愛はその当時、大変なことであった。フランスにおける『ばら物語』時代の宮廷恋愛や、アラビアの詩人が歌った精神的恋愛ともほど遠いものであった。いま語っている時代はまだ粗野で残酷な時代であって、恋する男や女がうまくその恋を成就することができるように、じっくりと相手に接近したり、気の利いた言葉をかけることに気を遣う時代ではなかったのだ。女性に対する尊敬の念が見られなくなっていたのと同時に、あらゆる恋愛の慣習が消え去っていた。ムガル族の兵士やラージュプト族の兵士は、その他の兵士と同様に剣の扱いに慣れており、敵を倒すときには微塵の憐れみも見せることはなかった。王侯ともなると、数百人、時には数千人もの人間を処刑し、その頭蓋骨を塔のように積み上げさせたというが、それでも女性を前にすると、自分たちの恋心を満たすことしか考えていなかったという。世界中の国々から集められた女性が貴族のハレムにひしめき、ひたすら殿方の欲望をかき立てていた。インドの神々の信仰には肉体的愛をかりたてるものがあり、イスラーム教徒もその影響を受けた。インドの神秘主義は、クリシュナへの単なる信仰から性行為の昂揚へと移り、ムガル時代に生活環境の進化と結びついて、自然と肉体的愛と至福の実現へと向かっていった。「諸感覚の歓びとは、時空を呑み込む恍惚と至福なり」と説いたのはクリシュナである。極端に淫らな性愛の場面がインドの数多くの寺院に描かれていた(31)。例えば、コナラク(*プリーの北)、ブバネスワル(*コナラクの北)、カジュラホの寺院に行けば、信仰のための聖なる場所に描かれた交歓の場面がインドのヒンドゥー教徒やイスラーム教徒の民衆に与えた影響をよく説明している。シヴァ神の男根崇拝は、イスラーム教徒の征服者には、遊蕩への誘いとしてしか映らなかった。十七、十八世紀の細密画の多くが、恋人と愛を交わす直前の裸になった若い女を描いており、その女を助ける、より性技に長けた連れの女が手ほどきしたり、ときには恋人たちの抱擁の最中に飲物や果物を携えた女召使を控えさせている構図も見受けられる。その中の一枚には、愛し合っている最中に男に扇で風を送っている若い娘が描かれたものがあるが、男のほうは戦場から帰ったばかりで、まだ帯に武器と楯をつけたままという図である。

女性の権力

イスラーム教徒であれヒンドゥー教徒であれ、インドの女性には、何人かの旅行者の物語に基づいて描かれたような女性像とは違ったものがあった。夫に対する役割を果たす女性だけではなく、歴史にその名を残した、政治家や外交官として、時には戦闘で名を馳せた女性も数多くいた。

上流社会の女性は正規の教育を受け、男と対等に渡り合い、時には国家において重要な役割を果たす能力を備えたものもいた。アクバルはファテプル・シークリーに、王宮内の女性のために専用の学校をつくらせた。皇族、貴族、それに裕福な家系の娘には女家庭教師がついていた。王女の多くが詩句に親しんだ。バーブルの孫娘にあたるグルバダン・ベガムはアクバルの求めに応じて、フマーユーン・ナーメ（『フマーユーン伝』）を書き、それがいまだに第一級の歴史資料となっている。バーブルの娘であるサリーマ・スルターンはたいへんな教養人であった。ヌール・ジャハーンはペルシャ語とアラビア語で多くの詩を書いた。彼女はまた、大きな書斎を持ち、教養豊かな女性を取り巻きにし、画を描き、絨毯や刺繡の絵柄も描いていたという。さらに彼女は作曲したり多くの楽器を演奏したという。ムムターズ・マハルは詩句に親しみ、多くの詩人を保護していた。ジャハーナーラーも同様に教養あふれる女性で、やはり詩句を書いた。アウランズィーブの姉であるザブニサー・ベガムは当時の最も教養豊かな女性の一人についての回想録を残している。その女性は、文学、数学、天文学、音楽だけでなく、あらゆる学問分野に長けていたという。彼女を描いた何枚かの肖像画に、執筆中あるいは読書中の彼女の姿が描かれている。貴族階級の女性の中には、アクバルの「乳母」であるマーハム・アナガのように学校を設立したものもいる。彼女は女性教育のために奔走し、自身でマドラサ（＊高等学林）[32]と呼ばれる学校をデリーに設立した。他の女性もそうだが、特に王女たちは、国家の一大事ともなればきちんと武器を身に付けたものである。バーブルの愛妃であるマーハム・ベガムは、シーア教徒であったが、栄光に包まれていようが逆境であろうが常に夫の側に仕えたムガル族女性の鑑として知られる。「彼女は余が遠征に出るときにも、たとえ王座を失っていたときにも、ほとんど余の側に連れ添っていた。（中略）女性のなかで彼女ほどの良識と炯眼を備えたものはいない[33]」とは、バーブルの言である。バーブルの死後何年も彼女は息子のフマーユーンが王座を維持するのを助けてきた。マーハム・ベガムの後は、フマーユーンの叔母にあたるハムザーダ・ベガムが幅の広い政治活動を展開した。ハムザーダ・ベガムは成功こそしなかったものの、皇帝フマーユーンと兄弟たち、それに兄弟同士の間を取り持った女性である。もう少し後になって、皇室と縁続きの王女ハラム・ベガムが登場する。ハラム・ベガムはフマーユーンを支援するために軍を組織し、後にバダフシャーン地方をしっかりと統治した女性として知られる。アクバル時代には女性の役割はもっと大きくなった。そうした中でも、先頭に立って最も大きな影響力を行使したのが、アクバルの乳母と言われたマーハム・アナガである。彼女は勇敢で、かつ頭脳明晰でありながら、宮廷陰謀に野心を燃やしたが、すでに述べたように常に成功するというものでもなかった。アクバルは彼女の息子を処刑させ、数週間後に彼女自身も死んでしまった。ほぼ同時代に、アクバルの異母姉妹にあたるバフト・ウン・ニサー・ベガムという女性がいた。彼女はカーブルの総督として、機転を利かせてウズベック族のカーン（首長）との間に生じた微妙ないさかいを収めた女性である。同時代にもう一人、ドゥルガーヴァティーという名の女性がいる。彼女は息子であるガルハ・カタンガ[34]のラージャーを助けて、アクバル軍の名将アーサフ・カーンを攻撃し、一万二千の兵を率いて彼女自身で短刀で自分の止めを刺すよう命じたという。

遠征に出て、象に乗って猛々しい活躍を見せたが、二本の矢を受け、負けを悟ったとき、部下に命じて短刀で自分の止めを刺すよう命じたという。

ジャハーンギールの治世では、何よりもその妃のヌール・ジャハーンである。それまでインドにおいて彼女ほどの権力を見せたものはいない。あらゆる事件に巻き込まれた彼女は、彼女の政治的慧眼と匹敵する勇気を発揮して闘い、夫の死後は隠居するという知恵も持っていた女性であった。シャー・ジャハーンの愛妃であるムムターズ・マハルは、十四人の子供を産んだ女性というだけではない。彼女は皇帝に対し大きな影響を与えた女性で、シャー・ジャハーンは妻の言うことに最もよく耳を傾けたと言われる。ポルトガル人をフーグリーから追い払い、そこの商館を破壊し、ベンガルでのいざこざを終結させるよう夫を説得したのはムムターズである。ムムターズ・マハルが若くして死んだ後、ベガム・サーヒブとも呼ばれた、シャー・ジャハーンの娘ジャハーナーラー・ベガムが、ムムターズ・マハルの代わりとなった。ジャハーナーラーの皇帝に対する影響力と、皇帝から授かった金額とは無限とも言えるほどであった。愛顧を得ようとしたり、何らかの公職につこうとするものは誰でも彼女の前に進み出なければならなかったという。帝国を兄弟同士で分割するよう弟のアウランズィーブ帝に提案したのも彼女である。しかしながらこの計画に失敗した当代のアンティゴネ（*ギリシャ神話に登場するオイディプスの娘。クレオンの命に反して兄を葬ったため、地下牢に入れられたが、自ら縊死した）は、すでに牢獄に追いやられた父に合流し、父の死まで牢に留まった。ジャハーナーラーの妹であるラウシャナーラーの方はアウランズィーブに与し、彼はラウシャナーラーに褒美を与えた。有り余る栄誉を受けたラウシャナーラーはシャー・ベガムの称号を得たが、アウランズィーブ帝が病いにたおれたときにアウランズィーブの息子であるアーザム王子を王位を就けるべく画策し、これに失敗して影響力を失った。彼女の後にも国家における重要な役割を果たそうとした女性は多くいたが、厳しさを増したアウランズィーブは、例えばカーブル総督の妃であったサーヒブジーが夫の死後しっかりと知力を尽くして州を治めたにしても、そうした務めを褒めそやす一方で、女性の影響を以後受けることはなかった。

イスラーム教やヒンドゥー教の公国や王国において、帝国の実務を司った勇気と理知を備えた女性は枚挙に暇がない。しかしながら、栄誉と豪奢な生活を渇望して文字どおり帝国を崩壊に導いた妃、愛妾などは数知れない。そうした女性ほど、「純粋なる安息の地の貴婦人」だの「王宮の光」だの「世界の女支配者」といった高貴に満ちた名前を付けたがるものである。そんな中で歴史に名を留めるのは、踊り子からジャハーンダール・シャーの愛妃となったラール・カンヴァルである。彼女については、旗が掲げられたり栄誉の太鼓が鳴らされなかったら一歩も動こうとしなかった、というエピソードが残されている。

九　大ムガル帝国時代の絵画

大ムガル帝国時代の絵画は原則として宮廷絵画であり、当時のオリエントではすべての王朝が、また西欧でもほとんどがそうであった。芸術家や作家を抱えるほどの財を持つのは君主だけであり、彼らは、絵筆や筆を持って王国の栄華を讃える天賦の才能をもつ者たちを、あたかもコーラス隊であるかのごとく自分の周りに集めさせていた。

画家たちは、作品の大まかなデッサンをする師匠の指示にしたがって、それぞれの専門分野に応じて、皇帝の命じた作品を仕上げていた。師匠自身がスケッチをして、その後でそれぞれの弟子に得意な部分を任せていた。細密画はしばしば数巻にまとめられるものであったから、その作業は何年もかかるのが常であった。顔の部分だけは師匠自身で仕上げていた。顔料は制作手順にしたがって整えられた。植物や鉱物などがすりつぶされ、続いて、亜麻の水、砂糖水、柳の樹液などがさまざまな溶剤で希釈された。多くの学者が「色配列」と呼ばれたさまざまな色彩を産みだしていった。絵筆は、制作する絵画の性格や緻密さに応じて、材料（ラクダ、リス、羊などの毛）や大きさが数多く揃えられていた。十六世紀には、画布は、絹、竹、綿などで作られ、ガラス玉で表面を滑らかにして、丈夫にするために二重、三重に織られていた。(35)

ペルシャの影響

ムガル絵画は、その技術の多くをイランに負うていた。例えば、西トルキスターンやペルシャのモンゴル族の宮廷、また十六世紀初めにかの有名なベフザード（＊イスラーム細密画芸術の巨匠。一四五五―一五三六）のいたヘラート、タブリーズ（イラン西部）、シーラーズ（イラン南部）、ブハーラ（サマルカンドの西方）、サマルカンドなどの宮廷、もちろんバクダードそのものの宮廷における、宮廷絵画の影響を強く受けていたということである。アジアの画家は中国の芸術家から多くを学んでいたが、特に樹木や流水などの自然を模写することにかけてはその影響は大きかった。ティムールの死後、ペルシャやトランスオキシアナのティムール朝は、知的で芸術的な生活を飛躍的に発展させた。われわれのもの（ヨーロッパ）とは関わりも類似点もまったくないが、オリエントにおける芸術の発展、また何よりもまず細密画の発展には、特権的な中心地として活動を回復したということを別にすれば、この時代は「ルネサンス」と名付けられている。

インドに侵入したときのバーブルは、特に絵画に関心があったというわけではない。バーブルは活動的な人物であり、また兵士として活躍したが、美術に格別興味を持つほどの暇はなかったというのが実情である。詩句、建築、庭園芸術のほうにむしろ惹かれていた。彼の趣味は、公園の設計をし、樹木や花をあふれんばかりに植えさせ、お供を連れて庭園を訪れ、花に囲まれて酒杯を片手に憩うことであった。もし彼が長生きしていたら、おそらくはオリエントの他の君主同様に、彼の趣味ではなかったかも知れないが自分の傍らに美術学校を設立していただろう。ベフザードの作品を「繊細な」と評する一方で、ベフザードが髭のない人物はうまく描いていないが、髭のある人物は「見事である」などと付け添える程度であった。

フマーユーンは他の皇帝と同じく、芸術分野においては父バーブルとはまったく違っていた。インドからやむなく逃亡しイランに逃げ場を求めた彼は、イラン中の記念建造物を尋ね歩いた。サファビー朝のシャー・タフマースプは、フマーユーンが行きたいところならば、どこへでも行けるように便宜を計ったが、特にペルセポリスが彼のお気に入りだった。シャー自身が芸術家を保護した君主であった。最も名高い芸術家たちがシャーの王宮に暮らした。ベフザードも晩年をシャーのもとで過ごした。したがって、シャーが客人であるフマーユーンに、お気に入りの画家の描いた作品を見せたのではと推測するのは、そう難しいことではない。

一五四五年にカーブルに宮廷を開いたフマーユーンは、イラン人の画家をたくさん招いたが、その中でも最も有名なのがミール・ムサッヴィルであり、その息子であるやはり名高いミール・サイード・アリーもしばらく後に父に合流することになる。この二人は、フマーユーンのインド再征服ののちもずっと彼につき従った。もう一人、さほど知られてはいないがアブダル・サマドという画家がいたが、彼は皇帝付の首席司書となって、やはりアーグラに赴いた。イスラームの英雄の一人であるハムザの偉業を讃えた『ハムザ・ナーマ』（ハムザ伝）――綿布に描かれた千四百枚にのぼる挿絵の入った十七巻からなる書物――は彼らの監修で制作されたものである。バシル・グレイによれば、こうした絵画は遊牧民のテントを飾った壁布の伝統につながるものだという。アクバルの治世の初期に命じられたその書物の完成には、インド全域から集められた多くの画家が共同してあたった。写実的で色彩感あふれる各頁は、力強く驚くべき想像力を感じさせる書であり、躍動感と生命感に満ちている。数々の有名な場面の中でも、特筆すべきは、英雄の一人であるミフルドゥフトが光塔《ミナレ》の頂にとまった一羽の鳥に向けて矢を放つ場面である。この場面の背景には、樹木が生い茂り、周りを高い城壁に囲まれた庭園が描かれ、城壁の内部には、噴水のある城館と、艶のある陶器で飾られた一軒の亭が描かれている。この亭から何人もの若き男女が、件の青年の偉業を目撃する、というのがこの場面の構成である。非常に生き生きと描かれたこの小さな絵には、じっと動かないままの人物は一人として描かれてはいない。他の作品[36]とて同様である。各作品は活躍場面や暴力的場面が中心となっているが、色透視図法によって描かれているので、家の内部も外側もすべて俯瞰できるようになっている。ベフザードの影響は明らかだが、何人かの登場人物の衣服や浅黒い顔色からもわかるように、ラージャスターンの影響も見られる。この書物の初めのほうは、赤、青、緑の暖色が、岩山やバラ色の花が咲く樹木に混ざり合っている様子や、目まぐるしい作品の構成からすると、ペルシャの影響が勝っている。それから、ずっと暗い色調や、まるっきり違った構図、より鋭い自然に対する感覚などから、インドの影響が次第に現れてくるようになる。初期のムガル族においてはあらゆる領域で支配的であったペルシャ的性格が、インドとの日常的接触が増すにつれ、少しずつ姿を消していくのである。ペルシャの「ロマン主義」やそれを理想とする作品は、自然により接近した写実性、特に、ペルシャ人にはあまり見られない躍動感や現実感をもった動物などの描き方に顕著にみられる写実主義の影響下に、次第と弱まっていくのである。鳥は飛び立ち、ウサギは茂みの向こうに逃げ込むといった具合に。極細の筆で描かれたこれらの表現様式は実に魅力的である。

アクバルは若いころから、生き物や田園風景の表現形式にかなりはっきりとした傾倒のほどを示していた。フマーユーンの治世末期の細密画には、宮廷人に囲まれるなかで、父に一枚の絵を差し出す彼の様子が描かれている。この場面に描かれた動物たちが生命感をこの絵に与えている。この絵はおそらく、王宮で絵の指導を受けていたアクバル自身の作品であろう。アクバル帝は、自身で絵を描き画家を保護することによって、当時の芸術の発展に参加することを欲していた。もちろん自分自身の栄光にも一役買ったことであろう。彼は画家たちのアトリエでの仕事にすみずみまで目を配り、制作中の作品を毎週のように自分のところに見せにくるよう命じていた。「自分の下した評価に応じて」アクバルは画家に報酬を与えていた、とアブル・ファズルは報告しているが、こうも付け加えた。「世界的に有名なヨーロッパの画家の素晴らしい作品と匹敵するベフザードにも並ぶ傑作が最近は見られるようになった。その術《わざ》において師と呼べるものは百人以上いるが、完成の域に近いものはもっと数多い」。またこの宮廷史家であり、かつアクバルの腹心でもあったアブル・ファズルは、「このことは特にヒンドゥー教徒に対して言えることである。彼らの描く絵画はわれわれの事物に対する概念をはるかに越えている。彼らに匹敵する画家はこの世にはそう多くない」と締めくくった〔口絵二頁、一二四頁の図版4などを参照〕。

絵画に対する、とりわけ自然の事物を描いた絵画に対するアクバルの強い関心は、描かれた表現形式《フォルム》の下にある、彼の生命の力に対する尊敬と緊密に結びついている。ある日、狩猟に出掛け、今まさに獲物が捕らえられんとするその瞬間に、アクバルは猟をやめ、動物たちを全部逃がしてやれと命じ、ただ自分の快楽のために死んでゆく生命を尊重したことから、啓示を受けた、というエピソードを思い出して頂きたい。生きている存在の生命が一人の人間の愉悦に捧げられるほど、その啓示は強いものであったのだろうか。アクバルは、そのさまざまな表現形式によって描かれる生命や自然を映し出すヒンドゥー絵画に対してかなり傾倒したが、そのことは、生の一体性、それぞれの存在をつなぐ絆、ヒンドゥー教の精神性を思わせ禅？にまで通じるまったく東洋的な概念、といった彼自身のものの考え方に、必ずや深いつながりがあるであろう。

インド・ペルシャ様式と西欧の様式

十六世紀に完成を見た『ラーマーヤーナ』[37]は、十二人の画家によって描かれた作品であるが、自然に対する親近感、優雅で軽やかに描かれた動物たち、繁茂する樹々などからすると、自然へのアクバルの感情をよく反映しているものである。「ガンジス河を渡るアクバル」（『アクバル・ナーマ』〈アクバル伝〉の中の一エピソード）はもっと厳密な、躍動感に溢れる手法で描かれている。宮廷人やお付きのものも、背には物資を背負い、流れに逆らって河を渡ろうとしているが、赤い装飾を施された巨大な象の背で、皇帝は沈着さと威厳を失わずじっと座している。場面全体に生命感と色彩が溢れんばかりの作品である。こうしてみると、甘美で繊細な趣きを中心とするペルシャ絵画とはほど遠いものとなったことがわかるが、同様に、イランは、ゴーグ、マゴーグ――アレクサンドロス大王がアジアとの辺境に建てた伝説の壁――などの建造物が持つ典型的なインド表現様式とは何の関係も見られない。それにはロマン主義は感じられず、むしろ一つの出来事をリアルに表現したものである。同時代の他の細密画は、これとは逆

図版17　ムガル朝の絵画

上右　モハメッド・アーリム画「山うずら」
上左　「ナーマ」中の「くじゃくと鶴」
下　井戸から灌漑用水を汲む農民

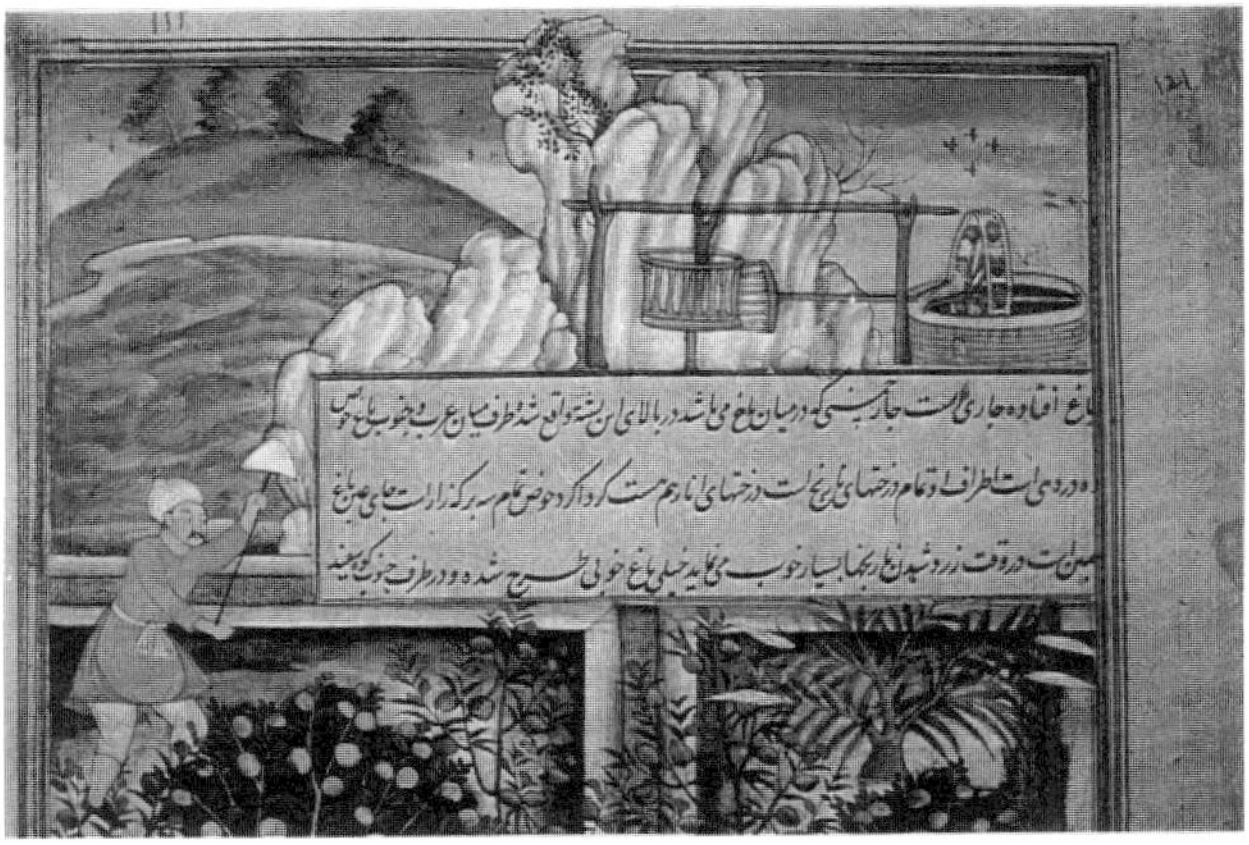

にペルシャの影響が非常に濃く、特に『バーブル・ナーマ』（バーブル伝）にそれが顕著である。アクバルの治世を通して数多くの画家の名前が登場するが、その中には、かなり貧しい階級の出身である若きダスワト、有名なフマーユーンの肖像画を描いたバーグヴァティ、卓越した技術を誇ったバサーワン、それ以外にも、サンウラー、ラール、ミスキナなどの名も見られる。その他にも多くの画家の名を挙げることもできるが、『ラズル・ナーマ』（『戦争の書』）、『バーブル・ナーマ』、『アクバル・ナーマ』などの作品のように、さまざまな絵画を多量に収める画集の形をとっているので、多数の画家の作品が入り交じっており、一つ一つが誰の作品であると特定するのは容易ではない。『ラズル・ナーマ』、『バーブル・ナーマ』、『アクバル・ナーマ』その他の作品は、インド、イギリス、フランス、アメリカ合衆国などの美術館、並びに多くの個人所蔵のコレクションにおいて見ることができる。

いま挙げた大作品は、なかに挿入された細密画が、もともと本文とともにめくって見られる構成になっているため、そのほとんどが共同制作となっている。ヴィクトリア・アンド・アルバート美術館所蔵の『アクバル・ナーマ』には、百十七枚の細密画がアクバルの即位から年度順に次々と差し込まれているが、その中の何枚かはバサーワン、別のものはミスキナ、ラール、マドゥーなどの手になるものであり、まだペルシャの影響下にあることを窺わせるが、極鮮明で、厳密であった初期の構成に較べると、すでにかなりの写実主義の影響が感じられるものである。フリーヤー・コレクション所蔵のおよそ百三十枚からなる『ラーマーヤーナ』の細密画は、五十枚ほどの細密画の下部に十二人の画家の署名が見えることから、少なくとも二十人の画家の手になる作品集である。

アクバルの治世の末年は、ペルシャ絵画の影響が次第に大きくなり、インド・ペルシャ様式へと傾いていく時期であり、また、キリスト教宣教師のムガル宮廷への登場以来、ヨーロッパ様式も見られるようになる時期でもある。ティムール族の皇帝が、大体は宗教に着想を得た西欧の画家の作品と接する機会を得たのは、おそらく一五七八年のポルトガルの大使アントニオ・カブラルのムガル宮廷訪問の最中であろう。その少し後に、モンセラーテ神父とアカヴィヴァ神父はアクバルに、四カ国語で書かれた大きな聖書を献上した。その聖書はフェリペ二世のためにプランタン（＊十六世紀のフランス出身のフランドルの印刷・出版業者。）多国語新約聖書で知られる）による印刷で、ローマのサンタ・マリア・マジョーレ大聖堂を飾る有名な絵画の複製である、キリストと聖母マリアを描いた絵と同様の口絵が付いた聖書であるが、これはインドの君主が見た初めての西欧絵画作品である可能性はかなり高い。これに続いて、アクバルや宮廷画家たちは、デューラー、ファン・デル・ヘイデン（＊オランダ人画家）、ファン・ヘームスカーク（ネーデルランドの画家）などの作品、特に美しいデューラー作の聖ヒエロニムス、聖ヨハネや、別のイタリア人画家の手による聖女マグダラのマリアなどと何度も接する機会があった。ここに、ムガル人画家の手による一人のヴェネツィア人高官の肖像画（一六二〇年頃）がある。この肖像画は立ち姿の髭を生やした人物である。マリン・ブルーのケープを羽織り黒い大きな帽子を頭にかぶったこの人物は、長剣を手にしている。一人のムガル人画家が、ヨーロッパの版画に着想を得て、「キリスト降架」を描いているが、三人の天使に支えられたキリストの肩の部分は赤い布地で覆われている。ナーディラ・バーヌーという女性画家は、聖ヒエロニムスの複製を制作している。当時インドに持ち込まれたのは唯一宗教画であったが、多くのこうしたヨーロッパの宗教画が地方の画家によって複製されている。その頃の、一種のインドと西欧の諸要素の併存や、奥行きを描いて現実感を増大させる遠近法の上手な使い方などが見受けられる。外国人との接触によって、ヨーロッパ的モチーフを使いながら、北部のインド絵画は、直接的な観察や現実により近づいた自然主義の様式を獲得していくのである。

君主の栄光を讃える絵画

ジャハーンギールの治世は、芸術分野においては父の治世に引き続いて隆盛であったが、より一層君主の栄光を描く傾向と、芸術だけではなく他の分野でも父アクバルのインドを特徴付けた半宗教的性格をほとんど捨て去っていく傾向を見せた。新しい皇帝は自分の能力とその威厳のほどを過剰に信じ込んでいたので、自分が気前のよい、見識を備え、芸術を理解する君主であると見せかけることを望んでいた。イギリス大使トーマス・ローとの会見で、数多くの絵画を前にして、皇帝は大使に、ヨーロッパ人画家の作品がどれであるのかを問い、大使を躊躇《ためら》わせたというエピソードがその証拠である。

ジャハーンギールの治世は、インド絵画の最も輝やける時代の一つであったが、特に名声が高かったのは、全身像と、厳かな謁見（ドゥルバル）に立ち会う群像である。各美術館が所蔵するこの時代の肖像画は、なかには座った人物を描いたものもあるが、だいたいが立ち姿で、背景からは浮き上がった構図で、あるいは背景を単色で塗った構図で描かれていた。群像は多分、皇帝の回顧録を表すために描かれたものであろう。こうした肖像画が、皇帝の栄光に豪奢で高貴に満ちた趣を与えていることは一目瞭然である。王座に座る皇帝、皇帝の頭上にかけられた上質な布地でできた天蓋、見事な絨毯、金糸織りの装飾用壁掛けなど、全体がこの世に並ぶもののない大帝国の豪奢さを映し出したものである。例えば、皇帝や皇子たちの目方を、金で計る儀式が描かれたものがある。またジャハーンギール自身が息子のフッラムの目方を計ってやっている場面も描かれている。天秤の一方の台には真珠や宝石をちりばめた豪華な衣装を身に着けたフッラムを載せ、もう一方の台に宮廷人が宝石類を載せているという構図である。誕生日の贈り物が前景の絨毯に一列に並べられている。(41) この美しい一枚の絵には、隅々まで繊細なモティーフが描き込まれ、背景には窓を通して、ジャハーンギールの愛して止まなかった樹々や草原が広がっている。おそらくこの時に、自然描写がペルシャ様式から完全に離れて、独自の境地に達したのであろう。

西欧絵画の影響かも知れないが、画集を埋める数々の絵が、画家たちが自分の思いつきで描く小さな絵として独立していくのもこの頃である。このように、肖像画は大画家たちにチャンスを与えた。例えば、モデルである人物の心理を極限まで追求する画家や、絵画世界として最も完成度の高い作品を産みだすためにロマン主義や自然主義の混じり合う自然の情感を描く画家などが出現したのである。この時代で最も知られていたのは、ジャハーンギールのお気に入りの画家ウスタード・マンスール、マーナハール、ムラード、イナーヤトなどであるが、他にもさほど知られてはいないが、彼らに匹敵する画家もいた。

シャー・ジャハーンの即位は絵画の分野に大きな革新をもたらしはしなかった。彼自身は何よりも建築に興味を示したからである。建築以外の芸術分野に対するシャー・ジャハーンの影響力には限界があった。肖像画は以前として人気が高く、ジャハーンギールの時代と同様に美化された手法が使われ、人物の頭上には後光が描き込まれていた。シャー・ジャハーンを描いた一枚の絵画が残されており、彼自身が中央の孔雀の王座に、両脇でアクバルとジャハーンギールがそれぞれ王座に座っている構図のものである。この絵画は、ティムール朝を賞揚する寓意性の高い作品である。とはいえ肖像画の大半がただ一人の人物を描いたもので、横顔かあるいは斜め前を向いた肖像で、背景は単色、足元に花を描き、王家の皇子あるいは高官たちは槍や長剣を手にしている。フンハールという名高い画家が皇子アブル・ハサンの立ち姿を描いた絵がある。豪華な衣装を身に着けたアブル・ハサンはターバンに羽飾りを付け、手袋をはめた右手には鷹を止まらせている。女性を描いた肖像画はほとんど見当たらない。王女や高貴な女性の顔だちを描いたものが人の手から手へと渡っていくのは失礼なこととされていたからである。庭園にいる娘や化粧をする娘を描いたものは数多く見られるが、それは必ず無名の肖像である。ヌール・ジャハーンやその他の王女のものとされる肖像画が、彼女たちをリアルに描いているのかどうかの明白な証拠はない。この時代に、皇帝の命令によって制作されたティムール族の君主や王侯を空想的に描いた肖像画はもちろんある。特に、アンカラの戦い(一四〇二年)で敗れ、檻に入れられたオスマン・トルコのスルターンであるバヤジトを眺めるティムール自身の肖像画などは、まったくの捏造された逸話である。肖像画とよく似た分野の絵画でしばしば見受けられるが、庵に住まう苦行僧を訪ねる皇子の場面であり、特にシャー・ジャハーンを描いたものは、一種のテントの下で年老いたムラー(*イスラーム教の律法学者)の話に耳を傾けているものである。ここに描かれたデルウィーシュ(*苦行僧)の旋舞は生き生きと描かれ、強い宗教色を感じさせる。またこの絵は、シャー・ジャハーンの息子である、やはり神秘主義に傾倒し教養と寛容を兼ね備えたダーラー・シュコが、権力闘争によって他のあらゆる関心から父が遠ざかった際に、父の跡継ぎとなった自分が、絵画を再びもり立てようとする気分を反映したものであるとも言えよう。また、この時代の細密画の中には、ファキール(*托鉢修道僧)とともに庭園にいるダーラー・シュコや、彼がコーランを読んでいる場面を描いたものがある。一人のデルウィーシュが、ダーラー・シュコの精神的導師であるムッラー・シャーと対話をしている場面で、二人の間の地面にただの花束が置かれているという場面を描いたものもある。宗教儀式の場面を詳細に描いたものが流行したこともあった。

厳格なアウランズィーブは、絵画をイスラーム教の諸規範を犯すものと認めながらも、禁止はしなかった。もちろん奨励することもなかった。ベルニエはそのことに触れて厳しい様子で、「芸術家は軽蔑され、さんざんな扱いを受け、仕事に対する報酬も少なかった」と書き残している。アウランズィーブ帝は、シカンダルにあるアクバル廟の絵画を漆喰で塗り潰し、ビジャープルにあるいくつかのモニュメントにあった絵画を消させたほどである。才能を伸ばしたい画家は、今まで以上に、人物描写ではなく、自然や民衆の生活に着想を得るようになった。動物、鳥、空想的な動物誌から着想した伝説の怪獣、日夜行われる狩猟の場面などが主題としてだんだんと多くなり、大変精密に、インドに典型的な自然を感じさせる作風で描かれた。

宮廷絵画はまったく消え去ったというわけではないが、それでも衰退しはじめ、やがて地方にその中心が移っていった。アウランズィーブの厳格な治世のずっと前から、デカンやラージャスターンなどの地方には絵画が盛んであった。メワール、ビジャープル、ゴルコンダをはじめとする宮廷の画家たちは、美しい作品を残し、特にゴルコンダの絵画五点(42)は、王宮の数々の場面を描いたり、二人の詩人を描いた見事な作品(43)である。二人の詩人の一人は年老いた人物、もう一人は若く気品を備えた人物で、極めて繊細な筆致で描かれた花の咲き乱れる庭園を舞台としている。こうした作品はアーグラやデリーの芸術家の拡散を待たずに、開花した地方芸術の証拠となっている。十八世紀全体と十九世紀にかけての、ムガル帝国解体後に設立された地方国家ごとの国立芸術センターが、インドに着想を得た、人物や自然を描いた独創的で美しい作品を産みだしていくことになる。

十　文学

栄光を求めると同時に、それと同等の情熱を持って芸術を保護し、それに磨きをかけてきた大ムガル帝国は、全歴史を通じて、詩に対するトルコ民族特有の愛着を示してきた。バーブルは自分の回顧録をトルコ語で書いたが、その末裔たちにとっては、文学とは、何よりもまず詩句を指していた。詩句は、さまざまな伝説や、自分たち自身の歴史だけではなく、より広いアラブ民族やベドウィン族の歴史にまでその典拠を求めた、神秘的で空想的な表現を意味するものであった。散文は、詩句に次ぐ地位にあって、修史官の携わる分野とされてきた。

波瀾に満ちた生涯を送ったバーブルには、自由になる時間は余りに短く、ティムール朝時代のトルコ・ムガル詩の伝統的領域である、恋愛と酒を謳歌する簡素な詩集以外に残しえたものはほとんどなかった。しかしながら、彼は時間を見つけて、ヘラート在住のトルコ語の大詩人で、「全中央アジアにおいて、いやロシアやインドを含めても肩を並べるもののない模範的詩人」と謳われた、ミール・アリー・シール・ネヴァイの詩句の撰集を編んだ。ムガル族最初の皇帝は、トルコ語やペルシャ語で書かれた、神秘主義的内容の詩句も残している。

バーブル以後は、ほんの僅かな例外を除いて、トルコ語の詩はインドから姿を消し、やがてペルシャ語の詩が優勢となる。「ペルシャ語の詩があたかも小春日のように花開いたのはインドであった」とも言われた。フマーユーンはイラン滞在の最中に、絵画とともに数多くの詩句を作ったが、それは、グル・バダンが彼の治世の歴史『フマーユーン・ナーマ』(＊フマーユーン伝)を編んだのと同様に、ペルシャ語で書かれたものである。フマーユーン以後は、イランから詩人がひっきりなしにやってきた。

アクバルは多くの詩人を取り巻きに抱えていたが、その筆頭はアブル・ファズルである。桂冠詩人ガザーリの跡を継いだのがファイズィーであり、宮廷史家バダーウーニーはペルシャ語やアラビア語で書かれた千冊以上の著作をファイズィーのものと認めた。ファイズィーの名声はオスマン・トルコ帝国にまで広がっていた。多くの詩人のペルシャ語の作品が引用されるようになる。こうした詩人のなかでも、特筆すべきは、自らが大詩人であるとともに、サンスクリット語やアラビア語で書かれた著作をペルシャ語に翻訳したジャマールッディーン・ウルフィーシラーズィーであろう。

アクバルはあくまで史書に強い関心を示し、史書こそ自分自身の栄光を高める最も効果的手段と考えていた。アブル・ファズルの書いた『アクバル・ナーマ』（アクバル伝）と『アーイーニ・イ・アクバリー』（アクバルの制度）とがこの時代を最もよく伝える歴史的文献であり、もう一つは、アクバル帝にそれほど媚びずに書かれたバダーウーニーの『歴史』である。

アクバル自身読み書きはできなかったが、彼はありとあらゆる文化を、しかもごく重要視した。特に、サンスクリット語で書く作家を保護したインドで最初のイスラーム教徒であり、アクバル帝の宮廷にはそうした作家が数多く集まったものである。ペルシャ・サンスクリット語辞典が初めて印刷されたのもアクバルの治世においてであり、サンスクリットのみならず帝国領内の他の言語で書かれた、数学、天文学、宗教書など数多くの著作をペルシャ語に翻訳するのを、彼は奨励した。人間の精神を表すものであれば、何一つないがしろにしてはならないと、アクバルはよく語っていた。

大いなる寛容精神と自ら唱える宗教混合主義《シンクレティズム》に基づいて、アクバルはヒンディー語の著作も翻訳させている。アクバル帝配下の高官であるラージャー・ビールバルは、ラージャー・マーン・シンと同様に、優れた詩人であった。しかしながら今日までも名声を残しているのは、民衆の言葉に近い言語でラーマーの物語を書いたトゥルシダスであり、これは万人に理解され愛されている書物である。言うなれば、アクバルの治世はヒンディー語詩の黄金時代ということになろうか。

ジャハーンギールとシャー・ジャハーンは、知的分野において、先帝たちに劣らず力量を発揮した。

二人ともアーグラとデリーの宮殿を芸術・文化の宝庫に仕立てあげることを望んだ。ジャハーンギール自身が豊かな才能に恵まれた著述家であった。彼は自伝を書き残し、少なくともその生き生きとした文体や精彩に富んだ語り口などは、バーブルの回想録に比肩しうるものである。彼はまたイランから、例えば、カーシャーン（*テヘランの南方の町）のターリブ・アムルシ、タブリーズ（*イラン北西部の町）のアリー・サイーブなど、多くの詩人を呼び寄せた。数多くの重要な歴史的作品がジャハーンギール治下で日の目を見た。ジャハーンギールもシャー・ジャハーンも、アクバルによって企図された非イスラーム圏の言語の作家を保護し援助した。ダーラー・シュコは絵画に熱中したことで知られるが、やはり作家を擁護することに熱心であった。彼はヒンディー語で書かれた大作品をペルシャ語に翻訳することを奨励した。ダーラー・シュコ自身がかなりの文化人であり、彼はスーフィー派の哲学やイスラーム教の聖者に関する著作を残している。彼の著作のなかでも最も独創的な作品は『諸海洋の混合』であり、この書において彼は、ヒンドゥー教とイスラーム教が二つの違った道をとるとはいえ、行き着く先は同じである、と説いている。

アウランズィーブが、文学においては、先帝たちと同じ趣味は持っていなかったといっても驚くにはあたらないだろう。彼は強い厳格主義に即した宗教的性格をもつ著作以外はすべて排除してしまった。彼にかかると、詩とは軽薄なもの、歴史など役に立たない分野となってしまう。アウランズィーブの治世の唯一の大著作は、彼の個人的命令による、神学者集団によって編纂されたイスラーム教理の集成である。ヒンディー語や、イスラーム教圏以外の他の言語による文学の奨励が停止されたことは言うまでもない。実に薄い一冊の作品だけがこの悲しい状況を物語っている。その作品は、皇帝の娘であるザルブンニーサーによって書かれた優雅な小詩集で、あの困難な時代において最も教養の豊かであったムガル王女の悲劇的運命を表現したものである。

十一　ヒンドゥー教とイスラーム教

少数者のパーシー教徒（*イスラーム教徒の迫害を逃れてインドに移り住んだゾロアスター教徒の末裔）、ジャイナ教徒、仏教徒などは例外として、ムガル帝国インドの人口構成は、太古からのヒンドゥー教徒とイスラーム教徒からなっていた。ヒンドゥー教は紀元前にさまざまな時代に始められたドラヴィダ族やアーリア族の宗教である。イスラーム教は、七世紀のムハンマドの預言に端を発し、改宗したアラブ民族、トルコ民族、アフガーン民族などの信奉した宗教であり、この信徒の民族のあるものは海路から、またその大半は北西部の峠を越えてインド半島へとなだれ込んできた。ヒンドゥー教徒も、東ベンガルや南部インドそれに西海岸地方などのいくつかの州では、その大多数がイスラーム教に改宗した。そのイスラーム教も、中央アジアのほぼ全域がそうであるように、特にティムール族は、スンニー派であったが、隣接するペルシャがアリーの信仰に帰依してから（*サファヴィー朝下で）、シーア派が優勢となっていった。ムガル帝国の実権を握っていたのはスンニー派である。しかしながら、アクバルの「摂政」であったバイラム・カーンのように、ムガル帝国の高官にはシーア派ももちろん参画していた。

イスラーム教徒のなかでは、正統であれ非正統であれ、スーフィー派が大きな位置を占めていた。彼らは、ピール、シェイヒーなどの階級を持つ導師の指導の下で、やはり階級によって集団に分けられており、大体は共同体生活をしながら、アッラーの神との直接的な接触を理想とした秘教的戒律を実践し、歌唱と舞踏によって精神の昂揚と解脱を得ようとするものであった(44)。ウラマーと呼ばれる法学者は、秘教的宗教科学の専門家であり、特にコーランの法理の解釈に努めるものである。神秘主義者も学者もともに知識階級を形成し、その教団内や町中のモスクで、イスラーム教の共同体生活に必要な宗教環境を形成した。

スーフィー僧やウラマーはイスラーム社会の最も高い身分の人々から選ばれたものであった。アシュラーフ（＊シャリーフの複数形、メッカの教主など預言者の直系の末裔）は外国出身と見なされていた。高僧のほとんどはサイード家系（預言者ムハンマド一族の末裔）の出身であり、ウラマーはアラブ民族を古い始祖とする家系に属しているか、あるいはそのようなものと推定されていた。一方、政治階級は全般的にトルコ民族、ムガル族、パターンの名が与えられたアフガーン族から選ばれていた。アジラフ（最下層民）はイスラームに改宗したヒンドゥー教徒の末裔である。

数世紀前から、ヒンドゥー教とイスラーム教の共存は、つねに何らかの問題を生じてきていた。特にムガル時代には、聖者や知識人は、二つの宗教の本質をなす原理について、真の意味での接近や混合主義そのものを模索してきた。十六世紀に、文盲のイスラーム教徒の織物師であったカビールは、唯一神への愛のみで両宗教が相互に結ばれあうようにと訴えた。その後いくつもの宗派が形成されていった。彼らの成功は一時的なものに過ぎなかったが、それはやがてアクバルの「神聖宗教」へと結実していく。それとほぼ同時代に、ナーナクの布教の推移や、彼がインドに広めた唯一神である愛の神だけへの信仰が、好戦的シーク教に発展していった経緯はよく知られるところである。宗教融合のあらゆる試みは失敗し、ヒンドゥー教の教義とイスラーム教の思想が、特に各地の宗教的中心地や北部インドの都市で互いに影響を及ぼしあったにもかかわらず、多くの場合、暴力が寛容を凌ぐ状況を深めていく。

イスラーム教は、ヒンドゥー教に、一神教の概念と、どんな人間でも信仰によっていかなる仲介もなく直接に神と接することができるのだという信念とを、広範囲に浸透させようとした。こうした概念は今でもヒンドゥー教の多くの宗派に見られるものである。この概念はシーク教に深く浸透していった。ヒンドゥー教には、集団での祈り、熱心な勧誘、万人に近づきやすい宗教的認識などの、外来的傾向を垣間見ることが出来る。逆に、インドのイスラーム教もさまざまな分野でヒンドゥー教の影響を受けている。例えば、呼吸のコントロール、精神集中などの、ヒンドゥー教特有の多くの神秘主義的勤行などは、ヨーガや仏教からきたものである。対象のある信仰と対象のない信仰を区別することなく、神聖なるものへの飛翔を容認するスーフィー信仰は、いくつかのヒンドゥー教、特にチシュティー派の教理や伝統を取り入れていた。スーフィー派信徒がヒンドゥー教徒と同じ聖者を崇拝しているのを目撃するが、ヒンドゥー教の改革者たちも、すべての宗教の平等を認めているのである。一般のヒンドゥー教徒の勤行がイスラーム教徒民衆の中へ広まっていった。例えば、奇跡を信じること、魔術、預言者ムハンマドによって厳しく断罪された偶像崇拝、イスラーム教とは決して相いれないものと考えられて、常に再現を警戒されている墓地礼拝などである。

イスラーム教徒の大多数がヒンドゥー教徒からの改宗者であったので、当然のこととして、彼らには古来の習慣が深く染みついていた。イスラーム教への改宗が多少とも表面的なものに過ぎなかった地方においては、ヒンドゥー教の慣習や伝統が広く生きつづけた。特に儀式においては、そうした慣習や伝統が広く日常的行事（生誕、死、結婚など）、カーストの分割、慣習法などに浸透していた。イスラーム教徒は多くのヒンドゥー教の儀式を取り入れたが、そのなかに多神信仰がないなどとは決して言えない。

民衆の間の薄い絆

高官たちの大多数がイスラーム教徒であった。その原因の第一は、征服者であることから生じた一種の権利によるもの、第二に、彼らが、宮廷や行政で使用される言語であるペルシャ語を知っていたということによるものであった。アクバルの治世においては、ヒンドゥー教徒が重用されていたが、国家機構におけるヒンドゥー教徒の比率が一五パーセントを超えることは決してなかった。軍隊においては事情は異なっていた。アクバルがアムベルの王女と結婚してから、彼は軍隊に、勇敢さと戦争経験の豊かさで名高いラージュプト族を多く引き入れた。以後、若干の例外はあったが他のヒンドゥー教徒が重用されることはなく、ラージュプト族が、長く上級司令官を務めていく。これは彼らの忠誠心を保証する政治的行為でもあった。アクバルの後継者たちは同じ政策をとったが、それもアウランズィーブの前までである。

イスラーム教徒貴族とヒンドゥー教徒貴族の間の関係はおおむね良好であったが、互いの野心は始終ぶつかり合っていた。というのも、互いの世界観が余りに違いすぎていたため、真の友情が生まれなかったからである。誰もが最高の地位を求め、より高いマンサブの地位を欲しがった。習慣、伝統、宗教などさまざまな原因によって、敵対関係は凄まじいものであった。それでも、両信徒とも互いの儀式や祭りに出掛けては、やがて両宗教に係わるものも増えていった。とげとげしい付き合いがやがては弱まるほど長期間両者が同じ土地に住むことはあまりなかったし、そうしたとげとげしさは決して消え去るものではない。

民衆レベルで考えると、職人や商人などの中流階級においては、生活の必要が成り行き上宗教的対立の溝を埋めていた。迫害の時代を除いては、どんな深刻な障害に遭っても両宗教が分裂したことはなかった。それでも、小さな町の住人たちの間の関係が同胞愛にまで変わることはなかった。個人的な関わりにしても表面的なものに過ぎなかった。アクバルのとったような知的な方法で、あるいは神秘的な方法で、両極端を融合させるさまざまな政策が試みられたが、そうした試みが言語も伝統もさまざまに異なる広大なインドの民衆に行き渡るには至らなかった。ヒンドゥー教徒とイスラーム教徒の教化や教育のあり方に何の共通点もなかったのだ。それどころか、教育を発展させようとしたアクバルの施策にもかかわらず、大ムガル帝国には教育施設がほとんどなかったという事情もある。独立した公国がそれぞれ教育計画を立てて学校を開くようになるのは、帝国の崩壊以降を待たねばならない。

異教徒間の結婚は稀で、アクバルがヒンドゥー教徒の王女と結婚した以後も増えなかった。皇帝たちの血管にヒンドゥー教徒の血がどんどん流れ込む一方で、ムガル帝国の臣民にはほとんど流れこむことがなかった。西部のいくつかの地方、コロマンデル海岸地帯やマラバール海岸地帯、アラビア半島、ペルシャ湾岸、ペルシャ本国などのイスラーム教徒は、ヒンドゥー教徒との混血がずっと以前から進んでいた。しかしながら、真の意味での深い関係を持たないまま両共同体が隣り合って暮らすということは、全体的に見れば数少ないのが当然である。自分たちにとって社会秩序であり、かつまた文化でもある自らの信仰にしっかりと根を下ろしたヒンドゥー教徒の大集団に、支配者たるイスラーム教が深々と浸透していくのはかなわないことであった。したがって、ペルシャやオスマン・トルコがなし遂げたような、一大統一国家を建設することなどは、不可能であったと言えよう。

されど諸文化の相互浸透

しかしながら、二つの宗教を接近させるという試みが、わずかとはいえうまくいった部分もあったので、その失敗が全面に及ぶことはなかった。わずか十世紀ばかりのヒンドゥー教徒とイスラーム教徒の共生ではあったが、それでも文化、特に芸術分野においては、独自性を持った見事な一文明と言えるものを生みだした。古くからのヒンドゥー教の土壌に、ペルシャ、中央アジア、ヨーロッパの諸要素が生みだされて混ざり合った結果、インド亜大陸の芸術は、イスラームの驚異的拡大によって生まれた他のいかなる芸術にも劣らないものとなった。

イスラーム教徒がインド半島に落ちつくようになって以来、初期王朝の建築——クトゥブ・ミナレ、モスクなど——はインドから、多くの形体や装飾的要素を学んでいく。新たな建築物において、ヒンドゥー教徒の建築家や職人が介入して、彼ら独自の優雅で装飾的な建築術のなかに、本来イスラーム教徒の持つ要素、例えばドーム、ミナレ、アーチ、幾何学文様などを盛り込んでいくといった総合が、発展的になされたのである。インドの陽気さが、イスラームの厳格な芸術と、幸福な結婚をしたというわけだ。こうしてインド・イスラームの世紀の進行に連れて、大理石の眩い白をそのムガル建築の極みとする完全なバランスへの昇華が達成されたのである。石を細工する技術、亭、ヒンドゥー式の石柱に載るドーム、アラブ式の、とりわけイラン式の建築、多色石や宝石で飾られた陶器のきらびやかな装飾など。こうした大ムガル帝国の建築芸術は、最も輝かしく最も華々しい二つの文明の総合の見事な例となった。

それと同様の相互的な影響が、音楽の分野においても、征服直後から生まれた。音楽はインドにおいてもともと重要な位置を占めていたが、イスラーム教徒はこの独自でしかも繊細な性格を持つインドの音楽にたちまち魅せられ、やがて文化的交流を果たしていくのであった。イスラーム教徒はインドの楽器を使うようになった。例えば、シタール（リュートの一種で棹が長い）、タブラ（両太鼓）、オード

（リュートの一種で棹が短い）など。新たなメロディー形式――ラーガ――が生まれた。こうした交流が音楽に大きな刺激を与え、皇帝や貴族もこぞってこれを奨励した。アクバル自身が音楽をたいへん愛したので、高官もそれにつられて自分たちの館に音楽家を集めた。一種の「国民音楽」のようなものが当時のアーグラに出現し、イスラーム教徒もヒンドゥー教徒もこれを愛し、今日でも当時の舞踏と同様に、半島北部では演奏され続けている。

この「融合のインド」から、インドにおける大言語の一つであるウルドゥー語が、インド・アーリア語の方言に、アラビア語、ペルシャ語、トルコ語を接ぎ木した形で現れた。イスラーム教徒は、ウルドゥー語をペルシャ文字で書き、これをイスラーム化し、デルウィーシュはこの言語を民衆階層において布教用の言語として利用した。イスラーム教徒、ヒンドゥー教徒などが交わる宮廷やハレムでは、混成国際語（リンガ・フランカ）となった。ウルドゥー語は、アウランズィーブの時代には、民衆的と見なされた南ウルドゥー語と、より洗練された北ウルドゥー語とに別れていたが、それでも唯一の同じ言語として扱われ、数多くの文学を、時には優れた文学を生み出した。ミール・タキ・ミールの繊細な詩作品は、今日でも最も愛されているものの一つである。

ベンガル語は半島東部で広く用いられている言語であるが、やはりこれもペルシャ語の影響を受けた。パンジャブ語、グジャラート語、マラーター語なども、その語彙の三〇％がペルシャ語起源であるように、同様の影響を受け、北部や中部の諸地方でも同じ変化が見られた。サンスクリット語の大著作、特に医学書などは、主要な各方言に翻訳された。帝国の行政機構では、主にペルシャ語、アラビア語、トルコ語をミックスした言語が使用されていた。

絵画についても見逃すことはできない。初期の大ムガル帝国において支配的地位を占めていたイランの芸術やティムール朝の芸術は次第に姿を消して、構成、色調、人物のリアルな表現、自然の描写など、次第とインド的要素が濃くなる、細密画や「生き写し」の肖像画などがそれにとって代わっていく。ここでもやはり、宮廷や上流社会にだけ限定されていた芸術にも総合が進んだが、半島全体にひしめく様々な文化への浸透は枚挙に暇がない。

十二　大ムガル帝国と当時の世界

インドは、東西両側を、容易に航海することのできない海洋に挟まれ、北部を高山からなる巨大な障壁に塞がれていたので、十六世紀までは、わずかな例を除いて、外的世界との交流を持たなかった。西海岸のいくつかの港の住民を除いて、中世末期になるまで、この広大な国の誰もが、海や砂漠の彼方に自分たちの宗教や文明と異なる人々が住まう大国があるなどとは知らなかった。大国のいくつかでは科学技術の発展の時代に突入しようとしはじめており、やがてはその発展に従って、他の国々への優位を確立していくことになる。

中央アジアに限定された関係

ほとんど孤立したまま過ごしてきたこの亜大陸も、外国で起きた数々の大事件の余波を受けないではすまされなかった。十世紀のアッバース朝の崩壊は、ガズニー朝のマフムードのインド侵入の恰好の機会となった。ついで、遊牧民のインドへの侵入の扉を開いてきた中央アジアのトルコ民族に代わって、チンギス・カーンのモンゴル族が主導権を握っていく。続いて、ティムールを頭としたトルコ民族がアジア高地に支配を確立して、再びインド半島に侵入することになる。十六世紀にムガル族が到着するまで、インドの住民は、ムガル族が与えた以上に、北西部の峠の彼方で起きている出来事の影響を受けてきた。ムガル族の、この広大な国との交流は、散発的であるかあるいは存在していなかった。インドの人々は侵入の脅威や多民族の動きに何ら対抗しようとはしていなかった。大帝国や強大な国家の出現などは彼らに関係がなかったのである。例外としては、恐るべき征服者に指揮された軍隊が、山岳を越えて、村を襲い人民を虐殺した時である。長い世紀を通じて、インドが歴史の流れに与えた影響はごく僅かなものでしかなかった。

ティムール族（＊ムガル族）の到来で事態は一変した。扉が一斉に開かれたのだ。その発端は、イスラーム教帝国が外縁世界との接触を始め、関係を結び始めたことによる。

外縁世界とは何か。結局は中央アジア世界のことである。一五二五年頃のムガル帝国成立時、ヨーロッパは大発見時代の幕開けであり、ヴァスコ・ダ・ガマの喜望峰到達とほぼ同時期の、クリストファ・コロンブスの驚異的冒険からわずか三十年足らず、カブラルによるブラジルの発見からは辛うじて二十五年を経たに過ぎなかった。しかし、ティムール族の崩壊に至る二世紀半の間に、ヨーロッパや東南アジアの国々さらに遠い国々との関係が発生し、発展を続けていった。それも、これまで述べてきたように、まだまだ危険を伴うものであり、航海術が未発達の段階であったから、大洋を越えて航海することは依然として大胆極まりない行為であって、おおむね冒険家や無法者の活躍する場であったのだ。一度出航した船が港に戻ることを保証された比率はかろうじて半分にすぎず、危険は計り知れないものであったため、その危険を冒してでもという者は極めて少数であった。情報の手段としては通航に携わる者に頼るしかなかった。初期の皇帝であるアクバルは、商人やポルトガルの宣教師からポルトガルやヨーロッパ各国の情報を仕入れていた。アクバルの後継者たちも、フランス人旅行家のベルニエ、タヴェルニエや、イギリスの大使トーマス・ローなどの人物と会話を交わしたし、彼らは彼らで自国の君主や知人に、莫大な富を持つという噂で名高い摩訶不思議なインドの人々についての報告をするのであった。十八世紀後半以前に、インドの住民がヨーロッパに渡ったという話は聞いたことがない。[45]大ムガル帝国と西欧の諸君主との間に定期的な外交関係を結ぶなどというのは論外であった。というのも簡単で、それには何の価値もなかったからである。距離が遠く離れていて交通が困難であったから、ヨーロッパで起きた戦争や革命などの大事件が、インドには大幅な影響をもたらすことはなかったが、いずれにしても、仮にそうした事件をインド側が知ったにしても、無関心なままに終わっていたであろう。ヨーロッパが世界を席巻しようとする時代にはまだ遠いというだけでは言葉足らずであろう。地球上の住民の大半がまだ存在していないのも同然だったのだ。中国の皇帝も「日出ずる国」の天皇も、西側の君主にとってみれば、ただの蔑視の対象に過ぎなかった。ところが、ムガル帝国に関して言えば、イギリス王ジェームズ一世が一六一五年にジャハーンギール帝に差し向けた大使トーマス・ローに対して加えた侮辱は、ムガル人がヨーロッパの君主やその代理の者に対して持っていた敬意の薄さを示したものである。最大の敬意を払われてデリーに受け入れられた各国大使は、まずはペルシャのシャー、オスマン・トルコのスルターンの大使、続いて中央アジアの各王国の使節であり、こうした使節たちは、ティムールとチンギス・カーンの権威ある後継者への豪華な贈り物を携えて来朝したものである。[46]

大ムガル帝国の外交関係は国境に近い中央アジアの国々に限定されていた。ムガル帝国の外交には二つの目的があった。それは、帝国北西部の領土の安全を確保するためと、アジア高原や輝けるサマルカンドといった先祖の土地を取り返すためであった。再征服の夢はアウランズィーブに至るまでインドの皇帝の誰もが常に抱いていたところである。

アジアの四大帝国

十六世紀の初めから、中央アジアは二つの強大な勢力、つまりウズベック族とペルシャ人の支配下にあった。

ウズベック族のカーンであるモハメッド・シェイバーニーは狡猾で残忍な人物であったが、同時に教養もあり文学に造詣の深い、当時のオリエントにあって最も強力な人物の一人であった。彼はチンギス・カーン一族のモンゴル族を父祖に持ち――彼はチンギス・カーンの長男であるジュチの末裔である――、一五〇〇年にブハーラを占領し、続いてサマルカンドを手中にし、〝ティムール朝敗れたり〟と宣言して、トランスオキシアナの王となった。数年後、彼はホラズムとその首都ヒヴァも奪う。続いて襲いかかったのはホラーサーンである。ここは、ティムール・ルネサンスと言われた時代に学芸の大保護者であったフサイン・バイカラを継いだ、ティムール族の一人である弱体なバニー・エッ・ザマーンが治めていた。続いて、バルフ、ヘラートが陥落した。征服はさらに続く。西トルキスターン、トランスオキシアナ、フェルガーナ、ホラーサーンを手に入れたシェイバーニーは、わずか数年でアジアで最も恐るべきウズベック帝国を築き上げたことになる。このとき彼の前に立ちはだかったのが、彼と同じ気質を持ち、サファヴィー朝をイランに打ち立てたばかりのシャー・イスマーイールである。

卓越した二人の間の戦いは熾烈を極めた。シャー・イスマーイールは、ホラーサーンをウズベック族から奪い返してイランの統一を果たそうと望んだ。シャー・イスマーイールはシーア派で、シェイバーニーはスンニー派であった。となると、宗教戦争ともいえる。シェイバーニーはシャーに、デルヴィーシュ（＊托鉢修道僧）の使う木皿を送り、シーア派を放棄するよう促し、さもなければ、「アゼルバイジャンまで行き、おまえを剣の力で改宗させてやる」とまで言ったという。それに答えてイスマーイールは、デルウィーシュとなり、メシェッド（＊ホラーサーンの州都）まで軍を率いて巡礼に出向いた。イスマーイールは彼の言ったとおりのことをしたのである。キルギス人に背後から攻撃されて、ホラーサーンはイスマーイールに占領された。イスマーイールはメシェッドに入城し、シェイバーニーはメルヴにて最後の決戦（一五一〇年）に臨んだ。メルヴ近郊で戦いに敗れ、負傷したシェイバーニーはほどなく死んでしまう。彼の遺骸はペルシャ人によって発見された後、ばらばらに切り刻まれて、その一部が帝国の各主要都市へと送られた。頭蓋骨は金の縁飾りが付いた杯にされたという。頭部の残りの部分は、イランの皇帝《シャー》に刃向かうという暴挙がどんな運命を辿るのかの見せしめにするために、オスマン・トルコのスルターンに送られた。

シェイバーニーの敗北は計り知れない結末を生み出した。数年後、トランスオキシアナはウズベック族の手に戻ったが、シャーはその他の獲得領地を守り抜いた。ペルシャ帝国は領土を二倍に増やし、数世紀の衰退期を経て、再び強大な帝国となった。セリム一世が一五一四年にチャルデランでイスマーイールに与えた敗北がなければ、ペルシャ帝国はおそらく地中海にまで達していたであろう。

われわれに興味深いことは、イランのシャーとウズベックのカーンとの戦闘は、この時点のアジアのこの地域で行われている四大国――オスマン・トルコ帝国、ムガル帝国、イラン、ウズベック族――間の抗争《ゲーム》の本質を明らかにしていることである。隣国を犠牲にしてあらゆる手段を尽くして領土を広げようとしているが、これは、これらの国々の間にある解消できない敵対心を表していると同時に、地理的に彼方にある諸国家と良好な関係を維持しつつ、それを敵国に対する連帯にするという戦略を示したように思われる。

トルコとペルシャは以前から敵対関係にあり、それと同様にペルシャとトランスオキシアナ、トランスオキシアナとムガル帝国が対立している。それとは逆に、ウズベック族とオスマン・トルコは共通の利害のもとに、正常な関係を維持している。やがて十六世紀半ばになると、スレイマン大帝は、ウズベックのカーンと和解して、ペルシャや、コーカサス並びに黒海方向に覇権を伸ばそうとするロシアに対抗するプランを描く準備に入る。ムガル帝国はウズベック族とは敵対関係にある一方でオスマン・トルコとは関係を維持し、カーンとコンスタンチノープルのスルターンとは、両国がかなり離れているので交渉や共同軍事作戦などは大変困難であったにもかかわらず、良好な関係を保っていた。シャー・ジャハーンの時代には、オスマン・トルコ帝国とデリーは互いに大使を送り合っていたが、それは、シャーがカンダハールを脅かす時には、ペルシャの西側国境に陽動作戦を展開する可能性を確保するためであった。しばらく後に、アウランズィーブのもとにスルターンの使者が訪れたことがあったが、その使命は両帝国の関係を強化するものであった。この両帝国接近の試みはムガル帝国にとってなんのメリットもなかったので、それ限りに終わった。

ムガル帝国とペルシャ帝国との不和の唯一の原因はカンダハールにあった。互いにカンダハールの所有を主張しあってきた。この戦略的拠点であり、また西に向いてはヘラートやホラーサーンへの、北に向いてはカーブルやトランスオキシアナへの通商の要であったカンダハールを手に入れておくことは、ムガル帝国にとって至上命令であったのだ。ダリウスの後継者（＊ペルシャ）にとっては、自分たちの領土の東側の限界とは、古代のアケメネス朝が取り決めた境界、つまりインダス河であった。大ムガル帝国の二百五十年に及ぶ治世の間に、これまで述べてきたように、両国の関係が深刻な事態を迎えないまでも、カンダハールの主は何度も代わった。もう一つムガル帝国とペルシャ帝国に亀裂を走らせたことがある。それは、ムガル帝国がスンニー派で、シャーの臣民がシーア派であったことである。抗争の具体的な原因というよりも、いざこざが起きたときの口実ではあったが。その逆に、共同してトランスオキシアナのウズベック族に対抗したりもしたので、宗教的な対立などどれほどのものであったことか。

ムガル帝国はまた、彼らと同様にチンギス・カーンの末裔であるカーシュガルのカーンとの関係も保っていた。大ムガル帝国とカーシュガルのカーンは、ウズベック族を共通の敵として結ばれていた。両国の大使は頻繁に行き来した。デリーでは、数々の地位がカーシュガル人に提供されていた。

メッカのシャリーフ（教主）も大ムガル帝国が丁重に扱った人物である。シャリーフは君主の称号も持っていなかったが（＊オスマン帝国の領土のメッカでの宗教的首長のみ）、イスラーム世界に影響力を放ち、イスラーム教徒の世論は彼の意に従ったものであった。ムガル帝国は、巡礼が出来ない時にはその代わりに聖地に贈り物を届けさせ、シャリーフの財政に大幅な貢献をしたものである。メッカはまた、ムガル帝国の要人が失脚したときの逃げ場でもあった。これまで本書で何度も述べてきたように、アラビアに向けて旅立ったもののほとんどは再び帰ることがなかった。また、ムガル帝国は、聖地とのかなりの額にのぼる通商関係を持っていた。皇帝は無論のこと、インドのイスラーム教徒は、重要な通商拠点であるアラビア半島に向けて、商品を送り出し、そうした商品は現地や外国の商人に売り渡されて、貧しい人々の役に立っていた。アクバルは、アミール・イ・ハージ（＊巡礼団長）を任命し、皇帝からの贈り物をシャリーフに届けてその配分を監視する役目を授けてメッカに派遣した。ジャハーンギールとシャー・ジャハーンの治世に中断はされたが、アウランズィーブはこの制度を再開し、受け取る大金をいつもシャリーフが恵まれないものに使うとは限らなかったが、それでも、シャリーフとは何のいさかいも起こさなかった。

大ムガル帝国の外交政策に、筆者が何らかの判断を下さなければならないとしたら、次のようになるであろうか。西ヨーロッパからも極東からも遠く離れていたので、こうした国々とはほとんど関係など無いに等しかったが、唯一ムガル帝国を危機に陥れる可能性があるとすれば、それは、インドが度々味わってきたのと同じ他の征服者の侵略であり、事実それは起きることになる。ムガルの皇帝の誰もが外国の侵略に立ち向かう必要がなかった。強力なムガル軍の存在と、敵の内紛に乗じて攻めるという巧みな戦術によって、二百年以上も国境から侵略者を遠ざけておくことが出来たのだ。ペルシャはウズベック族とオスマン・トルコの脅威に晒されていたし、ウズベック族はシャーに追いやられるか、あるいは打ち負かされていた。仮にムガル帝国を襲おうとするものがあって、その不埒者から帝国を守る強力で無限の資力を誇ったムガル帝国軍の威信は、全オリエントに響きわたっていた。巧みな外交手腕と力のほどの見せつける[49]だけで外に対する平和を保証するに十分だったというわけだ。デカンをはじめとする、インド半島での数々の征服劇と狂信の挙げ句に、この帝国は敢えない最期を遂げたのであって、決して外国からの攻撃によって滅ぼされたのではない。サマルカンドはついに奪還することができなかったが、その失敗が帝国を危殆に陥れたというのではない。ナーディル・シャーとアブダーリーの侵略などの大災禍がムガル帝国の潰滅の後にインドに振りかかるが、そのとき弱体化したムガル族の末裔や帝国の解体の悲運から生まれた諸国家が、侵略者を斥けるためにムガル族に協力してそれにあたることなど、もはや不可能な事態になっている。

（1） 農耕地の開拓、建築用木材の切り出しのための森林伐採は十九世紀に盛んに行われた。インド亜大陸に占める森林の割合は現在約二〇%であるが、特にガート山脈、中央インド、ヒマラヤ山脈斜面などでは減少傾向にある。
(2) 十七世紀のイギリス人の旅行家。
(3) フランスでは十七世紀末の飢饉が酷い結果をもたらした。
(4) アクバル時代の宮廷史家。
(5) Pandey, p. 434.
(6) 当時のパリ、ロンドンの人口は共に五十万と推算されている。
(7) Finch.
(8) Moreland.
(9) Kingsley Davis.
(10) 約一億の人口であったという人口統計学者が何人かいるが、実際はそれよりも多かったのではないか。
(11) 掠奪品のほとんどが宝石や宝飾品であったが、銀は重すぎるというので兵士たちは置き去りにしたという。
(12) この語はトルコ・ペルシャ語起源である。
(13) マラバル海岸に面する町カリカットに起源を持つ語。
(14) インド起源の語。
(15) ベルニエは大のベンガル好きで、例えば、ジャム、絹、米、バター、鶏肉などのこの地方の優れた物産の数々を褒めている。彼は当時この地方の外国人の間で使われた流行り言葉を伝えている。それは、「ベンガルに入る百の道、そこから出るのはただ一つ」というものであった(『テヴェノー氏の第四の質問に答えて』から)。
(16) 「ヨーロッパではダマスの鋼として知られたものは、インドのゴルコンダ王国で生産されていた。ヨーロッパ人がインドを訪れた頃は、鋼は小型パンほどの大きさで、重さが六百グラムから七百グラムほどの鋳塊の形で売られていた」と、タヴェルニエは報告し、このインド製の金属について、シャルダンは一六九〇年に、「ペルシャ人はインドの鋼が自分たちの鋼よりも良いと評価し、われわれ(ヨーロッパ)の鋼はペルシャに劣っていたので、インドの鋼がサーベルの刃としては最も美しいものだ」と説明した(F. Braudel *Civilisation matérielle,*

t. 1, Les Structures du quotidiens.)

(17) J. Deloche.

(18) 現在でもアラブ・ペルシャ湾の港、特にドバイなどでよく見られる。ごく少量の金や貴重な商品を不法に密輸するために、インドやパキスタンの沿岸警備艇に捕まらないように、改良を重ねて強力なモーターを何基も付けたものもある。

(19) 『千夜一夜物語』を読めば分かるように、船乗りシンドバッドは、自分の経験した七つの航海と自分の上陸した空想上の国々を語ってはいるが、それらの国々の中でアラブ諸国に属していると思われる交易地については一度も触れたことはない。

(20) いささか狂信的なキリスト教徒であったアルブケルクは、優れた行政官であると同時に大した戦略家でもあり、ナイル河の流れを変えたり、聖地を襲い、メディナに安置された「預言者」の遺体を奪うことさえ企てた人物である。

(21) オスマン・トルコのスルターンであるセリム一世は一五一四年にイランのシャーを打ち破り、一五一七年にはシリアとエジプトを奪った。こうして大スルターンの艦隊は紅海を制圧し、インド洋においてはポルトガル艦船のライバルとなった。地中海の中央海域と東部海域などはトルコの湖のようなもので、やがて黒海がそれに加わる。アルジェ、トリポリからは、海賊や私掠船はキリスト教国の船団をしつこく攻めたて、イタリアやスペインの沿岸地方を荒し回った。オスマン・トルコはブダペストからマンデブ海峡（＊紅海とアラビア海アデン湾を結ぶ海峡）にかけて、またアゼルバイジャンからトレムセン（＊アルジェリア北西部の地名）にかけてを支配した。このとおり、オスマン・トルコ帝国は当時地上のこの地域では最大の人口を抱え、最も豊かな国であった。商人たちに通行したり航海することを許可する際には帝国自身が命令を出し、この許可証があれば比較的安全なルートや海路を通行することができた。

(22) オスマン・トルコのスルターンもこれと同じ方法で行政の高官を任命していたが、それは、かなり厳格な選別と、長期にわたる大変複雑な研究の末に達した結論である。

(23) Badauni, *Coryat.*
(24) ムガル帝国を訪れた外国人の旅行家によると、ムガル帝国の貴族の暮らし向きは、同時代のヨーロッパにおける諸王朝の大半の貴族のそれよりもはるかに豊かなものであったという。
(25) アクバルに続いて、ジャハーンギール、シャー・ジャハーン、アウランズィーブなど。
(26) Persaert.
(27) J. Auboyer.
(28) アッラハーバード美術館所蔵。
(29) 大英博物館所蔵。
(30) ヴィクトリア・アンド・アルバート博物館所蔵。
(31) 今日でも見ることができる。
(32) 神学の上級学校。
(33) Babur Nama.
(34) デカン地方西部。
(35) 紙の起源は中国であり、七五一年のタラスの戦い（＊唐の玄宗とサラセン帝国の間で戦われた戦争で、トルキスターンのタラス川で起きたことからこう名付けられた）で捕虜になった中国人によってアラブ諸国に伝わった。その後、バルマク家のジャアファルが七九五年にバクダードに製紙所を造り、ここからアンダルシア、ダマスクス、シチリアへと紙作りは伝播した。長い間、サマルカンド産の紙が最も良質であると言われた時代が続いた。
(36) ウィーンにある。
(37) ワシントン、フリヤー・ギャラリー所蔵。
(38) 聖ルカの作とされる奇跡の聖母マリア（＊サンタ・マリア・マッジョーレ教会堂の祭壇の上に置かれている聖母子像）。
(39) J. Soustiel. *Miniatures orientales de l'Inde*, Paris, 1973. p. 35.

(40) 同書三三頁。
(41) 大英博物館所蔵。
(42) 大英博物館所蔵。
(43) ボストン美術館所蔵。
(44) 付録1を参照のこと。
(45) ヨーロッパを初めて訪れたのは、ベンガルのイスラーム教徒の長老であるイァティザーム・ッ・ディーンである。彼はフランスからイギリスに渡った。彼はミールザー・アブ・タリという人物を従えていたが、ミールザーは一七九九年から一八〇三年にかけてイギリス、アイルランド、フランス、イタリア各国を巡った旅の興味深い報告を残している。
(46) 最も評判の良かった贈り物は、まずは美しいコーラン、それに「教養のある奴隷」、続いて、オスマン・トルコ、ヨーロッパ、アビシニアなどから連れてこられた女奴隷、さらに、金糸銀糸の刺繡のある布地、馬、ラクダ、宝石、ライオン、豹、犬と続く。
(47) サマルカンドは、当時の君主であるアリー・ミールザーの母によって彼に引き渡された。彼女はシェイバーニーに、もし彼が自分を妻に迎えてくれるならば、都の門を開ける準備があると告げていた。シェイバーニーはこれを受け入れサマルカンドに入場したが、彼女とは結婚せず、アリー・ミールザーはすぐに処刑された。
(48) スレイマン大帝の治世の末期に、ロシア軍を追い払い、イランを包囲しようと、アストラカンまでオスマン・トルコ帝国軍を進軍させるために、ドン河とヴォルガ河の間に運河を造ろうとしたことを問題にしている。
(49) 王侯や外国の大使が訪問する際に彼らに力を誇示するために執り行われる大軍事パレードに加えて、大ムガル帝国は、オリエントの他の王と同様に、敵であろうが味方であろうが諸君主に対して「勝利の手紙」を送りつけ、その手紙には、自軍の作戦の成功とムガル帝国の強力さを書き連ねたものである。一五九五年頃にアクバルがウズベック族のカーンに書き送った手紙などは、ムガル帝国を襲えばどんな危険な目にあうかを示していた。彼は、王座を狙ったヒームーのあえない最期や、自分に歯向かったものの敗北の様子、グジャラートの征服、王子ムラードを伴い強力な軍を率いて戦ったデカンでの軍事行動、などをカーンの胆に銘じさせた。さらに加えて、彼は、皇帝軍がインド人、イラン人、トルコ人などの兵からなる混成軍であるにもかかわらず、全体が単一の軍隊として成り立っているなどと、付け加えていた。

第八章　転　落

大ムガル帝国の最後の皇帝が死んだ。彼は、地図上では帝国史上最大の領土を残したが、事実上は最も脆い帝国であった。地図上だけの領土の内部には、崩壊につながるあらゆる芽が萌えだしていた。アウランズィーブの死後のムガル帝国にあって、歴史家を驚かせる事実がある。それは、アウランズィーブ以後の後継者の治世がいずれも短かったことである。バーブルがインドを征服した一五二五年から、アウランズィーブの死んだ一七〇七年に至る約二世紀の間に、王座についた皇帝はわずか六人でしかない。それに続く、一七六一年の第三次パーニーパット戦争までの半世紀間に、皇帝は十人を数えた。この治世の短さは単なる偶然というわけではない。つまり、皇帝の座を狙う者の間で激しい競争が起きたことの証拠であり、当然とはいえ流血事件を伴った。この混乱を阻む権力など存在しなかった。その結果、王座継承の規律が乱れただけではなく、衰退したティムール族にあっては国家そのものの意味もなくなってしまい、ティムール族にとっては、帝国とは、莫大な財宝を略奪するだけの対象にすぎず、帝国を奪った者を驚くべき財宝の所有者へと変えるための餌食にすぎなかった。どんな帝国であれば、このような夥しい暴力を押しとどめることができたであろうか。

アウランズィーブはその死の床で、帝国を三人の息子に分割した。アウランズィーブの意志を理解したものはいなかったので、たちまちに、ムアッザムとアーザム（＊アーザムが長子にあたる）という二人の後継者の間で対立が生じた。ムアッザムはカーブルに、アーザムはアフマドナガルにいた。父の死の知らせを受け取ったムアッザムは、すぐさまバハードゥル・シャーを名乗り、皇帝を宣言し、アーグラに向けて出発した。アーザムも同様に皇帝を宣言した。バハードゥル・シャーはアーザムに、父の示した案に基づいて帝国を分割しようと申し出た。帝国を独り占めにしたかったアーザムはこれを拒否。たちまち戦争状態となり、両軍はアーグラの南部で衝突する。アーザムと彼の二人の息子は殺され、末子は捕虜となった。しばらく経って、アウランズィーブの第三子であるカーム・バクシュがバハードゥル・シャーの皇帝継承を認めず、やはり命を落とす。こうしてバハードゥル・シャーが帝国を掌握はしたものの、年齢はすでに六十四歳、この時代としては高齢である。彼の治世は短かったものの、良き治世であった。彼がもっと長く王座に留まっていたならば、もしかすると、続く数十年間にインドに襲いかかった数々の不幸は避けられたかも知れない。

アウランズィーブとヒンドゥー教徒の妃ナウブ・バイとの間に生まれたバハードゥル・シャーは、父アウランズィーブとは違いリベラルであった。彼は教養のある人物であり、宗教心は篤かったが、かといって凝り固まってはいなかった。バハードゥルは、内戦と宗教対立によって五十年間も引き裂かれてきたこの国に、平和と融合を取り戻そうと努めた。国家財政は逼迫していたが、それでも、個人的な暮らし向きはシャー・ジャハーンを凌いでいたかも知れない。息子や孫や甥まで含めると十七人の王子を周りに従えて、毎朝、孔雀の王座に坐って裁きを行っていたという。彼は気前よく贈り物を分け与えた。特筆すべきは、彼が、スンニー派、シーア派、ヒンドゥー教、ジャイナ教を平等に扱ったことである。宗教弾圧は消えた。「彼の長所を数えあげるだけで一冊の本になる(1)」とまで言われた。バハードゥルはまた、ラージュプト族とも融和し、ラージュプト族の住む州の自治を認め、宮廷における地位も回復さ

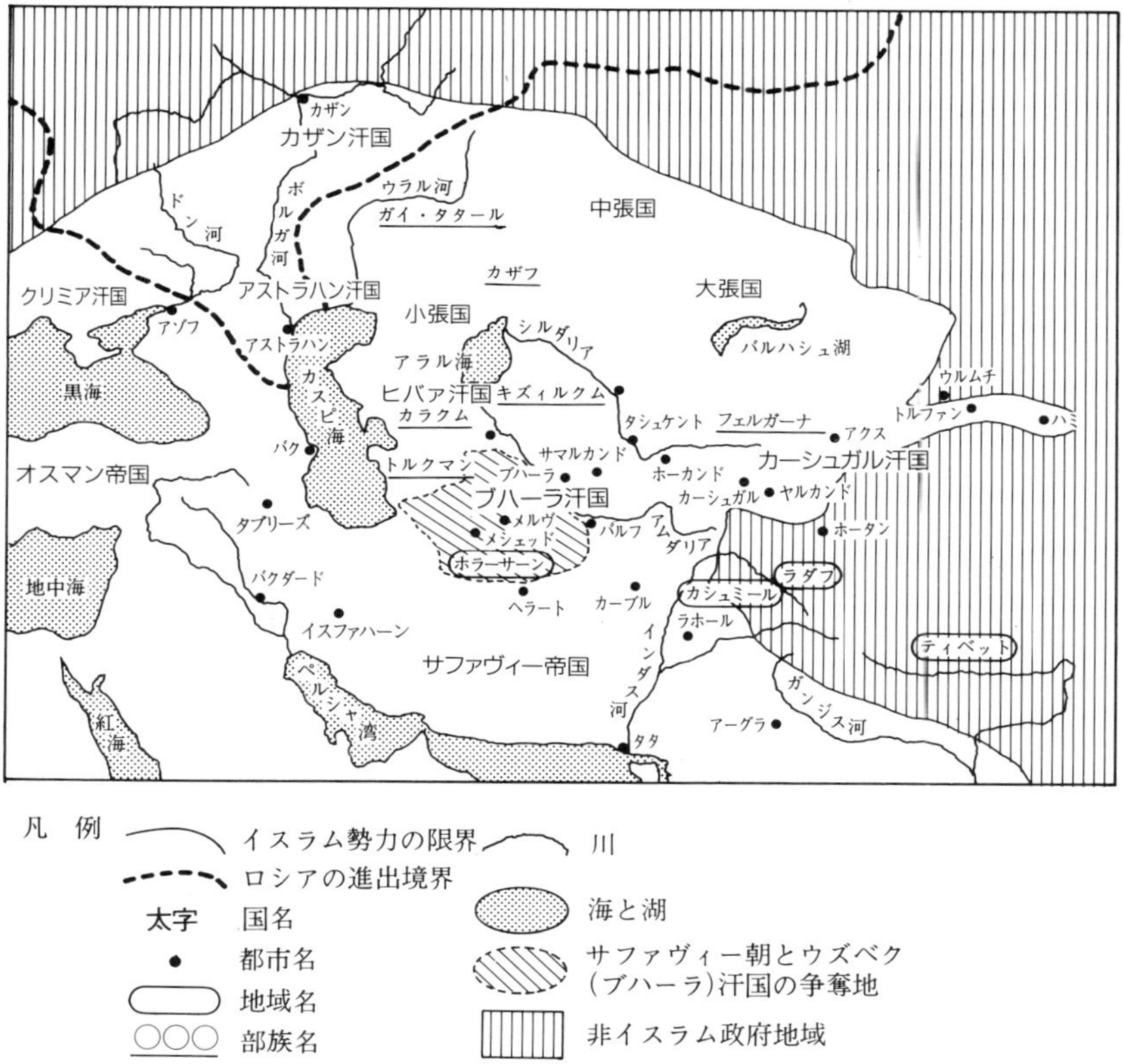

地図4 17世紀の中央アジア

せた。シーク教徒に対してはさほどの成功を収めなかった。バハードゥルには、シーク教徒の首領であるバンダを屈伏させる厳しい責務が待っていた。結局、さしたる困難もなく、また後世の人々に人間的で寛大な名君であるとの評判を汚すようなおぞましい仕打ちもせずに、バハードゥルは、シーク教徒の鎮圧に成功した。

長き苦悩

一七一二年二月十八日、バハードゥルは、七十歳を目前にして、デリーで死去する。遺体はデリー近郊にあるクトゥブッディーンの墓廟のすぐ近くに埋葬された。彼の治世は、大ムガル帝国の栄光と呼べる期間の最後であった。彼の死とともに、財宝は消え失せて、王宮は日常生活の費用にもこと欠くほどであった。財政の責任は、当時ベンガルとオリッサの総督を務めていた、バハードゥルの第二子であるアズィーム・ッ・シャーンにのしかかった。帝国が崩壊へと向かう緩慢な苦悩の時期を、血で汚すことになるその後の数々の出来事に較べれば、帝国の財政逼迫などささいなものにすぎなかった。

叛乱と悪業がその後百五十年にわたって続き、バーブルの最後の後継者がビルマに逃れて悲惨な結末を迎えるまでの長い歴史の詳細を述べても、興味深いものはなく、またわれわれの主題から逸れてしまうことになる。大帝国の哀れな最期の様子を大まかに辿り、その原因の数々を検証するだけで十分であろう。

王座継承の際にはほとんどそうであるように、バハードゥル・シャーの死後すぐに、息子たちの間で死闘が演じられた。最も強力だったのが、アズィーム・ッ・シャーンであったが、他の三人によってたちまちのうちに殺されてしまった。その三人のうち二人が争ったが、勝利したのはジャハーンダールである。彼はまもなく、王座を狙う可能性のある自分の家族のうち、一人を除いて皆殺しにしてしまった。その例外とは甥のファッルフ・シヤルであるが、ジャハーンダールがその甥に命じた最初の任務は、なんと叔父を討つために軍を招集することであった。ジャハーンダールは戦争の準備に入ったが、軍隊のほうはここ十一ヵ月も給与を支払われていなかったので、戦うことを拒否した。軍に払う金がなかったので、とうとうアクバルの時代からの王宮を飾る金でできた壺や物品をたたきこわし、ばらばらにして分け与えたが、それでも足りないとみるや、今度は王宮内にあるすべてのもの、例えば、衣服、絨毯、天井の金箔に至るまで、バーブル以来つぎ込まれたすべてのものが略奪にあうありさまとなった。災禍は避けられない情勢となった。両軍はアーグラ近郊で衝突したが、最初の銃撃戦で皇帝軍は散り散りになってしまう。ジャハーンダールは捕らえられたのち処刑された。「他のものも大勢処刑され、虐待がそれに続いた」と、当時の史家は簡潔に伝えた。新帝ファッルフ・シヤル自身は活力に乏しく無能な人物であったので、結局は、彼を王座に就けたサイード家（預言者ムハンマドの末裔）の兄弟にとって邪魔な存在となってしまう。ファッルフ・シヤルが逃げだしたので、サイード兄弟は捜し回り、ハレム内の戸棚に潜んでいたのを発見した。彼は捕らえられ、眼を潰され、何日も食事を絶たれた挙句に短剣で刺し殺された。(2)

新たな混乱期に入った。サイード兄弟の傀儡にすぎない三人の王子——彼らの名はさほど重要ではない——が次々と王座を継ぐことになるが、彼らは一七一九年三月から十月まで在位したが以後姿を消してしまった。帝国は、能力もなく、教養もない人物の治めるところとなり、無政府状態に突入し、ゆっくりと崩壊していく。無法者が各州に跋扈し、ジャート農民、ラージュプト族、シーク教徒、マラーター族などが、ほぼ権力を握ることとなる。アウランズィーブの曾孫にあたるモハメッド・シャーが若くして王座に就き、しばらくの間は持ち直したが、やがて王宮内の派閥抗争で失速する。事態の成り行きはもはや後戻りできないほど悪化した。モハメッド・シャーはマラーター族を抑えようしたが失敗した。国家の中枢が彼を見放した。貴族たち――ナワブ（＊州総督）――が、それぞれ自分の統治する領地を分け前として奪い取り、勝手に開拓や開発に乗り出した。非常に裕福になったものもいる。インド北部に、ガンジス河中流域のアワドをはじめとして、新たな地方王朝が次々と生まれた。パンジャブ地方には様々な試みが講じられたが、運悪く、度重なる侵略に全土が荒廃してしまった。「典型的なティムール族で、きさくで勇敢な人物であったが、いかんせん優柔不断であった」[3]モハメッド・シャーは、廃位を恐れて何でもかんでも受け入れてしまうのであった。ハレムでの悦楽、周りに侍る女たち、そして宦官が彼の世界の全てであった。激しい衝撃が北西部の国境から来襲したので、モハメッドは冬眠から抜け出さざるを得なくなった。

大災害

伝統的な侵略コースに対する守備が手薄くなって久しかった。イラン高原に通じる各通路を守備する方法などもはやなかった。一方ではサファヴィー朝の権力が弱体化し、他方では危険が遠のいていた。依然として帝国の最も敏感なこの区域のことを、誰も心配などしてはいなかった。だが、深刻な事態がイランに生じたのである。ホラーサーン出身の、ナーディル・クーリーというトルクメン人が、一七二九年に権力を握り、しばらくの間サファヴィー朝の王子と権力を分け合ったあと、一七三六年にシャーの地位に就いた。即位すると直ぐに、彼はアフガーニスターン侵略を企て、可能ならばインドもと考えていた。ナーディル・クーリーは、自分の作戦に反対していたムガル皇帝が、アフガーン族にイランの追撃から逃れてインドに入るのを許した、との口実のもとに、パンジャブ地方に侵入した。二世紀前のバーブルと同様に、彼は助けを求めるエミール（領主、武将）たちからの手紙を携えていたのである。彼は、他のものと同様に、インドが莫大な富を持つことを知っており、ムガル皇帝がその富を守るだけの力量がないので、インドの財産がまもなく自分のものになるだろうと考えていた。インド半島に一歩を踏み込んで直ぐに、彼は、配下の使節団の一人を暗殺した見せしめとして、また特にイランに逆らっても無駄であるということを知らしめるために、ジャラーラーバードの住民を皆殺しにしてしまった。彼は引き続いて、シルヒンド、ラホールへと進軍した。それまではこの侵略を危惧していなかった皇帝も、とうとうマラーター族、アフガーン族、ラージュプト族に援軍を要請した。しかし、誰一人動こうとしなかった。それでもようやく八万人をかき集めて、皇帝軍は北西部へと向かった。両軍は、シルヒンドからほど遠くない地で衝突した。わずか三時間で決着した。一七三九年二月のことである。モハメッドには降伏する以外に手の打ちようがなかった。ナーディルはモハメッドを捕虜にはせず、両軍が共にデリーへ入るように要求した。ナーディルは軍をデリーの王宮内に宿営させ、自分はシャー・ジャハーンの居室を占領した。彼は自軍の兵にいかなる略奪もしないよう命じたが、インド側住民とペルシャ軍との間に何度も衝突が起きて、事態を収拾しようと市街に出たナーディルが、あやうく殺されそうになった。頭にきた彼はついに皆殺しを命じてしまう。わずか一日で、デリーに駐留していた二万人の兵が、略奪、強姦、殺人へと走った。年齢も身分も係わりなく犠牲者になった者は、おそらくは三万人に達したと思われる。それから、ナーディルは、この遠征の真の目的である作戦命令を発した。つまり、インド皇帝の持つ伝説の財宝、あるいはその残りを奪え、というわけだ。彼はまず、「孔雀の王座」を含んだ帝国の財宝や貴金属に手をつけた。高官や貴族の家はすべて、隅から隅まで荒らされた。貴重な品々はすべて持ち去られ、人質に身の代金がつけられ、財産のありかを白状させるために拷問にかけられたりしたという。少なくともまだ皇帝に従っていた各州の総督は、シャーの決めた額を納めさせられた。インドを去る前に、シャーは自分の息子の一人とムガル王家の娘とを結婚させ、その後モハメッドに帝位を回復させた。とはいうものの、シャーはモハメッドに、次のように公に宣言するよう要求した。「シャーハン・シャー（シャーの中のシャー）の温情によって余は再び王冠と王座の主となることができ、このとおり世界の他の君主からの賞賛を得ることができた。わが帝国の州のうち、インダス河より西側、カシュミールからシンドまで、さらにタッタとその港を、貢物として引き受けて下さるようお願い申し上げる」と。インドの皇帝はもはやイランのシャーの後ろ楯がなければ成り立たなくなった。バーブルの末裔は、帝国の要といえるパンジャブ州を失い、その州の総督は今やシャーの意のままに動くようになり、アフガーニスターンも同様であった。計り知れない損失である。ナーディル・シャーは、略奪品を積んだ、一万頭のラクダ、千頭の象、七千頭の馬の隊列を組み、イスファハーン宮殿の装飾をさせるための数百人の職人や職工を、また百人あまりの宦官や百三十人の作家などを引き連れて、イランに向かった。この度のインド侵略による犠牲者の総数は二十万人に及んだ、と複数の歴史家が推算した。

ナーディル・シャーの侵略と彼の巻き起こした恐怖は、インドの住民と皇帝自身を魂の脱け殻にしてしまった。もはや、国家も、軍隊も、存在せず、宝庫は空っぽになった。帝国の州のうち最も美しいパンジャブは、いまやペルシャのものとなり、マラーター族はこの悲劇的状況を利用して、南部でかつてないほどの残虐さを見せつけた。宮廷内での氏族間の果てしない争いがこうした災難に加わった。氏族のうち最も強力なトゥラーン族が他の氏族と対立し、皇帝そのものに楯突いたのである。この内紛は、帝国の衰退と地方領主や新たな外国勢力の勃興の原因となった。

アフガーニスターンでは、ナーディル・シャー配下の、アフメド・カーン・アブダーリーという名の将軍が、国王となり、その独立を宣言した。彼はシャーの後継者であるとの資格で、パンジャブに再度襲いかかった。一七四三年に一度パンジャブを攻撃したのち、一七四九年に北西部の峠を越えてその統治権をパンジャブにまで広げ、ひき続き、ラホール、ムルターン、カシュミールへと進軍した。一七五六年にはデリーも占領してしまう。当時の皇帝アーラムギール二世に、首都を守ってもらうよう助けを求めたものなど誰一人としていなかった。不幸の都は何度となく略奪にあった。皇帝は宮殿を追い出されて、なかば崩れかかったような住まいで暮らす羽目に陥った。アブダーリーはさんざん蹂躪を重ねたにもかかわらず、分捕り品が少ないといって、今度はマトゥーラ、ゴクールなどのヒンドゥー教の聖地にもその手を広げた。彼は息子のティムール・シャーに、ラホールの副王と、奪った州の総督を兼務させ、モハメッド・シャーの娘を娶って、自分は引き揚げた。皇帝の権力など今となってはただの絵空事に過ぎなかったが、帝国自身とインドの運命はまだ尽き果ててはいなかった。その運命を転落にまで引きずり込んだのは、マラーター族の崩壊である。

インドにおける最後の失敗

十八世紀の半ばに、マラーター族の勢力は絶頂期を迎えた。その勢力範囲は、北部ではインダス河からヒマラヤまで、南部はほとんど半島の先端にまで達していた。それ以外の部分の大半はマラーター族に貢物を納めていた。かつては半ば野蛮人であったマラーター族が、男も女もみな、豪華な衣装をまとい宝石できらびやかに飾りたてた宮廷人となった。しかしながら、この輝かしい成功を無に帰させ、インドを壊滅に導くある大失敗の筋書きが進行していた。

マラーター族は、齢を重ねたアフメッド・シャー・アブダーリーには、よもやインドに遠征軍を率いるだけの力などあるまいと高をくくっていたので、一七五八年にパンジャブに侵入し、ティムール・シャーを追い払い、サーバージーという名の総督を置いて引き揚げてしまう。この知らせを受けたアブダーリーは激昂し、一七五九年八月に、アブダーリー配下の部隊は再びインダス河を渡り、サーバージーを追い出すことになる。マラーター族は、侵略者を蹴散らそうと一種の十字軍を組織しようとした。ラージュプト族と、当時独立を勝ち取っていたジャート族はこの申し出を断った。一七六〇年七月、マラーター族の部隊はデリーに駐留していたが、雨期が終わるや両軍は対決の準備に入った。不正規軍を除いて、六万のアフガーン族軍と、四万五千のマラーター族軍の決戦である。マラーター軍は、かつてのヒンドゥー軍やムガル軍がそうであったように、多数の婦人、踊り子、音楽家を引き連れ、大量のテントや、戦争には役に立たない豪華な品々まで運ぶという、動きの鈍いものであった。

十月の終わりごろ、両軍はパーニーパットで対戦した。この地が戦場となるのはこれが三度目で、今度もインドの運命が決される戦いとなる。将軍たちの忠告に耳をかさなかったマラーター族の君主であるバーオ・サーヒブは決戦の火蓋を切る決心をした。アフガーン軍は右翼を突破され、中央部も突入を受け、まずは敗戦の様相であった。しかしながら、午後になると、すでに疲労し飢えに苦しむ敵に向かって反撃に打って出て、果して大成果を上げることができた。激しい肉弾戦となり、マラーター族の抵抗も弱まり、逃亡を始めたマラーター軍をアフガーン軍が追う恰好となった。「アフガーン軍のテントの前には切り取られた首が山と積まれていった」。捕まったものは生かしてはおかれなかった。マラーター軍の陣営はことごとく略奪にあい、婦女子は奴隷として連行された。戦闘で死傷したマラーター族は数十人だったが、その他の大勢が農民によって殺された。ほとんどすべての司令官が失われた。「これほどまでに完璧な敗北は見たことがなく、どんな不幸な出来事もこれほどの悲嘆を引き起こしたことはなかった(4)」。

パーニーパットでの敗戦はインドの敗北に等しかった。というのも、マラーター族だけが唯一、インドの領土と富を奪い合う外国の侵略者たち、つまりイギリスやフランスに対抗しうる勢力であったからである。イギリスは、一七五七年のプラッシーの戦いの後、ベンガルを占領して成果をあげていた。パーニーパットの戦いから数日後に、ラリー・トレンダルはヴァンダヴァーシにて敗北。そののちすぐに、ポンディシェリーも倒された。こうして、インドはイギリスのものになっていく。

帝国はついに崩壊してしまった。アフガーニスターンは、アブダーリーのものとなり、彼の後継者がこれを引き継いでいく。ラージュプト族もこうした事実とは別に次々と独立し、いまや全インドに多くの王朝が誕生し、やがて領土の大半を占めるようになる。帝国の宰相《ヴィジール》であるニザーム・ル・ムルクは王朝の基礎をハイデラーバードに置き、デカン地方の南部を支配した。マラーター族の支配はオリッサ、マディヤ・プラデシュ、マハラーシュトラ一帯に広がっていた。シーク教徒がパンジャブの支配者となった。諸侯や王《ラージャー》はそのほとんどが独自に独立を果たしていた。ムガル帝国の重臣はなんとか影響力を残そうとはしたが、もはや権力を行使する力のないムガル族の名目上の権利を認める諸侯はほんのわずかでしかなく、ムガルの影響力が及ぶ地域はデリーとアーグラの周辺数平方キロメートルに過ぎなかった。十八世紀後半の数十年に、一切が崩壊してしまった。大ムガル帝国はただの思い出に過ぎず、その栄華と栄光はわずか、軍、驚異のモニュメント、美しい庭園などに面影を残すのみであった。主たる行政機構はインドの独立の日まで存続したが、それはかつてアクバルが創設したものである(5)。

何故？

ムガル帝国は二百年近くにわたって燦然と輝き続けてきた。莫大な富を有し、トルコ族やムガル族を中心とした多民族の国家基盤を持ったムガル帝国は、その生命力のあらゆる徴を残し、統治や精神的営為に捧げる態度の輝かしい証をこの世に残してきたが、あらゆる点から見て模範的なこの帝国が、西欧やオリエントの他の王朝のように長い世紀にわたって王朝を存続させるために欠けていたものは、一体何なのだろうか。総じて帝国というものが衰退し転落していく事情はそう単純なものではないが、比較的短期間に推移したムガル帝国の崩壊の事情は他の何よりも複雑であったかも知れない。

初期の状況のなかにすでにその問題の萌芽があった。それは決して解決されない王位継承の問題であった。イスラームの諸王朝にあっては、君主を交替させるための形式的な手続きは樹立されていなかった。預言者ムハンマドは神によって指名された。ムハンマドの死後は、誰も自分が神によって指名されたなどと主張することはできなかったので、アラブ人たちは、例えば拍手による票決などの、状況に応じてさまざまに柔軟な方法を採用していたが、君主として最も要求されたのは何よりも勇敢さであった。チンギス・カーン一族は当然のこととして、カーンを王族のメンバーから選ぶというモンゴル族の実施方法を採用し、また、カーンの兄弟のそれぞれに州の支配権を与えていた。ティムール以後は、不文律として、皇帝の称号と帝国の中央部分を長男に与えることとし、皇帝の兄弟に残りの領土を分割して与えることにしていた。バーブルは長男だったのでフェルガーナの王座を父から受け継ぎ、二人の兄弟がそれぞれ残りの州を受け取った。この方式は、ムガル帝国以前と以後には、オリエントの他の王国と同様に次第に廃れていった。この問題を解決したものはオスマン・トルコのメフメト二世（一四三二―一四八一）以外には一人としていない。メフメト二世だけが大胆に、乱暴な方法によってこれを解決し、乱暴な方法ながらさまざまな民族からなるその国家が無政府状態に陥るのを避けることができたのである。それは、兄弟殺しの掟であった(6)。ところで、こうした措置はあまりにおぞましいものであったが、それでもオスマン帝国に国内的な平和をもたらしはした。さりとてこの平和が帝国の長生きのためには何の役にもたたなかった。ムガル帝国の皇帝たちはこの「兄弟殺しの掟」を知っていたのだろうか。おそらくは知っていたのだろう。しかし、ムガル皇帝は一度もこの掟を取り入れることはなかった。条件が違っていた。オスマン・トルコはスルターンの全権力の根拠を奴隷国家制に置いていた。この奴隷国家は、キリスト教徒の子供たちを駆り集めて、イスラーム教徒化し、続いて貴族に仕える小姓を養成する学校で教育するなどして皇帝の奴隷に仕立て上げる、という機構を駆使していた。だから皇帝には、彼らを育て上げて高官に重用することも、全てを取り上げることも、もちろん命を取ることも、一切が可能であったのだ。ムガル帝国にあっては、高官が、庶民階級の出身であることは珍しくはなかったが、たいていは貴族の出身であって、皇帝への忠誠が個人的打算に根ざすという一種の封建領主であった。だからこそ、こうした打算が、君主の死に際して、いやそれ以前から、誰が王位につくのか、どの派に与するのがいいのか、などという選択を高官たちに強いることになるのだ。その結果、治世の最後には必ず内戦が生じて、それが長引くということもある。同じ血を分けた王子同士で争い、ときには卑劣極まりない手段を弄することもあり、そうなると住民の目に汚辱と映るのは帝国自身であった。皇帝自身がある派閥の長となり、一部の貴族が彼の側に立てば、別の貴族は皇帝と対立するといった構図である。君主は自分自身の側近の血を流してまで王座に就くし、また皇帝の軍と敵軍が繰り広げる戦争は国土に長年にもわたる荒廃をもたらすのである。君主は一体民衆から、どのような信望を得ることができるというのだろうか。アクバルの治世末期の継承を巡るさまざまな争い、さらにはアウランズィーブが父を牢に閉じ込め、自分の家族の男子という男子を皆殺しにした。こうした所業がティムール朝（＊ムガル朝）の威信に手痛い打撃を与えることとなり、その結果、外国勢力や「国王製造者」が傀儡の君主を王座に送り込むようになったとき、この王朝は完全に崩れさるのである。

アウランズィーブのとった非イスラーム教徒に対する差別的措置は、何にもまして、アウランズィーブとティムール族に対する消しがたい憎悪心を生じさせ、以後決して忘れ去られることはなかった。いまここで、この話を持ち出したのは、すでに驚きをもって迎えられたいくつかの事実に、われわれの驚きをあらためて取り上げたいからである。アウランズィーブに接近したものたち、特にフランソワ・ベルニエなどが、彼のことを賢明な人物(7)と評したが、彼が同様に危険な過ちを犯した可能性があるとしていることである。アウランズィーブが差別的措置を講じるとすぐに帝国内部が一変した。ヒンドゥー教徒はみなマラーター族になびき、ラージュプト族やその他の部族も自分たちの宗教の弾圧者に対して反旗を翻した。もし、シヴァージーやその後継者の抵抗や、ラージュプト族やその他の部族の戦いが、イスラーム教徒の皇帝に対するヒンドゥー教が仕掛ける全面戦争の形を取っていたならば、対立の責任は、数千年も同一宗教で結ばれた多数派の信者を、少数派でしかない征服者では、最悪の「いじめ」――彼らの信仰に対する深刻な打撃――によっても支配などできないことを理解しようとしなかった、アウランズィーブに帰されることになる。叛乱軍の隊長の一人が叫んだ命令の言葉が、簡潔ではあるが、かえって雄弁にヒンドゥー教徒の決意のほどを物語っている。「祈りの場が破壊された。ブラフマンの家が冒瀆された。大地は鳴動している。マラーター族よ、立ち上がれ。すべての民は結集せよ、目的はただ一つ、ムレシュハース（イスラーム教徒）を打倒せよ」。

デカンでの絶え間ない戦争は、帝国にとって破滅的結末をもたらしたが、戦争の動機は、政治的野心なのではなく宗教的狂信なのであった。

怠惰と遊蕩

大ムガル帝国の六代目が、一切の分別をなくしたまま、それまでの皇帝たちが築き上げてきた作品を打ち壊すようなことに躍起になっていたため、帝国自身も、それを統治すべき責務を負う者も、すっかり様変わりしてしまっていた。何日も何日も吹雪の中で、また照りつける太陽の下で、馬を走らせていたアジア高地の荒くれものの兵士は、宮廷人となり、柔弱なハレム暮らしに、いつしか勇気を失ってしまっていた。「バルフの逞しい兵士は、ジュムナ河の楽園カプア（＊「怠惰と楽園」の代名詞とされたイタリア中南部の古代都市名）の中で軟弱になってしまった。兵士たちを生み出した高地の荒々しい空気は、酷い腐臭に満たされていた。不道徳と放縦な生活のもとで、信仰の実践も緩んでしまっていた(8)」。初期のムガル皇帝は狩猟に励み、大空の下で生活して、馬を駆って森に分け入ったものである。ところが、後継者やその取り巻きたちは、たちまちアーグラやデリーの宮殿での安易で軟弱な生活に溺れていった。アフガーニスターンやデカンに遠征に出た、貴族、高官、兵士などが、快適さと安楽な生活を取り戻すために一刻も早く首都に戻りたいと申し出た、と述べたことを思い出していただきたい。例えば、アフガーニスターンに遠征中の皇帝の息子などは、軍の指揮を配下の将軍の一人に任せて、デリーに帰りたいなどと申し出たものである。アウランズィーブは粘り強くデカンへの遠征に出掛けたが、事態を悪化させた原因は、デカン地方の気候やマラーター族との戦いの苛酷な状況に耐えかねた将軍や兵士の振舞いであった。「北部から下ってきた帝国の初期の勇壮な兵士たちは、長靴を履いた荒くれ者の狩人であった。アウランズィーブのもとで肥大化した宮廷人は、上質なモスリン製の服をまとい、輿に載せられ、戦場に赴くのであった」(9)。帝国軍は、象、ラクダ、牛に牽かせた四輪荷車などからなる長大な隊列を組んで進軍したし、それに従った商人、売春婦、あらゆる階級の使用人、さらには職のない者までの総数は、何と戦闘員の十倍にも達していたという。随行する女性はたいへんな数に上り、王女、皇帝の妃、愛人、踊り子、ハレムの女性などは、誰もが豪華な衣装を身につけ、位によってはお付きのものを伴う女性もいた。穴だらけで、時にはぬかるみ、時には埃にまみれた道を、男女混成の大集団が、敵に遭遇するまでの進軍中直面した困難な状況を想像するのは、そう難しくはない。

初期の皇帝たちは比較的控えめだった遊蕩や性行動も、次第に増大して、ついには、社会のいくつかの上流階級にあっては、それが唯一の関心事になるという極端に走るほどのありさまであった。皇帝や貴族の後宮に溢れる女性のために、目も眩むほどの金が費やされた。しかもそれはイスラーム教徒だけではなく、ヒンドゥー教徒もそうだった。ハレムの女性は世界中の奴隷市場からかき集められた。妃の数は限られてはいたものの、愛妾は数百人もいた。アクバルのハレムには、下女も含めて五千人もの女性がひしめいていた。宮廷人も同様で自分のハレムを女で満たしていた。ラージャー・マーン・シンは千五百人もの女を囲い、四千人の子供を持ったと言われている。性の禁断を破ることは、もちろん、特殊なものではなかった。例えば、シャー・ジャハーンと彼の娘ジャハーナーラーの関係はよく知られているが、他にも多くの事例があった。結婚によって体面を繕うこともあったが、それでも醜聞は絶えなかった。あらゆる性風俗がハレムで生まれ、いくつかのハレムなどはそうした酒色三昧の場となっていた。王家や貴族の女たちのすべてが、乱れた暮らしから遠ざかっていたというわけでもなかった。むしろ、乱れた女は多かったといえよう。軟弱でふしだらな雰囲気が段々と広がり、深刻な事態が起き、出陣の必要が生じても、それを疎んじる気配が漂いはじめ、国家としての行動の責任を、皇帝と廷臣が押しつけあうありさまだった。性的な悪習や紊乱《びんらん》だけではなく、飲酒、麻薬、特に阿片への惑溺が、男だけではなく多くの女性をも蝕んでいた。アウランズィーブとアクバル以外のすべての皇帝が生涯の大部分を酒に浸って過ごした。王侯のなかにはアルコールがもとで死んだものも多く、王女とて飲酒癖から免れなかったものも多くいた。阿片吸引は宮廷につきものの習慣であった。宮廷人や自分の両親の品行を手本にして、帝国の貴族の子供たちも、早い時期から淫らな性生活と暴飲に耽ったようである。高官の家族は、当然負っている自らの職務を全うできなくなった。それに加えて、アウランズィーブの死後から特に、帝国の統治力が破綻したので、道徳的価値観の低下は避けられず、ついには中流階層の人々も、特権階級の悪習を見倣うに至ったのである。

壊滅した軍隊

上流階級の悪徳は、軍隊にも影響を及ぼし、指揮官たちは次第に任務の目的を、敵を討つことよりも、略奪によって富を得ることに向け、ときには敵方が攻撃側の情報と引換えに指揮官たちに報奨金を支払うようなこともしばしば起きた。敵との通謀は、アウランズィーブ治世末期には、帝国の軍将校の間でも通常のこととなっていた。将校たちは互いに妬みあい、例えば城攻めの際に、ライバルの将校が支援を要請しても、求められた将校が援軍を出さないように画策するなどしたようである。自分たちの指揮官が敵に手心を加えたり、敵と通じ合ったりしているのに、兵士が一体自分の命を賭けて敵を打ち負かすことなどできようか。規律は著しく緩み、参戦を避け命令に抗した兵に対する罰も軽いものになっていく。訓練をしなくなった軍は、雑多な装備を持つ一人一人の兵の寄せ集めに過ぎず、戦闘への意欲を失っていた。将校は、マンサブ――時には略奪による上がり――から給料を払うことによって兵を徴集し、こうした徴集兵から軍が構成されていたので、兵の方はそれぞれの地方の自分の指揮官しか知らないという有り様であった。

絶対王政下ではどこでもそうだが、インドにおいても、権力は、ただ一人の個人の資質に負うものであった。威光を放つ皇帝たちの時代では、将校や兵士は、全世界がひれ伏すほどの名声と権威を誇る大国家に帰属しているという感情によって結ばれあっていた。弱体で能力のない君主が偉大な皇帝の後を継いだり、ましてや取るに足らない君主が王座に就いたりすれば、帝国全体が動揺しても仕方ない。アウランズィーブの死、デカンでの無残な遠征、こうした事件のあとを継いだ弱体で無能な後継者が、以前から諸侯の野心の脅威に晒されつづけてきた帝国を廃墟にと導いた。大皇帝の時代でも、王侯、ラージュプト族、マラーター族をはじめとする叛乱の企ては何度もあった。それでも、皇帝の強力な権威と威光のもとで、叛乱は鎮められ、叛乱者は厳しく罰せられた。大皇帝を継いだ傀儡にすぎない数々の君主は問題にもならない。何人かの封建領主が帝国の名目上の権威をそれでも認めていたにせよ、すべてはずたずたに切り裂かれてしまうことになる。インドを幾度となく旅行したフランス人、ド・モダヴ伯爵は、一七七〇年頃の帝国を次のように表現した。「富と無為が王侯を堕落させていた。彼らは知らず知らずのうちに、君主自身の権威を失っていった。諸州の総督たちは、皇帝の弱体化を利用して事実上の独立を果たし、ナーディル・シャーは、皇帝と貴族たちから財宝をことごとく奪い去り、反撃する手段を徹底的に封じたあげくに、ますます傲慢になった。こうした状況にあって、異教徒(10)(インドの住民)は、一方では自分たちの権利の一部を取り戻そうとし、他方では自分たちの支配者を軛《くびき》に繋ごうとし始めた。その結果生じたことは、州同士、町同士どころか、家族相互の、一種の戦争状態であった。この状況が四十年あまり続き、その帰結としては、旧い秩序が確立されるか、あるいは全体的破局のどちらかという有り様となった」。

全くの大破局であった。テグ・バハードゥル導師《グルー》が拷問を受けたときアウランズィーブに、「外国人勢力がインドに侵入し、およそ二世紀にわたって、ヨーロッパの大きな力がインドの人民と富の支配者となるであろう」と吐いた言葉どおりの結果となった。

（1）Tarikh-i-iradat.

（2）物品や資料を貯め込むことは、トルコ民族特有の習慣である。トプ・カプ宮殿やトルコの国政会議（＊ディーワーン）の司宰者の政庁とは、ほぼ王朝の成立以来ずっとオスマン・トルコのスルターンたちの所有した、莫大な量の衣服や古文書を所蔵している。

（3）Keene, *The Turks in India.*

（4）Elphinstone.

（5）「われわれとイギリス人がムガル帝国の遺産の共通の相続人である。ムガル帝国の残したものは、時代や状況によって、すっかり形を変えてしまったが、当初の輪郭はその大部分がいまだ目に見える形で存続している。つまり、州や地域の現在の行政組織はムガル帝国から引き継いだものである。総督や副王といった権力は過去の遺産ではあるがいまだに存続している。今の公務員は、かってのマンサブダールを偲ばせるもので、その性格や職務に軍事的、封建的な性格が弱まり、彼らはより科学的な基準によって選ばれている。また、法制度は近代的なものになったが、今日の法のいくつかは、ムガル帝国時代に作られた厳密な法典から引き継がれたものである。今日の税制はムガル帝国の税制をそっくり引き継いだものである」（S・R・シャルマ著、一九三四年刊）。

（6）この法は、スルターンになる予定の王子が、自分の権力を危険に陥れる可能性のある王家の家族の全員を殺してしまうことを権威付けたもの。「大半の法学者が、余の息子や孫が、最高権力者になれる可能性があれば誰でも、世界の安泰を保証するために自身の兄弟を殺すことを、許されたことと認めている」。

ムラード三世は十六世紀の終わりに、自分の兄弟を五人殺し、ムラード三世を継いだメフメト三世は、十九人の兄弟とともに、彼らの妊娠中の愛妃十五人をまとめて殺してしまった。そののちしばらくして、カフェス（檻——幽閉の館）が死刑に代わった。皇太子や王子は後宮内にある居室に幽閉されて囚人のような扱いを受け、君主に対する陰謀を企てることができないように隔離されたのである」。

（7）ベルニエはアウランズィーブを「思慮分別のある人物で、臣民をよく理解し、仕えさせたい人間をきちんと選び抜く技量を備えていた」と評した。

（8）S. Lane-Pool.

（9）同上書、S. Lane-Pool.

（10）インドの住民。

付録1　スーフィー派

スーフィーとは、羊毛布（スーフ）を纏い、「神の内に生きられるよう、神が個人の自我を殺す」（バクダードのアル・ジュナイド）、「いかなる妥協もしない一神教の神秘主義的表現」（J・アルベリ）という教義に従って、禁欲生活を実践する人を指す。修行者は、神の光に導かれ（コーラン）、スンナ（預言者の言行）とハディース（伝承、スンナの集録）を認識し、神の意志に従い、節制、瞑想、祈りを実践する。スーフィーは、現世において、自我を殺すことによって、不滅の輝きを獲得し、死に際しては、信心を救済する預言者や聖者たちの至福の直観（＊神を直接見ること）を永遠に味わう。

スーフィー派の起源は八世紀に遡る。砂漠から出て、たちまちのうちに莫大な財産を手に入れ、あさましいほどの貪欲さに溺れてしまった、征服者やその後継者たちの享楽への欲望に反対する、一つの反動であった。イスラームの奥義を会得せず、コーランの文言を拠り所にした厳格な形式主義を主張するものに反対する反動でもあった。禁欲運動は、バスラやクーファに誕生し、ホラーサーンや周辺の地域に広がっていった。沈黙、没我、神への信従、現世の軽侮といったことが、スーフィー派の起源の本質的特徴である。こうした教義は瞬く間に純化し、神への畏敬の念へと完全に傾き、続いて神への愛へと昇華していく。やがて、何人かは、グノーシス（＊霊知）から汎神論へとなだれ込んでいくであろう。

十一世紀頃、「神に捧げられる愛の言葉」というスーフィー派文学の特徴が現れた。ペルシャ人は、この言葉を頻繁に使用するようになる。

私は死ぬ　しかし　私の中では　死ぬことはない
あなた（＊神）への私の愛の強さ
そして　あなたの愛が　私のただ一つの望み
その愛は　私の魂の熱を静めることはない

これは、詩人ドゥ・ル・ヌーンの詩の一節である。神秘主義精神の高揚は絶頂に達し、神に酔いしれたスーフィーはこう叫ぶ。「私に栄光あれ！　私の尊厳は何と偉大なことか！」。「神に酔いしれた」スーフィー、アル・ハッラージュはさらに、「私は真理なり」と叫んだ。裁判官は、この言葉を「私は神なり」と解釈し、彼に死刑を宣告することになる。

スーフィー僧たちは急速にイスラーム教諸国に拡散していき、その長（ピール）が教義を伝え、十二世紀頃には、各修道場（トルコ語ではテッケ）に教団（タリーカ）が形成されていく。修道場ではズィクル、つまり弟子たちが導師を取り囲み、旋舞によってエクスタシーに達する儀式が執り行われた。儀式では神の名を唱えたが、大袈裟な勤行を実施する際は、全くの沈黙を守った。宗教音楽が修行者の魂を揺さぶった。「というのも、どんな音楽も神を近づけるからである」。イスラーム教圏に広く多くの修道場（テッケ）を持っていた（今でも存続している）スーフィー教団もあったが、その他はそれほど手を広げてはいない。スーフィーは通常自分の属する修道場には住んではいなかった。長《ピール》と彼を補佐する何人かの弟子だけが修道場に住んでいたのである。

初期に創設されたスーフィー教団の一つに、カーディリー教団というのがあった。その名は、一〇七八年にイランのギラーンに生まれた創設者アブドゥル・カーディルに由来する。この教団の影響力は凄まじいもので、ペルシャ、インド、その他の地域に広がっている。極めて正統的なその教えは、コーランと伝承を厳格に拠り所としている。これとほぼ同時期に、シハーブ・ッ・ディーン・スフラワルディーが、自分の名を冠した教団を創設した。彼の弟子の中で最も有名なのが、偉大なペルシャ詩人サーディーである。スフラワルディーの修道場《テッケ》はインドでは手厚く受け入れられた。十三世紀には、トルコのコニヤに、メウレウィーという名の教団が現れた。この教団は今日でも「旋舞デルウィーシュ（＊旋舞しながら托鉢をするスーフィー僧）」という名でよく知られている。その創設者ジェラール・ッ・ディーン・ルーミー（通称メウレウィー）は、ペルシャ語の詩人の中で最も偉大な詩人とうたわれている。彼の後継者たちは、オスマン・トルコ帝国で華々しい影響力を発揮し、帝国全体に数多くの修道場《テッケ》を創設した。

続く数世紀に、イスラーム教国全体に数多くのスーフィー教団が次々と生まれたが、教義はともかく、その儀礼がそれまでのものと異なっていた。彼らは、イスラーム教の予言と拡張において著しい活躍を見せた。その結果、旧ソヴィエト連邦内中央アジアやその他の国々で、宗教弾圧の時代をくぐり抜けて生き残っている。

インドでは、スーフィー派は急速に、しかも広範囲に伝播した。ムガル帝国時代には、二つの大教団があった。その一つは、ナクシュバンディーの教団で、インド半島に入ってインド化して、チシュティーヤと呼ばれたが、アクバル帝時代に果たしたその役割は大きかった。もう一つは、ダーラー・シュコによって奨励されたカーディリーという教団である。特に、デルウィーシュたちの役割は、奇跡によってムガル皇帝を正統と認めることにあった。未来の皇帝となる、アクバルの息子の「奇跡の誕生」が、スーフィー派の最も劇的な驚異の一つである。

付録2　ムガル帝国の大知識人

アクバルの治世の章でしばしば取り上げたアブル・ファズルは、政務官僚の頂点を極めた、最も典型的なムガル朝の知識人である。

彼は、一五五一年アーグラに生まれ、父自身も秀れた知識人であった。アブル・ファズルは十六歳で、哲学と宗教についての全面的な知識を修め、同時代で最も学識のある学者の仲間入りをした。父親譲りのリベラリズムを備え、ほとんど書物を読み尽くして、どんなテーマであれ、議論を展開する技量を身につけた。二十三歳にしてアクバルに仕え、瞬く間に、アクバルの顧問から、腹心となった。神秘主義に傾倒し、あらゆる狂信と戦った人物で、スーフィー派に接近して、神への献身、神の意志への服従、神の寛容がどんな信仰、どんな人間にもしみわたることなどを説いた。彼はまた、「直接神から発せられる光」としての、王権のほぼ神聖的とも言える性格を深く確信していた。インドの住民はその神から発せられた光にこそ、神秘的王権があると考えていたのである。それこそが、アクバルの宗教革命、つまり「神聖宗教」の起源なのであろうか。イスラーム教徒とヒンドゥー教徒の精神的結びつきがなければ、ムガル族のインド支配は続かないし、またその足場を築くこともできない、という信念をもっていた顧問アブル・ファズルは、皇帝と、精神に関する議論や、政治的な議論を交わして、おそらくは、少なくとも意見の一致を見ていたのであろう。

長い間私的顧問として働いたアブル・ファズルは、いわゆる要職に就いたことはなかったが、皇帝に対して大きな影響力を発揮できることで満足していたのである。一五九九年に、彼は四十八歳にして、デカン遠征に派遣され、行政的、軍事的両面で見事な活躍を見せて、マンサブダールとして一気に昇進したという。サリーム王子（後のジャハーンギール）の命令で暗殺されてしまい、彼の死によってアクバルが受けた心の傷は深かったが、息子の仕出かした忌まわしい振る舞いを、口先だけで叱ったという。

繊細な文体を備えたアブル・ファズルは、大量の文学的作品を残したが、なかでも特筆すべきは、聖書のペルシャ語への翻訳、アクバルの治世と祖先の歴史を叙べた『アクバル・ナーマ』（アクバル伝）である。『アクバル・ナーマ』は、この時代の主要な原資料として貴重であり、この種の多くの作品の規範とされている。

付録3　寛容であったが薄命の王子

ダーラー・シュコは、インド・ティムール朝歴代の王子のなかでも、最も驚嘆すべき、かつ教養のある人物の一人であった。シャー・ジャハーンの推定相続人と長く目されて、父の命によって国事に深く関与してきたが、彼の関心は、政治や行政よりはむしろ、宗教的思弁や哲学に惹かれていた。たいへん寛容の精神を備えていた人物で、彼はどんな宗教にも真理の一片が含まれているという立場をとった。国家はあらゆる宗教的対立を超越した地位にいなければならず、普遍的な唯一神に対して自己を表現し、その神を崇拝できる自由を与えるべきである、ということになる。彼自身はイスラーム教徒であり続けた。ダーラー・シュコは、自分の著作の多くの箇所で、イスラームの主要な教義を援用して、イスラーム信仰よりは、ゆるやかな汎神論を、また人間や自然の普遍的理解への親近性を説いている。

ダーラー・シュコは、青年時代から、スーフィー僧や、イスラーム教やヒンドゥー教の神秘主義と緊密な関係を持ちつづけた。彼はミヤン・ミールとムッラー・シャーという、カーディリー教団の誇る二大僧の弟子であった。カーディリー教団は正統イスラーム教徒からは異端の極致にあると思われていたので、ダーラー・シュコとこの二人の関係は、ダーラーの第一の敵であるアウランズィーブに、彼を異端と決めつけ、処刑すべし、という恰好の口実を与えた。多くの点でものの見方を共有していたヒンドゥー教神秘主義者と頻繁に付き合っていたのだから、もう付け加えることはなかった。イスラームと、ヒンドゥー教の哲学や神話との間には、いくつもの類似点が存在しており、ヴェーダーンタ哲学とイスラーム教の、真理への到達方法における言葉の違いぐらいしか相違点はないのだ、と彼は語っていた。

ダーラーの残した作品は、スーフィー派の聖者に関する数多くの著作、汎神論に近い着想の詩集《ディーワーン》が一冊、ヴェーダとスーフィー派を比較した研究書が一冊、ヒンドゥー教宗教書のペルシャ語への翻訳書の数点などである。なかでも最も重要な著作は、五十二巻からなるウパニシャッドの翻訳であり、彼はこれを「唯一性の大海の源泉」とみなしていたが、この書は、ヒンドゥー教についての本格的な著作を初めてイスラーム教徒に提示した試みであり、インドにおける二大宗教の綜合の初めての試みとして重要である。

ダーラー自身が、能書家であり、細密画も描くなどの芸術家ぶりを発揮して、芸術の守護者となっているなど、彼が同時代の知的分野や芸術分野において果たした役割は、ティムールの後継者である、ヘラート、サマルカンド、ブハーラなどのティムール朝の王侯の果たした役割に比肩されるものである。

付録4　度量衡と貨幣

大ムガル帝国時代に用いられた重量や大きさの体系は実に様々であった。州によっても違ったし、時代によっても異なっていた。

アクバルとアクバル以後の初期の皇帝たちの時代に使われた度量衡の概要は次の通り。

長さの単位は、インド北部ではガズと呼ばれ、一ガズは約七十八センチメートルに相当した。スラトなどのインド西海岸地域では、コヴァドが用いられ、商人によって長さが違ったが、綿布だと六十五センチメートル、羊毛布だと七十九センチメートルに相当していた。

一カーリーはほぼ一メートルに相当し、一シャーリーは三千二百メートルに相当し、同様に、ペルシャの一ファルサーク（＊リーグ、約五キロメートル）が、インドの一ケルフに相当した。

一ビーガは三千百平方メートルに相当し、それが二十ビスワに分割された。

一マウンドは、地方によって異なるが、大体九キログラムないし一三・六〇キログラムに相当した。これが四十シールに分割され、一シールはさらに三十ダーム（＊八〜十一グラム）に相当した。

通貨の単位の一ダームは基本となる銅貨のことを示していた。四十ダームが銀十グラムからなる一ルピーに相当していた。

銀貨の一マフムディーは、ペルシャの一ラーリン、〇・五ルピーに相当した。一パゴダは三・五ルピーに相当した。

最もよく使われた金貨は、一モフル・アシュラフィーと言い、単にアシュラフィーと呼ばれたが、一〇・二グラムの重さで、銀貨十六ルピーに相当した。

一ディナールは金三・五グラムから四グラムに相当した。またよく使われたのが、ヴェネツィアのセクインやイタリアのドゥカートで、これはどちらも四ルピーに相当し、スペインとポルトガルの一リアルや銀のドゥカートは同価値で、二ルピーに相当した。

一ゲリーは、時間の単位で、一日（二十四時間）の六十分の一に当たり、二十四分に相当した。

一クロールは、度量の単位で一千万を表していた。

一ラクも、数量の単位で十万を表していた。

監訳者あとがき

A・クロー氏の前二著、コンスタンティノープルの征服者『メフメト二世』と、帝国の極盛期を現出した『スレイマン大帝とその時代』に記された歴史は、オスマン・トルコ帝国が十四、五世紀にバルカンの東ローマ帝国の旧領、翻って十六世紀に西アジア、北アフリカの広大なアラブ世界を征服した経緯を詳述し、現在のトルコ共和国の存在基盤を明らかにしている。本書『ムガル帝国の興亡』は、インド亜大陸を征服した同じトルコ族のムガル朝が、オスマン・トルコ帝国に劣らぬ征服力、統治力、文化的感性を発揮しながら、比較的短期の支配後、歴史に埋没・消滅した、前者との対照的逆境をも追究している点ですこぶる興味をそそられる。

前者が、バルカン地域を除いて、民族の郷土と酷似した砂漠とオアシスの乾燥地帯で、同じイスラーム教徒のアラブ人を征服・支配したのと異なり、後者は極度の酷暑と多雨の湿潤地帯という郷土と対照的な風土下で、ヒンドゥー教徒という圧倒的多数の異教徒を支配する、大きなハンディキャップを負った征服であった。前者が十九世紀初頭以来帝国主義諸国に領土を蚕食されながらも、第一次世界大戦期まで存続したのと異なり、後者が、建国二世紀後には衰退を始め、イギリス・東インド会社という帝国主義の重圧も加わって、十九世紀中葉崩壊させられた、極端な落差の主因はこの辺にあったろう。

一部にモンゴル人の血を混じえるトルコ族であるムガル朝がトルコ世界の辺境地の征服者にとどまっ

た位置を、トルコ民族の歴史の中で一瞥しておきたい。

モンゴリアのアルタイ山脈北方地域で発祥したトルコ民族は、早く秦漢時代(前三世紀半)から丁令などの名で中国書に現われているが、漸次東西に膨張し、六世紀初め、中国北東部から中央アジア西方までを版図とする巨大な「テュルク(突厥)国」を建てた時が、その公式の歴史の発端とされている。しかし、この国は遊牧部族の連合した程度の脆弱な組織のため、建国三〇年後には東西の「テュルク(トルコの語源)国」に分裂した。以後部族群は頻繁に分裂と離合を繰返しながら、漢民族に圧迫されて、概して西方に発展し、西トルキスタンに重心を移すことになる。

すなわち東テュルク国は、半世紀後唐朝の討伐に遭って衰え、八世紀半ばトグズオグス族に、九世紀半ば以降ウイグル(回鶻)族に支配権を握られたが、ウイグル族の支配領域は漢・モンゴル民族に押されて、東トルキスタン西部に縮小していた。それのみでなく、一三世紀モンゴル族の征服に屈し、明朝、清朝、その後を通じて隷従的地位を脱することはなかった。

一方最初西トルキスタン北方の草原地帯を占めた西テュルク国は、七世紀初め南方のオアシス地帯まで支配力を伸ばしたが、七世紀中葉唐朝に東辺を侵され、八世紀中葉にイスラームのカリフ政権に南辺を奪われて崩壊した。しかし、トルコの諸部族は、このときアラブ軍に内応し、七五一年のタラス川の戦での唐軍撃破に貢献した、カルルク族連合を中心に再起し、初めてイスラームに改宗したカラ・ハン朝(一〇世紀半ば—一〇四一年)の下でさらに発展した。イスラームを奉じたトルコ諸部族は、弱体化したアラブ兵に代り、カリフ政権の傭兵(奴隷身分の)として登用されると、重用された武将が地方で独立政権を樹立するなどして、軍事・政治的にイスラーム世界に進出し始めた。

最初に樹立されたトルコ・イスラームの武将政権はアフガニスターンのガズナ朝(九六二—一一八六)

であり、同政権はまた初めてインドの中原までの征服を達成した（以後ムガル朝までトルコ族の五王朝を含むイスラーム教徒の七王朝がインドの中原を支配した）。カルルク族連合の西方を占めていたオグズ族連合の一氏族がメルブで建てたセルジューク朝（一〇三七—一一五七）は、南進して、西アジア全域を征服し、カリフ政権を傀儡化して、トルコ民族のイスラーム世界支配の口火を切った。王朝滅亡後もその地方政権がモンゴルおよびティムール帝国に面従腹背しつつ、支配権を存続させて、十六世紀初め、西アジアを征服したオスマン・トルコ帝国にほぼ領土を継承された。

一三世紀前半に始まるモンゴル帝国の大征服と支配はトルコ人の部族組織を大幅に変化させた。従来の血縁的結束は、大幅に解体され、多くが武将に統率される地縁的集団に変貌するとともに、集権体制を強めた。トルコ族母系によるキプチャク・ハーン（欽察汗）の末裔と称するティムールの建てた大帝国（一三三四—一四〇四）はその傾向を増幅した。ティムールの五代の孫で希代の武将のバーブル（一四八二生、在位一五二六—一五三〇）が、ほぼムガル汗朝の遺領のファルガーナから興り、イラン、アフガニスターンの諸部族までを結集して、インドを征服し、ムガル朝という最大・最強のインド・イスラーム政権を樹立した。

ムガル朝トルコ族が郷土として渇望しながら併合しえなかった中央アジアでは、今日まで残るトルコ部族の諸政権がやや遅れて形成された。その最強勢力は、これもキプチャク・ハーン宗家の五代の末裔のウズベク・ハーン（一三〇一—一三四〇）の統率下に形成されたウズベク族で、ティムール帝国の衰退に乗じて南下し、シャイバーニ朝（一五〇〇—一五九九）の初期にオアシス地域全体を征服した。この王朝がムガル朝の中央アジア進出を阻んだ。一方この王朝の分裂後生じたブハーラ、ヒヴァ、ホーカンドの三汗国は、一九世紀後半ロシア帝国に征服されるまで続いた。ウズベク族の原住地である北方草原地帯に残り、遊牧性を持続しながら発展したのがウズベク・カザフ、いわゆるカザフ（放浪者）族で、大・中・小の三集団（オルダ）に分れていたが、十八世紀末以降漸次ロシア帝国に征服された。キルギス族は、古く東テュルクの北方に居た部族の一部が、ウイグル族の麾下で西方に移動し、ホーカンド汗国に属していたものである。トルコマン（支配者トルコ人の意）族は、ほぼオグス族連合のセルジューク族以外の者の新称呼で、多くが遊牧民であった（本文八章二四一頁の地図4参照）。以上の中央アジアのトルコ諸部族はロシア帝国に続いて、ソヴィエト連邦に属した末、その崩壊した一九九〇年に一世紀半ないし二世紀余振りでそれぞれ独立を回復した。

トルコ民族には、古く黒海、カスピ海北辺を占拠し、さらに西進した後、先住民に同化されたハザル族、ブルガル族などがあったが、遅れてモンゴルの軍に随って来住したタタル族（本来モンゴル人部族の名称であったが、トルコ部族の称呼に転用された）の諸部族が、主として黒海・アラル海北方地域に現存する。タタル族はモンゴル帝国の滅亡後、カザン、アストラハーン、クリミアなどの汗国を形成した末、一七〜八世紀ロシア帝国に征服された。これらおよびその他のタタル部族はソヴィエト連邦内で自治州ないし自治共和国に編成されて、一定の民族的権利を認められはしたが、ソ連邦崩壊後も、ロシア連邦内でほぼ同じ地位に置かれている。とくに強大であったクリミア・タタル人（現在ウクライナに属す）は、その民族主義的行動を、今日も国際社会で注目されている。

この中央アジアのトルコ民族は、カフカスのアゼルバイジャンを加えて、現在五つの共和国を結成しているが、合計で、五七〇〇余万人の人口（一九九八年度、トルコ共和国に較べて、その人口の約九〇％）と、面積三八六万平方キロメートルの領土（トルコ共和国の四・九倍）をもっている。カザフ

（ここではトルコ系住民が人口の五〇％弱である）を除く四共和国では人口の六五～九〇％がトルコ系住民で、その大部分がイスラーム教徒である。どの共和国も政教分離の世俗主義を標榜しているとはいえ、住民のイスラーム信奉度は高く、トルコ民族世界の重要部分をなすといえる。今日訪れて、オアシス地域の自然美とともに、民族文化尊重を標榜したソヴィエト政権下で保存修復を加えられた、多くの秀れた寺院建築や工芸遺品を見ると、ムガル朝人の抱いた中央アジアへの愛着と憧憬に、充分共感させられるものがある。

今日インド亜大陸において言語や体質上のトルコ的痕跡は大部分失われているが、イスラームの信仰勢力は決して小さくない。亜大陸の東西を占めるイスラーム国家パキスターンとバングラデシュの二国は、面積九三万平方キロメートル（全土の二八％）にのぼり、イスラーム教徒の数はインドのそれを加えて三億八九一〇余万人（一九九八年度、全土の三一％強）、言い換えれば、領土・人口とも全土の三〇％内外にのぼる。インド亜大陸にイスラーム政権、とくにムガル朝が残した寺院・宮殿建築、絵画、工芸品ほどの、世界的文化遺産については本文中に詳述された。筆者がなお指摘したいのは、この地が早く一九世紀後半にイスラーム近代思想の先駆者、二〇世紀中葉イスラーム原理主義の理論的開拓者の一翼などと仰がれる碩学を生んで、ここ二世紀間にもイスラーム世界の教理・思想の潮流に大きな役割を演じている事実である。八世紀にわたるインド・イスラーム諸政権、とくにムガル朝の築いた文化的遺産は絶大といえよう。

筆者は半世紀余り以前に、ムガル朝の政治機構と東インド会社の初期の統治政策との関連を研究し、それを自著『インド民族史』(今日の問題社「東洋民族史双書」第三巻、一九三九年刊)に反映させて以来、インドのイスラーム教徒問題に不充分ながら関心を抱き続けた。今日読者の原著理解の便宜のために、原著に備わらぬ地図、図版、写真を補足するなどで、訳業に協力できたことは大きな喜びである。

岩永 博

十九世紀パリの売春	パラン=デュシャトレ／A.コルバン編 小杉隆芳訳	¥2500
変化の原理〈問題の形成と解決〉	P.ワツラウィック他／長谷川啓三訳	¥2200
デザイン論〈ミッシャ・ブラックの世界〉	A.ブレイク編／中山修一訳	¥2900
時間の文化史〈時間と空間の文化／上巻〉	S.カーン／浅野敏夫訳	¥2300
空間の文化史〈時間と空間の文化／下巻〉	S.カーン／浅野, 久郷訳	¥3400
小独裁者たち〈両大戦間期の東欧における民主主義体制の崩壊〉	A.ポロンスキ／羽場久浘子監訳	¥2900
狼狽する資本主義	A.コッタ／斉藤日出治訳	¥1400
バベルの塔〈ドイツ民主共和国の思い出〉	H.マイヤー／宇京早苗訳	¥2700
音楽祭の社会史〈ザルツブルク・フェスティヴァル〉	S.ギャラップ／城戸朋子, 小木曽俊夫訳	¥3800
時間 その性質	G.J.ウィットロウ／柳瀬睦男, 熊倉功二訳	¥1900
差異の文化のために	L.イリガライ／浜名優美訳	¥1600
よいは悪い	P.ワツラウィック／佐藤愛監修, 小岡礼子訳	¥1600
チャーチル	R.ペイン／佐藤亮一訳	¥2900
シュミットとシュトラウス	H.マイアー／栗原, 滝口訳	¥2000
結社の時代〈19世紀アメリカの秘密儀礼〉	M.C.カーンズ／野﨑嘉信訳	¥3800
数奇なる奴隷の半生	F.ダグラス／岡田誠一訳	¥1900
チャーティストたちの肖像	G.D.H.コール／古賀, 岡本, 増島訳	¥5800
カンザス・シティ・ジャズ〈ビバップの由来〉	R.ラッセル／湯川新訳	¥4700
台所の文化史	M.ハリスン／小林祐子訳	¥2900
コペルニクスも変えなかったこと	H.ラボリ／川中子, 並木訳	¥2000
祖父チャーチルと私〈若き冒険の日々〉	W.S.チャーチル／佐藤佐智子訳	¥3800
エロスと精気《エネルギー》〈性愛術指南〉	J.N.パウエル／浅野敏夫訳	¥1900
有閑階級の女性たち	B.G.スミス／井上, 飯泉訳	¥3500
秘境アラビア探検史（上・下）	R.H.キールナン／岩永博訳	上¥2800 下¥2900
動物への配慮	J.ターナー／斎藤九一訳	¥2900
年齢意識の社会学	H.P.チュダコフ／工藤, 藤田訳	¥3400
観光のまなざし	J.アーリ／加太宏邦訳	¥3200
同性愛の百年間〈ギリシア的愛について〉	D.M.ハルプリン／石塚浩司訳	¥3800
古代エジプトの遊びとスポーツ	W.デッカー／津山拓也訳	¥2700
エイジズム〈優遇と偏見・差別〉	E.B.パルモア／奥山, 秋葉, 片多, 松村訳	¥3200
人生の意味〈価値の創造〉	I.シンガー／工藤政司訳	¥1700
愛の知恵	A.フィンケルクロート／磯本, 中嶋訳	¥1800
魔女・産婆・看護婦	B.エーレンライク, 他／長瀬久子訳	¥2200
子どもの描画心理学	G.V.トーマス, A.M.J.シルク／中川作一監訳	¥2400
中国との再会〈1954—1994年の経験〉	H.マイヤー／青木隆嘉訳	¥1500
初期のジャズ〈その根源と音楽的発展〉	G.シューラー／湯川新訳	¥5800
歴史を変えた病	F.F.カートライト／倉俣, 小林訳	¥2900
オリエント漂泊〈ヘスター・スタノップの生涯〉	J.ハズリップ／田隅恒生訳	¥3800
明治日本とイギリス	O.チェックランド／杉山・玉置訳	¥4300
母の刻印〈イオカステーの子供たち〉	C.オリヴィエ／大谷尚文訳	¥2700
ホモセクシュアルとは	L.ベルサーニ／船倉正憲訳	¥2300
自己意識とイロニー	M.ヴァルザー／洲崎惠三訳	¥2800
アルコール中毒の歴史	J.-C.スールニア／本多文彦監訳	¥3800
音楽と病	J.オシエー／菅野弘久訳	¥3400
中世のカリスマたち	N.F.キャンター／藤田永祐訳	¥2900
幻想の起源	J.ラプランシュ, J.-B.ポンタリス／福本修訳	¥1300
人種差別	A.メンミ／菊地, 白井訳	¥2300
ヴァイキング・サガ	R.プェルトナー／木村寿夫訳	¥3300

りぶらりあ選書

スミス，マルクスおよび現代	R.L.ミーク／時永淑訳	¥3500
愛と真実〈現象学的精神療法への道〉	P.ローマス／鈴木二郎訳	¥1600
弁証法的唯物論と医学	ゲ・ツァレゴロドツェフ／木下，仲本訳	¥3800
イラン〈独裁と経済発展〉	F.ハリデー／岩永，菊地，伏見訳	¥2800
競争と集中〈経済・環境・科学〉	T.プラーガー／島田稔夫訳	¥2500
抽象芸術と不条理文学	L.コフラー／石井扶桑雄訳	¥2400
プルードンの社会学	P.アンサール／斉藤悦則訳	¥2500
ウィトゲンシュタイン	A.ケニー／野本和幸訳	¥3200
ヘーゲルとプロイセン国家	R.ホッチェヴァール／寿福真美訳	¥2500
労働の社会心理	M.アージル／白水，奥山訳	¥1900
マルクスのマルクス主義	J.ルイス／玉井，渡辺，堀場訳	¥2900
人間の復権をもとめて	M.デュフレンヌ／山縣熙訳	¥2800
映画の言語	R.ホイッタカー／池田，横川訳	¥1600
食料獲得の技術誌	W.H.オズワルド／加藤，禿訳	¥2500
モーツァルトとフリーメーソン	K.トムソン／湯川，田口訳	¥3000
音楽と中産階級〈演奏会の社会史〉	W.ウェーバー／城戸朋子訳	¥3300
書物の哲学	P.クローデル／三嶋睦子訳	¥1600
ベルリンのヘーゲル	J.ドント／花田圭介監訳，杉山吉弘訳	¥2900
福祉国家への歩み	M.ブルース／秋田成就訳	¥4800
ロボット症人間	L.ヤブロンスキー／北川，樋口訳	¥1800
合理的思考のすすめ	P.T.ギーチ／西勝忠男訳	¥2000
カフカ=コロキウム	C.ダヴィッド編／円子修平，他訳	¥2500
図形と文化	D.ペドウ／磯田浩訳	¥2800
映画と現実	R.アーメス／瓜生忠夫，他訳／清水晶監修	¥3000
資本論と現代資本主義（I・II）	A.カトラー，他／岡崎，塩谷，時永訳	I 品切 II ¥3500
資本論体系成立史	W.シュヴァルツ／時永，大山訳	¥4500
ソ連の本質〈全体主義的複合体と新たな帝国〉	E.モラン／田中正人訳	¥2400
ブレヒトの思い出	ベンヤミン他／中村，神崎，越部，大島訳	¥2800
ジラールと悪の問題	ドゥギー，デュピュイ編／古田，秋枝，小池訳	¥3800
ジェノサイド〈20世紀におけるその現実〉	L.クーパー／高尾利数訳	¥2900
シングル・レンズ〈単式顕微鏡の歴史〉	B.J.フォード／伊藤智夫訳	¥2400
希望の心理学〈そのパラドキシカルアプローチ〉	P.ワツラウィック／長谷川啓三訳	¥1600
フロイト	R.ジャカール／福本修訳	¥1400
社会学思想の系譜	J.H.アブラハム／安江，小林，樋口訳	¥2000
生物学における ランダムウォーク	H.C.バーグ／寺本，佐藤訳	¥1600
フランス文学とスポーツ〈1870～1970〉	P.シャールトン／三好郁朗訳	¥2800
アイロニーの効用〈『資本論』の文学的構造〉	R.P.ウルフ／竹田茂夫訳	¥1600
社会の労働者階級の状態	J.バートン／真実一男訳	¥2000
資本論を理解する〈マルクスの経済理論〉	D.K.フォーリー／竹田，原訳	¥2800
買い物の社会史	M.ハリスン／工藤政司訳	¥2000
中世社会の構造	C.ブルック／松田隆美訳	¥1800
ジャズ〈熱い混血の音楽〉	W.サージェント／湯川新訳	¥2800
地球の誕生	D.E.フィッシャー／中島竜三訳	¥2900
トプカプ宮殿の光と影	N.M.ペンザー／岩永博訳	¥3800
テレビ視聴の構造〈多メディア時代の「受け手」像〉	P.バーワイズ他／田中，伊藤，小林訳	¥3300
夫婦関係の精神分析	J.ヴィリィ／中野，奥村訳	¥3300
夫婦関係の治療	J.ヴィリィ／奥村満佐子訳	¥4000
ラディカル・ユートピア〈価値をめぐる議論の思想と方法〉	A.ヘラー／小箕俊介訳	¥2400

魔女と魔女裁判〈集団妄想の歴史〉	K.バッシュビッツ／川端, 坂井訳	¥3800
科学論〈その哲学的諸問題〉	カール・マルクス大学哲学研究集団／岩崎允胤訳	¥2500
先史時代の社会	クラーク, ピゴット／田辺, 梅原訳	¥1500
人類の起原	レシェトフ／金光不二夫訳	¥3000
非政治的人間の政治論	H.リード／増野, 山内訳	¥ 850
マルクス主義と民主主義の伝統	A.ランディー／藤野渉訳	¥1200
労働の歴史〈棍棒からオートメーションへ〉	J.クチンスキー, 良知, 小川共著	¥1900
ヒュマニズムと芸術の哲学	T.E.ヒューム／長谷川鉱平訳	¥2200
人類社会の形成（上・下）	セミョーノフ／中島, 中村, 井上訳	上 品 切 下 ¥2800
認識の分析	E.マッハ／広松, 加藤編訳	¥1900
国家・経済・文学〈マルクス主義の原理と新しい論点〉	J.クチンスキー／宇佐美誠次郎訳	¥ 850
ホワイトヘッド教育論	久保田信之訳	¥1800
現代世界と精神〈ヴァレリィの文明批評〉	P.ルーラン／江口幹訳	¥980
葛藤としての病〈精神身体医学的考察〉	A.ミッチャーリヒ／中野, 白滝訳	¥1500
心身症〈葛藤としての病 2〉	A.ミッチャーリヒ／中野, 大西, 奥村訳	¥1500
資本論成立史（全4分冊）	R.ロスドルスキー／時永, 平林, 安田他訳	(1)¥1200 (2)¥1200 (3)¥1200 (4)¥1400
アメリカ神話への挑戦（I・II）	T.クリストフェル他編／宇野, 玉野井他訳	I ¥1600 II ¥1800
ユダヤ人と資本主義	A.レオン／波田節夫訳	¥2800
スペイン精神史序説	M.ピダル／佐々木孝訳	¥2200
マルクスの生涯と思想	J.ルイス／玉井, 堀場, 松井訳	¥2000
美学入門	E.スリヨ／古田, 池部訳	¥1800
デーモン考	R.M.=シュテルンベルク／木戸三良訳	¥1800
政治的人間〈人間の政治学への序論〉	E.モラン／古田幸男訳	¥1200
戦争論〈われわれの内にひそむ女神ベローナ〉	R.カイヨワ／秋枝茂夫訳	¥2900
新しい芸術精神〈空間と光と時間の力学〉	N.シェフェール／渡辺淳訳	¥1200
カリフォルニア日記〈ひとつの文化革命〉	E.モラン／林瑞枝訳	¥2400
論理学の哲学	H.パットナム／米盛, 藤川訳	¥1300
労働運動の理論	S.パールマン／松井七郎訳	¥2400
哲学の中心問題	A.J.エイヤー／竹尾治一郎訳	¥3500
共産党宣言小史	H.J.ラスキ／山村喬訳	¥980
自己批評〈スターリニズムと知識人〉	E.モラン／宇波彰訳	¥2000
スター	E.モラン／渡辺, 山崎訳	¥1800
革命と哲学〈フランス革命とフィヒテの本源的哲学〉	M.ブール／藤野, 小栗, 福吉訳	¥1300
フランス革命の哲学	B.グレトゥイゼン／井上尭裕訳	¥2400
意志と偶然〈ドリエージュとの対話〉	P.ブーレーズ／店村新次訳	¥2500
現代哲学の主潮流（全5分冊）	W.シュテークミュラー／中埜, 竹尾監修	(1)¥4300 (2)¥4200 (3)¥6000 (4)¥3300 (5)¥7300
現代アラビア〈石油王国とその周辺〉	F.ハリデー／岩永, 菊地, 伏見訳	¥2800
マックス・ウェーバーの社会科学論	W.G.ランシマン／湯川新訳	¥1600
フロイトの美学〈芸術と精神分析〉	J.J.スペクター／秋山, 小山, 西川訳	¥2400
サラリーマン〈ワイマル共和国の黄昏〉	S.クラカウアー／神崎巌訳	¥1700
攻撃する人間	A.ミッチャーリヒ／竹内豊治訳	¥ 900
宗教と宗教批判	L.セーヴ他／大津, 石田訳	¥2500
キリスト教の悲惨	J.カール／高尾利数訳	¥1600
時代精神（I・II）	E.モラン／宇波彰訳	I 品 切 II ¥2500
囚人組合の出現	M.フィッツジェラルド／長谷川健三郎訳	¥2000

著　者

アンドレ・クロー（André Clot）

パリ大学で歴史を研究したのち，現代史への関心からジャーナリズムの世界に入る．中近東に長期間滞在し，この地域の著名な専門家となった．多数の論文のほか，著書に『スレイマン大帝とその時代』（1983，邦訳・法政大学出版局），『ハルーン・アル・ラシードと千夜一夜物語の世界』（1986），『メフメト二世』（1990，邦訳・法政大学出版局）がある．

監訳者

岩永　博（いわなが ひろし）

広島県に生まれる．1939年，東京大学文学部西洋史学科卒業．現在法政大学名誉教授．著書に『中東の近代史』（法政大学出版局），『ムハンマド＝アリー』（清水書院），訳書に，ヒッティ『アラブの歴史・上下』（講談社学術文庫），ハリデー『現代アラビア』，キールナン『秘境アラビア探検史・上下』，フィルビー『サウジアラビア王朝史』，クロー『メフメト二世』（以上，法政大学出版局），その他がある．

訳　者

杉村裕史（すぎむら ひろし）

1955年に生まれる．1987年，中央大学大学院博士課程後期課程満期退学．現在，中央大学兼任講師．専攻，現代フランス文学．共著に『二〇世紀後半のヨーロッパ文学』（中央大学出版部，1990年），『フランス語教育を考える』（富岳書房，1994年），『現代ヨーロッパ文学の動向』（中央大学出版部，1996年），訳書に，A. ゴルツ『資本主義・社会主義・エコロジー』（新評論，1993年）がある．

イスラーム文化叢書　3

ムガル帝国の興亡

発行　2001年3月22日　　初版第1刷

著　者　アンドレ・クロー
監訳者　岩永　博
訳　者　杉村裕史
発行所　財団法人　法政大学出版局
〒102-0073 東京都千代田区九段北3-2-7
電話03(5214)5540／振替00160-6-95814
製版，印刷　三和印刷
鈴木製本所

ISBN4-588-23803-5
Printed in Japan

人名・王朝名索引

1．排列は五十音順とする．
2．人名は，個人名，性の順序を基本とするが，個人名だけのもの，称号・個人名のものもある．統一を欠くが，称号・個人名のものは慣用によった．
3．（　　）内は，職位，血縁関係，王朝の所在地，ときに，語義を掲げた．
4．頁数中，15-8のようにハイフンでつなぐものは，該当項目の有無に関わらず，その項目についての記載があることを示す．
5．同一人で他の称呼のあるものは→で示した．

ア　行

アウランズィーブ　168, 174, 186, 189, 193, 196, 199-201, 216-23, 225, 226, 229-262, 264, 269, 279, 302,303, 315, 318, 322, 325, 332, 339, 351-2, 355, 356, 364
アカヴィヴァ（神父）　116, 119, 311
アクバル（バダーウッディーン･モハメッド）　2, 34,55, 62, 65-155, 159, 160, 164, 172,196, 201, 202, 216, 232, 236, 259, 264, 265, 267, 268, 269, 272, 279, 281, 290, 300, 306, 307, 308, 310-13, 318, 322, 325
アクバル（アウランズィーブの息子）　251, 252
アーサフ・カーン（ヌール・ジャハーンの弟）　166, 175, 176, 185, 301
アーザム（アウランズィーブの息子）　251, 257, 258, 302, 339, 340
アジート・シン（メワール，ジョドプルのラージャー）　257
アズィーム・ッ・シャーン（バハードゥル・シャーの息子）　342
アズィーズ（アクバルの乳母の子）　78
アズィーズ・コーカ（アクバルの重臣）　158
アスカリー（フマーユーンの弟）　50, 51, 55, 66
アッバース（朝）　3, 5, 8, 42, 95, 105
アッバース・カーン（史家）　57
アティバール・カーン（シャー・ジャハーン幽閉の警備長官）　222
アーディル・シャー一族（ビジャープルの君主）　170, 195, 244-6, 248, 252
アトゥガ・カーン（アクバルの乳母の夫）　78, 79, 80, 84
アドハム・カーン（アクバルの乳母の子）　82, 84
アブー・サイード・ミールザー（ティ

ムールの曾孫，ムガール朝の祖） 20
アフガーン（族） 39, 49, 70, 138, 139, 140, 248, 249, 270, 345
アフザル・カーン（アフマドナガル国の重臣） 245
アブダル・サマド（画家） 305
アブドゥラー・カーン（ウズベク族のカーン） 143
アフメッド・シャー・アブダーリー 348-9
アフメド・シャー（カーン）一世（グジャラートの君主） 136
アフメド・ミールザー（バーブルの伯父） 20
アブル・ハサン（ゴルコンダのクトゥブ・シャー朝の最後の君主） 253, 313
アブル・ファズル 67, 76, 93, 96, 110, 112, 114, 119, 120, 125, 131, 147, 148, 158, 264, 292, 307, 317, 362
アラーウッディーン（ハルジー朝） 9, 274
アーラム・カーン（ロディー朝の一族） 30, 31
アーラムギール二世（「世界を掌握する者」の意，ムガール皇帝） 347
アリー・シール・ネヴァイ（詩人） 42
アリー・マルダーン（カンダハールの総督） 197
アリー・ミールザー 22
アル・カーディル（アッバース朝のカリフ） 6
アルジャン・シン（シーク教第6代のグルー） 239
アルジュマンド・バーヌー・ベガム（シャー・ジャハーンの妃＝ムムターズ・マハル） 166
アルブケルク 72, 285
アルプテギーン（セルジューク朝のスルターン） 5
アントニオ・カブラル 116, 311

イァティマッド・ッ・ダウラ 164 → ギャース・ベグの尊称
イエズス会 91, 94, 116
イスカンダル・カーン（アクバルの武将） 74, 76
イスマーイール・カーン・ルーミー（タージ・マハル建築家の一人） 203
イスラーム教（教徒） 各所
イブラーヒーム・ロディー（ロディー朝の始祖の息子） 10, 26, 30-2, 49
イラク 35
イラン 各所

ヴァスコ・ダ・ガマ 71
ウスタード・イーサ（建築家） 203-4
ウダイ・シン（メワールの王） 86, 87, 186
馬（騎士用を含む） 3, 257, 273, 291, 346
ウマイヤ（初期イスラームの王朝） 3, 284
ウマイア朝（スペインの，後） 42
ウルウ・ベク（ティムールの孫） 21
ウルフィーシラーズィー → ジャマールッディーン

エセン・ダウラト・ベガム（バーブルの祖母） 21
エンリケス（神父） 116, 119

オマル・シャイフ・ミールザー（バーブルの父） 20, 21

カ 行

ガウナーラー・ベガム（シャー・ジャハーンの娘） 186
カシーム・ベイ（ベグ）（バーブルの側近者） 15, 16
ガズニー（朝）（インド中央部を征服したイスラームの政権） 7, 105
ガーズィー（勝利者，戦士） 38, 76
カーム・バクシュ（アウランズィーブの3子） 258, 340
カームラーン（フマーユーンの弟） 50, 54-6, 66, 72
カラン・シン（メワールの王子） 168
カンザダ・ベガム（バーブルの妹，アクバルの養育者） 66
カーン・イ・ザマーン（アクバルの武将） 77, 85
カーン・イ・ザマーン （保安長） 98
カーン・ジャハーン・ローディー（デカン総督） 190

ギヤース・ベグ（ヌール・ジャハーンの父） 164, 166

クトゥブ・カーン（シェル・シャーの子） 53
クトゥブ・シャー家（ゴルコンダの君主） 171, 195, 248, 252, 253
クトゥブッディーン（インド奴隷（マムルーク朝）の始祖） 8, 342
グール（朝） 7
グルバダン・ベガム（バーブルの孫娘，文人） 300

ゴヴィンド・シン（シーク教第十代の導師） 239, 240, 241
ゴクル（ジャート族叛軍首領） 237

サ 行

サアド・ゥッラー・カーン（シャー・ジャハーンの宰相） 198
サイード（家）（預言者ムハマッドの家族の後裔と称する家系） 10, 115, 320, 343
サイード・モハメッド・ラティーフ（史家） 190
ザイン・カーン 140
サーバージー（マラーター族パンジャブ総督） 347
サーヒブジー 303
サファビー（イランの王朝） 15, 142, 164, 305, 344
サフィー世（サファビー朝の王） 197
ザブニサー・ベガム（アウランズィーブの姉） 300
サーマーン（中央アジアの最初の独立イスラーム王朝） 5
サリーマ・スルターン（バーブルの娘） 147, 300
サリーマ・ベガム（アクバルの妃，ムラードの母） 91
サリーム（ジャハーンギールの幼名）

90, 157, 158, 363
ザルブンニーサー（アウランズィーブの娘，文士） 318
サワイ・ジャイ・シン（アンベルのラージャー，天文学者） 294

シヴァージー　243-9, 253の各所, 271
シヴァージー家（マラーター族の指導者の） 253
シェイバーニー（ウズベク国の始祖） 329, 330
ジェラール（シェル・シャーの息子） 55, 56
ジェラールッディーン（アフガニスターンのイスマーイール派指導者） 139
シェル・アフクン（クリー・ベグ，ヌール・ジャハーンの先夫） 165
シェル・カーン・スール　49 → シェル・シャー
シェル・シャー（カーン） 39, 51-62, 65, 70, 72, 73, 76, 99, 101, 110, 266, 267
シカンダル（ロディ朝のスルターン） 26
シカンダル・カーン（アーディル・シャー朝の最後の王） 252
シカンダル・シャー（スール朝） 10, 56, 68, 70, 77
シージャバーイー（シヴァージーの母） 244
シピフル（ダーラー・シュコの息子） 224
シャー・アッバース一世（イランのサファヴィ朝の王） 172, 175, 197
シャー・アッバース二世（イランのサファヴィー朝の王） 199, 247
シャー・イスマイール（イランのサファヴィ朝の王） 22, 23, 28, 330
ジャイ・マル（チトール城の武将） 87
ジャイ・ライ・シン（アウランズィーブの武将） 246, 247
ジャガタイ・カーン（ジンギス・カーンの子） 150
シャージー（マラーター族シバージーの父） 243
ジャージャー・シン（ブンデラーの王，ナール・シンの子） 189, 190
シャー・ジャハーン（世界の王の意） 34, 94, 125, 132, 163, 171, 175, 185-228の各所, 229, 230, 233, 244, 255, 257, 264, 276, 281, 288, 302, 313, 314, 318,331, 332, 345, 354, 364
シャー・シュジャー（シャー・ジャハーンの息子） 186, 217, 218, 225
ジャスワント・シン（メワールのラージャー） 219, 224
シャー・タフマースプ（イランのサファヴィー朝の始祖） 39, 40, 55, 65, 142, 305
ジャート（族） 227, 237, 238, 257, 343, 348
ジャーニー・ベグ（タッタのスルターン） 142
ジャハーナーラー・ベガム（シャー・ジャハーンの娘） 185, 186, 212, 219, 300, 302, 354
ジャハーンギール（世界を掌握する者の意） 44, 86, 91, 126, 129, 143, 149, 150, 157-184の各所, 185, 186, 190, 192, 202, 239, 302, 312, 313,

318, 332
ジャハーンダール・シャー（バハードゥル・シャーの子で皇帝） 303, 342, 343
ジャリック（神父）91, 92
シャリヤール（シャー・ジャハーンの弟） 173-6
シャンブージー（シヴァージーの息子） 252
ジョード・バーイー（アクバルの妃＝マリヤム・ザマニ, ジャハーンギールの母） 134, 186

スブクテギーン（ガズニー朝のスルターン） 5
スール（朝） 68, 70, 72, 74, 81, 138
スルターン・ムラード（オスマン・トルコの皇帝） 91
スレイマン大帝（オスマン・トルコの再隆盛期の皇帝〈スルターン・カリフ〉） 78, 111, 112, 331
スレイマーン（ダーラー・シュコの息子） 218, 220, 223, 224, 225
スレイマン・パシャ（オスマン・トルコの提督） 112

セイーディ・アリー・レイス（オスマン・トルコの提督） 69
セソディア・パッタ・シン（メワールのチトル城武将） 87
セリム一世（オスマン・トルコの皇帝） 23, 330
セルジューク・トルコ（朝） 7, 57, 58

タ 行

タヴェルニエ（フランス人旅行家） 265, 289, 328
ダウラト・カーン（ロディー朝のパンジャブ総督） 30, 31
ダーウード（スール朝の王子） 138
ダーニヤール（アクバルの王子） 91, 145, 148, 176
ダーラー・シュコ（シャー・ジャハーンの長男） 174, 186, 188, 200, 216-21, 223-27, 314, 318, 361, 364-65
タールディー・ベイ（反アクバルの高官）73, 74, 78
ダーワル（フスローの息子） 176

チシュティ, ムイーヌッデイーン・（アクバルが尊崇したスーフィー） 82, 89, 90, 129, 132, 321
チャガタイ（チンギス・カーンの息子） 20
チャザド（アクバルの娘） 91
チャンド・ビービー（アフマドナガルの王女） 144, 145
チンギス・カーン 8, 9, 13, 20, 328

ティムール（タメルラン） 2, 9, 13, 20, 21, 62, 105, 123, 126, 143, 314, 327
ティムール（族・朝） 各所
ティムール・シャー（アフガーンの王アブダーリーの息子） 347
ディラワーン（ダウラート・カーンの息子） 30
テグ・バハードゥル（シーク教の導

師）　239, 357

ドゥルガーヴァティー（ラージュプト族の女武将）　301
トダル・マル（アクバルの重臣）　107, 118, 131, 148, 292
トーマス・ロー　160, 312, 328

ナ　行

ナウブ・バイ（バハードゥル・シャーの母）　340
ナースル・モハメッド・カーン（ブハーラのカーン）　198, 199
ナーディラ・バーヌー（女性画家）　311
ナーディル・クーリー　344-5　→　ナーディル・シャー
ナーディル・シャー　274, 333, 343-6, 356
ナーナク　→　バーバー・ナーナク

ニガール・カーニム（バーブルの母）　20
ニザーム・シャー（アフマドナガルの王朝）　169, 243
ニザーム・ル・ムルク（ハイデラバード王国の創始者）　349

ヌール・ジャハーン（ジャハーンギールの妃）　157, 163-84, 187, 300, 302, 314

ハ　行

バイラム・カーン（フマーユーンおよびアクバルの摂政）　68, 69, 73, 74, 76, 78-81, 84, 97, 319
バーオ・サーヒブ（マラーター族末期の王）　348
バグワーン・ダース（アンベルの王子）　141
ハサン・カーン（シェル・シャーの父）　59
ハージー・ベガム（フマーユーンの妃）　63
バーズ・バハードゥル（マールワーの君主）　82, 87
バダーウーニー，アブドゥル・カーディル（史家）　81, 82, 114, 121, 265, 317
バハードル（アウランズィーブの息子で皇帝）　242
バハードル・カーン（アクバルの武将）　77, 85, 192
バハードル・シャー（グジャラートの君主）　49, 51, 53
バーバー・ナーナク　238, 320
バーブル（ザーヒルッディン・ムハマンド・バーブル）　13-46, 47, 48, 51, 66, 73, 85, 97, 99, 141-3, 151, 232, 260, 301, 305, 316, 339, 343
バフト・ウン・ニサー・ベガム（アクバルの異母姉妹）　118, 301
バフルール・カーン（ロディー朝の祖）　10
ハミーダ・バーヌー（アクバルの母，フマーユーンの妃）　65, 148
ハムザーダ・ベガム（フマーユーンの叔母）　301
ハラム・ベガム（ムガール朝の一族，女性武将）　301

ハルーン・アル・ラシード（アッバース朝カリフ） 5
パルウィーズ（ジャハーンギールの次男） 167, 169, 174, 175, 222
バンダ（シーク教政権の再建者） 241, 242, 342

ヒームー（スール朝の重臣） 70, 74, 76
ビール・シン（ブンデラーのラーシャー，アブル・ファズルの暗殺者） 147
ビールバル（詩人，思想家） 131, 140, 317
ピール・モハメッド（バイラム・カーン打倒者） 78, 80, 82
ヒンダール（フマユーンの弟） 50, 55, 68

ファイズィー（詩人） 316
フィルーズシャー・ツグラク（ツグラク朝スルターン） 9
フェリペ二世 119
フサイン・バイカラ（ティムール朝の王族） 28
フサイン・ベグ（フスローの騎兵隊長） 162
フスロー（ジャハーンギールの長男，シャー・ジャハーンの兄） 148, 149, 161, 162, 163, 216, 222, 239
フッラム（シャー・ジャハーン） 166, 168, 312
フマーユーン 28, 31, 32, 34, 38, 39, 40, 47-64, 65, 66, 68, 69, 81, 85, 97, 105, 139, 142, 151, 225, 267, 301, 305, 307, 316
プラティハーラ（カナウジュのヒンドゥー政権） 6
ブルハーン二世（ニザーム朝の王） 144

ベフザード（細密画の巨匠） 304-7
ベルニエ，フランソワ（フランス人旅行家） 102, 179, 191, 208, 216, 220, 221, 224, 229, 273, 274, 277, 295, 314, 328, 352

マ 行

マスード（マフムードの息子） 7
マハーバト・カーン（シャー・ジャハーンの武将） 174, 175, 185
マーハム・アナガ（アクバルの乳母） 66, 78, 79, 82, 84, 300, 301
マーハム・ベガム（バーブルの妃） 301
マーヒーム（バーブルの妃） 18, 28
マフディー・クワージャ 38
マフムード（ガズニー朝のインド征服者） 5, 6, 7, 235, 272, 274, 326
マフムード・ロディー（ロディー朝の英主） 36, 39, 49, 50, 51, 53
マラーター（族） 169, 227, 243, 248-51, 252-59, 279, 343-9, 352
マリク・アンバル（ニザーム朝の英主） 169, 170, 172, 174
マリヤム・ザマーニ（ヒンドゥー国アンベルの王女，アクバルの妃） 54, 82
マムルーク（エジプトの奴隷王朝） 284
マーロージ（シヴァージーの祖父）

243
マーン・シン（アンベルのラージャー，アクバル・） 123, 126, 139, 142, 158, 162, 317, 354

ミーアーン・マンジュ（アフマドナガル国の宰相） 144
ミリヤム（アクバルの妃，ファテプル・シークリー） 134, 135
ミール・アリーシール・ネヴァイ（詩人） 316
ミール・サイード・アリー（画家） 305
ミールザー・アズィーズ・コーカ（アクバルの乳母の子） 149
ミールザー一族（反アクバルのティムール朝一族） 138-9
ミールザー・スレイマーン（バダフシャーンの総督） 70
ミールザー・ハキーム（アクバルの異母弟） 68, 70, 73, 79, 139
ミール・ムサッヴィル（画家） 305

ムアッザム（バハードゥル・シャー） 255, 258, 339, 340
ムザッファル・シャー三世（クジャラートの君主） 137
ムザッファル・フサイン（イランのサファヴィー朝の王子） 142
ムッラー・シャー（ダーラー・シュコの師） 364
ムヌイム・カーン（アクバルの摂政） 68, 70, 73, 80, 81, 84, 97, 138
ムバーラク（シャイフ） 119
ムハンマド（預言者） 121, 350
ムムターズ・マハル（シャー・ジャハーンの愛妃） 185, 186, 190, 191, 192, 223, 300, 302
ムラード（アクバルの息子） 148
ムラード（シャー·ジャハーンの末子） 186, 198, 217, 219, 220, 223, 226

メディニー·ラーイ（チャンデリーのラージャー） 39
メフメト二世（オスマン・トルコの皇帝） 126, 201, 350
メフル・ン・ニサ（ヌール·ジャハーン） 164

モハメッド（グール朝） 7
モハメッド・アーディル・シャー（スール朝末期のスルターン） 70, 74, 76, 77, 170
モハメッド・シャー（ムガル朝の皇帝） 343, 344
モハメッド・シャイバーニー（ウズベク族の首長） 27, 28
モハメッド・スルターン（アウランズィーブの王子） 249
モハメッド・ツグラク（ツグラク朝のスルターン） 9
モハメッド二世 → メフメト二世
モハメッド・ハキーム（アクバルの異母弟） 118
モンセラーテ（神父） 91, 95, 116, 119, 129, 152, 311

ヤ　行

ヤクーブ・カーン（スリーナガルの君主） 141

ユースフザーイー（アフガーン族の最有力部族） 140
ユースフ・シャー（スリーナガルの君主） 141
ユヌス・カーン（バーブルの母の父） 20

ラ 行

ラウシャナーラ（シャー・ジャハーンの王女） 302
ラズィア・スルタナ（アクバルの妃の従姉妹） 68
ラージャー・ラーム（シヴァージーの息子） 252, 254
ラージュプト（族） 各所
ラードリー・ベガム（ヌール・ジャハーンの娘） 173
ラーナー・アマル・シン（メワールの王） 167, 168, 169
ラーナー・サンガ（アクバルに敵対したラージュプト族の盟主） 26, 27, 36-8, 39, 85
ラール・カンヴァル（ジャハーンダール・シャーの妃） 303

ルキーア・ベガム（アクバルの妃の一人，シャージャハーンの養育者） 186

ロシャナーラー・ベガム（シャー・ジャハーンの娘） 186

地名・事項索引

1．排列は五十音順とする．
2．（　　）内は，語意，地名の位置などを示す．
3．頻度の高いものについては，「各所」と記して頁数を省いた．
4．頁数中，15-8のようにハイフンでつなぐものは，該当項目の有無に関わらず，その項目についての記載があることを示す．

ア　行

『アーイーニ・イ・アクバリー』（「アクバルの制度」）　317
アウランガーバード（アウランズィーブの新都，デカン）　251, 254, 259, 276, 279
『アクバル・ナーマ』（「アクバル伝」）　308, 310, 317, 363
アーグラ（ロディー朝に始まる都）　各所，アクバルおよびジャハンギールによる建設 125-135
アシュラーフ（シャリーフの複数）→ シャリーフ
アシュラフィー（金貨，単位，12ルピー）　185, 367
アジュメル　8, 91, 99, 110, 127, 137, 279
アジラフ（イスラームに改宗したヒンドゥー下層民）　320
アシールガル（カーンデシュの要塞地）　144, 145
アタリク（後見人）　97
アチバルの庭園（カシュミール）　179
アッラハーバード　99, 112, 127, 146, 147, 148, 163, 225, 271, 276
アトック　59, 140, 278
アーナンドプル（シーク教国の都）　240
アハディース（親衛将校）　106
アフガーニスターン　各所
アフマダーバード　136, 137, 138, 219, 224, 270-2, 275, 277, 279
アフマドナガル（王朝および市名）　144, 145, 169, 190, 193, 195, 243, 256, 257, 265, 340
阿片　149, 178, 276, 355
アマルコット　54, 65
アーミル（税務官）　100, 101, 268
アミーン（徴税官）　57, 58
アミール・イ・ハージ（巡礼団長）　332
アム・ダリア（河）　5, 47, 49, 100
アムリツァル（シーク教の本山）　239
アムベル（アクバルの第一妃の父の

国，ラージュプターナ北東の） 82, 84, 86, 123, 141
アーリア人（古代の侵入した北方インド人の祖） 1
アルコール（中毒を含む） 19, 43, 118, 139, 145, 148, 178, 217, 355
アワド（またはオウド，州） 99, 270, 344
アンディジャン （フェルガーナのバーブルの父祖の都） 13, 20-2

イスファハーン（イラン，サファヴィー朝の都） 172, 346
インダス（河） 各所

ヴァキール（宰相） 97
ヴィジャヤナガル（デカンのヒンドゥー国） 26, 71, 144
ヴィジール（大臣，宰相） 120, 218
ヴェルナグの庭園（カシュミール） 175, 182
ウズベック（族，ティムール朝一族を追った中央アジアの支配勢力） 各所
ウダイプル （ラーシャスターン） 26, 235
ウッタル・プラデシュ （州） 276
ウマラー（エミールの複数形，貴族） 290, 294
ウラマー（聖職者，法学者） 108, 109, 115, 118, 320
ウルドゥー語 325

エミール（貴族） 106, 290-2

「王の鏡」（教訓書） 230
オウド（州） → アワド
オスマン・トルコ（帝国，人） 3, 5, 23, 28, 47, 53, 58, 69, 71, 78, 86, 102, 111-2, 126, 177, 185, 197, 199, 203, 220, 277, 323, 330, 331, 350, 351
オクスス（河）（中央アジア） 8
オード（楽器，リュートの一種） 324
オリッサ（州） 99, 142, 217-8, 342, 349

カ 行

カイルワ 87
ガウル（ベンガル州の都） 53
カシュミール 54, 112, 140-2, 175, 178, 179, 185, 223, 240, 247, 276, 281, 291, 346, 347
カーシュガル（新疆省の要市） 332
ガズニー （アフガニースターンの，ガズニー朝の都） 5, 6, 22, 23, 197
カースト（制） 2, 3, 288, 321
カーディー（裁判官） 100, 101, 274
カーディー・ウル・クザート（最高裁判官） 98
カーディリー教団（スーフィー派の一派） 360-1, 364
ガート（南インド東西の山脈） 243
カナウジュ 6, 54
カーヌーンゴ（会計監察官） 100, 268
カーブル 22, 23, 24, 27, 36, 41, 47, 50, 55, 66, 68, 70, 74, 99, 101, 118, 139, 142, 197, 255, 278, 331, 340
カラノール（アクバルの即位の地） 68, 69
カリカット 71

サ　行

サッラーフ（両替商，為替商） 288-9
サティー（女性の入火殉死） 114, 122, 295
サドリ・ジャハーン（宗教長官） 98
サドル（宗教官） 98, 100
サドル・イ・サマーン（調達長官） 98
サマーン（調達官） 98
サマルカンド（中央アジア古都，ティムール朝の首都） 19-23, 28, 39, 40, 48, 50, 123, 143, 196-201, 333, 365
サーミガル（の戦，アーグラ近郊） 220
サルカール（州の次位の区画，県） 101
サンバル （デリー東郊） 43, 50

シアールコット 29
シーア（派） 5, 23, 28, 55, 67, 78, 115, 139, 196, 252, 319, 330-2, 340
シカンドラ（アクバルの墓地） 150
シーク（族，教徒） 162, 227, 238, 239, 240-2, 320, 342, 349
シークリー 129, 131, 137-38 → ファテプル・シークリー
シクダール（アミーンの副官，徴税担当） 57
シーシュ・マハル（鏡御殿，アーグラ） 202
シーシュ・マハル（鏡御殿，ラホール） 215
ジズヤ（人頭税，非イスラム教徒に課される人頭税） 83, 114, 236, 255
　アクバルによる廃止 83
　アウランズィーブによる再賦課 236
シスターン （イランの州） 6
ジハード（聖戦） 38, 222
ジャイナ（教） 115-6, 119, 319, 340
ジャイサルメル 54, 86
シャイフ（族長，宗教家の長老） 115, 119, 129
ジャイプル（ラージャスターンの，天文台で有名） 294
シャー・イ・カーブル（バーブルの墓地，カーブル） 44
ジャウンプル 10, 51, 77
ジャーギール（采邑地） 79, 106, 107, 243-4, 292
ジャーギールダール（采邑主） 268
ジャハーンギール・マハル（御殿） 126
ジャミ・マスジッド（会衆またはモスク） 131
ジャラーラーバード（カーブル東郊） 345
ジャランドゥル 30, 74
シャリマール・バーグ（庭園，ラホール） 179, 215
シャリーフ（予言者ムハマドの直系後裔） 320
　メッカのシャリーフ（教主，シャリーフ中の最高位） 332
シャーリ（距離の単位，3.2 キロメートル） 15, 366
ジャロカ（重臣会議） 92-3
ジュムナ（河） 6, 125, 127, 149, 159, 203, 204, 205, 207, 208, 271, 353
銃（火縄銃を含む） 29, 58, 87, 106, 220

宗教（インドの）
分布　319
混淆　320-4
寛容の放棄（弾圧）　233-6
分担　340, 351
ジョードバーイー宮殿（ファテプル・シークリー）　134
ジョドプル　54, 59, 89, 204, 235, 257
肖像画（家）　313-4
シル・ダリア（河）　20
シルヒンド　56, 68, 69, 81, 241, 345
シール（重量単位，900グラム）　106, 165, 366
シンクレティズム　2, 216, 317
神聖宗教　120-1, 320, 362
真珠のモスク（モティー・マスジド，アーグラ）　125, 203
シンド（州）　3, 5, 8, 54, 65, 100, 112, 142, 223-4, 277, 284, 346

ズィンミ（被保護民）　236
スーバ（地域，州等）　99, 100, 101
スバダール（州長官）　100
スーフィー（派）　19, 48, 82, 115, 121, 159, 321, 359-61, 364-5
スラト　115, 136, 138, 191, 246, 248, 249, 270-1, 275, 279, 286, 288-9
スリーナガル　141, 225, 281
スルターンプル　30
スンニー（派）　23, 55, 67, 78, 115, 196, 329-2, 340

聖戦（ジハー）　23　→　ジハード
税制（改革を含む）　57, 267-8
船舶（輸送）　282-3, 286, 288-9
象（象軍を含む）　3, 31, 76, 106, 148-9, 221, 237, 257, 260, 291, 346, 354
象の門（アーグラの主門）　125, 126
ゾロアスター教　115, 116, 119-21, 319
ソムナート（ヒンドゥー教の一聖地）　6, 235

タ　行

タブラ（楽器，太鼓）　324
大砲（砲兵を含む）　3, 29, 31, 38, 58, 74, 87, 106, 108, 200, 220
ダウラターバード（トグラク朝の一時の都，デカン）　9, 243
タージ・マハル（最高の場所の意，シャー・ジャハーンの妃の墓）　132, 186, 201-7
タシュケント（中央アジアの近代の中心地）　20, 23
ダッカ（ベンガル州）　225, 270
タッタ（シンド州）　54, 142, 235, 346
ダー・バシ（十人隊長）　105
ダー・ハザリ（一万人隊長）　105
ダマスカス（ウマイヤ朝の都）　284
ダマーン（スラト南方の港町）　72, 111, 191
ダルバール会議（重臣会議）　69
ダルマット（の戦，マールワー）　219
男子皆殺しの慣習　351

チシュティーヤ（スーフィー派の一派）　361
チッタゴン　191
チトル（メワールの堅城）　26, 58, 59, 79, 87, 89, 110, 168

チャウサ（ベナーレーヌの近郊） 53
チャウナル（シェル・シャーの妃の出身地） 52, 53
チャルディラン（イラン西部の戦場） 23
チャーンパーニル（グジャラート西北の要塞地） 51, 137
中央アジア 各所
中国 191
チュナール 58
徴税請負制 268-9
徴税請負人 274

ディウ（半島の港町） 51, 72, 111, 191, 285- 6
ディナール（アラブ世界の金貨，約2ルピー） 367
ディーパールプル 30
ディーニ・イ・イラーヒー（神の信仰，神聖宗教） 120-23, 320
ディーワーン（財政長官） 97, 100
ディーワーン（詩集） 365
ディーワーン・イ・アーム（一般謁見殿）
　デリーの 208-210
　ファテプル・シークリーの 128
　アーグラの 202
　ラホールの 215
ディーワーン・イ・ハース（貴賓謁見殿）
　デリーの 208-210
　ファテプル・シークリーの 135
　アーグラの 202
　ラホールの 215
ディルクーシャの庭園（ラホール） 182
ティルミズ 198
デカン（インド南方半島部高原地） 各所
デリー 各所
　シャー・ジャハーンのデリー建設 207-212
　グール朝，初めてデリーをイスラーム政権の都とする 7
デルウィーシュ（修行僧） 19, 48, 229, 233, 329, 361

トゥグラ（花押） 39
富の流入と蓄積 273
富の浪費 274
土地制度 267
道路の整備・建設 278-80
トランスオキシアナ（オクスス河の彼方の意，中央アジア） 5, 20, 23, 24, 137, 143, 198, 304, 331
トルコ（人，民族） 各所

ナ 行

ナージム（州知事，総督） 100
鉛のマント（拷問具） 232-3
ナワブ（ナージムの代理人，後に実質的総督） 269, 344

人頭税 158 → ジズヤ

ヌールーズ（新年，太陽暦3月21日） 161, 234

ハ 行

ハイデラーバード （ゴルコンダ王国

の都，後ニザーム朝の都） 171, 279, 349
ハイバル（峠） 1, 27, 29, 140, 279
ハウダ（象の輿） 109
ハース・マハル（皇帝の御殿，デリー） 202
パーシー教徒（インドのゾロアスター教徒） 121-2, 319
バクシ（任用官） 98, 101
バーグ・イ・ヴァファー（忠誠の庭の意，カーブル） 24, 25
バグダード 197, 284, 304
バッセイン 72
バダフシャーン（州，アフガーニスターン東北部） 29, 31, 39, 40, 47, 70, 73, 139, 142, 143, 197, 301
パータン 80, 137
パディシャー（皇帝） 22, 30-1, 35-7, 43, 56, 139
パトナ 39, 138, 270, 276
パーニーパット（古戦場） 30, 31, 43, 48, 49-50, 76, 81, 105, 339, 348, 349
『バーブル・ナーマ』（バーブル伝） 13, 14, 310
バラモン教徒（ヒンドゥー教に同じ）
パルガーナ（郡） 57, 101
バールチスターン 142
バルフ 23, 30, 50, 100, 197, 198, 199, 353
ハレム（女性区域；後宮） 78, 102-3, 108, 120-1, 280, 291, 343, 353-4
パンジャブ（州） 1, 5, 6, 50, 68, 69, 140, 223, 224, 240-1, 344-7
パンチ・マハル（五層の宮殿，ファテプル・シークリー） 135
東インド会社
イギリスの 271, 285
オランダの 285
フランスの 286
ビーカーネル 86, 89
ビーガ（面積の単位，3,000 平方メートル） 267, 366
ビジャープル（アーデル・シャー朝の都） 144, 145, 169, 170, 195, 235, 243, 253, 258, 279, 315
ヒジュラ（イスラーム暦） 32, 47, 65, 121, 150
ビスワ（面積の単位，148 平方メートル） 267
ビハール（州） 48, 52, 58, 59, 99, 118, 136-38, 218, 270, 276
ビフレ 29
ピール（スーフィー教団の団長） 360
ビルマ 225
ヒンドゥー教（教徒，軍） 各所
ヒンドゥクシュ（山脈） 15

ファテプル・シークリー 42, 90, 92, 115, 116, 127-35, 137, 138, 141, 174, 264, 300
ファトワ（勅令，宗教的判定の） 117
ファルマーン（勅令） 98, 100, 219
フェルガーナ（バーブルの郷土） 13, 20, 21
フーグリー（州） 72, 191, 193, 288
フスロー・バグ（庭園，アッラハーバード） 163
フトバ（説教） 23, 56, 137, 141, 195-7, 219
プーナ 243
ブハーラ（中央アジアの古都） 20,

22, 23, 48, 50, 198, 199, 203, 365
『フマーユーン・ナーマ』（「フマーユーン伝」） 300, 316
プラッシーの戦（ベンガル） 348
プラーナ・キラ（デリーの中のシェル・シャーの古城） 60
ブラフマン 107
ブランド・ダルワーザ（ファテプル・シークリーの城門） 134
プルダ（ヴェール） 295
ブルハーンプル（フスローの埋葬地） 163, 279
ブローチ（スラト南方の港町） 137
フワーリズム（中央アジア西中部地域） 8

ペシャワール 29
ベジェヴル 29, 32
ベーラ 26
ヘラート（アフガーニスターン西部古都） 19, 55, 365
ベラール（州） 169
ペルシャ 各所
ベナーレース 10, 51, 52, 59, 77, 89, 125, 193, 216, 235, 236, 271, 277, 279
ベンガル（州） 1, 49, 53, 59, 70, 99, 101, 112, 118, 136-38, 146, 150, 175, 217- 8, 225, 247, 269, 270, 271, 275- 6, 277, 279, 285, 288, 342, 349

ホラーサーン（イラン東北の州） 5, 6, 22, 59
ポルトガル（人） 71-2, 111, 116, 119, 136-8, 192, 273, 283, 285-6, 288, 327
ポンディシェリー（マドラス州の港町） 349
ボンベイ 26, 271

マ 行

マイソル（デカンのヒンドゥー国） 275
マウンド（重量単位，9〜13.5 キログラム） 366
マスリパタム（マドラス州商港） 171, 279, 287
マトゥーラ（ヒンドゥー教聖地） 237, 346
マドラス（州） 271
マハラーシュトラ（州） 349
マフディー（救世主） 60, 159
マフムディー（銀貨，0.5 ルピー） 366
マラッカ（海峡） 191, 284
マラバル（海岸） 112, 284
マールワー 26, 49, 52, 58, 71, 77, 82, 99, 170, 219, 256, 258, 276, 279
マーンコット 77
マンサブ（支配兵員数による位階） 158, 165-6, 198, 218, 268, 290, 296, 322
マンサブダール（将校，兵員所有主） 99, 101, 105, 109, 268, 363
マンズィケルト（トルコとイランの戦場） 7
マーンドゥー 58, 59

ミール・イ・アルズ（訴願掌長） 93
ミール・バクシ（任用長官） 98

ムガル族（帝国） 各所
ムジュタヒド（上級神学者） 117
ムッラー（聖職者，法学者） 228, 241
ムフタシブ（道徳観督官） 98, 234
ムフティ（法学者） 98
ムルターン（州） 3, 6, 54, 59, 99, 203, 224, 235, 278, 282, 286, 347

メシェッド（イラン，シーア派の最高聖地） 55, 330
メッカ（アラビア，イスラームの聖地） 55-6, 79-80, 111, 121, 201, 233, 286, 320
メディナ（預言者ムハマンドの埋葬地，イスラームの最初の政権所在地） 233
メワール（州） 50, 85, 86, 87, 167

ラ 行

ラク（10 万，主として貨幣に使う） 34, 35, 188, 196, 367
ラクノウ 54
ラージャー（王，小国の君主にも用いる） 各所
ラージャー・ウダイ・シン（チトールのラージャー，アクバルの妃の父） 186
ラージャスターン（州） 26, 77, 86, 257, 306, 315
ラージャー・ビールバル（詩人，文士） 317
ラージャー・マーン・シン（詩人） 317
ラージュプターナ（州） 26
ラージュプト（族）（騎士階級，ラージャースターンを中心に北インド） 各所
ラホール（州，都） 30, 39, 54, 56, 59, 99, 110, 112, 118, 126, 131, 162, 176, 186, 192, 203, 212 215, 224, 241, 270, 277-9, 281, 286, 345, 347
ラーム・バーグ（快い庭園の意，バーブルの墓地，アグラ） 42, 44
ランタムボル（メワールの堅城） 79, 87, 89, 110

リュー（距離の単位，4 キロメートル） 208
両替商（兼金融業者） 288-9

ルピー（貨幣単位，1. 2 英ポンド） 102, 188, 198, 366

ロディー（朝） 10, 26, 30, 50, 97, 274
ロタース 110

ワ 行

ワイハンド 6
ワクフ（慈善基金，宗教寄進財） 267, 292, 296
ワジリスターン（地方） 1
ワジール（大臣） 95, 97

年　　表

ムガル帝国	世　　界
1481	オスマン・トルコのスルターン，バーヤズィード（トルコ語ではバヤジト）二世の即位．
1483 （2月11日）バーブルの誕生．	
1492	グラナダ陥落，スペインにおけるイスラムの終焉．コロンブス，アメリカ大陸を発見．
1498	ヴァスコ・ダ・ガマ喜望峰を通過．
1509	英・ヘンリー八世の即位．
1515	仏・フランソワ一世の即位．
1516	神聖ローマ・カール五世の即位．
1517	オスマン・トルコ，カイロを攻略，マルムーク朝の終焉．
1519-1526　バーブル，インドに侵攻．	
1520	スレイマン一世の即位．
1521	ルターの破門．
1525	パヴィアの陥落．フランソワ一世，スレイマン一世に助けを求める．
1526 （4月2日）パーニーパットの戦い，ロディー朝の終焉．バーブル，デリーへ．	
1527 （3月16日）カーヌアの戦い，ラージュプト軍潰走．	
1530 （12月26日）バーブルの死，フマーユーンの即位．	
1533　フマーユーン，グジャラート征服．	露・イワン雷帝の即位．

ムガル帝国	世　　界
1536	フランス・オスマン帝国同盟（外国人特権（治外法権）付与条約）.
1539　フマーユーン，チャウサで敗北.	
1540　フマーユーン，カナウジュで敗北，イランに逃走.	
1540-1554　シェール・シャーの治世，フマーユーン，イランに亡命.	
1542　(10月15日) アクバルの誕生.	
1554　フマーユーン，帝国を奪回.	
1556　(1月24日) フマーユーンの死，アクバルの即位．バイラム・カーンの摂政．11月5日，ヒームー軍，パーニーパットの会戦でアクバルに破れる.	
1558	エリザベス一世・英女王の即位.
1560　バイラム・カーンの失脚と死.	
1562　アクバル，アムベルのラージャーの娘と結婚．ジズヤ（人頭税）の廃止.	フランスで宗教戦争起こる.
1564　アクバル，シークリーに遷都.	
1565　アーグラ城建造.	
1566	スレイマン一世死去.
1569　(8月30日) サリーム（ジャハーンギール）誕生.	
1571	オスマン・トルコ，レパントの海戦で敗退.
1573　(この年から) ビハール，グジャラート，ベンガルを平定.	
1579　アクバル，「無謬性の政令」を公布	
1582　「神の宗教（ディーニ・イ・イラーヒー)」の公布.	
1585　ファテプル・シークリー放棄．カーブルの州を併合.	
1586　カシュミールを平定.	
1587	シャー・アッバース一世（ペルシ

ムガル帝国	世　界
	ャの大帝）即位.
1588	スペイン無敵艦隊の敗北.
1591　デカン地方に遠征.	
1592　シャー・ジャハーンの誕生（1月5日）.	
1595　カンダハール遠征に失敗.	
1598	露・ボリス・ゴドゥノフ皇帝即位.
1600　サリームの反逆始まる.	
1605　（10月25-26日）アクバル死去.（11月3日）ジャハーンギール即位	
1606　フスローの反乱. ジャハーンギール, ヌール・ジャハーンと結婚.	
1610	ヘンリー四世の暗殺.
1611　ラーナー・アマル・シン（メワール）の降伏.	
1613	ロマノフ王朝の開始.
1614　カンダハール, ペルシャ軍に奪回される.	
1618	30年戦争勃発.
1622　シャー・ジャハーンの反逆.	
1627　ジャハーンギールの死（11月6日）.	
1628　シャー・ジャハーンの即位（2月4日）.	
1631　ムムターズ・マハルの死.	
1631-1632　フーグリのポルトガル商館を破壊.	
1636　ビジャープル, ゴルコンダを平定.	
1643	ルイ十四世の即位.
1644	中国・明王朝の終焉.
1648	ウェストファリー条約締結. フランスではフロンドの乱起きる.
1648-1650　カンダハール遠征.	
1657　皇位継承紛争が起きる.	
1658　シャー・ジャハーンを幽閉.	

ムガル帝国	世　　界
アウランズィーブ戴冠.	
1659　ダーラー・シュコを処刑.	
1660　アウランズィーブ，シヴァージー（マラーター族）と戦闘開始.	
1666　シャー・ジャハーンの死. シヴァージー，スラトを攻撃.	
1672　ムガル軍，マラーター族に敗れる.	
1674　シヴァージー，マラーター族の王位に就く. シーク教グルーのテグ・バハードゥル処刑さる.	
1679　アウランズィーブ，ジズヤ（人頭税）を復活.	
1681　父アウランズィーブに対する息子アクバルの反乱.	
1682　デカン地方に遷都.	
1683	ロシア・ピョートル大帝即位.
1686　ビジャープル併合.	トルコ軍，ウィーンを攻囲.
1687　ゴルコンダ併合.	
1689　シャンブージーを処刑.	
1699	カルロヴィッツ条約. オスマン・トルコ，ハンガリーから撤退.
1702　デカン地方でペスト発生.	
1707　アウランズィーブ死去. バハードゥル・シャー皇位に就く.	スペイン，皇位継承紛争起きる.
1712　バハードゥル・シャー死去. 皇位継承紛争起きる.	
1715	ユトレヒト条約.
1736	ルイ十四世死去.
1739　ナーディル・シャー，デリーに.	ペルシャ王・ナーディル・シャー即位.
1756　アブダーリ，デリーを略奪.	ナーディル・シャー，暗殺さる.
1757　プラッシーの戦い.	
1761　第3次パーニーパットの戦い.	

大ムガル帝国の系図

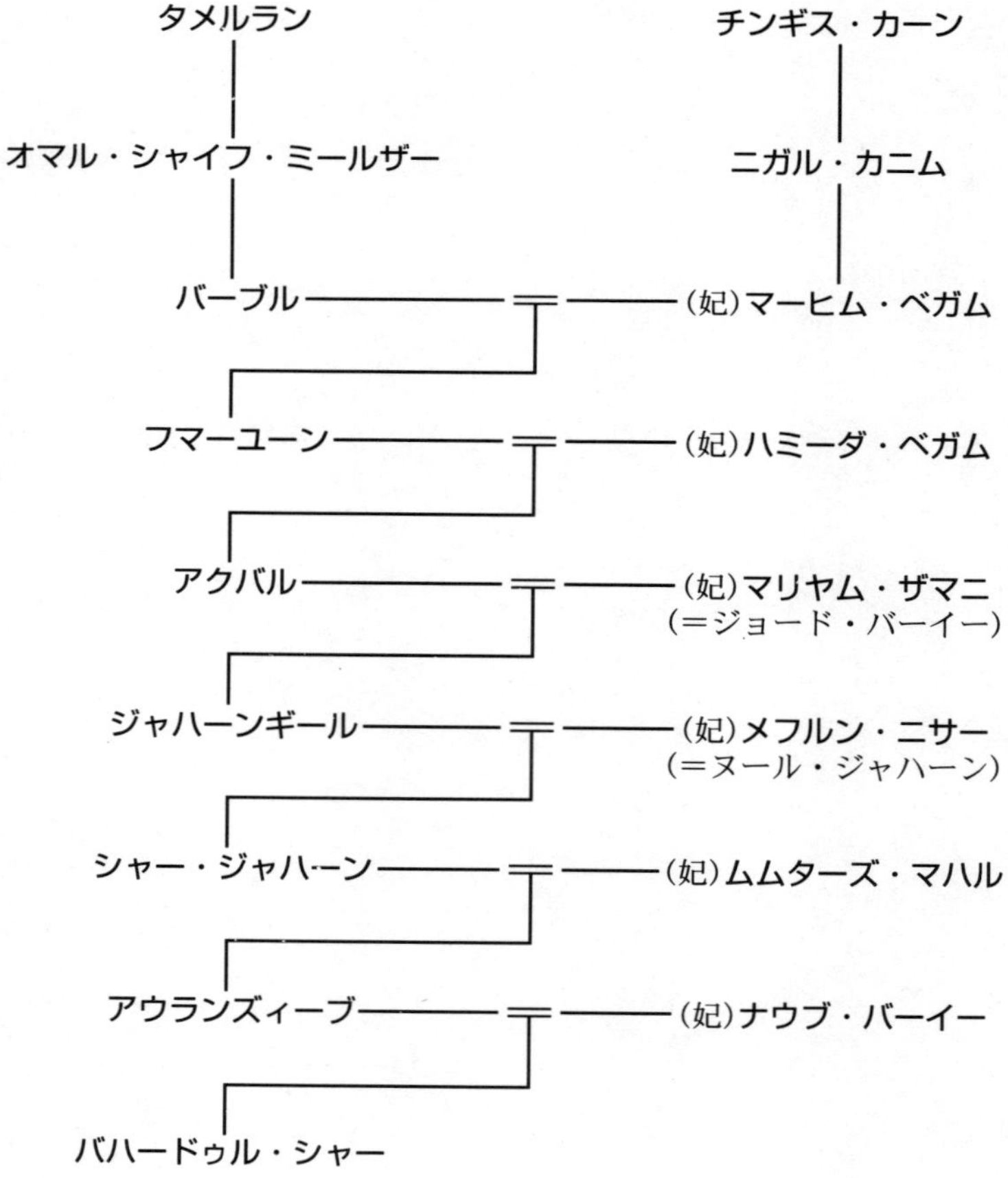
タメルラン
チンギス・カーン
オマル・シャイフ・ミールザー
ニガル・カニム
バーブル
(妃)マーヒム・ベガム
フマーユーン
(妃)ハミーダ・ベガム
アクバル
(妃)マリヤム・ザマニ
(＝ジョード・バーイー)
ジャハーンギール
(妃)メフルン・ニサー
(＝ヌール・ジャハーン)
シャー・ジャハーン
(妃)ムムターズ・マハル
アウランズィーブ
(妃)ナウブ・バーイー
バハードゥル・シャー